HISTOIRE

DE LA

MONARCHIE DE JUILLET

L'auteur et les éditeurs déclarent réserver leurs droits de traduction et de reproduction à l'étranger.

Ce volume a été déposé au ministère de l'intérieur (section de la librairie) en avril 1884.

HISTOIRE

DE LA

MONARCHIE DE JUILLET

PAR

PAUL THUREAU-DANGIN

TOME SECOND

PARIS

LIBRAIRIE PLON

E. PLON, NOURRIT ET Cie, IMPRIMEURS-ÉDITEURS
RUE GARANCIÈRE, 10

1884

Tous droits réservés

HISTOIRE

DE LA

MONARCHIE DE JUILLET

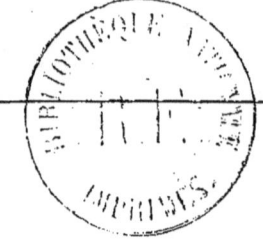

LIVRE II

LA POLITIQUE DE RÉSISTANCE

(13 MARS 1831 — 22 FÉVRIER 1836)

(*SUITE*)

CHAPITRE IV

LA RÉSISTANCE DE CASIMIR PÉRIER

(Mars 1831 — mai 1832)

I. Lutte de Casimir Périer contre le parti révolutionnaire. Répression des émeutes. Celles-ci deviennent plus rares. Insurrection de Lyon, en novembre 1831. Troubles de Grenoble, en mars 1832. — II. Procès politiques. Le jury. Scandale de ses acquittements. Violences qui suivent ses rares condamnations. Audace des accusés à l'audience. Le ministre continue néanmoins à ordonner des poursuites. — III. Périer fait surtout appel à l'opinion. Comme il use de la presse et de la tribune. Périer orateur. Il raffermit et échauffe la majorité. Il combat l'opposition. Tactique de celle-ci pour seconder ou couvrir les séditieux. Langage que lui tient le ministre. Attitude de Périer en face des émeutes et des débats qui suivent la prise de Varsovie et dans la discussion sur la révolte de Lyon. Il souffre et s'épuise dans ces luttes sans cesse renouvelées.

I

A peine arrivé au pouvoir, Casimir Périer engage contre le parti révolutionnaire la lutte qui va remplir son ministère; lutte offensive et défensive, de tous les instants et sur tous les terrains : lutte si nécessaire et si méritoire, que le seul fait de l'avoir entreprise et soutenue, pendant un peu plus d'une année, a suffi à sa gloire. Il n'hésite, ni ne parlemente, ni ne capitule, comme ses prédécesseurs. Toutes les forces que, dans cette société bouleversée et désarmée par une récente révolution, il trouve encore debout ou parvient à reconstituer, hommes et institutions, mœurs et lois, il les concentre dans ses mains, les oppose à l'ennemi, les anime en quelque sorte de son courage et de sa volonté. Seulement, s'il use hardiment de toutes les armes que lui fournit le droit commun, il n'en veut pas d'autres; quelque grave que soit le péril, quelque extraordinaires que soient les circonstances, il met son point d'honneur à ne pas proposer les lois d'exception auxquelles beaucoup de conservateurs lui conseillent de recourir [1].

Avant tout, Périer doit avoir raison des émeutes qui, dans les premiers mois de son ministère, d'avril à septembre, se succèdent d'une façon presque continue. Rien, chez lui, de cette timidité qui, depuis la révolution, embarrassait et arrêtait les ministres quand il leur fallait bousculer, dans la rue, le peuple souverain ou toucher à une de ces barricades que le souvenir de Juillet semblait rendre sacrées. Dès le premier jour, ayant constaté l'insuffisance de la loi contre les attroupements, il en présente et en fait voter une nouvelle [2]. Jusqu'alors, on n'avait osé se servir contre l'émeute que de la garde nationale, dont il fallait subir les variations, les exigences et les défaillances. Périer ne peut se passer de cette milice, en laquelle il n'a qu'une confiance médiocre [3]; mais il veut l'enca-

[1] Faut-il croire cependant qu'à certaines heures d'irritation, Périer était tenté de ne plus se contenter du droit commun? Louis-Philippe, après la mort de Périer, causant avec les chefs de la gauche, et cherchant un peu, il est vrai, à se faire valoir, aux dépens de son ministre, leur disait, après avoir rappelé la nécessité de la liberté de la presse et du jury : « Aussi me suis-je constamment opposé aux mesures d'exception que Périer me proposait souvent, quand il était dans ces accès de colère qui nous ont nui plus d'une fois. » (*Mémoires d'Odilon Barrot*, t. I, p. 607-608.)

[2] Mars-avril 1831.

[3] Périer estimait que l'organisation de la garde nationale et surtout l'élection de ses officiers présentaient de grands périls. « Cela ne peut pas durer, disait-il un jour à La Fayette;... il faut que ces anomalies disparaissent. »

drer dans des éléments plus solides. Il s'applique donc aussitôt à faire sortir l'armée, la garde municipale, la gendarmerie, de l'état de disgrâce et de suspicion où la révolution les avait mises et où le gouvernement les avait laissées ; il leur fait comprendre qu'il compte sur elles, et qu'aussi elles peuvent compter sur lui. Résolu à dégager la préfecture de police des compromissions révolutionnaires où l'avaient entraînée les hommes politiques qui s'y étaient succédé depuis 1830, il y appelle un personnage nouveau dans les affaires publiques, mais d'un dévouement sûr, d'une intelligence et d'une hardiesse remarquables, M. Gisquet, ancien employé de sa maison de banque. Aussi, dès les premiers troubles qui éclatent le 16 avril 1831, à la suite de l'acquittement de Godefroy Cavaignac et de ses compagnons, la population voit avec un sentiment d'étonnement et de sécurité mettre en ligne des masses considérables d'infanterie et de cavalerie ; après que des commissaires de police à cheval ont fait les sommations légales, ces troupes balayent vivement les rues et les quais ; les factieux, désorientés par une vigueur à laquelle ils n'étaient pas accoutumés, sont promptement en déroute. Quelques jours plus tard, le 5 mai, le maréchal Lobau disperse une foule tumultueuse en la noyant avec des pompes à incendie : exécution grotesque et méprisante qui montre bien que le gouvernement ne se croit plus obligé de traiter l'émeute avec déférence. Aux troubles de Juin, des gens du peuple se joignent à la force publique et bâtonnent les factieux, ce dont les journaux se vengent, en accusant bruyamment la police d'avoir organisé des bandes « d'assommeurs ». La répression, loin de se dissimuler et d'avoir honte d'elle-même, comme naguère, se montre au grand jour et s'annonce fièrement. « Le gouvernement, dit le *Moniteur* du 16 juin, ne manquera à aucun de ses devoirs, et saura déployer, dans ses mesures, la sévérité nécessaire ; c'est la société qu'on menace, sous prétexte de l'attaquer lui-même ; il la défendra par tous les moyens qu'elle lui a confiés. » Et encore : « La société ne se manquera pas plus à elle-même que le gouvernement ne lui manquera. » C'est un autre langage que celui des proclamations de M. Odilon Barrot ou du général La Fayette, pendant le procès des ministres!

Après chaque effort, après chaque combat, Périer soutient énergiquement, contre les plaintes hypocrites ou les colères vindicatives, tous ceux qui se sont compromis sous ses ordres; il assume, au besoin, la responsabilité des fautes commises par excès de zèle, sachant bien qu'à ce prix seulement, surtout au lendemain d'une révolution, le gouvernement peut s'assurer le dévouement et l'énergie de ses agents. Par contre, le ministre frappe sans merci ceux qui faiblissent. Le 25 septembre 1831, la garde nationale de Strasbourg s'est mutinée pour obtenir l'abolition d'un droit d'octroi; le préfet a parlementé et même capitulé, en promettant la réduction du droit. A peine informé, le ministre, par télégraphe, révoque le préfet et ordonne que la totalité du droit soit exigée.

L'énergie de la répression finit enfin par gêner un peu l'audace des perturbateurs; à partir du mois de septembre, les troubles, pour être encore trop fréquents, ne sont plus permanents. Les associations révolutionnaires n'ont cependant pas désarmé : seulement elles prennent de plus en plus le caractère de sociétés secrètes; l'émeute à ciel ouvert fait place au complot mystérieusement tramé. A la fin de 1831 et au commencement de 1832, on peut relever trois ou quatre complots républicains, sans compter deux complots légitimistes et un bonapartiste. Les uns sont découverts par la police avant explosion, les autres avortent au premier essai d'exécution.

Entre temps, le gouvernement se voyait aux prises avec une révolte d'un caractère absolument différent. A la fin de novembre 1831, on apprenait à Paris, non sans terreur, que Lyon était tombé au pouvoir de quatre-vingt mille ouvriers en armes, et que le drapeau noir y flottait, avec cette sinistre devise : « Vivre en travaillant ou mourir en combattant. » Cette révolte était née de la misère. La crise que l'industrie lyonnaise traversait déjà avant 1830 s'était trouvée singulièrement aggravée par les événements de Juillet. Réduction des salaires ou même complet chômage, telles avaient été, pour les ouvriers, les conséquences de cette révolution qui, en même temps, les rendait plus impatients du joug et de la souffrance. Les prédications de quelques saint-simoniens ou fouriéristes, venus en mission à Lyon, n'avaient pas peu contribué à troubler encore davantage les cerveaux et à irriter les cœurs. En septembre et octobre 1831, la fermentation était à son comble. Les ouvriers émirent la prétention qu'un tarif de salaires fût imposé aux fabricants. Le préfet, M. Bouvier-Dumolard, séduit par le rôle de pacificateur, flatté de s'entendre appeler le « père des ouvriers », se laissa aller à favoriser ces derniers, plus qu'il ne convenait à l'impartialité administrative. Sous ses auspices et au mépris de toutes les lois économiques, un tarif fut arrêté. C'était engager les ouvriers dans une voie sans issue. L'impossibilité d'appliquer ce tarif fut bientôt manifeste; le peuple en réclama l'exécution avec colère, et la révolte finit par éclater générale et terrible. Les incertitudes et l'impuissance d'une résistance, politiquement et militairement mal conduite, rendirent facile la victoire des ouvriers; la garde nationale passa presque tout entière à l'émeute; après des alternatives de combats ou de négociations, les troupes de ligne, peu nombreuses d'ailleurs, furent réduites à battre en retraite hors de Lyon; encore durent-elles s'ouvrir un chemin à coups de canon, non sans laisser derrière elles plus d'un cadavre. Le préfet, à bonne intention sans doute, ne suivit pas l'armée et demeura seul au milieu de l'insurrection triomphante; si l'inspiration était courageuse, la conduite le fut moins; exagérant encore ses concessions du début, il mit sa signature au bas de proclamations qui justifiaient, sanctionnaient la révolte et promettaient de la récompenser; en même temps, pour rétablir un peu d'ordre matériel dans la ville, il demanda et obtint le concours des insurgés, dont il semblait être devenu le chef ou plutôt l'agent.

On devine ce que Casimir Périer dut penser d'une pacification achetée au prix de semblables capitulations. Si désireux qu'il fût d'éviter une nouvelle effusion de sang, il voulut avant tout que l'autorité du gouvernement fût intégralement rétablie, sans concessions ni conditions. Des troupes nombreuses furent massées autour de Lyon; le maréchal Soult, ministre de la guerre, et le duc d'Orléans, qui fit preuve en cette circonstance d'une grande décision et d'un rare sang-froid, se mirent à leur tête. Les insurgés, convaincus de l'infériorité de leurs forces, embarrassés d'ailleurs de leur première victoire dont ils n'avaient su quel parti tirer, n'essayèrent même pas d'opposer la moindre résistance. La garde nationale fut dissoute, la population désarmée, le tarif aboli, le préfet rappelé et remplacé par M. de Gasparin, quelques-uns des chefs militaires disgraciés. En même temps, sous l'inspiration du duc d'Orléans, des mesures charitables étaient prises pour soulager la misère trop réelle des ouvriers.

Cet événement avait surpris et vivement ému l'opinion. On avait reconnu tout de suite qu'il n'y avait là rien de semblable aux troubles si fréquents depuis les journées de Juillet; la main d'aucun parti, républicain, bonapartiste ou carliste, n'y apparaissait; tout était né d'une question de salaire. Certains beaux esprits de la bourgeoisie alors dirigeante crurent trouver là une raison de se rassurer. C'était avoir la vue courte. Pour qui regardait au delà des frontières un peu étroites du Parlement ou des partis, cette première entrée en scène du socialisme armé n'était-elle pas au contraire le plus menaçant des symptômes? Et d'ailleurs ne suffisait-il pas d'observer comment les agitateurs républicains et les émissaires des sociétés secrètes avaient aussitôt cherché à se glisser dans les rangs des ouvriers lyonnais, pour s'apercevoir que, dès le premier jour, un lien s'établissait entre la révolution politique et la révolution sociale?

Le carnaval de mars 1832 fut, dans plusieurs villes de France, l'occasion de désordres que réprimèrent aussitôt les autorités locales, fidèles à l'impulsion donnée par Périer. A Grenoble, toutefois, des complications se produisirent qui fournirent au ministère une occasion nouvelle de marquer sa politique. Par le fait d'un préfet, peut-être un peu ardent, la troupe avait chargé la foule avec quelque précipitation; une dizaine de curieux avaient été blessés; grand émoi, aussitôt exploité par les agitateurs qui réclamèrent tumultueusement l'éloignement du régiment accusé « d'avoir versé le sang du peuple ». Le général Saint-Clair, commandant à Grenoble, ne sut pas faire tête à ces criailleries, et, un moment prisonnier de l'émeute, il consentit à tout ce qu'elle exigeait de lui ; le 35ᵉ de ligne dut quitter honteusement la ville, où il fut remplacé par un autre régiment venant de Lyon. Une pareille défaillance rendait à l'émeute la confiance qu'elle enlevait à l'armée. Aussi le gouvernement n'hésita-t-il pas un instant : il prononça la dissolution de la garde nationale de Grenoble, mit en disponibilité le général Saint-Clair et le commandant de la place, enfin donna ordre de faire rentrer le 35ᵉ à Grenoble, musique en tête et enseignes déployées. Le même jour, le ministre de la guerre publia une proclamation à l'armée, où il disait : « L'ordre public a été troublé à Grenoble ; le 35ᵉ régiment de ligne, chargé de le rétablir, a parfaitement rempli son devoir. Sa conduite a été telle qu'on pouvait l'attendre du bon esprit et de l'excellente discipline qui distinguent tous les régiments de l'armée. Le Roi a ordonné que des témoignages de sa satisfaction fussent adressés au 35ᵉ. Sa Majesté n'a point approuvé que ce régiment se fût retiré de Grenoble. Le lieutenant général Delort, commandant supérieur de la 7ᵉ division militaire, a reçu l'ordre de le faire rentrer dans la ville, avec les autres troupes qui y sont dirigées. Aucune sorte de transaction relativement au 35ᵉ régiment n'avait été et n'avait pu être faite entre de prétendus députés de Grenoble et l'autorité supérieure militaire : elle la désavoue formellement... Soldats ! depuis le jour où le drapeau national vous a été rendu, vous n'avez cessé de l'honorer par votre dévouement, votre courage et votre discipline. Vous avez entouré le trône et les institutions de Juillet d'un rempart, au pied duquel les partis sont venus expirer. Soldats ! le Roi et la France vous remercient. » Quand un gouvernement parle ainsi à l'armée, il peut compter sur elle, et dès lors il est assuré de demeurer maître de la rue.

II

Périer ne croyait pas son œuvre complète parce qu'il avait employé la force des armes contre le désordre; il voulait aussi lui opposer la force du droit. De là, les poursuites nombreuses intentées pour complots, violences factieuses, associations illégales, délits de la parole, de la plume ou du crayon. Jamais les procès de ce genre, notamment ceux de presse, n'ont été plus fréquents [1]. On a dit du gouvernement de Juillet qu'il était « processif »; M. Guizot a même paru croire, après coup, qu'il l'avait été trop. Ce n'est pas en tout cas le fait d'un pouvoir arbitraire et despotique, et nul n'oserait justifier les violences que l'on demandait alors à la justice de condamner. Le malheur était que trop souvent on ne parvenait pas à obtenir cette condamnation.

La compétence du jury en matière de délits politiques et de délits de presse était, avec la garde nationale, l'un des principes de l'école libérale, peut-être devrait-on dire l'une de ses illusions. Impossible de la modifier, puisqu'on en avait fait, un peu précipitamment, un article de la Charte revisée. Quoi qu'on doive penser de cette juridiction à une époque de paix, de stabilité et de sang-froid, elle était certainement détestable au lendemain d'une révolution, quand tout était fait pour exciter, chez les jurés, les passions qu'ils devaient réprimer, pour troubler en eux la notion du bien et du mal politique, pour leur enlever cette sécurité qui peut seule donner aux

---

[1] On a calculé, par exemple, que, de la révolution de Juillet au 1er octobre 1832, il y avait eu 281 saisies de journaux et 251 jugements : 86 journaux avaient été condamnés, dont 41 à Paris. Le total des mois de prison s'était élevé à 1226, et celui des amendes à 347,550 francs. En juillet 1835, la *Tribune* se vantait d'être à son 114e procès et d'avoir subi 199,000 francs d'amende. Or, pendant toute la Restauration, il n'y avait eu que 181 condamnations pour délits de presse.

timides le courage de braver certains ressentiments. Le jury acquittait presque toujours. Dans les premiers mois du ministère Périer, sur cinq poursuites pour complot ou émeute, il n'y eut pas une condamnation; pourtant, loin de nier ce qu'on leur imputait, les accusés s'en faisaient un titre de gloire. Dans l'une de ces affaires, le jury avait déclaré tous les faits constants, en même temps qu'il proclamait les accusés « non coupables ». La *Société des Amis du peuple,* cinq ou six fois poursuivie, sortait de ces procès toujours indemne. A un banquet républicain, en mai 1831, M. Évariste Gallois avait brandi un poignard, en s'écriant : « A Louis-Philippe, s'il trahit! » Il avouait le propos, déclarait avoir voulu provoquer par là le meurtre du Roi, au cas où « celui-ci sortirait de la légalité pour resserrer les liens du peuple » ; et il ajoutait que « la marche du gouvernement devait faire supposer qu'on en viendrait là ». Le jury acquittait M. Gallois. Les articles de journaux les plus factieux, les plus outrageants pour le Roi, demeuraient impunis. Le *National* entre autres n'était presque jamais frappé. M. Antony Thouret, gérant de la *Révolution,* feuille jacobine et bonapartiste de la dernière violence, poursuivi trente fois, était acquitté vingt-deux fois. Dans certaines villes de province, le rédacteur de la feuille locale était si assuré de ne pas être condamné, que le procès devenait pour lui une formalité indifférente ; il y affectait une sorte d'impertinence ricaneuse à l'égard des juges et de familiarité amicale avec les jurés[1]. Et quel retentissement donné à ces verdicts! Applaudissements à l'audience, ovations tumultueuses dans la rue, cris de victoire dans la presse, sarcasmes contre le gouvernement et les magistrats. Partant de cette formule que « le jury était le pays », on pré-

---

[1] M. Degouve-Denunques, rédacteur du *Progrès du Pas-de-Calais,* se vantait, en 1838, d'avoir été 24 fois poursuivi et 24 fois acquitté. De même, l'*Écho du peuple,* journal républicain de Poitiers, en 1835, comptait 13 acquittements sur 13 poursuites. M. Anselme Petetin, rédacteur d'une feuille radicale de Lyon, poursuivi 13 fois en trois ans, n'avait été condamné qu'une fois, et encore disait-il que c'était faute d'avoir bien fait les récusations. En 1846, pour la première fois, le jury de Toulouse condamna une feuille légitimiste. Sur d'autres points, à Paris notamment, le jury se montrait sévère contre les « carlistes », pendant qu'il acquittait les républicains.

tendait que, par ces acquittements, le « pays » avait condamné le gouvernement ou même le Roi [1].

Le jury se décide-t-il à affirmer la culpabilité, le scandale n'est pas moindre. Le condamné est aussitôt hissé sur une sorte de piédestal; il devient un opprimé, un martyr, pour lequel tout bon patriote doit prendre fait et cause. On ouvre des souscriptions publiques afin de payer ses amendes, et La Fayette annonce qu'il sera prêt à prendre part à toutes les souscriptions de ce genre [2]. Les journaux frappés impriment en gros caractères, quelquefois pendant plusieurs mois, le nom des jurés avec leur adresse. La *Révolution*, condamnée le 19 février 1832, publie, le lendemain, que cette condamnation est due à l'animosité de MM. Lachèze, avoué, et Billaud, agent de change. Une petite feuille satirique, les *Cancans*, se venge ainsi du verdict prononcé contre elle : « Ferme, messieurs les jurés, courage, déchaînez-vous... Pour commencer à m'acquitter envers vous, je vous condamne à figurer trois fois de suite en tête de mes *Cancans*. Je vous attache à ce poteau populaire, nouveau pilori, index vengeur de la liberté de la presse, où deux cent mille Français viendront vous saluer des noms qu'on prodigue toujours au *courage* ou à l'*indépendance*... Ah! la France entière saura vos noms... J'ai fait tirer leur honte à vingt mille exemplaires. » Les jurés, pour échapper à cette persécution, prennent, vers le commencement de 1832, l'habitude de voter secrètement. Fureur de la *Tribune*, qui ne veut pas qu'on lui arrache ses victimes; elle prétend que les jurés sont des hommes publics dont la presse a le droit d'enregistrer les actes; elle annonce même l'intention de publier la liste de toutes les condamnations, avec les noms des jurés en regard.

---

[1] Le *Constitutionnel*, qui n'était cependant que centre gauche, déclarera, quelques années plus tard (3 janvier 1832), à propos d'un acquittement de journal, que les échecs parlementaires de l'opposition étaient plus que compensés par le succès judiciaire qu'elle venait d'obtenir; car, disait-il, le jury était le pays lui-même, tandis que la Chambre n'en était que la représentation. C'est à propos de ces déclamations sur le jury que M. Thiers, dans la discussion des lois de septembre, dénonçait « ces grands mots pédantesques que les partis aiment à créer, et avec lesquels ils veulent écraser la vérité ».

[2] Lettre du 26 octobre 1831. (*Mémoires de La Fayette*. t. VI.)

Ces dénonciations, déjà, par elles seules, fort pénibles pour des bourgeois d'habitudes peu militantes, ont parfois des suites matérielles : témoin ce notaire du faubourg Saint-Antoine qui sera dévalisé, dans les journées de juin 1832, pour avoir condamné la *Tribune*[1].

D'ailleurs, que le procès se termine par un acquittement ou, ce qui est beaucoup plus rare, par une condamnation, les accusés ont soin de transformer leur sellette en une tribune, d'où ils appellent le peuple à la révolte et jettent au gouvernement le défi, l'accusation et l'outrage. Hubert avait donné l'exemple, en septembre 1830, lors du premier procès des *Amis du peuple;* Godefroy Cavaignac et ses compagnons l'ont suivi, en avril 1831. Depuis lors, c'est comme une enchère de scandale entre les accusés. L'un d'eux répond au magistrat qui lui demande sa profession : « Émeutier. » Le 11 juin 1831, dans une affaire de complot, les amis des prévenus insultent les témoins, les juges, les jurés, envahissent le prétoire et accueillent par des sifflets et des huées les ordres du président. En janvier 1832, un nouveau procès contre les *Amis du peuple* amène sur les bancs de la cour d'assises MM. Raspail, Thouret, Blanqui, Hubert, Trélat, etc. ; l'un d'eux, faisant allusion à la liste civile qu'on discutait alors à la Chambre, déclare qu'il « faudrait enterrer tout vivant, sous les ruines des Tuileries, tout homme qui demanderait au pauvre peuple quatorze millions pour vivre » ; le jury, cependant, les acquitte ; la cour seule les condamne à raison des délits commis à l'audience. « Nous avons encore des balles dans nos cartouches », s'écrie alors Thouret. Parfois les magistrats eux-mêmes se laissent gagner par la faiblesse du jury, ou tout au moins trahissent une hésitation inquiète. Ceux d'entre eux qui montrent quelque fermeté sont aussitôt personnellement attaqués avec une violence sans pareille.

Dans ces conditions, ne pouvait-on pas se demander si les poursuites n'aggravaient pas le désordre, au lieu de le réprimer ?

---

[1] Le fait a été cité par M. Persil, à la tribune, le 9 avril 1833.

Casimir Périer, cependant, ne se décourageait pas de les ordonner. Estimait-il que cette fermeté, obstinée malgré l'insuccès, était une leçon nécessaire à l'esprit public? Se flattait-il que le scandale répété des acquittements finirait par provoquer une réaction, et que le jury prendrait courage, à mesure que les ministres le convaincraient mieux de leur force et de leur résolution? En effet, vers la fin du ministère, la proportion des condamnations devint un peu plus élevée ; pas assez cependant pour qu'on pût voir dans cette juridiction une garantie de répression sérieuse. Aussi, quelques années plus tard, lors des lois de septembre 1835, le législateur, instruit par l'expérience, cherchera-t-il à éluder autant que possible la disposition de la Charte qui l'obligeait à recourir au jury, en matière politique.

III

Quelque cas et quelque usage que Casimir Périer fît de la répression armée ou judiciaire, ce n'était pas la force sur laquelle il comptait le plus, pour avoir définitivement raison du désordre. Demeuré libéral, en pratiquant avec énergie la politique de résistance, il prétendait surtout agir par l'opinion à laquelle il faisait sans cesse appel. C'était chez lui une habitude, un goût, un système, de provoquer et d'apporter, dans chaque occasion, des explications publiques et complètes. Il disait à la tribune, le 30 mars 1831, peu de jours après avoir pris le pouvoir : « Devant l'étranger, comme devant le pays, nous expliquons ouvertement notre politique, nous l'expliquons aux fonctionnaires comme aux Chambres. Cette franchise est à nos yeux le premier besoin de l'époque ; c'est la première garantie pour les peuples et pour le pouvoir surtout, qui, après des déclarations si franches, ne craint pas que des promesses faites au dehors, ni des programmes réservés au dedans, puissent le compromettre jamais aux yeux de la France ni de l'Europe. » Il mettait en demeure ses adversaires d'en faire autant : « Accoutumés depuis quinze ans, disait-il, à savoir ce que nous voulons, nous devons souhaiter que tous les hommes d'État ou hommes de parti expliquent aussi clairement ce qu'ils veulent. »

Dans ces discussions, Périer avait recours à la presse, notamment au *Journal des Débats*, alors résolûment conservateur, — ses adversaires disaient même : « cyniquement réactionnaire » ; il encourageait les habiles directeurs de cette feuille, MM. Bertin. Quelquefois, le soir, il venait aux bureaux du journal faire une partie de whist avec M. Bertin de Vaux, le comte de Saint-Cricq et M. Guizot. « C'était, a raconté ce dernier, le moment des conversations intimes sur l'état des affaires, les questions de conduite, les perspectives de l'avenir; et nous nous retirions, M. Périer, content de se sentir bien soutenu dans la presse comme à la tribune, M. Bertin de Vaux, satisfait de l'importance de son journal et de la sienne propre. » Le président du Conseil faisait aussi insérer dans le *Moniteur officiel* des articles d'apologie et de polémique, écrits directement sous ses yeux. Toutefois, sur ce terrain de la presse, le nombre était contre lui; pour quelques rares journaux qui le défendaient, presque tous les autres l'attaquaient violemment [1]. Le vrai champ de bataille pour Périer, celui où il aimait que toutes les luttes vinssent aboutir et se décider, c'était le Parlement. Celui-ci siégea presque en permanence, depuis le commencement jusqu'à la fin du ministère [2]. Ce n'est pas que l'œuvre purement législative ait été alors bien importante, et surtout que le président du Conseil y ait pris grande part; mais les débats politiques se succédaient fréquents, passionnés, retentissants, et Casimir Périer y trouvait son principal moyen de

---

[1] Le *National* disait, le 23 avril 1831 : « Un seul journal soutient aujourd'hui avec chaleur le ministère du 13 mars : c'est le ci-devant journal de la légitimité, le *Journal des Débats*. » Le *Temps*, pourtant plutôt favorable au cabinet, disait, à la même époque, « qu'avec la presse périodique, telle que nos troubles l'avaient faite, le gouvernement n'avait qu'à choisir entre une existence assez mal assurée et neuf morts bien certaines ».

[2] Périer, en prenant le pouvoir, trouva une session en cours qui se prolongea jusqu'au 20 avril 1831. La nouvelle Chambre siégea ensuite d'une façon continue, du 23 juillet 1831 au 24 avril 1832.

gouvernement. Dans cette société où la révolution avait détruit ou ébranlé toutes les forces morales et matérielles du pouvoir, il cherchait son point d'appui à la tribune et dans la majorité. C'était par des discours et des votes qu'il s'efforçait de défendre et d'assurer l'ordre et la paix. Il lui plaisait d'ailleurs d'aborder ses adversaires face à face, en un champ clos où ceux-ci ne pouvaient se dérober, de les contraindre, sinon à confesser, du moins à entendre la vérité, de serrer de près leurs équivoques, leurs sophismes et leurs calomnies. A défaut même du succès immédiat, il avait conscience de préparer ainsi la justice future, et cela l'aidait à se consoler des mensonges des partis : « Après tout, que m'importe? disait-il à ses amis ; j'ai le *Moniteur* pour enregistrer mes actes, la tribune des Chambres pour les expliquer et l'avenir pour les juger. »

Cet homme qui prétendait gouverner au moyen du Parlement était-il donc, par le don du génie ou la perfection de l'art, un orateur de premier ordre? Non ; tel de ses adversaires, et surtout de ses alliés, le primait sous ce rapport. Néanmoins sa parole avait les qualités qui convenaient à son rôle. Le feu duc de Broglie l'a appelée « magistrale » ; « c'est le mot propre, a-t-il ajouté ; attitude, accent, langage, tout était d'un maître [1] ». Même quand l'idée et la forme n'avaient en elles seules rien de saillant, on était souvent saisi par l'impression toute vive d'une volonté énergique et d'une impétueuse passion. A la tribune, Périer agissait plus encore qu'il ne discourait ; il commandait, entraînait plus qu'il ne persuadait. Profondément ému lui-même, il ébranlait de son émotion ceux qui l'écoutaient. Au milieu de ses emportements, — et il en avait de singulièrement violents et tragiques, — la pensée restait généralement nette et maîtresse d'elle-même. D'ailleurs, s'il n'était pas toujours adroit, il était toujours puissant. Quand, se dressant de toute sa grande taille à la tribune, pâli par la fièvre et la colère, il menaçait ses adversaires de sa main crispée ; ou bien quand, bondissant sous une interruption, il rejetait le manuscrit où sa

---

[1] *Notes biographiques inédites du duc de Broglie.*

prudence avait d'abord contenu sa pensée, et écrasait, sous quelque formidable apostrophe, ceux qui avaient osé lui lancer un défi, la Chambre se sentait vraiment dominée. « C'était, a dit justement M. Guizot, la puissance de l'homme bien supérieure à celle de l'orateur. »

Cette énergie de la volonté et de la parole servit tout d'abord à raffermir la majorité. Nous avons dit quelles difficultés Périer avait rencontrées, dès le début, pour la constituer, et comment, un jour, en août 1831, il avait paru désespérer du succès [1]. Pour la conserver, une vigilance et un effort de tous les instants étaient nécessaires; au milieu de la bataille, en même temps qu'il faisait face aux attaques de l'ennemi, le ministre devait empêcher la débandade de ses propres troupes. C'était toujours la même main un peu rude; si grand besoin qu'il eût de cette majorité, il ne la flattait pas et la rappelait volontiers à la modestie de son rôle. L'un de ses alliés les plus actifs, M. Dupin, ayant, un jour, parlé d'une question où « le gouvernement, disait-il, avait plus que jamais besoin de la tutelle des Chambres », Périer interrompit avec véhémence : « La tutelle? s'écria-t-il; il n'y a pas de tutelle des Chambres! » D'autres fois, cependant, il cherchait à éveiller dans l'assemblée de nobles ambitions, en lui montrant la grandeur de sa tâche; il lui parlait de la reconnaissance dont elle serait entourée, quand elle aurait satisfait ce pays qui lui demandait avant tout « du repos, du calme, de la confiance et de l'avenir ». Il veillait à ce que cette ambition ne s'égarât point; ce n'était pas chose facile; car les têtes étaient tournées par la fausse gloire de la révolution; les plus conservateurs se laissaient aller à débiter ou à accepter sur ce sujet les déclamations courantes. « Songez, messieurs, leur disait alors le président du Conseil, qu'il y a plus de gloire pour ceux qui finissent les révolutions que pour ceux qui les commencent. » Cette majorité manquait surtout de courage; Périer s'efforçait de lui communiquer un peu de celui dont il était rempli. Écoutez ses viriles exhortations :

---

[1] Voir, au tome précédent, le chapitre 1er du livre II.

« C'est la peur qui sert les partis, qui les grandit, qui les crée ; car c'est elle qui fait croire à leur pouvoir ; et ce pouvoir imaginaire ne réside que dans la faiblesse des majorités qui livrent sans cesse le monde aux minorités, dans la mollesse de la raison tremblante devant les passions, dans la lâcheté, disons le mot, des citoyens qui craignent de défendre, d'avouer, avec leurs égaux, leurs opinions, pour lesquelles ils sauraient combattre avec héroïsme, sur la frontière, devant l'ennemi. Il y a, dans cet état des esprits, le symptôme d'un mal grave dont il appartient à une assemblée française d'arrêter les progrès, en apprenant, par son exemple, à tous les citoyens à mépriser la vaine popularité du jour et à n'ambitionner que la reconnaissance de l'avenir [1]. » Grâce à ces efforts continus, la majorité, bien que quelquefois hésitante, ne fit défaut à Périer dans aucune circonstance décisive. Par moment même, on eût dit qu'il était parvenu à la pénétrer et à l'animer de ses propres passions : à sa voix, sous son impulsion, ces bourgeois, naguère si froids, si incertains, si timides, sentaient s'allumer en eux des ardeurs, des colères qu'ils ne se connaissaient pas, et on les voyait, par l'effet d'une sorte d'imitation, frémir, trépigner, menacer, maudire, à l'unisson du ministre.

Il importait d'autant plus à Périer de pouvoir s'appuyer sur une majorité fidèle, que le parti de l'émeute trouvait plus de complices, ou tout au moins de complaisants, dans l'opposition parlementaire. Celle-ci avait pour tactique de nier le péril révolutionnaire. Telle est sa thèse dans la discussion de l'adresse, en août 1831. Que lui parlez-vous d'un parti républicain? Il n'existe que dans l'imagination craintive des ministres. Tout au plus y a-t-il quelques jeunes gens généreux, quelques rêveurs inoffensifs, dont il ne convient ni de blâmer ni de réprimer la conduite. Le péril est du côté des carlistes. « C'est la Restauration, la Restauration tout entière qui est au pouvoir, dit

---

[1] Discours du 9 août 1831. — Un autre jour, le 21 septembre de la même année, Périer demandait que les « amis du gouvernement se montrassent comme ses ennemis », car, ajoutait-il, « ce sont les incertitudes d'en haut qui font les inquiétudes d'en bas ».

M. Mauguin, et l'on vient nous faire peur de la république! » S'il y a malaise, la faute en est à la politique du ministère. L'émeute a-t-elle éclaté, ne peut-elle être niée, s'est-elle manifestée terrible et sanglante comme à Lyon, alors l'opposition s'en prend au gouvernement, cause de tout le mal. « Il n'y a pas de faute dans un peuple, s'écrie M. Mauguin, sans que le gouvernement soit coupable; si le peuple se rend coupable, c'est que le gouvernement n'a pas su trouver le sentiment national [1]. » Ce qui fait dire au *Journal des Débats* : « Toute la politique de l'opposition est dans ce raisonnement : Chaque désordre, chaque émeute, est une réclamation juste, légitime, un droit qui cherche à se faire jour dans les lois. Satisfaites ce droit et ce sentiment qui frémit de son exclusion; plus de réclamations, alors plus d'émeutes [2]. »

Quelques orateurs ont un procédé plus simple encore pour tout imputer au pouvoir; ils voient dans les troubles l'œuvre d'une « police ténébreuse [3] », ou du moins reprochent au ministère de les avoir laissés volontairement grossir. Ils demandent à grand bruit des enquêtes, non sur le crime de la révolte, mais sur celui de la répression. Pendant que l'opposition affecte, en parlant des insurgés, une impartialité ou une compassion hypocrites, elle réserve sa sévérité pour ceux qui ont eu la charge de défendre l'ordre; elle accuse le commandement de précipitation cruelle, l'armée d'animosité contre la population. Quelqu'un ayant soutenu que les soldats, qui venaient de réprimer une émeute, avaient même droit à la reconnaissance que les « combattants de Juillet », parce que, dans les deux cas, on luttait pour la loi, un député de la gauche, le général Demarçay, protestait contre cette assimilation : « Les soldats, disait-il, obéissaient à la voix de leur chef; rien n'obligeait la population de Paris à se dévouer. Les soldats n'affrontaient qu'une mort; les combattants de Juillet

---

[1] Discours du 19 septembre 1831.
[2] *Journal des Débats*, 1er mai 1832.
[3] Discours de M. Mauguin, 19 et 20 septembre 1831; de M. Pagès, 9 avril 1832. Voyez aussi, dans le même sens, le *National* des 15, 30 mai et 16 juillet 1831.

en affrontaient deux : les balles premièrement et, en cas de défaite, les supplices. » Aussi comprend-on que, dans un de ces débats scandaleux, soulevés par l'opposition après chaque révolte, M. Dupin fût autorisé à dire : « Il n'éclate pas un désordre, on ne voit pas une émeute, qui ne trouvent dans la Chambre des excuses et des apologies. » Et il demandait « comment pouvait marcher le gouvernement, quand, dans la représentation nationale, la première impulsion était de donner tort à l'autorité et de donner raison au désordre ».

Cette détestable tactique n'était pas suivie seulement par les ennemis de la monarchie; elle était aussi celle de la partie de la gauche qui se piquait de constituer une opposition dynastique. Nous l'avons déjà vue, dans les questions étrangères, tout en se défendant de désirer la guerre, seconder ceux qui y poussaient; de même, à l'intérieur, tout en ne voulant pas la république, elle ne semblait avoir d'autre rôle que de couvrir les républicains, de plaider leur innocence, ou au moins leur innocuité, de détourner d'eux la responsabilité et l'irritation, pour les rejeter toutes sur le gouvernement. Écoutez son principal orateur, M. Odilon Barrot : « On vient nous parler des troubles, des émeutes, des républicains. Est-ce que c'est là la véritable cause du malaise du pays? J'ai plus de confiance que vous dans la force de nos institutions, dans le bon sens national. Jamais je n'ai partagé vos terreurs, jamais je ne me suis associé à cette politique de la peur[1]. » Il ajoutait que ce malaise venait uniquement de la politique méfiante et réactionnaire de Périer. Au lendemain des émeutes, il se plaignait qu'on eût employé la violence au lieu de « borner les moyens de répression » à cette « force morale », à cette « persuasion[2] », dont lui-même avait fait un si heureux et si honorable usage, lors du procès des ministres et du sac de Saint-Germain l'Auxerrois.

[1] Un peu plus tard, M. Barrot s'est-il fait une idée plus juste du parti républicain? Toujours est-il qu'en avril 1832, il crut devoir écrire une lettre publique pour se distinguer de ce parti. (O. Barrot, *Mémoires*, t. I, p. 213.)

[2] Voyez la plaidoirie de M. Barrot pour le *National*, après l'émeute du 14 juillet 1831, ou son discours à la Chambre, dans le débat qui suivit les événements de Grenoble, 20 mars 1832.

Casimir Périer tenait tête à tous ces adversaires, qu'ils fussent violents ou lâches, perfides ou niais. A ceux qui se laissaient entraîner hors de l'opposition constitutionnelle, il adressait cet avertissement que les partis de gauche ont si souvent mérité en France : « Qu'il me soit permis de dire à l'opposition qu'il n'y a, dans cette voie, ni présent ni avenir pour elle; de lui dire que ce n'est pas à de telles conditions qu'on se prépare à gouverner; qu'elle ne s'aperçoit pas que, si elle avait le malheur d'arriver ou de retourner au pouvoir par ces voies de destruction, par cette route couverte de ruines, elle aurait brisé elle-même d'avance ses moyens d'action et de force. Elle ne gouvernerait pas, elle serait gouvernée; car elle n'aurait derrière elle que des passions pour la pousser au lieu de convictions pour la soutenir. Tout gouvernement lui serait impossible, parce qu'elle aurait professé l'opinion qu'il ne faut pas gouverner notre révolution, mais la suivre, et qu'une révolution que l'on suit ne s'arrête jamais que dans l'abîme. » Contre ceux qui osaient l'accuser d'avoir fait faire l'émeute par la police, le ministre se portait à son tour accusateur : « Messieurs, s'écriait-il, il y va, non pas de notre honneur, que nous croyons, que vous croyez sans doute placé à l'abri de ces accusations, mais il y va de l'honneur de l'accusateur lui-même... C'est nous, à notre tour, qui l'interpellons... C'est nous qui venons, à notre tour, le sommer de répondre, au nom des lois, au nom de l'honneur. »

Spectacle émouvant et parfois grandiose que celui de cet homme, soutenant la lutte à la fois sur tous les terrains. Considérez-le, par exemple, à l'une des heures les plus tragiques de son ministère, en septembre 1831, quand la nouvelle de la prise de Varsovie a soulevé l'émeute dans Paris, mis la Chambre en feu, et que l'on peut se demander si, dans le trouble général, le gouvernement ne sera pas abandonné par une partie de ses défenseurs. La foule s'est ameutée, tumultueuse, menaçante, devant le ministère des affaires étrangères. Tout à coup, la porte s'ouvre, et un coupé sort. La populace, qui y reconnaît le président du conseil et le général Sébastiani, se précipite et arrête la voiture. Les ministres mettent pied à terre. Périer, pâle de colère, l'œil en feu, marche vers les plus animés. « Que voulez-vous? — Vive la Pologne! nous voulons nos libertés. — Vous les avez, qu'en faites-vous? Vous venez ici m'insulter, me menacer, moi, le représentant de la loi qui vous protége tous! » Et comme la foule hurlait : « Les ministres! les ministres! » — « Vous demandez les ministres! s'écrie Périer, les voici. Et vous, qui êtes-vous, prétendus amis de la liberté, qui menacez les hommes chargés de l'exécution des lois? » L'accent dominateur de sa voix, son regard, sa haute stature, saisissent les émeutiers, qui s'écartent et laissent les deux ministres entrer à la chancellerie.

Suivez, dans ces mêmes journées, le président du Conseil à la Chambre, où M. Mauguin reprend les attaques de la rue. Périer « arrive dans la salle des séances, raconte un témoin [1], couvert d'une longue redingote grisâtre, semblable au vêtement historique de Napoléon, jette, d'un geste menaçant son portefeuille sur son pupitre, se croise les bras, comme pour défier ses ennemis de venir jusqu'à lui. Son air est si imposant, que sa petite cour, qui d'ordinaire lui faisait cortége à son entrée, reste immobile sur ses places, et que M. Thiers lui-même, qu'on voyait voltiger sans cesse autour du banc des ministres, s'arrête à moitié de la route. » Il y a, dans l'attitude de Périer, sur son visage, quelque chose de ce qui tout à l'heure a fait reculer l'émeute. Par moments, il se lève pour aller donner des ordres aux officiers qui viennent lui apporter des nouvelles. « Je sors aussi pour le voir, raconte le même témoin; il est nuit déjà, et je le trouve, dans l'enceinte extérieure, pressant la main de plusieurs officiers de la garde municipale et de la grosse cavalerie qui l'entouraient, et leur disant d'une voix forte : « A la vie et à la mort, messieurs! C'est notre affaire à « tous. On ne nous épargnerait pas plus les uns que les « autres! » Vous jugez de la reponse. C'est un bruit de sabres et d'éperons, un cliquetis d'armes et de jurements. » Puis le

---

[1] M. LOÈVE-VEIMARS, *Lettres sur les hommes d'État de la France.*

ministre rentre dans la salle, et, pour ranimer ses troupes parlementaires comme il vient de faire des autres, il monte à la tribune. Son émotion et sa colère sont telles, qu'au premier moment il a peine à parler ; il reste à la tribune, l'œil étincelant, les narines ouvertes, soufflant comme un lion qui se prépare à combattre. Enfin la parole parvient à se frayer un passage, et jaillit vibrante, brève, saccadée : phrases un peu incohérentes, où l'orateur fait entrer on ne sait trop comment le cri de : Vive le Roi ! et de : Vive la France ! « Délibérez tranquillement, messieurs, dit-il en terminant ; tant que le pouvoir nous sera confié, nous saurons le défendre et le faire respecter par les factieux. » C'est peu de chose, mais rien n'est plus « imposant », dit encore notre témoin ; « l'émotion de Casimir Périer, la chaleur de son apostrophe, l'impossibilité où il est de parler d'une manière suivie, le poing qu'il lève avec fureur contre les bancs de l'opposition, le danger qu'il a couru le matin de ce même jour où il a failli périr sur la place publique, le bruit du tambour et les rumeurs qu'on entend au dehors, tout, jusqu'à l'obscurité qui règne dans la salle, contribue à faire de ce moment l'une des scènes les plus solennelles de notre histoire parlementaire ». Et quel est l'enjeu de cette terrible partie ? Il ne s'agit pas d'une lutte de rhéteurs ou d'un conflit d'ambitieux se rencontrant sur quelque problème factice, comme il arrive parfois dans les assemblées politiques. Ordre ou anarchie, paix ou guerre, telle est l'alternative. La cause que Périer tient en main, c'est le salut de la France et le repos du monde.

Vainement le ministre remporte-t-il une victoire, le lendemain tout est à recommencer, et il doit de nouveau faire face aux mêmes attaques : le dégoût qu'il en éprouve ne lasse pas son courage. A la suite de la sanglante révolte de Lyon, M. Mauguin tente encore d'innocenter les révoltés pour charger le gouvernement ; et trouvant sans doute, dans le cas particulier, sa cause trop mauvaise, il réveille toutes les méchantes querelles soulevées à propos des émeutes précédentes, notamment la prétendue histoire des bandes « d'assommeurs » embrigadés par la police lors des troubles du 14 juillet. Périer répond; sa voix est frémissante, sa lèvre trahit son mépris et sa colère. Pâle, épuisé, c'est à croire, en plus d'un moment, qu'il ne pourra continuer; mais sa passion et les applaudissements d'un auditoire auquel il a communiqué son indignation lui redonnent chaque fois comme un nouvel élan. Le débat dure plusieurs jours, le ministre n'a voulu laisser aucune calomnie, sans en faire justice; puis, avant de descendre de la tribune, il dit avec une fierté mélancolique : « Je persiste à défendre notre politique, la vôtre, non nos personnes. Car il faut le dire enfin (et après cette triste explication, j'en éprouve plus que jamais le besoin), il faut dire, permettez-le-moi une seule fois, que jamais je n'ai désiré le pouvoir, qu'entré aux affaires en homme de cœur, je n'ai d'autre ambition que d'en sortir en homme d'honneur; que je demande, que j'ai droit de demander à mon pays son estime, parce que ma conscience me dit que je l'ai méritée. » — « Oui! oui! bravo! » crie-t-on des bancs de l'assemblée et même des tribunes, où le public n'a pu contenir son émotion. M. Odilon Barrot tâche de couvrir la retraite de l'opposition, en engageant la Chambre à se montrer « indulgente » pour le ministre. « Je n'accepte pas votre indulgence, je ne demande que justice », s'écrie dédaigneusement Périer; et la Chambre lui rend cette justice, en votant à une immense majorité l'ordre du jour qu'il demandait[1].

De telles luttes étaient singulièrement douloureuses à celui qui en portait le poids. Périer avait des heures d'abattement. Toute provocation de l'ennemi, toute attaque mettant son honneur en jeu et son courage en demeure, lui faisaient aussitôt relever la tête. Seulement, au prix de quelles fatigues, de quelles souffrances, pour cet homme déjà malade avant de prendre le pouvoir! Plus d'une fois, baigné de sueur, la voix altérée, le corps défaillant, il était obligé de s'interrompre et même de quitter la séance, comme faisait, quelques années auparavant, cet autre héroïque malade, M. de Serre. L'opposition semblait prendre un plaisir cruel à entretenir chez le

---

[1] 21 décembre 1831.

ministre une irritation qui l'usait. M. Mauguin, surtout, s'attachait à cette œuvre meurtrière. C'était lui qui, avec sa faconde présomptueuse, engageait les campagnes, interpellant, pérorant à toute occasion, ressassant les mêmes déclamations. Il s'était constitué l'antagoniste personnel de Périer, antagoniste indigne, mais qui n'était pas, hélas! inoffensif. Il s'acharnait après lui avec une ténacité froide et méchante; sa main sûre le dardait de ses traits envenimés. « J'ai piqué le taureau », disait-il. Au lieu de répondre par le mépris, le ministre bondissait sous la blessure, s'épuisait en colère impétueuse, livrant son âme, là où l'autre ne jouait que de son esprit, et se fatiguait à frapper à coups de massue sur l'ennemi mobile qui se dérobait, en souriant d'avoir torturé une si noble victime. Victime en effet! Chaque heure de ces débats rapprochait de la tombe l'homme dont la vie était si précieuse à la France.

CHAPITRE V

LES LIEUTENANTS DE CASIMIR PÉRIER

(Mars 1831 — mai 1832)

I. Casimir Périer sait grouper autour de lui les orateurs les plus considérables. M. Dupin. Son importance à cette époque. Sa fidélité et sa résolution au service de Périer. Ses rancunes contre le parti révolutionnaire et ses inquiétudes personnelles. Caractère de sa résistance. — II. M. Guizot. Ce qu'était alors son talent oratoire. Champion décidé de la résistance. Sa préoccupation des principes. Sa thèse sur l'origine de la monarchie nouvelle. Son impopularité. Ce que pensaient de lui le Roi et Périer. — III. M. Thiers. Ses variations au lendemain de 1830. Successivement collaborateur du baron Louis et de M. Laffitte. Défenseur ardent de Casimir Périer. Son défaut d'autorité. En quoi sa conception de la monarchie différait de celle de M. Guizot. Son discours en faveur de la pairie. Ses débuts oratoires. Il est très-attaqué par la gauche. La supériorité de talent est du côté du ministère.

I

La lutte que Casimir Périer soutenait dans le Parlement, pour l'ordre intérieur et la paix de l'Europe, était vraiment son œuvre propre ; il en avait pris l'initiative, gardé la direction ; il lui avait imprimé la marque de son caractère, de son tempérament et de sa volonté. Il serait injuste cependant d'oublier ceux qui le secondaient efficacement dans ces débats. Tels étaient d'abord les autres ministres, tous zélés, courageux, dociles, quelques-uns orateurs de mérite, mais si manifestement commandés, dominés, absorbés par leur chef, que leur personnalité en était un peu effacée. Périer rencontrait, en dehors du cabinet, ses auxiliaires les plus importants. Il avait su faire accepter son autorité, non-seulement aux simples soldats, mais, ce qui est plus rare, à ceux qui, par leur situation et leur talent, pouvaient justement se croire des chefs. On sait de quelle difficulté il est, en temps de guerre, de trouver, pour le commandement supérieur, un général dont ses camarades et même ses anciens acceptent la prééminence sans envie ni indocilité. Périer était, dans les combats parlementaires, un de ces chefs d'armée incontestés. Autour de lui se groupaient tous les hommes considérables de l'opinion conservatrice, divers d'origine, de tendance et de nature, destinés après lui à se jalouser, à se diviser et à se combattre, mais consentant, pour le moment, à être ses lieutenants, se dépensant, s'exposant autant que s'ils étaient eux-mêmes au pouvoir, et ne connaissant alors entre eux d'autre rivalité que celle du dévouement au ministère et à sa politique. Au premier rang, il convient de nommer M. Dupin, M. Guizot et M. Thiers.

On peut être aujourd'hui surpris de voir M. Dupin placé à côté des deux autres; mais, en 1831, il n'avait pas encore été distancé par M. Guizot et M. Thiers, qui n'en étaient qu'à leurs débuts parlementaires. L'âge de M. Dupin, — il avait quarante-sept ans, — le renom qu'il avait acquis au barreau, le rôle qu'il avait joué dans les assemblées politiques depuis 1828, et même dès 1815, pendant les Cent-Jours, lui assuraient une sorte de supériorité et faisaient de lui l'un des personnages les plus importants de la Chambre. Périer aurait désiré l'avoir pour collègue; lors de la formation du cabinet, il lui avait proposé, sans succès, d'être garde des sceaux. L'offre avait été renouvelée à l'occasion de la crise ministérielle, un moment ouverte en août 1831. Tout en refusant de prendre aucun portefeuille, M. Dupin avait promis un concours auquel le président du Conseil attachait le plus grand prix. Toutes les fois que la lutte devenait un peu chaude : « Parlez, parlez, Dupin », disait Périer. Aussi, peu d'orateurs ont pris une part plus active aux débats de cette époque. Son talent était alors en pleine maturité; toujours les mêmes qualités qui s'étaient manifestées déjà dans les Chambres de la Restauration[1] : don d'improvisation

---

[1] Voyez le *Parti libéral sous la Restauration*, p. 421 à 424.

prompte et brusque, souple dans sa rudesse; verve caustique, d'une familiarité vigoureuse, procédant à coups de boutoir pour l'attaque comme pour la défense; pensée courte, superficielle, mais parfois saisissante; façon de trouver un tour vif et pittoresque pour les idées vulgaires, et de donner ainsi une sorte d'originalité à ce que sent et dit tout le monde [1]; saillies de franc et sain bon sens contre la sottise et la déclamation démocratiques.

Pendant toute la durée du ministère, M. Dupin le défendit et le servit avec une fidélité et une résolution assez rares de la part de cet esprit égoïste, ombrageux et mobile, qui se montrera bientôt si rétif à toute discipline, si facilement effarouché de toute solidarité et de toute compromission. C'est que le danger se présentait alors, comme plus tard en 1848, sous la forme tangible et matérielle qui seule touchait M. Dupin. C'est aussi que ce dernier était sous l'empire d'une inquiétude et d'un ressentiment personnels. Avait-il, par quelqu'une de ses boutades, blessé au vif la vanité révolutionnaire? Toujours est-il que dès le lendemain des journées de Juillet, entre les hommes de la politique de résistance, il avait été l'un des plus maltraités dans les journaux, les caricatures et les clubs. L'avocat « libéral » et « gallican », hier encore en pleine jouissance de la popularité facile qu'il avait gagnée en plaidant pour Béranger et le *Constitutionnel*, en pourfendant les aristocrates ou le « parti prêtre », avait été fort troublé de se voir, à son tour, tympanisé comme réactionnaire, courtisan et même « jésuite »; aussi sous ce titre : *Réponse aux calomnies*, avait-il publié une brochure apologétique, sûr moyen d'exciter encore plus l'animosité de ses détracteurs et de piquer au jeu leur malice. Il en était venu à se croire menacé dans sa vie et à se faire protéger par des agents de police [2]. Le *Journal des Débats* déplorait de le voir ainsi « persécuté », et le *Temps* croyait faire « acte de

---

[1] « J'aime tant le naturel, disait M. Thiers, qu'il n'est pas jusqu'à ce plat de Dupin à qui je ne pardonne toujours parce qu'il est naturel. » (SAINTE-BEUVE, *Notes et Pensées*, t. XI des *Causeries du lundi*.)

[2] DUPIN, *Mémoires*, t. II, p. 304.

courage », en osant le louer. Dans la soirée du 14 février 1831, après le sac de Saint-Germain l'Auxerrois, une bande avait cherché à envahir sa maison, aux cris de : « Dupin est un carliste, un jésuite! A mort! Nous voulons sa tête! »

Si conservateur et si « résistant » que M. Dupin se montrât sous l'empire de la peur et de l'irritation, il l'était avec je ne sais quoi d'un peu court et incomplet, qui était la marque de sa nature. Pendant les journées de Juillet, par prudence plus que par scrupule, il avait été l'un des plus timides et des plus lents à s'associer au mouvement; la révolution une fois faite, il avait voulu la limiter; toutefois, loin de chercher à rattacher la royauté nouvelle à l'ancienne, il prétendait l'en distinguer et la rabaisser, sinon au niveau démocratique, du moins au niveau bourgeois. Nul ne combattait avec plus d'insistance ce qu'il appelait la « quasi-restauration » et la « quasi-légitimité de l'école doctrinaire. Repoussant la souveraineté populaire comme la tradition monarchique, il avait sur l'origine de ce qu'il appelait, dans un langage peu royal, l' « établissement de 1830 », une thèse, non de jurisconsulte, mais de procureur, nullement faite, ni dans le fond ni dans la forme, pour augmenter le prestige, la dignité et la solidité de cet « établissement ». Dans toutes les discussions contre le parti révolutionnaire, il ne parlait que la langue de l'intérêt égoïste, subalterne; reprochant surtout à l'émeute de faire « fermer les boutiques »; opposant à la propagande belliqueuse la formule peut-être sensée, mais un peu étroite, du « chacun chez soi »; souvent vulgaire alors même qu'il était dans le vrai, ce qui faisait dire au duc de Broglie : « Argumenter à la Dupin par des raisons de coin de rue [1]. » Mais, jusque par ses défauts, cet orateur n'était-il pas plus apte que tout autre à se faire entendre d'une partie de l'opinion victorieuse, à éveiller ses alarmes et sa colère, à la retourner contre le parti révolutionnaire, sans cependant s'élever à des régions où il n'eût pas été suivi et dont la hauteur eût même paru suspecte?

[1] *Papiers inédits.*

II

Agé de quarante-trois ans, M. Guizot avait seulement quelques années de moins que M. Dupin. L'éclat de son enseignement à la Faculté des lettres, le rôle politique qu'il avait joué pendant la Restauration à côté de ses amis les doctrinaires, son passage au ministère de l'intérieur après 1830, tout contribuait à le mettre en vue. Cependant, entré dans la Chambre seulement en janvier 1830, il y était encore trop nouveau pour être en pleine possession de son talent oratoire. De ses années de professorat, il avait gardé, avec un ensemble de connaissances qu'on eût vainement cherché chez ses rivaux politiques, des habitudes de parole qui ne convenaient pas toutes aux débats du Parlement. Il y a loin, en effet, d'un monologue en Sorbonne, préparé à loisir, écouté avec déférence, au dialogue imprévu et violemment contredit de la tribune. M. Guizot s'en aperçut, et tout en s'étudiant à une transformation dont il sentait la nécessité mieux qu'il n'en avait peut-être précisé d'abord toutes les conditions, il se tenait un peu sur la réserve, tâtait le terrain avant de s'engager, et ne faisait pas emploi de tous les trésors d'éloquence qu'il possédait, mais que lui-même ne connaissait pas encore complétement. Il n'en était pas moins, dès cette époque, l'un des premiers orateurs de la Chambre, laissant voir en germe ces qualités rares qui s'épanouiront bientôt, ce je ne sais quoi de sévère et de passionné, cette voix et cette action si belles, ce don de tout généraliser et de tout élever, cet accent qui dominait l'auditoire, non par une énergie impétueuse et emportée comme celle de Périer, mais par une assurance austère et dogmatique.

La place de M. Guizot était naturellement marquée parmi les défenseurs du ministère. Dès le lendemain de la révolution, après quelques incertitudes, il s'était posé en champion de la politique de résistance; il avait commencé le 25 septembre 1830, lors du débat sur les clubs, et avait ensuite marqué davantage cette attitude à mesure qu'avec M. Laffitte apparaissaient plus manifestes les périls et les misères du laisser-aller [1]. Il a raconté plus tard l'évolution qui s'était alors accomplie dans son esprit; il a dit comment il avait été épouvanté et illuminé au spectacle des suites de Juillet, de « cette société attaquée de toutes parts, impuissante à se défendre, et près de se dissoudre » ; à la vue de ce « vaste flot d'idées insensées, de passions brutales, de velléités perverses, de fantaisies terribles, s'élevant, grossissant de minute en minute, et menaçant de tout submerger sur un sol qu'aucune digue ne défendait plus » ; à « cette révélation soudaine des abîmes sur lesquels vit la société, des frêles barrières qui l'en séparent, et des légions destructives qui en sortent dès qu'ils s'entr'ouvrent » ; « c'est à cette heure, ajoutait-il, que j'ai appris les conditions vitales de l'ordre social, et la nécessité de la résistance pour le salut [2]. » Dès lors il ne les oubliera plus, sauf en 1839, pendant le malheureux intermède de la coalition. Sous le ministère Périer, nul ne dénonçait avec un accent plus alarmé le péril social et l' « anarchie croissante [3] »; nul ne prenait plus hardiment à partie la faction révolutionnaire et républicaine [4]; nul ne défendait plus

---

[1] « La liberté, s'écriait alors M. Guizot, est née quelquefois après les révolutions, et je ne doute pas qu'elle ne vienne après la nôtre, de même que l'ordre est venu quelquefois après le despotisme; mais l'esprit de révolution, l'esprit d'insurrection est un esprit radicalement contraire à la liberté. » Il montrait la cause de cette « anarchie croissante de la société et des esprits » dans « ces restes d'idées, de passions et d'habitudes anarchiques, venues soit de la Révolution française, soit des tentatives continuelles de complots, de conspirations contre le gouvernement déchu ». (Discours des 28 novembre, 29 décembre 1830 et 27 janvier 1831.) Quelques mois auparavant, le ministère dont M. Guizot était un des membres importants, s'était associé officiellement à une manifestation en place de Grève, qui était une réparation solennelle faite à la mémoire des « sergents de la Rochelle » condamnés, en 1822, pour conspiration.

[2] *La Démocratie en France*, par M. Guizot (1849).

[3] Discours du 5 octobre 1831.

[4] M. Guizot définit ainsi ce parti : « *Caput mortuum* de ce qui s'est passé chez nous de 1789 à 1830, collection de toutes les idées fausses, de toutes les mauvaises passions, de tous les intérêts illégitimes qui se sont alliés à notre glorieuse révolution et qui l'ont corrompue quelque temps, pour la faire échouer aussi quelque temps. » (Discours du 11 août 1831.)

vigoureusement la paix contre les témérités belliqueuses [1] ; nul ne posait plus nettement la question entre les deux politiques, entre « la timidité qui ménage le mauvais parti et la franchise qui le combat ouvertement [2] ».

Au milieu de conservateurs qui étaient alors presque tous plus ou moins empiriques et hommes d'expédient, M. Guizot avait cette originalité, qu'il se préoccupait des principes. Il déclarait redouter plus encore l'anarchie des idées que celle des faits ; ne croyait pas tout fini quand on s'était attaqué à la seconde ; estimait que « le premier devoir d'un gouvernement » était de « résister, non-seulement au mal, mais au principe du mal, non-seulement au désordre, mais aux passions et aux idées qui enfantent le désordre ». Ne pouvant supprimer la révolution de Juillet ni répudier toutes ses conséquences, il aurait voulu au moins faire entre celles-ci un départ et en conserver le moins possible [3]. Il s'efforçait surtout de dégager la royauté nouvelle de l'origine élective que ses amis eux-mêmes semblaient disposés à lui attribuer. Dans la prétention des bourgeois qui croyaient avoir créé une dynastie et se rengorgeaient en parlant du « roi de leur choix », il ne voulait voir que « l'illusion d'une badauderie vaniteuse ». Avec quelle ingénieuse persévérance ne cherchait-il pas à imaginer une théorie plus monarchique qui pût s'adapter au compromis révolutionnaire de 1830, montrant dans Louis-Philippe non pas un roi « élu » ou « choisi », mais « un prince, heureusement trouvé près du trône brisé, que la nécessité avait fait roi », et qui, dès lors, héritait des droits historiques de la branche aînée [4] ! C'est ce qu'on a pu appeler, d'un mot que M. Guizot se défendait du

---

[1] Discours du 20 septembre 1831.
[2] Discours du 11 août 1831.
[3] M. Guizot devait écrire plus tard : « Un peuple qui a fait une révolution n'en surmonte les périls et n'en recueille les fruits que lorsqu'il porte lui-même sur les principes, les intérêts, les passions, les mots qui ont présidé à cette révolution, la sentence du jugement dernier, séparant le bon grain de l'ivraie et le froment de la paille destinée au feu. Tant que ce jugement n'est pas rendu, c'est le chaos ; et le chaos, s'il se prolongeait au sein d'un peuple, ce serait la mort. » (*La Démocratie en France*, 1849.)
[4] Voyez notamment le discours du 21 décembre 1831.

reste d'avoir jamais employé, la théorie de la « quasi-légitimité ». Sans doute, en pure logique, cette théorie avait bien des côtés critiquables, et il était malaisé de se maintenir sur un terrain si étroit et si fragile, entre les royalistes d'un côté, les révolutionnaires de l'autre. On avait donné prise aux attaques des uns et aux exigences des autres, le jour où l'on était une fois sorti du droit héréditaire. M. Guizot gémissait de cette faiblesse : « Ce qui nous manque, disait-il, c'est un point d'arrêt, une force indépendante qui se sente appelée à dire au mouvement révolutionnaire : Tu iras jusque-là, et pas plus loin. » Il doutait que la « royauté nouvelle » pût « suffire à cette tâche », parce « qu'elle était elle-même d'origine révolutionnaire [1] ». « Que faisons-nous depuis quinze mois? disait-il encore. Nous cherchons péniblement à retrouver les principes du gouvernement, les bases les plus simples du pouvoir. Cette révolution si légitime est si grave, qu'elle a ébranlé tous les fondements de l'édifice politique et que nous avons grand'peine à le rasseoir [2]. » Ces difficultés, douloureusement avouées, montrent, sans doute, une fois de plus, le prix dont il faut payer les révolutions; mais n'est-ce pas un spectacle intéressant que celui des efforts par lesquels M. Guizot, presque seul alors avec le duc de Broglie et quelques intelligences d'élite, tâchait ainsi d'arracher le gouvernement aux conséquences de son origine, ou tout au moins de les limiter? Ce n'est certes pas la tentative d'un esprit médiocre, et mieux vaut en louer le courage que se donner le facile plaisir d'y signaler quelques contradictions.

Cette tentative n'eut pas tout d'abord grand succès. Les vainqueurs de Juillet étaient plus portés à voir, dans la monarchie nouvelle, un compromis avec la révolution que l'héritière par substitution de la légitimité. La théorie de M. Guizot offusquait leurs petits instincts non moins que leurs grandes passions, leur vanité bourgeoise autant que leur orgueil démocratique. Aussi la dénonçaient-ils comme un retour à la Restauration;

---

[1] Discours du 5 octobre 1831.
[2] Discours du 21 décembre 1831.

accusation alors redoutable et qu'on cherchait à rendre plus plausible, en rappelant sans cesse les services rendus aux Bourbons par l'ami de M. Royer-Collard et de M. de Serre, le fameux voyage à Gand en 1815 et le concours donné aux ministres de Louis XVIII. M. Guizot ne semblait, d'ailleurs, rien faire pour retenir ou regagner la faveur publique. L'austérité simple de son intérieur, la dignité de sa tenue en imposaient aux plus ennemis; mais une sorte de sécheresse calviniste, plus visible à cette époque qu'elle ne le sera dans la sérénité de sa vieillesse, une roideur à laquelle il s'appliquait comme à une des conditions de la fermeté, tenaient les autres à distance; ceux-ci, même quand il cherchait à les élever jusqu'à lui, ne se sentaient pas pleinement à l'aise. On eût dit parfois qu'il mettait son point d'honneur à exposer avec une opiniâtreté dédaigneuse les idées qui étaient le moins dans le courant général, et son hautain dogmatisme irritait plus la gauche, effarouchait plus le centre que les emportements agressifs de Périer. Il était alors admis par tous que M. Guizot était impopulaire. Les conservateurs, dont nous connaissons la timidité de caractère et l'incertitude de doctrine, tout en l'admirant de braver ainsi le sophisme révolutionnaire, avouaient volontiers qu'ils le trouvaient un peu absolu et compromettant. On lui en voulait de signaler trop haut et trop tôt des périls qu'on eût voulu oublier ou au moins taire, et il entendait souvent murmurer à ses oreilles, — c'est lui qui le raconte dans ses Mémoires, — les paroles de Prusias à Nicomède : « Ah! ne me brouillez pas avec la république! »

Le Roi, qui, de lui-même et au début, n'avait pas cru possible de placer aussi haut l'origine de sa royauté, était trop intelligent pour ne pas comprendre de quel intérêt ce serait pour lui de voir prévaloir les idées de M. Guizot; et plus tard il lui dira sans cesse : « Vous avez mille fois raison, c'est au fond des esprits qu'il faut combattre le mal révolutionnaire; c'est là qu'il règne. » Mais, vers 1831, par crainte d'aliéner beaucoup de ses partisans, il n'osait approuver ouvertement le grand doctrinaire; il se bornait à lui témoigner son estime et à lui donner plus ou moins clairement à entendre qu'au fond ils étaient du même avis. Quant à Périer, s'il était par nature peu porté aux méditations philosophiques, et si, dans le combat qu'il soutenait, il ne s'inquiétait pas beaucoup des théories et des principes, il en sentait d'instinct la valeur, et était bien aise que d'autres s'en occupassent à côté de lui, au profit de sa cause, et sous son drapeau. Là même lui paraissait être l'avenir du parti conservateur. Il se considérait modestement comme un précurseur, un chef d'avant-garde chargé de déblayer le terrain : « Je ne suis, disait-il à M. Guizot, qu'un homme de circonstances et de lutte ; la discussion parlementaire n'est pas mon fort. Vous reviendrez un jour ici, à ma place, quand le duc de Broglie ou le duc de Mortemart ira aux affaires étrangères. » Un autre jour, prévoyant l'heure où il ne pourrait continuer sa tâche : « Je ne m'en irai pas sans m'être donné des successeurs qui comprennent et qui veuillent conserver ce que j'ai fait. » Là-dessus, il entra dans de longs détails sur quelques-uns de ses alliés, les drapant de main de maître : « Ce n'est pas avec ces hommes-là, ajouta-t-il, qu'on peut faire un gouvernement. Je sais que les doctrinaires ont de grands défauts et qu'ils n'ont pas l'art de se faire aimer du gros public ; il n'y a qu'eux pourtant qui veuillent franchement ce que j'ai voulu. Je ne serai tranquille qu'avec Guizot. Nous avons gagné assez de terrain pour qu'il puisse entrer au pouvoir : ce sera ma condition [1]. »

III

M. Thiers était plus jeune que M. Guizot et M. Dupin ; il n'avait que trente-quatre ans. Sa notoriété, cependant, était déjà grande. L'initiative audacieuse que, simple journaliste, il avait prise dans les journées de Juillet, la part qu'il avait eue au renversement des Bourbons et à l'élévation du duc d'Orléans,

---

[1] Guizot, *Memoires*, t. II, p. 237, 313.

l'avaient mis fort en lumière et désigné pour jouer un rôle dans le gouvernement nouveau ; le talent ne lui manquait pas, et il n'était pas d'humeur à se laisser oublier. Seulement de quel côté se rangerait-il? Rien, dans son passé, n'avait fait prévoir qu'il serait un jour, à côté de Périer, l'un des champions de la politique de résistance. Son attitude sous la Restauration [1], ses livres, ses articles de journaux, ses amitiés semblaient plutôt le destiner à être l'allié de La Fayette, de Laffitte, de Barrot, de Carrel, de tous ceux qui voulaient pousser à gauche la monarchie de 1830. Au lendemain même de la révolution, il fut d'abord difficile de voir où se fixerait cette étoile déjà brillante, mais singulièrement mobile. Une seule chose apparut nettement, c'est que, de journaliste d'avant-garde, M. Thiers voulait passer homme d'État; las de la vie d'écrivain et d'opposant dont il avait rapidement épuisé toutes les satisfactions, il avait soif de mettre la main aux affaires, de dépouiller des dossiers, de faire jouer les ressorts administratifs, de donner des ordres au lieu d'écrire des articles, d'agir au lieu de parler. Était-ce seulement chez lui une ambition que son intelligence d'ailleurs justifiait, ou cette impatience de posséder, de jouir et de commander, fréquente chez ceux qui, partis de rien, sont les propres artisans de leur fortune ? C'était peut-être plus encore une sorte de curiosité : curiosité toute vive, alerte, souple, active jusqu'à en être un peu brouillonne, audacieuse, parfois téméraire, avec des côtés presque ingénus et enfantins, en belle humeur de tout connaître, de tout manier, de parler sur tout, s'amusant à découvrir même ce qui était connu auparavant; qualité ou défaut qui demeurera jusqu'à la vieillesse l'un des caractères dominants de cette vie si changeante et de cette nature toujours si jeune.

Sous le premier cabinet, M. Thiers, nommé conseiller d'État, avait été détaché auprès du baron Louis pour remplir des fonctions analogues à celles d'un secrétaire général. Les circonstances lui avaient ouvert les finances; il s'y était jeté. Il se fût

---

[1] Sur le rôle de M. Thiers avant 1830, voyez le *Parti libéral sous la Restauration*, p. 201, 457, 465, etc.

jeté aussi bien et même plus volontiers dans les affaires étrangères ou militaires, prêt à tout, même à commander une armée, se croyant assuré de réussir partout, parce qu'il se sentait capable de tout comprendre et de tout expliquer. Bien que, par ce début, il eût été le collaborateur intime d'un ministre ouvertement dévoué à la résistance, il faut croire que son choix personnel n'était pas encore définitivement fait entre les deux politiques, car à peine, en novembre 1830, lors de la dissolution du premier cabinet, s'était-il retiré avec le baron Louis, qu'il rentrait avec M. Laffitte, ayant cette fois le titre formel de secrétaire général du ministère des finances. Sa position était même devenue beaucoup plus importante. Le baron Louis n'était pas un de ces ministres fainéants qui tolèrent un maire du palais; M. Thiers, qu'il traitait avec une bienveillance protectrice, n'avait eu auprès de lui qu'un rôle subalterne et contenu, profitable à son instruction, mais ne donnant pas satisfaction à son goût d'initiative. M. Laffitte, au contraire, vaniteux et indolent, était prêt à laisser entière liberté à qui lui épargnerait l'ennui du travail : le jeune secrétaire général en profita pour toucher à tout avec une hardiesse, intelligente sans doute, mais singulièrement inexpérimentée. Cette vie l'amusait par sa nouveauté et son activité, ce qui ne l'empêchait pas de se plaindre déjà qu'on lui eût fait « abandonner ses études, perdre son repos, et échangé une situation tranquille et sûre contre une situation agitée et précaire [1] ». Bien que M. Thiers fût parvenu à saisir une petite part du gouvernement, on ne le prenait pas encore beaucoup au sérieux. On le jugeait volontiers outrecuidant et peu sûr. Ses discours n'avaient pas grand

---

[1] Il est difficile de prendre au sérieux ce regret de « ses chères études » que M. Thiers s'est plu à témoigner jusqu'au dernier jour. Il avait, au contraire, la passion de l'action. Un jour, en 1852, causant avec M. Senior, il se plaignait de n'être plus rien. — « Mais, interrompit son interlocuteur, n'est-ce donc rien, après avoir été l'un des deux premiers hommes d'État, d'être encore l'un des premiers écrivains du pays? — Écrire, répondit M. Thiers, est peu de chose, quand on a été habitué à agir. Je donnerais dix bonnes histoires pour une bonne session ou pour une bonne campagne militaire. » Il a dit un autre jour : « Que l'homme soit ou ne soit pas destiné au bonheur, il est certain, du moins, que jamais la vie ne lui est insupportable, lorsqu'il agit fortement; alors il s'oublie. ».

succès. Dans la Chambre, on reprochait à M. Laffitte la confiance qu'il témoignait à son secrétaire général. N'a-t-on pas raconté que quand le ministre voulait faire passer un projet contesté, il croyait prudent de promettre que M. Thiers ne le défendrait pas en qualité de commissaire? Les ennemis de ce dernier répandaient même, sur sa probité administrative, des accusations absolument calomnieuses que son renom de légèreté, son défaut de tenue, et surtout son fâcheux entourage, firent accueillir trop facilement par une partie du public.

M. Thiers était-il définitivement engagé à la suite de M. Laffitte dans la politique de laisser-aller? Divers symptômes eussent pu alors le faire croire. Il se montrait, disait-on, d'un patriotisme presque belliqueux, et professait la stratégie révolutionnaire aux vieux généraux qui fréquentaient les salons de son ministre. Il passait pour avoir regardé d'un œil indifférent, presque complaisant, le sac de l'archevêché[1]. D'autre part, cependant, il avait eu soin de ne pas se compromettre publiquement dans les questions de politique générale : il ne parlait que rarement à la tribune et se renfermait dans les questions spéciales de son ministère. Plus M. Laffitte se discréditait, plus son secrétaire général gardait de réserve. Au dernier jour, quand le Roi, embarrassé d'avoir à rompre, ne savait comment faire comprendre à son ministre qu'il devait se retirer, M. Thiers se chargea de la commission. Enfin, il fit si bien, qu'après la constitution du ministère du 13 mars, il se trouva, grâce à une nouvelle et rapide conversion, au rang de ses plus ardents défenseurs; combattant, par la plume et la parole, aussi bien les anarchistes du dedans que les belliqueux du dehors, fort assidu auprès de Périer et ne mettant plus les pieds chez M. Laffitte. Tout est curieux dans les commencements d'un homme qui va jouer si vite un rôle si considérable; c'est pourquoi nous avons noté ces premières évolutions que nous ne songeons pas, du reste, à juger bien sévèrement. Cette jeune ambition cherchait encore sa voie, et les tâtonnements étaient

---

[1] Nous avons déjà eu occasion, en parlant de l'émeute des 14 et 15 février 1831, de signaler l'étrange attitude de M. Thiers en cette circonstance.

explicables. Qui donc aurait pu lui jeter la pierre, dans l'étrange confusion de ce lendemain de révolution, alors que les partis étaient si mal classés, que les hommes politiques savaient si peu ce qu'ils voulaient, et que presque tous les ministres de Casimir Périer venaient d'être les collègues de M. Laffitte? Toutefois, l'incertitude de ce début nuisait au crédit de M. Thiers auprès des conservateurs ; ceux-ci ne s'habituaient qu'avec quelque peine à le regarder comme un des leurs. Périer se servait de lui, appréciait ses ressources d'orateur ou d'écrivain, et était bien aise de pouvoir en disposer, mais sans l'admettre au même rang, ni le traiter avec les mêmes égards que M. Guizot ou M. Dupin. S'il faut en croire un témoin peu bienveillant et suspect par plus d'un côté, le président du Conseil ne dissimulait pas son agacement quand, à la tribune, M. Thiers disait « nous », en parlant du ministère. Ce témoin prétend même qu'un jour, M. Mauguin ayant appelé M. Thiers « l'organe du gouvernement », Périer, hors de lui, se serait écrié assez haut pour être entendu : « Ça, un organe du gouvernement ! M. Mauguin se moque de nous [1] ! » Le *National*, énumérant, en juillet 1831, « les trois grandes renommées conservatrices derrière lesquelles se rangeaient ses adversaires », nommait MM. Périer, Dupin et Guizot ; il ne jugeait pas à propos de citer M. Thiers, alors moins considérable et surtout moins considéré.

Tout en se mettant, sans compter, au service de la politique de résistance, nouvelle pour lui, M. Thiers conservait quelque chose de son propre passé. On remarquait en lui une affectation à accompagner d'une certaine rhétorique révolutionnaire des conclusions pratiquement conservatrices. Il louait les conventionnels d'avoir « régénéré la France » et se vantait d'avoir été leur apologiste, au moment où il tâchait d'empêcher qu'on ne suivît leur exemple ; il rachetait toute attaque contre les républicains par des invectives bien autrement âpres contre

---

[1] Loève-Veimars, *Revue des Deux Mondes*, 15 décembre 1835. — Le même écrivain a prétendu que M. Thiers recevait de Périer une somme de 2,000 francs par mois, prise sur les fonds secrets. Cette assertion, reproduite par d'autres, n'a pas été, à notre connaissance, démentie. Toutefois, ce témoignage n'a pas assez d'autorité pour que nous regardions le fait comme établi.

la Restauration et ses partisans. Il ne cherchait pas, comme M. Guizot, à rétablir les doctrines ébranlées ou détruites par la révolution. Plus attentif par nature au succès qu'aux principes, dédaignant même ceux-ci avec une sorte d'impertinence étourdie, n'en prenant, du moins, que ce qui était dans le courant vulgaire et ne pouvait devenir gênant, il se fût volontiers proclamé en 1831, comme il le fera plus tard en 1846, « le très-humble serviteur des faits ». Pourquoi, du reste, eût-il travaillé à rendre à la monarchie ce que Juillet lui avait retiré? Ce qui lui importait, c'était que toute autorité fût subordonnée à la majorité parlementaire dont il comptait bien devenir le meneur et le mandataire. Tels étaient pour lui la raison d'être, le sens et le résultat de la révolution. Il repoussait vivement la théorie de la souveraineté populaire, mais pour y substituer ce qu'il appelait « la souveraineté de la majorité ». Il ne regrettait pas que la secousse de 1830 eût arraché à la monarchie tout pouvoir distinct et antérieur qui lui eût permis de traiter la majorité en inférieure ou seulement en égale; c'est pour cela, disait-il, qu'il « fallait forcément une atteinte à la légitimité », qu'il « fallait rompre la ligne des préjugés royaux, prendre une dynastie fondée sur un droit nouveau » et ayant tout reçu de « la volonté nationale ». « Si cette royauté, ajoutait M. Thiers, est aux Tuileries, comme l'ancienne, elle y est pour prouver que les Tuileries étaient à nous et que nous avons pu les lui donner; elle y est, mais tout le monde peut y entrer et l'y voir[1]. » Conception bien différente de celle de M. Guizot! La royauté n'est plus, pour M. Thiers, cette institution permanente créée par les siècles, qui a été de tout temps le moteur principal de la vie nationale, et qui trouve prestige et puissance dans son long et glorieux passé; l'historien de la Révolution n'a guère regardé en arrière plus loin que la Constituante; pour lui, le Roi-citoyen de 1830 est un peu le successeur du Roi-fonctionnaire de 1791; il prend la royauté comme un expédient nécessaire à la nation, et où sa propre ambition trouve

---

[1] Cf. *passim*, dans la *Monarchie de* 1830, brochure publiée par M. Thiers, en novembre 1831.

son compte; il n'y voit même qu'une sorte de république : erreur analogue à celle qu'il commettra plus tard en prétendant voir dans la république une sorte de monarchie. C'est, du reste, presque à chaque pas que, dans cette première période conservatrice de M. Thiers, on trouve le germe des erreurs de doctrine ou de conduite par lesquelles il servira plus tard la cause révolutionnaire. Dans la brochure que nous avons déjà citée et qu'il publiait alors pour défendre la politique de Casimir Périer, il demandait que le gouvernement de Louis-Philippe se plaçât, non sans doute à l'extrême gauche, mais à gauche; et il ajoutait : « Un gouvernement est dans sa vraie position quand il a derrière lui le parti ennemi et un peu en avant de lui son propre parti. » Cette formule ne semble guère à sa place dans un écrit fait au service d'un ministère qui professait et pratiquait au plus haut degré l'union conservatrice. A y bien regarder, n'est-ce pas le présage de l'œuvre néfaste que M. Thiers commencera, à partir de 1836, en dissolvant la majorité conservatrice au moyen du centre gauche, œuvre qu'il reprendra encore après 1871 ?

La nature de M. Thiers était, avant tout, pleine d'imprévu; ses préjugés révolutionnaires ne l'empêchaient pas de se faire parfois l'avocat des thèses les plus contraires aux préventions, non-seulement démocratiques, mais bourgeoises. Tel il se montra dans un débat important dont nous aurons à rendre compte, sur l'organisation de la Chambre haute. A côté de M. Guizot, de M. Royer-Collard et de M. Berryer, il fut du petit nombre de ceux qui, combattant pour l'honneur plus que pour le succès, défendirent l'hérédité de la pairie. Ce discours excita vivement la curiosité et provoqua un étonnement que M. Thiers attendait sans doute et désirait. Peut-être, après tant de hardiesses dans un autre sens, lui avait-il paru opportun de faire un coup d'éclat conservateur. Quel meilleur moyen de n'être plus confondu avec les irréguliers et les démolisseurs de la presse de gauche, et de se faire enfin recevoir au rang des hommes de gouvernement?

On a prétendu que ce discours célèbre, qui marquait une

évolution si considérable dans l'attitude politique de M. Thiers, en marquait une aussi dans son talent oratoire. On a raconté qu'il avait jusque-là cultivé, sans grand succès, la rhétorique révolutionnaire, tâchant de copier les montagnards et les girondins dont il avait raconté l'histoire, essayant les grandes phrases et les grands mouvements qui convenaient mal à sa petite taille et à sa petite voix ; puis, à jour fixe, dans cette discussion sur la pairie, une transformation soudaine se serait accomplie, sur les conseils discrets de M. de Talleyrand ; le rhéteur emphatique et violent de la veille serait devenu d'un seul coup, devant un auditoire surpris d'abord, bientôt captivé, un causeur naturel et alerte, abondant et varié, parlant comme on fait « dans un salon d'honnêtes gens », et non plus « dans un forum antique » ; il aurait créé, de toutes pièces, en une séance mémorable, ce genre nouveau, si bien fait pour dérouter tous les classificateurs de l'art oratoire, et par lequel il arrivait à l'éloquence sans avoir rien de ce qui paraissait constituer même l'orateur. L'exactitude historique ne comporte pas d'ordinaire tant de mise en scène. La vérité est qu'à ses débuts de tribune, M. Thiers avait un peu cherché sa voie. La note de ses premiers discours était violente. Mal accueilli, interrompu souvent par les murmures, il comprit son erreur, et, dès la discussion de l'adresse, en août 1831, plusieurs mois avant le débat sur la pairie, il avait modifié son ton, pour prendre, avec un succès reconnu par ses adversaires les plus jaloux [1], ce que ceux-ci appelaient « le genre de la conversation sans façon [2] ». Le discours sur l'hérédité ne fit donc que continuer un changement déjà commencé qui ne s'accomplit pas en un jour et comme par un coup de théâtre. C'est peu à peu que l'orateur arriva à la pleine possession de l'art merveilleux par lequel il devait charmer tant de générations successives, sans jamais les fatiguer ni se fatiguer lui-même.

[1] Le *National* disait, le 10 août 1831 : « M. Thiers a gagné incontestablement, comme orateur, depuis la dernière session ; mais il fera bien de se défaire de la mauvaise habitude de traiter d'absurdes, d'insensées, de sottes toutes les opinions qui ne sont pas les siennes. »
[2] *National* du 5 octobre 1831.

A mesure que M. Thiers se compromettait davantage avec les conservateurs, qu'il prenait, au milieu d'eux, par son talent et son zèle, une place plus importante et plus assurée, il était moins ménagé par ses anciens amis de la gauche. Ceux-ci le regardaient comme un transfuge à la défection duquel ils se croyaient le droit d'attribuer les plus bas motifs. Moins impopulaire que M. Guizot, il était moins respecté et plus maltraité. Son ancien journal lui-même, le *National*, par la plume de Carrel, commençait à parler, avec une amertume contenue mais sévère, de « ceux qui avaient écrit l'histoire de la Révolution et qui s'en repentaient [1] ». D'autres attaquaient M. Thiers, non-seulement dans ses opinions, mais dans son caractère, dans ses mœurs, dans sa probité. La Société *Aide-toi, le ciel t'aidera*, composée de tous ceux qui avaient fait campagne avec le rédacteur du *National*, à la fin de la Restauration, publiait contre le député conservateur un grossier et haineux pamphlet [2]. M. Thiers retournait-il à Aix et à Marseille, son pays natal lui donnait un charivari ; les habitants se réunissaient à sa porte, les uns soufflant dans des cornets à bouquin, les autres frappant des chaudrons et des casseroles avec des pelles et des pincettes, ou cognant à tour de bras, avec des maillets monstrueux, sur des tonneaux vides ; avec cela, un orage de sifflets, de hurlements, d'invectives, où les journaux de gauche, fort empressés à faire connaître cette manifestation de la « justice populaire »,

---

[1] « Où mène l'esprit qui n'est que l'esprit ? » disait encore le *National* à propos de M. Thiers, et il ajoutait : « Ce n'est pas sans douleur que nous le voyons s'égarer au service d'une politique basse, petite, misérable, à laquelle les inspirations du cœur, toujours si sûres, si fécondes, n'ont point de part. »

[2] Voici quelques extraits de ce factum, publié en 1831 : « Justice sévère, honte même à l'homme doué d'autant de talent que d'énergie, qui, grandi d'abord à l'ombre de la bannière que la France vient de reconquérir au prix de son sang, la renie ensuite avec scandale, fournit aux oppresseurs de la liberté l'appui d'un talent qu'il prêtait naguère à la liberté même !... Orateur loquace et superficiel, doué d'une facilité déplorable, M. Thiers occupe la tribune des heures entières, et fatigue, assourdit, éblouit ses auditeurs. Il a la conscience d'un charlatan et la volubilité d'une femme en colère. Il embrouille et noie les questions les plus simples dans la fluidité confuse de son langage, tourne, déplace, escamote les difficultés, s'embourbe dans le gâchis de ses sophismes, et finit par rire le premier de la crédulité de ceux qui l'entourent. »

avaient recueilli ces injures : « A bas le patriote apostat! A bas le traître à son pays, le traître à la Pologne, le traître à l'Italie! A bas le trafiquant d'emplois, le protégé perfide du banquier de la grande semaine! A bas! A bas! » M. Viennet, compatissant, adressait à M. Thiers, sur les *Charivaris*, une épître qui débutait ainsi :

> L'émeute a donc sur toi porté sa griffe impure ;
> Et des charivaris la glorieuse injure
> Vient enfin, brave Thiers, d'accueillir ton retour
> Dans la noble cité qui te donna le jour.

Que le baume de cette poésie suffit à guérir toutes les blessures du jeune député, on ne pourrait l'affirmer; mais il était trop intelligent pour ne pas comprendre que tout ce qu'il perdait en faveur révolutionnaire, il le gagnait en crédit auprès des conservateurs et du Roi; or, pour le moment, c'est de ce côté qu'il visait.

Thiers, Guizot, Dupin, quelle réunion de forces et de talents autour de Casimir Périer! Ne nous inquiétons pas de leurs divergences, si profondes qu'elles soient; elles disparaissent et sont comme emportées dans le puissant courant que détermine et dirige la volonté vraiment maîtresse du président du conseil. Cette variété même ne sert qu'à étendre le cercle où sont recrutés les adhérents de la politique ministérielle; M. Guizot, à l'aile droite, rassure les monarchistes constitutionnels; M. Thiers, à l'aile gauche, rallie tout ce qui peut être rallié des anciens ennemis de la Restauration; M. Dupin, au centre, affermit les timides, enlève les indécis, contient les indépendants. L'administration fait imprimer et distribuer leurs discours en même temps que ceux de Périer. Jamais ministère n'a eu, nous ne dirons pas de tels protecteurs, le mot ne conviendrait pas, mais de tels alliés, on pourrait presque dire de tels serviteurs. L'opposition parlementaire ne présente alors rien de comparable. La Fayette, chaque jour plus vieilli, est un nom plutôt qu'un orateur; M. Odilon Barrot ne fait qu'essayer sa solennité oratoire; Garnier-Pagès l'aîné, entré à la Chambre dans les premiers mois de 1832, n'a pas encore donné la mesure de sa froide et âpre éloquence; Mauguin, le plus en vue, commence à s'user et à ne plus faire illusion à personne par sa superficielle faconde. Aussi M. Thiers peut-il écrire à cette époque : « On a remarqué que la plus grande masse des talents a couru du côté du pouvoir. »

CHAPITRE VI

LES FAIBLESSES DE LA POLITIQUE DE CASIMIR PÉRIER

I. Périer est obligé de combattre avec des armes émoussées et faussées. On rappelle aux ministres leur passé. État des esprits dans le parti conservateur. Le sentiment monarchique y fait défaut. Question de la liste civile. Pamphlets de M. de Cormenin. Débat de la Chambre. — II. Concessions que Périer se croit obligé de faire au trouble des esprits. Question de la pairie. Discours de Royer-Collard. Suppression de l'hérédité. — III. Politique religieuse. Amélioration produite par l'avénement de Périer. Dispositions du clergé. Attitude du Pape. Sentiments personnels de Périer. Le gouvernement n'ose rouvrir Saint-Germain l'Auxerrois et rebâtir l'archevêché. Dispersion des Trappistes de la Meilleraye. Interdiction des processions. Obsèques de l'évêque Grégoire. Affaire de l'abbé Guillon. Vexations des municipalités. Le christianisme banni de toutes les solennités officielles. La religion maintenue dans l'enseignement public. Le budget des cultes à la Chambre. Langage élevé de M. Guizot.

I

Nous avons pleinement admiré Casimir Périer, nous avons porté très-haut l'homme et son œuvre. Loin de nous la pensée de revenir sur ce jugement. Mais, si énergique que fût la résistance opposée par Périer au désordre, elle avait ses faiblesses ; si lumineuse que fût la figure du ministre, elle avait ses ombres. Force nous est de montrer les unes et les autres. L'histoire doit tout dire ; elle n'a le droit de rien voiler par complaisance ou par respect. Nous pourrons ainsi, au premier abord, surprendre et peiner ceux qui, avec nous, ont admiré Périer ; après réflexion, ils comprendront que cet homme est de ceux qui peuvent supporter sans dommage la pleine vérité. Ils se rendront compte que les défaillances secondaires ont laissé subsister les parties principales, décisives et vraiment méritoires de l'œuvre de résistance; ils verront surtout que ces défaillances ont été moins encore la faute de l'homme que le malheur d'une époque troublée. Presque tout ce que Périer a fait de bon vient de lui-même; ses erreurs et ses échecs viennent, pour une notable part, des passions ou des préjugés alors régnant. Ainsi apparaît toujours ce mal révolutionnaire dont le ministre subissait lui-même l'influence, au moment où il le combattait si courageusement.

Déjà nous avons eu, plus d'une fois, l'occasion de constater les conditions défavorables dans lesquelles Périer devait soutenir la lutte; on a vu comment, par l'effet de la révolution, les armes dont il se servait étaient émoussées, faussées, comme branlantes, et trahissaient parfois la vigueur de son effort; on a vu l'inconsistance de la majorité parlementaire, les acquittements scandaleux du jury, les défaillances de certains préfets ou de certains généraux, la défection des gardes nationales passant à l'émeute au lieu de la réprimer, et même parfois, au début, l'hésitation de l'armée [1]. Les ministres et ceux qui, à leur côté, s'étaient le plus courageusement engagés dans la résistance n'échappaient pas entièrement à cette faiblesse générale et originelle; alors même que leur énergie demeurait entière, leur autorité morale se trouvait atteinte. Ils n'avaient pas trempé naguère dans la révolution, à quelque degré que ce fût, sans être un peu embarrassés pour la combattre. Quand ils voulaient parler ou agir contre le parti anarchique, celui-ci leur objectait qu'ils avaient fait eux-mêmes, à leur jour, ce qu'ils lui reprochaient maintenant. A M. Barthe, devenu garde des sceaux, on rappelait qu'il avait été membre actif des sociétés secrètes, fauteur des conspirations, et La Fayette le nommait malicieusement, à la tribune, « son vieux complice [2] »; à M. Thiers, qu'il avait

[1] A Tarascon, le 23 mai 1831, la troupe avait refusé de marcher contre les émeutiers.

[2] Dans le procès d'avril, quelques années plus tard, l'un des accusés interpella M. Barthe, pour lui rappeler qu'ensemble ils avaient juré haine à la royauté sur le même poignard. M. Barthe était, du reste, bien revenu de ses entraînements révolutionnaires. Le roi Louis-Philippe disait de lui, un jour, à M. Guizot : « Bien peu d'avocats comprennent les conditions du gouvernement; Barthe y est arrivé. Ce n'est pas un transfuge, c'est un converti; il a vu la lumière. »

inauguré contre l'ancienne royauté, dans le *National* de 1830, la tactique reprise maintenant contre la nouvelle; à M. Guizot, qu'il avait été le collègue et l'allié des républicains dans la société *Aide-toi, le ciel t'aidera*. Il n'était pas jusqu'à Casimir Périer qu'on ne se plût à mettre en contradiction avec son passé. A l'heure de ses plus tragiques combats, en septembre 1831, après la chute de Varsovie, les opposants de la Chambre, auxquels il reprochait avec une énergie si haute de s'appuyer sur l'émeute du dehors, se croyaient autorisés à répondre que lui-même leur avait donné, quelques années auparavant, l'exemple de prendre la révolte sous sa protection et de s'en servir pour peser sur le Parlement. Il leur suffisait de remonter aux désordres qui avaient accompagné, en 1820, la discussion de la loi électorale, et de rappeler les véhémentes harangues où Périer, chef d'attaque, avait fait un crime au gouvernement d'alors de la plus légitime répression, protesté contre « les excès des soldats conduits par des hommes coupables », et parlé avec menace du « danger de développer tous les jours l'appareil militaire, au milieu d'une population où chacun pouvait se rappeler qu'il avait été soldat ». En 1820, ainsi qu'en 1831, c'était un grand ministre qui avait tenu tête, par sa seule parole, par son seul courage, à la coalition de la rue et de la tribune ; et, pour compléter la ressemblance, chez M. de Serre, comme, plus tard, chez Casimir Périer, une santé détruite, la force physique toujours sur le point de manquer à une âme vaillante, et l'opposition, devenue par là vraiment meurtrière, pouvant mesurer, sur le front de son illustre victime, l'avance que de telles scènes faisaient prendre à une mort, hélas! trop proche.

Les ministres ou leurs alliés reprochaient-ils à l'opposition qui se prétendait dynastique de faire campagne avec la faction républicaine, c'était encore en rappelant leur conduite sous la Restauration que leur répondait Carrel. « Qui les soutenait alors? disait-il, qui les applaudissait au dehors? Qu'entendaient-ils, dans ce temps-là, par ce parti libéral à qui ils demandaient la popularité?... Ne savaient-ils pas que, sur les mêmes bancs où ils s'asseyaient, il y avait des ennemis déclarés des Bourbons, bonapartistes, partisans d'un 1688 français, ou républicains?... C'est alors que nos hypocrites de légalité, nos hommes gouvernementaux d'aujourd'hui eussent dû proclamer hautement ce qu'ils pensaient et des bonapartistes, et des républicains, et des admirateurs de la Convention, et des théoriciens plus aventureux encore qui prétendaient que Babeuf et ses amis avaient péri innocemment... Non, on ne repoussait pas l'alliance de toutes ces sectes politiques. Alors on n'exécrait aucune nuance des opinions révolutionnaires, on ne répudiait aucune alliance. » Du côté du pouvoir, flétrissait-on, avec un juste mépris, la « presse de la rue », le *National* répliquait : « Et qu'êtes-vous, vous-mêmes? D'où venez-vous? Est-ce que votre royauté n'est pas la royauté de la rue?... Royauté de la rue, ministres de la rue, députés de la rue, sans cette investiture de la rue, qui vous releva de vos serments envers trois générations de Bourbons, vous ne seriez que des traîtres qui auriez déserté la monarchie légitime, au jour où elle vous appelait à la défendre contre la rue [1]. » Sans doute, l'opposition ne se justifiait pas ainsi, mais elle embarrassait les ministres et leurs amis; elle leur faisait, dans les discussions, une situation fausse qui n'était de nature ni à augmenter la force morale du gouvernement, ni à relever les mœurs publiques, ni à redresser l'opinion.

Cette opinion était singulièrement dévoyée. Elle aussi se ressentait de la révolution. Le mal apparaissait non-seulement dans les régions acquises à l'opposition, mais aussi dans celles où le gouvernement cherchait un appui. La masse conservatrice d'alors, malheureusement appauvrie par la séparation des éléments légitimistes, avait conservé des événements de Juillet

---

[1] Jusqu'à la fin, l'opposition, avec la clairvoyance de la haine, se servira de cette origine pour rabaisser la monarchie. La veille de la crise de février 1848, M. Mauguin disait encore à la tribune : « Pourquoi prononcer de grands mots contre les révolutions? Mais notre gouvernement, nos Chambres, nos ministres, la couronne elle-même, est-ce que tout cela n'est pas révolutionnaire? Est-ce que vous n'avez pas ici jugé un roi? Est-ce que vous trouvez quelque chose de plus révolutionnaire que de prononcer la déchéance d'un roi, de déclarer la vacance d'un trône, de décerner une couronne? Vous êtes un gouvernement révolutionnaire. »

bien des préjugés, des exigences et des passions. Périer y dénonçait un « sentiment de jalousie sociale », un « esprit de vertige », tels que, si l'on y cédait, on « n'aurait bientôt ni armée ni administration, et, il faut le dire, plus de pays ». Ajoutez ce malaise que M. de Rémusat dépeignait ainsi à M. Guizot, le 29 juin 1831 : « L'état général des esprits me préoccupe... C'est un mélange d'irritation et de découragement, de crainte et de besoin de mouvement; c'est une maladie d'imagination qui ne peut ni se motiver ni se traduire, mais qui me paraît grave. Les esprits me semblent tout à fait à l'état révolutionnaire, en ce sens qu'ils aspirent à un changement, à une crise, qu'ils l'attendent, l'appellent, sans qu'aucun puisse dire pourquoi. »

Ce qui manquait le plus aux conservateurs de ce temps, c'était le sentiment monarchique. Le malheur du régime de 1830, on l'a dit, était que les vrais royalistes n'y criaient pas : Vive le Roi! Parmi les partisans de ce régime, plusieurs eussent été surpris, peut-être même blessés, si on les avait traités de royalistes. Carrel a esquissé plaisamment d'après nature le bourgeois de ce temps. « Avez-vous quelquefois interrogé, dit-il, un de ces gens paisibles, excellents citoyens au fond, mais peu prévoyants, et qui s'étaient laissé enrégimenter dans le juste milieu, sous M. Périer?... Demandez à cet homme s'il est royaliste, il vous répondra qu'il est abonné depuis quinze ans au *Constitutionnel*, et que sans doute vous vous moquez. — Républicain? Pas davantage; mais il veut les conséquences de la révolution de Juillet. — Propagandiste? Il a horreur du mot, depuis qu'il a lu le discours de M. Périer; mais il tiendrait beaucoup cependant à ce que la France fût encore la grande nation, car il a dans sa bibliothèque, à côté d'un beau Voltaire, une superbe édition des *Victoires et conquêtes*, de M. Panckoucke, et il a été révolté de l'abandon de la Pologne. Notre homme n'est rien de ce qui fait un royaliste; il est, au contraire, implacable ennemi des chouans, des prêtres, des émigrés et de la Sainte-Alliance; il a toute l'étoffe d'un républicain, seulement il ne le sait pas; il a peur du mot et pas de la chose.

Il prendrait son parti de la république, si elle pouvait venir sans trouble ; mais, en attendant, il est pour l'ordre public, ou mieux encore *pour la tranquillité.* » Qui pourrait nier la part de vérité contenue dans cette satire? Le haut esprit du duc de Broglie notait alors, avec dégoût et tristesse, chez ceux qui l'entouraient, « cet appétit pervers, naturel aux époques de révolution, de tout abaisser, la royauté surtout ». « Si l'on est obligé, ajoutait-il, de laisser subsister cette royauté », on cherche du moins à « la compromettre de plus en plus dans les idées et les intérêts révolutionnaires [1] ». La vanité des petites gens se plaisait à mettre sans cesse cette monarchie en face de son origine ; ils avaient la bouche pleine, quand ils parlaient du « roi qu'ils avaient fait [2] », et se croyaient au moins ses égaux ; lors des illuminations du 28 juillet 1831, un Parisien avait mis à sa fenêtre son propre portrait et celui du Roi, avec ce distique écrit sur un transparent :

> Il n'est point de distance entre Philippe et moi ;
> Il est roi-citoyen, je suis citoyen-roi.

Il n'était pas jusqu'aux mœurs simples du prince dont on n'abusât pour le traiter avec un sans gêne irrespectueux. M. Doudan l'a dit : « L'homme est un animal insolent qui n'aime l'extrême simplicité que pour lui grimper sur les épaules » ; et ce fin observateur en concluait plaisamment que, « s'il était par accident chef des peuples, il vivrait au milieu de la foudre et des éclairs, surtout, ajoutait-il, dans les temps où les idées d'égalité absolue auraient miné le monde [3] ». La vue des outrages dont la royauté était alors accablée par ses adversaires ne rappelait pas ses partisans à plus de respect. A voir même ces étranges conservateurs faire aux caricatures de Phi-

---

[1] *Notes biographiques inédites du duc de Broglie.*
[2] « Des bourgeois de province engendrer un roi de France! Cela, en effet, valait la peine d'être crié sur les toits, et ne se voit pas tous les jours; aussi n'entendis-je longtemps retentir à mes oreilles, à la Chambre et dans les couloirs, que ces mots ronflants et superbes : *Le Roi que nous avons fait! Oui, le Roi que nous avons fait!* Comme ils en remplissaient leur bouche! » (CORMENIN, *Livre des orateurs,* Appendice, t. II, p. 375.)
[3] *Lettres de Doudan,* t. II, p. 178-179.

lipon et de ses collaborateurs un succès de curiosité, n'eût-on pas dit que le ridicule et la boue jetés sur le Roi flattaient en eux je ne sais quel arrière-fond d'envie [1] ?

C'est que, chez la plupart de ceux qui soutenaient la monarchie nouvelle, le cœur n'était pas assez intéressé. On eût vainement cherché en eux ce mélange de tendresse et de foi, qui marquait autrefois les rapports du sujet et du Roi, et qui avait, dans une certaine mesure, reparu sous la Restauration [2]. Bien au contraire, ils se vantaient d'avoir répudié cette sentimentalité et cette religiosité monarchiques. « Nous ne sommes pas des Vendéens », disait l'un d'eux à Louis-Philippe. Beaucoup n'étaient même pas des whigs. S'ils s'attachaient à la royauté, ce n'était ni par affection ni par principe ; ce n'était guère que par intérêt. Cette royauté leur paraissait être, comme on l'a dit, « un paratonnerre pour protéger les boutiques ». Sa force était surtout de pouvoir répéter à la bourgeoisie ce que l'astrologue de Louis XI disait à ce prince, pour se mettre en garde contre ses fantaisies meurtrières : « Je mourrai juste trois jours avant Votre Majesté. » Est-il vrai, comme l'ont soutenu des esprits qui se piquaient d'être désabusés et positifs, que l'intérêt est pour la monarchie un fondement meilleur que le sentiment ? Sans doute, l'intérêt peut, à un moment donné, assurer des concours nombreux; mais sont-ce les plus sûrs et les plus dévoués ? Une telle fidélité a besoin d'être stimulée et entretenue par un danger en quelque sorte tangible ; avec la sécurité, vient l'indifférence, et une indifférence accessible à tous les caprices, à toutes les excitations malveillantes. Cet intérêt manque même de clairvoyance; il se trompe facilement sur la réalité du danger, et souvent il ne commence à s'en émouvoir que quand le temps est passé de l'écarter. Ainsi fera-t-il en 1848. C'est en ce sens que, dès 1832, un fin observateur disait à Henri

---

[1] Un observateur avisé, madame Emile de Girardin, dira, quelques années plus tard : « Nous sommes maintenant un peuple d'envieux qui voulons rire de nos maîtres. » (*Lettres parisiennes du vicomte de Launay*, t. III, p. 73.)

[2] M. de Vigny écrivait dans son journal, le 21 août 1830, quelques jours après la révolution : « En politique, je n'ai plus de cœur. Je ne suis pas fâché qu'on me l'ait ôté : il gênait ma tête. Ma tête seule jugera dorénavant et avec sévérité. Hélas! »

Heine : « Le parti du Roi est très-nombreux, mais il n'est pas fort. »

Presque à chaque pas, apparaissait alors ce défaut de véritable royalisme : on eût dit que, parmi les partisans de la monarchie nouvelle, beaucoup voulaient lui faire payer leur appui en la contrariant, et, pour nous servir d'une expression appropriée à la vulgarité d'une telle conduite, en lui faisant la vie dure. Cette tendance se manifesta surtout à propos de la fixation de la liste civile. Il eût importé à la dignité de la monarchie nouvelle qu'une telle question fût résolue largement et promptement, sans marchandage et presque sans débat. Quand, sous la Restauration, la liste civile de Louis XVIII avait été fixée à 34 millions, celle de Charles X à 32 millions, il n'y avait pas eu une objection. Si les choses ne se passèrent pas de même après 1830, la faute en fut au moins autant à la timidité ou aux idées fausses des partisans de la monarchie qu'aux manœuvres de ses adversaires. Les conservateurs s'étaient nourris de phrases sur le « gouvernement à bon marché ». Une royauté bourgeoise qui régnerait au rabais et qui serait mise en garde contre l'orgueil par de salutaires humiliations, tel était leur idéal. N'était-on pas d'ailleurs parvenu, à force de calomnies ouvertes ou de perfides insinuations, à leur persuader qu'il fallait se méfier de l'avarice de Louis-Philippe ? Ce bâtisseur infatigable qui devait laisser après lui une liste civile obérée, on le présentait comme étant possédé d'une parcimonie et d'une avidité mesquines, vices les plus propres, après la lâcheté, à discréditer un prince en France ; et plus d'un badaud avait fini par croire que le Roi ne songerait qu'à économiser et à thésauriser les millions de sa dotation. Certaine manière d'être de Louis-Philippe aidait sur ce point la méchanceté de ses ennemis. Par amour de l'ordre, par souci surtout de l'avenir de ses enfants qu'il craignait de voir, un jour, « sans pain »[1], il avait, en ces questions de fortune, une

---

[1] C'est à M. Guizot que le Roi disait, un jour, en lui prenant tout à coup les mains avec effusion : « Je vous dis, mon cher ministre, que mes enfants n'auront pas de pain. »

préoccupation soigneuse, qui était plus d'un propriétaire prudent et d'un bon père de famille que d'un prince. Peut-être lui eût-il été profitable d'avoir quelques défauts de plus, un peu de l'insouciance, de l'imprévoyance en fait d'argent, qui, à tort ou à raison, paraissent en France la marque du gentilhomme. Tout en dépensant beaucoup et utilement, il n'avait pas, dans la forme, cette magnificence qu'un aventurier eût peut-être feinte avec plus d'adresse, et grâce à laquelle quelques louis jetés avec désinvolture font plus d'effet sur la foule que des millions dépensés avec une régularité bourgeoise. Néanmoins, rien dans tout cela ne pouvait justifier ou même seulement excuser cette imputation d'avarice qui ne fut pas la machine de guerre la moins efficace contre la monarchie nouvelle. Des injustices nombreuses auxquelles Louis-Philippe était exposé, nulle ne lui fut plus sensible, plus douloureuse, et la première fois que, dans son intimité, il prononça le mot d'abdication, ce fut après une attaque de ce genre.

En décembre 1830, M. Laffitte avait déposé un projet fixant la liste civile à 18 millions; mais, surpris et effrayé de l'opposition qui s'éleva, il ne pressa pas la discussion, et, dans la commission, se hâta d'abandonner le chiffre qu'il avait proposé. Périer, lui-même, sentit l'opinion si excitée, qu'il montra une timidité à laquelle il n'avait habitué ni ses amis ni ses adversaires. Ce fut seulement le 4 octobre 1831 qu'il se décida à présenter un nouveau projet : encore y laissa-t-il en blanc le chiffre de la dotation, voulant, disait-il, par un sentiment de haute convenance et par déférence pour une auguste volonté, remettre à la Chambre le soin de le fixer elle-même. Cette réserve, bien loin de désarmer les oppositions, les rendit au contraire plus audacieuses. On se livra, dans la presse, à toutes sortes de calculs perfides, de lamentations hypocrites, d'insinuations calomnieuses : sous prétexte de liste civile, ce fut le Roi, dans sa vie privée, avec ses goûts supposés, qu'on mit sur la sellette et qu'on travestit outrageusement. Dès ce moment, un homme se fit une spécialité de cette diffamation factieuse : c'était M. de Cormenin. Ancien membre du conseil d'État sous l'Empire et sous la Restauration, connu comme juriste administratif, dynastique zélé sous ces deux régimes, gratifié par faveur du titre de vicomte, rien dans son passé ne l'avait préparé au rôle qu'il allait jouer. Il était député et s'appliquait, depuis Juillet, à voter avec le parti le plus avancé, mais sans tenir grande place dans la Chambre. A la tribune, le regard effrayé et la parole hésitante, il faisait piteuse figure. Est-ce pour cela qu'il préféra s'embusquer dans de petits pamphlets qu'il pouvait écrire sans avoir ses contradicteurs en face? Son titre de député ne lui était pas cependant inutile, puisqu'il lui assurait une inviolabilité fort avantageuse en ce rôle de calomniateur : ce qui ne l'empêchait pas de dire au « peuple » que, par amour pour lui, il s'exposait « aux sépulcres vivants de Pélagie ». Ses lettres sur la liste civile, publiées en décembre 1831, eurent un grand retentissement. La valeur en était cependant médiocre; langue pénible, sans naturel, guindée et limée, tout en étant singulièrement incorrecte [1]; phrases courtes, sans être toujours rapides; traits laborieux, railleries plus dénigrantes que malicieuses, rire plus nerveux que gai, émotion de rhéteur à froid; voilà ce qu'on prétendait égaler au style pur, délicat, parfois exquis, à l'esprit vif, bien qu'un peu sec, de Paul-Louis Courier. N'osat-on même pas prononcer, avec sérieux, le nom de Pascal? A défaut de mérite littéraire, ces pamphlets avaient une efficacité malfaisante. Leur dialectique vulgaire et sophistique imposait aux badauds. Des chiffres perfidement disposés donnaient à la critique une apparence de précision. L'auteur par son instinct propre devinait ce qui pouvait le mieux flatter les petits sentiments, exciter les envies mesquines et les haines souffreteuses. Ainsi mettait-il en regard la paille nécessaire à la litière des écuries royales, et celle qui manquait au lit de tant de pauvres familles, ou calculait-il combien, à quinze sous par jour, on

---

[1] A. Karr s'est amusé, dans ses *Guêpes*, à relever la phrase suivante de M. de Cormenin : « Le budget est un *livre* qui *pétrit* les *larmes* et les *sueurs* du peuple pour en *tirer* de l'*or*,... un *livre* qui *chamarre* d'or et de soie les manteaux des ministres, qui *nourrit* leurs coursiers fringants, et *tapisse* de coussins moelleux leurs boudoirs. »

nourrirait de paysans avec les millions de la liste civile. Au profit de qui l'ancien auditeur du premier Empire, le récent maître des requêtes de la Restauration, le futur conseiller d'État de Napoléon III, faisait-il alors cette vilaine campagne? On serait embarrassé de répondre. Peut-être obéissait-il surtout à des ressentiments médiocres et à un naturel besoin de dénigrement. Pour le moment, il se disait républicain, et les républicains l'acceptaient comme un des leurs, en attendant qu'en 1848, ils reçussent de ses mains le suffrage universel, et lui confiassent, comme au plus compétent, la préparation de leur constitution.

Ces polémiques n'avaient que trop d'effet sur une opinion mal disposée. Enfin la discussion s'ouvrit à la Chambre, en janvier 1832. Elle ne dura pas moins de huit jours, âpre, violente, mesquine; on eût dit « un marchandage avec un entrepreneur avide et rusé dont les demandes sont suspectes et dont on s'applique à réduire les bénéfices [1] ». Une partie des conservateurs, au lieu de décourager et d'étouffer un débat mortel au prestige même de la royauté, suivait à demi l'opposition, ou du moins paraissait l'entendre sans déplaisir. Casimir Périer voyait bien la faute d'une telle conduite; il conjurait ses amis de se rappeler que « ce n'était plus une question financière », mais « une question politique », et comme il le disait justement, une « question de royauté ». Néanmoins il sentait avoir affaire à des affections si froides et à des préjugés si vifs, que lui-même était craintif, embarrassé, « comme s'il eût demandé plus qu'il n'avait droit ou chance d'obtenir ». Des incidents bruyants et passionnés marquèrent ce triste et long débat. Un jour, M. de Montalivet était amené, au cours de son argumentation, à parler du Roi et de ses « sujets ». Aussitôt éclate un effroyable tumulte sur les bancs de l'opposition : « Il n'y a plus de sujets depuis la révolution de Juillet! crie-t-on. — Les hommes qui font des rois ne sont pas des sujets! A l'ordre, l'Excellence! » On ne permet pas au ministre de s'expliquer : c'est une rétractation

---

[1] Guizot, *Mémoires*, t. II, p. 224.

qu'on exige; le trouble est tel, qu'il faut lever la séance. Vainement expose-t-on à ces « citoyens » que les Anglais ne sont pas moins libres, pour se dire les « sujets » du Roi; vainement leur rappelle-t-on qu'eux-mêmes, depuis 1830, s'étaient déjà servis plusieurs fois de cette expression; ils ne veulent rien entendre, et M. Odilon Barrot rédige gravement une protestation que signent cent soixante-sept députés, tous fiers de cette résistance héroïque au despotisme royal. Quand vint le moment de voter sur les articles de la loi, il ne fut plus même question des 18 millions, d'abord proposés par M. Laffitte et provisoirement alloués au Roi depuis la révolution. Le chiffre de 14 millions, appuyé par les ministres, fut repoussé comme trop élevé; il fallut se rabattre à 12 millions.

II

Tel était le trouble des esprits, que Périer jugeait parfois impossible d'y résister, ou même semblait en être personnellement atteint. On pourrait noter plus d'un symptôme de cette faiblesse. Par exemple, à un moment où la population échauffée n'avait certes pas besoin d'être encouragée à la révolte, le gouvernement s'honorait de « célébrer la mémoire du 14 juillet 1789 », première émeute d'où tant d'autres étaient sorties, et accordait une pension de cinq cents francs aux « vainqueurs de la Bastille » qui « justifieraient de leur coopération à cette œuvre mémorable »; les révolutionnaires, en cela plus logiques que le pouvoir, répondaient à cette avance, en préparant ouvertement, pour le jour de cette fête, des désordres qu'il fallait réprimer avec un grand déploiement de troupes. Une autre fois, le ministère laissait voter par la Chambre des députés, sans oser même intervenir, l'abrogation de la loi qui avait institué le deuil national du 21 janvier; vote aussitôt interprété par la presse comme la réhabilitation ou tout au moins l'absolution du meurtre de Louis XVI. Heureusement, il se trouva, à la Chambre des pairs, des voix pour dire ce que le gouvernement ne disait pas. Le duc de Broglie montra, avec une particulière élévation, que, si l'on pouvait oublier les fautes des hommes, on ne devait pas oublier les leçons des événements. « Quant au 21 janvier lui-même, s'écria-t-il, point de molle complaisance, point de sophisme, point d'oubli non plus. Au temps où nous vivons, lorsque l'ouragan des révolutions gronde sur la tête des peuples et des rois, il importe à la France, il importe au monde de n'en pas perdre la mémoire. » Et, le lendemain, Casimir Périer disait un peu tristement à M. Guizot : « Le duc de Broglie est bien heureux; il a pu dire ce que pensent tous les honnêtes gens [1]. » Le ministère ne s'opposa pas davantage, dans la Chambre des députés, au rétablissement du divorce, mais la Chambre des pairs le repoussa.

L'obligation où le gouvernement croyait être de faire la part des passions et des préjugés apparut plus encore dans un débat autrement important. L'heure était venue de résoudre cette question de l'organisation de la pairie que, lors de la révision de la Charte, on avait renvoyée à la session de 1831, et qui, aux dernières élections, avait tenu tant de place dans les manifestes de tous les candidats. C'était ce que M. de Salvandy appelait alors « la grande bataille de la politique révolutionnaire ». Personnellement, Périer était pour le maintien de l'hérédité. Néanmoins l'opinion lui paraissait si montée, il craignait tant d'être abandonné par beaucoup des partisans habituels du ministère, qu'il ne jugea pas possible même d'essayer une résistance. M. Guizot s'est demandé après coup si l'impossibilité n'était pas plus grande en apparence qu'en réalité. Toujours est-il que ni lui ni aucun de ses amis n'avaient cru pouvoir alors conseiller la

---

[1] Le projet voté par la Chambre des députés portait : « La loi du 19 janvier 1816, relative à l'anniversaire du 21 janvier, est abrogée. » La Chambre des pairs le modifia ainsi : « Art. 1er. Le 21 janvier demeure un jour de deuil national. — Art. 2. Toutes les autres dispositions de la loi du 19 janvier 1816 sont abrogées. » La Chambre des députés ayant persisté dans son premier vote, la question revint, en 1833, à la Chambre des pairs, qui, cette fois, s'arrêta à la rédaction suivante : « La loi du 19 janvier 1816, relative à l'anniversaire du jour funeste et à jamais déplorable du 21 janvier 1793, est abrogée. » Cette rédaction fut adoptée par la Chambre des députés.

lutte ; les principaux membres de la majorité, réunis et consultés par le ministre, s'étaient pour la plupart prononcés contre l'hérédité, et ceux qui lui étaient favorables avaient déclaré qu'il y aurait témérité périlleuse à la défendre.

Ce ne dut pas être sans une douloureuse angoisse et le sentiment amer de son humiliation que Périer se résigna à sacrifier une institution si importante devant la clameur démocratique. Aussi, quand, le 27 août 1831, il apporta le projet qui conservait au Roi le droit de nommer les pairs, mais enlevait à ceux-ci l'hérédité, le président du conseil ne portait pas la tête aussi haute que d'habitude. Il ne dissimula pas que ce qu'il proposait était contraire à son sentiment propre; il rendit « hommage au mérite » de l'hérédité, en même temps qu'il proclamait « la puissance du fait » qui la condamnait; mettant en balance « l'intérêt à venir du pays » qui voudrait le maintien de l'hérédité et « ses opinions actuelles » qui en exigeaient la suppression, il se déclara tristement obligé à tenir compte de ces « opinions »; puis il ajouta : « Oui, messieurs, puisqu'une indépendance constitutionnelle qu'on doit, en théorie, regarder comme protectrice de la liberté politique est confondue, dans l'imagination des peuples, avec l'ancienne aristocratie nobiliaire, oppressive de nos libertés civiles; puisque notre devoir, notre besoin est de consulter l'impression populaire, en attendant la conviction nationale, nous vous proposons, comme ministres chargés de recueillir les vœux publics et d'y satisfaire en tout ce qui n'est pas contraire à la justice, nous vous proposons, comme dépositaires des intérêts d'ordre public, mais en vous laissant à vous, messieurs, comme législateurs, votre part, une grande part de responsabilité dans cette détermination, nous vous proposons de déclarer que la pairie cesse d'être héréditaire. » Périer n'avait pas accoutumé ses auditeurs à un langage si embarrassé. Il demanda seulement, — satisfaction bien illusoire donnée à ses scrupules, — que cet article de la Charte pût être revisé ultérieurement, le jour où la nation, mieux inspirée, voudrait réformer l'œuvre d'une époque de trouble. Quel plaisir ce fut, pour tous les journaux opposants, d'insister avec une malice impertinente sur la capitulation de ce ministre d'ordinaire si fier, de le montrer n'osant pas soutenir son opinion, bien plus, s'offrant lui-même à immoler l'institution dont il se déclarait partisan !

Le débat s'ouvrit, le 20 septembre, à la Chambre des députés. Abandonnée par le ministère, l'hérédité n'en trouva pas moins d'illustres champions, qui mirent leur honneur à faire comme de magnifiques funérailles à cette nouvelle victime de la révolution. Fait curieux, une thèse qu'on appelait aristocratique fut surtout défendue par quatre bourgeois. M. Berryer, M. Guizot, M. Thiers et M. Royer-Collard firent assaut d'éloquence, au service de cette cause perdue d'avance [1]. Entre tous, le discours de M. Royer-Collard fut un « événement » ; c'est le mot dont se servait alors même Carrel. Cette grande voix, naguère si écoutée et si populaire, s'était tue depuis la révolution. On eût dit que l'illustre doctrinaire, dont on sait le rôle considérable sous la Restauration [2], avait regardé ce rôle comme terminé par la chute de Charles X. Il affectait de n'être plus qu'un spectateur découragé, avec un fond de raillerie un peu méprisante. Sa nature d'esprit se complaisait d'ailleurs à cette abstention hautaine et chagrine. Sous le régime précédent, ne l'avait-on pas vu se dérober soigneusement à l'action et au pouvoir, par l'effet de sentiments complexes où l'orgueil avait plus de part que la modestie, et où quelque égoïsme se mêlait à une fierté désintéressée ? En juillet 1830, quand la résistance parlementaire dont il avait été l'un des chefs s'était brusquement tournée en révolution, on l'avait entendu dire : « Je suis parmi les victorieux, mais la victoire est bien triste. » Sans blâmer ceux qui prenaient part à l'établissement d'une dynastie nouvelle, il les avait encore

[1] Nous avons dit ailleurs l'importance qu'a eue, dans la carrière politique et oratoire de M. Thiers, le discours qu'il a prononcé en cette circonstance.

[2] J'ai eu plus d'une fois l'occasion de marquer l'action de M. Royer-Collard et d'esquisser sa puissante et originale figure dans mon étude sur le *Parti libéral sous la Restauration*. (Cf. notamment p. 80 et 418.)

moins approuvés et surtout ne leur avait pas promis le succès. Dans ses lettres ou dans sa conversation intime, il déclarait volontiers qu'il « ne s'entendait pas avec le présent », craignait l'avenir et ne vivait qu'avec les souvenirs du passé. Il insistait sur ce qu'il appelait « la contradiction des principes du nouveau gouvernement ». « Je n'avais, disait-il encore, de vocation libérale qu'avec la légitimité ; la quasi-légitimité n'est pas un contre-poids suffisant ; elle aura bientôt usé les honnêtes gens qui s'y sont confiés. » De là, ce silence qu'il avait gardé à la Chambre, depuis l'avénement de la nouvelle monarchie, silence qu'il savait, du reste, rendre presque aussi imposant que l'avait été sa parole. Néanmoins, si étranger qu'il voulût demeurer à l'expérience faite par les hommes de 1830, la suppression de l'hérédité de la pairie lui parut un pas considérable dans la descente démocratique, et il crut devoir à son pays, surtout se devoir à lui-même, une suprême protestation. Rarement son éloquence s'était élevée aussi haut : ce fut moins l'argumentation d'un contradicteur que l'avertissement d'un prophète. « La démocratie dans le gouvernement, dit-il, est de sa nature violente, guerrière, banqueroutière. Avant de faire un pas décisif vers elle, dites un long adieu à la liberté, à l'ordre, à la paix, au crédit, à la prospérité. » Puis, au milieu du recueillement profond de la Chambre qui l'écoutait non sans une sorte d'effroi intime, M. Royer-Collard terminait ainsi : « Messieurs, je contiens les pressentiments dont je ne puis me défendre ; mes paroles n'ont point franchi la question qui vous occupe. Cependant, quelque grave qu'elle soit, elle révèle une situation plus grave encore, et dont nous faisons nous-mêmes partie. Il nous est donné, peut-être pour la dernière fois, de la changer si nous arrêtons enfin, dans cette grande circonstance, le cours de nos destructions, je n'ose le dire, de nos dévastations. C'est assez de ruines, messieurs, assez d'innovations tentées contre l'expérience. La fatigue générale vous invite au repos. Les plus ignorants savent démolir, les plus habiles échouent à reconstruire. Maintenez avec fermeté, consacrez de nouveau l'hérédité de la pairie, et vous n'aurez pas seulement sauvé une institution protectrice de la liberté comme de l'ordre, vous aurez repoussé l'invasion de l'anarchie, vous aurez relevé l'édifice social qui penche vers sa ruine. »

Pour défendre la loi, Périer ne pouvait se placer aussi haut ; il fut réduit à arguer de la nécessité politique, et à reproduire les explications embarrassées de son exposé des motifs. A droite comme à gauche, on avait vivement critiqué cette attitude d'un ministère laissant voir que la loi qu'il présentait était contraire à son opinion. « Quel est donc, s'était écrié M. Berryer, le devoir du législateur, si ce n'est de résister fortement à ce qu'il regarde comme dangereux, à ce qui répugne à sa conscience, à sa conviction, à ce qu'il considère comme une manifestation d'erreur publique! Honte à ceux qui, dans ce cas, désertent leur propre conviction. Je cherche en vain une expression pour qualifier cette conduite : une seule un peu forte, vous me la passerez, peut rendre mon idée, c'est celle de trahison. » Périer répondit que les règles parlementaires ne pouvaient s'appliquer en présence de la Charte qui précisait la date de la révision, des passions soulevées contre l'hérédité et des élections qui l'avaient condamnée. « Il n'appartient à personne, ajoutait-il, de changer la situation, d'en ajourner les exigences, ou d'en modifier l'effet; la loi n'avait en quelque sorte qu'à la constater. Ce n'était donc pas la conscience du ministère qui se trouvait engagée contre les principes, c'était son action qui était toute tracée par les faits. Sa propre conviction n'était plus la question dominante; la loi paraissait tout écrite dans les circonstances. »

De l'aveu de tous, l'honneur du débat avait été pour la cause de l'hérédité. « C'est dommage que ceci finisse sitôt, disait le général Bugeaud à M. Guizot; vous n'aviez pas vingt voix au commencement; vous en aurez davantage. » Au vote, il y en eut quatre-vingt-six; qu'était-ce pour résister aux deux cent six députés qui, partageant ou servant les préjugés du jour, se prononcèrent contre l'hérédité? Ce premier vote émis, Périer retrouva un peu de son énergie pour défendre le droit de nomination royale contre l'élection : « Je prie la Chambre d'observer, dit-il, qu'il ne s'agit ici ni d'une question de pouvoir ministériel ni de la pairie, mais que c'est ici la question de la royauté tout entière qui s'agite devant elle. » Il fut décidé que le Roi nommerait les pairs, sauf obligation de les choisir dans certaines catégories. Sur un autre point, le président du Conseil fut moins heureux; malgré sa vive insistance, il ne put faire adopter l'article qui réservait aux Chambres la faculté de reviser plus tard cette disposition de la Charte; les adversaires de l'hérédité exigèrent une condamnation irrévocable.

Périer n'était pas encore au bout de ses peines. Il restait à imposer à la haute Chambre elle-même sa propre mutilation. Pour lui arracher un vote qu'au fond il déplorait, le ministre dut faire une « fournée de pairs » et s'engager à fond dans le débat. Au cours de son administration, il eut sans doute à soutenir des luttes autrement violentes et tragiques; il n'en connut pas peut-être de plus pénibles et de plus mortifiantes.

La ruine était consommée. Dépouillée de ce qui faisait son indépendance et son autorité, la Chambre des pairs n'existait plus qu'à l'état de conseil administratif ou de tribunal politique. Vainement était-elle riche en capacités, en expériences, en renommées, elle avait désormais perdu toute influence sur la direction du gouvernement; on ne pouvait y trouver ni un obstacle, ni un appui. Dans l'atmosphère démocratique où nous vivons aujourd'hui, nous n'avons plus même l'idée d'une Chambre héréditaire. C'est précisément parce que de telles institutions, une fois détruites, ne sauraient être rétablies artificiellement, qu'il eût fallu se garder d'y porter légèrement atteinte. En 1830, l'hérédité de la pairie existait; les libéraux de la Restauration, à la suite de Benjamin Constant, y avaient vu l'un des principes essentiels du gouvernement parlementaire. Après la crise de Juillet, l'hérédité eût dû apparaître plus utile encore : il n'y avait plus d'autre contre-poids aux forces populaires, tant accrues par la révolution. Mais la bourgeoisie victorieuse, par peur ou haine d'un fantôme aristocratique qui ne pouvait gêner son ambition, se jeta du côté de la démocratie, qui était sa vraie rivale, sa menaçante et impatiente héritière; dans son aveuglement, elle ne comprit pas que les démocrates avaient contre la prépondérance des classes moyennes la même animosité, contre le principe de la monarchie les mêmes objections que contre l'hérédité de la pairie. Ce qui aggrave sa faute et sa responsabilité, c'est qu'elle agit ainsi par de petits motifs : sottes rancunes, jalousies mesquines, lâcheté ou timidité à remonter le courant. La monarchie se trouvait désormais sans point d'appui, en face d'une Chambre élue qui était d'autant plus portée à exagérer sa prépondérance, qu'elle pouvait se flatter d'avoir seule créé la royauté et fait la constitution. Qui eût osé affirmer que cette monarchie née de la veille, sortie d'une révolution, suspecte à l'Europe, trouverait en elle-même de quoi compenser cette diminution de force?

III

La faiblesse que nous venons de noter chez Périer apparaissait dans sa politique religieuse. Non, sans doute, que l'avénement du ministère n'eût marqué, sous ce rapport comme sous les autres, un changement considérable et un heureux progrès. Dans le discours où il exposait son programme, le président du Conseil annonçait solennellement que « la liberté des cultes serait protégée comme le droit le plus précieux des consciences qui l'invoquent ». Parole significative, au lendemain du jour où le ministère Laffitte avait honteusement laissé saccager Saint-Germain l'Auxerrois [1]. Le clergé, depuis la révolution, avait souffert surtout par les vexations arbitraires des pouvoirs locaux, particulièrement des municipalités. Dès les premiers jours d'avril, le ministre des cultes, M. de Montalivet,

---

[1] Peu après l'avénement de Périer, l'*Ami de la religion* disait de lui : « On assure qu'il blâme les vexations exercées en tant de lieux contre le clergé, et qu'il s'est prononcé, entre autres, très-fortement contre les enlèvements et destructions de croix. »

invita les préfets à « rappeler à MM. les maires qu'ils n'avaient aucune injonction à faire aux curés et desservants touchant l'exercice du culte » ; il ajouta « que l'autorité locale et la garde nationale devaient protection à tout citoyen français et à ses propriétés; que, dès lors, quels que fussent les torts qu'aurait un prêtre, il ne pouvait être puni que conformément aux lois, ce qui excluait et rendait coupable tout acte arbitraire contre sa personne et son domicile ». Il termina en indiquant comment « toute atteinte portée au respect que doivent inspirer les temples et les signes que chaque religion a le droit d'offrir à la vénération des peuples devait être nécessairement prévenue ou réprimée ».

Louis-Philippe, de son côté, s'employait à rétablir une confiance et une sécurité que trop de faits avaient ébranlées. Dans le voyage qu'il fit, en juin et juillet 1831, à travers les départements du Nord et de l'Est, il accueillit partout avec bienveillance les évêques ou les curés, mit un soin remarqué à les « assurer » qu'ils « recevraient toute la protection à laquelle la loi leur donnait droit », et leur promit « de soutenir toujours de tout son pouvoir le respect qui était dû à la religion ». Par contre, il demanda au clergé de « le seconder », réclama de lui « quelque chose de plus que la soumission aux lois ». « Il fallait, dit le Roi, qu'on crût que le clergé entretenait l'esprit d'obéissance et d'affection pour le gouvernement [1]. » Ce ne furent pas seulement de vaines paroles : Périer n'était pas depuis quelques mois au pouvoir, que l'opposition l'accusait de « faire trop de concessions au clergé »[1]. Celui-ci, de son côté, ne tarda pas à reconnaître le changement heureux qui s'était accompli. Un prélat justement considéré et nullement suspect de faiblesse politique, Mgr Devie, évêque de Belley, écrivait à ses prêtres, le 18 juillet 1831 : « Dans le moment présent, on déclame moins contre les ecclésiastiques, même dans les journaux; il n'est plus question de renverser les croix, de dévaster les églises, de nous accuser d'avoir des armes, de faire l'exer-

---

[1] Voyez entre autres les discours prononcés à Amiens, à Meaux, à Besançon, etc., etc. (*Ami de la religion*, passim.)

cice, de correspondre avec les ennemis de l'État; la foi n'est point attaquée légalement; on nous laisse la liberté d'exercer notre ministère; on respecte même et l'on fait respecter les ecclésiastiques dont la conduite sage, mesurée et toute religieuse est concentrée dans l'accomplissement de leurs devoirs. » Et le pieux évêque ajoutait : « Faisons en sorte qu'on n'aperçoive parmi nous qu'un seul esprit, l'amour de la paix, le dégagement des choses de la terre, le désir constant et si raisonnable des biens éternels [1]. »

Ce langage montre que ce n'était pas du clergé qu'on pouvait attendre un obstacle au plein rétablissement de la paix religieuse. Sans doute, beaucoup de prêtres conservaient pour les Bourbons une affection, ressentaient de leur chute un regret, que la conduite du gouvernement, depuis la révolution, n'avait pas toujours été faite pour affaiblir. Néanmoins, que ce fût intimidation ou plutôt prudence chrétienne, chez la plupart, ces sentiments, demeurés au fond des cœurs, ne se traduisirent par aucun acte d'hostilité, n'empêchèrent ni la soumission loyale, ni même une sorte de bonne volonté conciliante envers la monarchie nouvelle. Nous ne parlons pas de l'école de l'*Avenir*, qui, dans sa rupture avec les légitimistes, allait d'un bond presque jusqu'à l'opposition révolutionnaire; nous parlons de la masse plus tranquille et plus rassise du clergé paroissial. Tel fut notamment, sauf de rares exceptions, l'attitude des évêques. A l'instar de Mgr Devie, dont nous citions tout à l'heure la lettre pastorale, ils recommandaient avec insistance à leurs prêtres de demeurer étrangers à toutes les divisions de parti; de se renfermer, avec le moins de bruit possible, dans l'exercice de leur ministère; d'éviter, non-seulement dans leur langage public, mais dans leur vie privée et dans leurs conversations intimes, tout ce qui pouvait fournir un prétexte aux préventions dont ils étaient l'objet [2]. Le moindre acte de bien-

---

[1] *Vie de Mgr Devie*, par l'abbé COGNAT, t. II, p. 21.

[2] Voyez notamment les lettres pastorales des archevêques ou évêques de Tours, Sens, Belley, Strasbourg, Troyes, Angers, des vicaires capitulaires d'Avignon. (Cf. passim, *Ami de la religion* de 1830 et 1831.)

veillance ou seulement de justice les trouvait prompts à la reconnaissance. Avaient-ils à se plaindre, ce qui était alors trop fréquent, ils ne le faisaient qu'à huis clos, et même avec une timidité qui étonne un peu; formés dans l'esprit du vieux clergé, sans expérience des armes nouvelles de la publicité et de la liberté, s'en méfiant d'autant plus que l'*Avenir* les leur avait rendues suspectes par ses excès, ils n'avaient pas encore, dans leurs rapports avec le pouvoir, tant du moins que la foi n'était pas en jeu, cette indépendance plus virile, plus facilement militante, qu'ils devaient bientôt apprendre en faisant campagne, à côté de M. de Montalembert, pour la liberté d'enseignement. Tant de modération était faite pour frapper un homme d'État qui pouvait avoir conservé des préventions, mais qui n'avait nulle animosité; aussi, vers la fin de son ministère, après avoir vu l'Église de France à l'œuvre, Périer rendait publiquement témoignage de sa sagesse; il déclarait que « les plaintes reçues » par le gouvernement contre ce clergé tant attaqué étaient, en somme, « très-peu de chose », et qu'au contraire, « dans une très-grande partie, il voyait une parfaite soumission aux lois [1] ».

Cette attitude des évêques était conforme aux instructions et aux exemples de la cour romaine. Après les journées de Juillet, le nonce avait quitté Paris; la nonciature ne devait être rétablie qu'en 1843. Un simple chargé d'affaires était demeuré en France : c'était l'abbé Garibaldi. Par son tact fin, son adroite modestie, son esprit délié, ouvert et conciliant, sa connaissance et son intelligence des affaires françaises, ses relations faciles avec les hommes du jour, il ne contribua pas peu, dans une crise si périlleuse, à empêcher une rupture entre Rome et la France de 1830, et même à remettre petit à petit les rapports sur un bon pied. Dès le début, un incident s'était produit, qui avait manifesté les dispositions du Saint-Siége. Pie VIII, interrogé par plusieurs évêques sur la possibilité de prêter serment au nouveau gouvernement, avait répondu affirmativement par

---

[1] Séance du 13 février 1822.

un bref en date du 29 septembre 1830; dans ce bref, il se félicitait des « sentiments dont son très-cher fils en Jésus-Christ, le nouveau roi Louis-Philippe, se disait animé pour les évêques et tout le reste du clergé ». Causant plus librement avec l'envoyé de Mgr de Quélen, le Pape lui avait dit : « Il ne faut pas briser le roseau penché, et je pense qu'on ne réussira à améliorer l'état actuel des choses que par les seuls moyens de douceur et de persuasion ; aussi, j'en suis tellement convaincu, que je promets d'avance, et vous pouvez le dire, qu'à moins qu'on ne vienne attaquer la religion, tout le temps qu'il plaira à Dieu de prolonger mon pontificat, on ne verra émaner d'ici que des mesures de douceur et de bienveillance. » Il exprimait, en outre, très-fermement cette opinion, « que le clergé ne devait en rien se mêler de politique [1] ». Grégoire XVI, qui succéda à Pie VIII, le 2 février 1831, n'eut pas une autre conduite; il désapprouvait les membres du clergé qui gardaient, par esprit de parti, une attitude hostile envers le gouvernement. Il savait d'autant plus gré à Périer de contenir la révolution en France et d'empêcher la propagande au dehors, qu'il était lui-même, dans ses États, en lutte contre de redoutables insurrections. Ces insurrections mirent la diplomatie française en relations plus fréquentes et plus étroites avec le Saint-Siége; grâce surtout à M. de Sainte-Aulaire, notre ambassadeur à Rome, ces relations furent cordiales et confiantes, sauf lors des difficultés momentanées auxquelles donna lieu l'expédition d'Ancône.

C'était beaucoup, sans doute, d'en être là, moins d'un an après cette révolution de 1830, à laquelle les circonstances avaient donné le caractère d'une victoire et d'une sorte de revanche de l'irréligion contre le clergé et le catholicisme. Qui songe aux préjugés et aux passions de l'opinion régnante, qui se rappelle la situation faite à l'Église de France pendant les sept premiers mois de la monarchie nouvelle, ne peut sans injustice méconnaître ce qui est dû à Périer. Comparée à ce qui

---

[1] *Vie de Mgr Devie*, par l'abbé Cognat, t. II, p. 5. — *Vie de Mgr de Quélen*, par M. d'Exauvillez, t. II., p. 45-46.

avait précédé et à ce qui semblait la conséquence fatale de Juillet, cette partie de la politique ministérielle témoigne, comme les autres, d'un réel progrès. Toutefois, comparée à ce qui doit être la politique d'une époque régulière, elle présente encore de graves lacunes : lacunes qui sont plus le malheur du temps que l'effet d'une volonté mauvaise. Périer n'avait personnellement aucune hostilité contre le catholicisme. Si sa nature d'esprit, son éducation et les occupations de sa vie ne l'avaient pas porté à réfléchir assez sérieusement sur les mystères de l'âme et sur ses rapports avec Dieu, sa conduite n'était nullement celle d'un homme qui veut rester en dehors de l'Église; elle marquait, au contraire, un respect sincère pour la foi et le culte chrétiens, peut-être même davantage [1]. Madame Périer était pieuse jusqu'à la dévotion, et son mari, si impérieux, si despote dans son intérieur, acceptait sans difficulté, au foyer domestique, les témoignages extérieurs de cette dévotion. Mais, hors de la vie privée, il n'était guère préparé soit par lui-même, soit par les idées alors dominantes, à comprendre tous les devoirs du gouvernement envers la religion. Comme la plupart de ses contemporains, il n'avait pas toujours, dans une mesure suffisante, l'intelligence profonde, la vue haute, le souci délicat des problèmes soulevés par les rapports de l'État avec l'Église. S'il ne voulait plus de violences contre le clergé, c'est surtout parce qu'il y voyait une des formes de ce désordre matériel qu'il détestait et dont il se donnait mission de purger la France de 1830; il se croyait volontiers quitte, quand il avait fait la police autour des églises, ainsi qu'il l'eût fait autour d'un café-concert ou d'un cirque forain; il trouvait même, qu'avec un clergé aussi impopulaire, une telle conduite était méritoire, et il accusait sincèrement d' « ingratitude » les prêtres qui ne se montraient pas satisfaits à ce prix. Mais ne lui demandez pas de se beaucoup préoccuper du désordre moral, du mal intellectuel d'un État où la religion n'a pas, dans la croyance et la confiance

[1] Un homme politique qui s'est trouvé, en 1829, accompagner Périer aux bains de Louèche a remarqué qu'il ne manquait jamais la messe le dimanche, et que, le plus souvent même, il assistait aux vêpres.

des populations, dans le respect et la protection des pouvoirs publics, la place à laquelle elle a droit. Il ne sentait pas quel intérêt il y avait, intérêt social et politique, à combattre ce désordre; il ne comprenait pas comment le gouvernement y pouvait quelque chose, comment, sans toucher aucunement à la liberté de conscience, il avait, en cette matière, des devoirs à remplir, des exemples à donner, un usage à faire de sa puissance. Périer désirait éviter avec l'Église des conflits qui lui paraissaient un ennui inutile et un désagréable embarras; son bon sens eût même trouvé particulièrement absurde et misérable de perdre son temps et ses forces dans des querelles de sacristie, à une époque où il lui fallait chaque jour livrer bataille, au Parlement ou dans la rue, contre les ennemis mortels de la monarchie et de la société. Mais était-ce assez? L'absence de guerre ne suffit pas à constituer la paix entre les puissances politiques, à plus forte raison entre l'Église et l'État. Pour posséder cette paix des esprits, plus nécessaire que celle de la place publique à l'ordre vrai d'un pays, il faut un accord bienveillant et confiant entre les deux pouvoirs temporel et spirituel. C'est encore ce que Périer ne paraissait pas toujours bien comprendre. Sous l'empire de la réaction générale contre « l'union du trône et de l'autel », ses idées s'étaient faussées et obscurcies. Rien de mieux, sans doute, que de repousser toute combinaison politique qui transformerait le clergé en instrument d'un parti, au grand détriment de l'un et de l'autre; mais le tort était de ne pas voir quelle force le gouvernement peut trouver dans cette harmonie féconde qui laisse à chacun des deux pouvoirs sa sphère propre et son indépendance légitime, qui fournit à l'Église, assurée de sa pleine liberté, reconnaissante de se sentir protégée et respectée, les moyens de répandre la vertu de discipline, de prêcher le devoir de sacrifice et de résignation, fondements les plus fermes de la concorde et de la prospérité des États; le tort était surtout de ne pas voir que ce concours de l'Église était plus précieux, plus indispensable encore, à une époque troublée où toutes les autres forces matérielles et morales dont peut disposer un gouvernement étaient détruites ou ébranlées par une récente révolution. Périer était d'autant moins porté à attendre et à chercher un tel concours, que le clergé lui paraissait un vaincu dont l'influence était pour longtemps compromise. Peu habitué à réfléchir par lui-même sur cet ordre de sujets, il semblait presque parfois croire sur parole les philosophes qui annonçaient, avec un sentiment mêlé d'orgueil et de tristesse, « les funérailles d'un grand culte », et il disait alors à des ecclésiastiques, nullement par animosité personnelle, seulement pour constater un fait : « Le moment arrive où vous n'aurez plus pour vous qu'un petit nombre de dévotes [1]. » D'ailleurs, si bien que Périer eût dépouillé le vieil homme, quelque changement que la pratique du pouvoir et les rapports avec les évêques apportassent chaque jour dans ses idées d'autrefois, il restait chez lui un peu des préventions du « libéral » longtemps en guerre contre le « parti prêtre ». Quand certaines apparences l'induisaient en erreur, il se retrouvait trop facilement disposé à voir dans une fraction du clergé moins une force sociale dont il avait intérêt à rechercher et à mériter l'alliance, qu'un parti politique, suspect, presque ennemi, qu'il devait surveiller et parfois combattre [2].

IV

Ce que nous venons de dire explique, atténue même les fautes commises par Périer dans les questions religieuses, mais ne les justifie pas, et surtout ne dispense pas l'histoire de les

---

[1] Ces paroles sont rapportées dans une lettre écrite, en 1843, par Mgr Devie, au ministre des cultes. (*Vie de Mgr Devie*, par l'abbé Cognat, t. II, p. 225.)

[2] Dans une circulaire, en date du 2 septembre 1831, relative à la surveillance à exercer sur les carlistes, Casimir Périer disait à ses préfets : « Recommandez aux maires de vous signaler avec exactitude le déplacement clandestin des ecclésiastiques, et faites-le-moi connaître. » Dans l'état des esprits et avec les dispositions de beaucoup de municipalités, on conçoit quels abus pouvait encourager une semblable recommandation. Faut-il s'étonner que, peu après, le 8 octobre, l'évêque de Saint-Dié fût réduit à engager ses prêtres « à se refuser la consolation de visiter leurs confrères », afin d'éviter « ce qui pourrait dégénérer en

noter au passage. Le nouveau ministère, qui n'eût certes pas toléré, comme M. Laffitte, le sac d'une église ou d'un évêché, se montrait singulièrement hésitant à en réparer les conséquences. Depuis la hideuse journée du 14 février 1831, Saint-Germain l'Auxerrois était demeuré fermé par mesure administrative ; le clergé et les fidèles de cette paroisse étaient réduits, pour leurs offices, à solliciter l'hospitalité de Saint-Eustache. Prolonger cet état de choses, ce n'était pas seulement entraver gravement l'exercice du culte, c'était surtout paraître sanctionner la désaffectation sacrilége exigée par l'émeute. Le ministère eût désiré donner satisfaction aux catholiques qui réclamaient la réouverture de l'église ; par moments, il y paraissait presque décidé, commençait même certains travaux, mais il finissait toujours par reculer devant les criailleries de la presse et les menaces de troubles. Dans les matières qui lui tenaient vraiment à cœur, il n'était pas si timide. Encore devait-on s'estimer heureux qu'il n'acceptât pas l'expédient que lui offraient plusieurs journaux, entre autres le *Constitutionnel*. Cet expédient, d'un vandalisme impudent, consistait à raser une charmante église devenue politiquement embarrassante ; on prenait pour prétexte une grande opération de voierie destinée à dégager les abords du Louvre. Saint-Germain l'Auxerrois échappa à la démolition, un moment menaçante ; mais il ne devait être rendu au culte qu'en 1838, sous le ministère de M. Molé.

Ce fut par une timidité analogue que le gouvernement, au lieu de faire droit aux réclamations de l'archevêque de Paris qui demandait la reconstruction de son palais et offrait même de l'entreprendre à ses frais, affecta au logement du prélat un hôtel de la rue de Lille, et mit en adjudication la démolition définitive du vieil archevêché. Mgr de Quélen fut fort ému

sujet de trouble, par la prévention maligne d'un œil qui, n'étant pas bon pour vous, ne voit jamais vos actions, même les plus simples, que sous un jour peu favorable »? « Les visites, dit-il, que les prêtres pourraient se faire mutuellement ne seraient pas sans désagrément pour leurs personnes et sans préjudice pour la religion. »

d'une décision qui consommait officiellement la ruine commencée par la violence populaire, et qui dépouillait l'Église de Paris de la demeure où ses chefs avaient vécu pendant des siècles, à l'ombre de leur cathédrale. Il protesta avec vivacité et adressa à ses curés une lettre publique où, généralisant ses griefs, il signalait en termes émus « les malheurs de la religion », le culte public entravé, les églises fermées [1]. Irrité de ces plaintes, le gouvernement y répondit, dans le *Moniteur* [2], par un article d'un ton singulièrement agressif, accusant l'archevêque « d'injustice » et « d'ingratitude », déclarant que « ses plaintes et ses protestations reposaient sur un prétexte frivole », lui reprochant « d'irriter au lieu de calmer les consciences pieuses », et de « n'avoir pas contenu le zèle fanatique » comme le gouvernement avait « maîtrisé les passions impies ». Prélat d'une grande dignité de caractère et d'une vertu incontestée, Mgr de Quélen était, sans doute, par ses sympathies personnelles et par les traditions de sa vieille race bretonne, fort attaché à la royauté déchue. Ces sentiments le rendaient, à l'égard du gouvernement, moins prompt à la conciliation que tels autres de ses collègues : plus tard, on pourra lui reprocher une obstination boudeuse, une froideur un peu méprisante que le Saint-Siège n'approuvera pas, et où l'honneur du gentilhomme aura peut-être plus de part que la sollicitude épiscopale. Mais, en 1831, après que cet évêque avait été deux fois chassé par l'émeute de son palais saccagé, sans que le pouvoir lui eût jamais accordé la protection due au plus humble citoyen ; après qu'il avait été obligé de se cacher, pendant plusieurs mois, dans sa ville épiscopale, comme le fait un missionnaire en Corée ; au moment où, même sous le ministère de Périer, il se sentait à ce point menacé, qu'il était réduit, le 17 avril 1831, à procéder de nuit et à la dérobée, dans une chapelle de couvent, au sacre de Mgr Gallard, le nouvel évêque de Meaux ; quand on lui refusait la réouverture ou la réparation des temples dévastés par la populace, et que l'administra-

---

[1] Lettre du 29 août 1831.
[2] *Moniteur* du 13 septembre 1831.

tion des domaines vendait, sous ses yeux, à l'encan, les croix brisées et profanées qu'on avait arrachées des églises, franchement le gouvernement était-il en droit d'adresser à ce prélat un reproche « d'ingratitude » ?

Ce n'était pas seulement à Paris que le ministère hésitait à défaire l'œuvre de l'émeute. Celle-ci, le 17 février 1831, à la nouvelle des désordres de la capitale, avait envahi et saccagé le grand séminaire de Nancy. Même désordre s'était produit à Metz dès le 6 octobre 1830. Depuis lors, ces établissements avaient été fermés administrativement, mesure arbitraire qui interrompait absolument dans ces diocèses le recrutement du clergé. Vainement les autorités ecclésiastiques réclamaient-elles avec insistance, le gouvernement, qui reconnaissait au fond la légitimité de leur plainte, alléguait, pour n'y pas faire droit, la crainte d'une émeute et les dispositions mauvaises des gardes nationales. Toutefois, la réparation, bien que tardive, finit par venir, et cette fois Périer n'en laissa pas l'honneur à ses successeurs. Le séminaire de Metz fut rouvert en février 1832, et celui de Nancy au mois d'avril suivant, après une interruption qui, pour chacun de ces établissements, avait duré plus d'une année.

Le ministère ne se contentait pas de refuser ou de retarder la réparation des violences antérieures, lui-même en commettait. Dans les populations royalistes de l'Ouest, la révolution de Juillet avait naturellement causé une vive émotion. Quelques bandes de chouans, qui toutes, il est vrai, n'étaient pas mues par des motifs politiques, s'étaient formées et parcouraient la contrée. Les autorités, sans cesse sur le qui-vive, recueillaient de vagues rumeurs de complot et de soulèvement. Se rendant imparfaitement compte du changement qui s'était opéré, depuis quarante ans, dans les mœurs et jusque dans la disposition des lieux, elles se demandaient si ce n'était pas le prélude d'une nouvelle guerre de Vendée. Dès le début de son ministère, l'attention de Périer avait été attirée de ce côté; le 16 mai 1831, il avait nommé le général Bonnet « commissaire extraordinaire dans l'Ouest », avec des pouvoirs étendus qui mettaient sous ses ordres cinquante mille hommes de bonnes troupes, et à sa disposition tous les fonctionnaires administratifs ou judiciaires. C'est dans ces circonstances que les « bleus » de la Loire-Inférieure dénoncèrent avec insistance, comme l'un des centres de l'agitation carliste, la Trappe de la Meilleraye, située sur la frontière de la Bretagne et de la Vendée. L'abbé du monastère, le R. P. Antoine, de son nom de famille M. Saulnier de Beauregard, religieux austère et homme du monde accompli, était particulièrement signalé comme un redoutable conspirateur. Le conseil d'arrondissement de Châteaubriant appelait les rigueurs du gouvernement sur cet « établissement très-dangereux pour la tranquillité publique, formé après la Restauration comme un de ses moyens d'abrutissement, devenu maintenant un véritable foyer de conspiration ». Le conseil général de la Loire-Inférieure demandait la suppression du monastère. L'administration locale appuyait ces plaintes par des rapports alarmants.

A la fin du siècle dernier, des moines, obligés par la Terreur de fuir la France, avaient fondé à Lulworth, en Angleterre, une Trappe, bientôt très-florissante. Louis XVIII les y avait connus et admirés pendant son exil. Monté sur le trône, il avait désiré ramener dans son royaume ces incomparables défricheurs, et s'était occupé lui-même de les établir à la Meilleraye, dans une région de landes et de marécages, où une ferme modèle était particulièrement utile. La liste civile subventionna le monastère, et la famille royale lui marqua plus d'une fois son bienveillant patronage. Le succès de cette fondation fut complet. Au bout de quelques années, le couvent, en pleine ferveur, comptait environ cent quatre-vingts religieux, dont quatre-vingts Anglais ou Irlandais. Les résultats agricoles et industriels étaient merveilleux : les conditions matérielles du pays avaient été transformées; le bienfait était grand pour la masse de la population; mais un tel changement n'avait pu s'opérer sans froisser des intérêts particuliers et éveiller des jalousies qui furent sans doute pour beaucoup dans les dénonciations de 1831. Qu'y avait-il de fondé dans ces dénonciations? Que quelques-uns des religieux, que l'abbé notamment, ancien émigré de 1792, restassent dévoués à la famille royale qui avait fondé et protégé leur monastère; qu'ils entretinssent des relations avec les propriétaires de leur voisinage, presque tous ardents légitimistes; que, dans des correspondances ou dans des conversations, ils eussent, plus qu'il ne convenait à des moines, exprimé des regrets et des espérances, peut-être même engagé à prier pour Henri V, ou distribué quelques-unes de ces prophéties apocryphes qui sont, dans l'épreuve, la consolation d'une certaine classe de royalistes : ces faits paraissent, les uns certains, les autres probables. Du complot menaçant, de l'agitation délictueuse dont on les accusait, les perquisitions les plus sévères n'ont jamais pu faire saisir le moindre indice.

Ce fut cependant sur la foi de ces accusations que le gouvernement se décida à agir. Déjà, sous l'empire de préoccupations analogues, il avait, dans cette même région, fermé le petit séminaire de Beaupréau et celui de Vitré. Il fit prendre, le 5 août 1831, par le préfet de la Loire-Inférieure, un arrêté qui prononçait la dissolution de la communauté religieuse de la Meilleraye; l'arrêté visait la loi du 28 vendémiaire an VI relative à l'expulsion des étrangers, les lois révolutionnaires de 1790 et de 1792 contre les congrégations, et ce décret napoléonien du 3 messidor an XII que récemment on a de nouveau exhumé. Une répugnance naturelle retarda quelque temps l'exécution. Cependant, le 28 septembre, des troupes nombreuses cernèrent la Trappe, et en dépit des protestations de l'abbé, quarante-cinq religieux français reçurent des passeports pour se rendre dans leurs communes natales; les étrangers furent avisés qu'ils devaient prochainement retourner dans leur pays; sauf les malades et vingt hommes valides laissés pour l'exploitation, l'administration exigeait la dispersion de tous les autres moines; un détachement de gendarmerie fut installé au couvent pour surveiller l'exécution de ces mesures.

A peine informée de ces événements, l'Agence pour la défense de la liberté religieuse, fondée par les rédacteurs de l'*Avenir*, y vit une occasion excellente d'employer son zèle et d'appliquer ses principes. Elle prit en main la cause des Trappistes, et ouvrit à grand bruit, par toute la France, des souscriptions destinées à couvrir les frais de la lutte. Un de ses membres, M. de Regnon, vint s'établir au monastère et conseilla aussitôt de résister hardiment à la violence du gouvernement, en se plaçant sur le terrain du droit commun, de la Charte et de la liberté pour tous. Sur ses indications, le 8 novembre, les religieux, demeurés au couvent, reprirent la vie monastique interrompue par l'exécution de l'arrêté préfectoral, revêtirent le saint costume qu'ils avaient dépouillé, sonnèrent leur cloche silencieuse depuis plusieurs semaines et recommencèrent leurs offices. En même temps l'abbé signifia, par ministère d'huissier, qu'il entendait jouir librement de ses droits de citoyen et de propriétaire, avec les ouvriers qu'il lui plaisait d'employer à son exploitation, et se refusa à fournir plus longtemps la nourriture des cinquante gendarmes qui avaient envahi et occupaient illégalement son domicile. Ce changement d'attitude troubla et irrita les ennemis des Trappistes. Par effarement ou par perfidie, ils répandirent le bruit que la Meilleraye était en pleine révolte et qu'on y sonnait le tocsin pour appeler aux armes les « carlistes » des environs. Les autorités crurent ou feignirent de croire à ce péril. Une nouvelle expédition militaire fut faite, plus brutale que la première; elle aboutit à enlever et à embarquer immédiatement les soixante-dix-huit religieux anglais ou irlandais qui étaient encore au monastère. Dès lors, il ne restait plus à la Meilleraye, avec l'abbé propriétaire, que vingt-huit religieux.

Toujours sur les conseils et par les soins de l'Agence, l'abbé entama une double instance. Il demanda d'abord à la Chambre l'autorisation de poursuivre M. Casimir Périer comme auteur responsable de l'attentat commis contre le monastère et ses habitants; le rapporteur, M. Bérenger, conclut à la légalité des actes du gouvernement et au refus de l'autorisation, non toutefois sans appeler de ses vœux une législation plus libérale [1]; ses

---

[1] M. Bérenger exprimait le regret que, « sous un gouvernement et après une révolution qui consacrent cette liberté, des citoyens ne pussent, sans opposition,

conclusions furent adoptées, après un court débat où M. Dubois, l'ancien rédacteur du *Globe*, défendit la liberté des religieux, et où M. Dupin, au contraire, saisit avec joie l'occasion de reprendre, contre une autre congrégation, la petite guerre qu'il avait commencée, sous Charles X, contre les Jésuites [1]. En même temps, le tribunal de Nantes était saisi d'une action civile dirigée contre le préfet par l'abbé de la Meilleraye, agissant comme propriétaire et chef d'exploitation agricole; celui-ci demandait sa réintégration, le libre exercice de son industrie et 150,000 francs de dommages-intérêts pour le trouble qui lui avait été causé; le procès fut plaidé, avec quelque éclat, par Mᵉ Janvier, pour les Trappistes, et par Mᵉ Billault, pour le préfet; le tribunal se déclara incompétent [2].

Devant ces violences, dont le caractère arbitraire tranche si complétement avec la conduite habituelle de Périer, avec l'espèce de point d'honneur qu'il s'était fait de n'employer, même contre les pires factieux du parti révolutionnaire, ni l'état de siége, ni aucune loi d'exception, on ne peut s'empêcher de donner raison à Mᵉ Janvier, disant devant le tribunal de Nantes : « Plus M. Périer se montre grand et fort, et plus il était au-dessous de lui de condescendre à devenir un persécuteur des Trappistes. Ce rôle ne lui va pas; en le subissant, il s'est manqué à lui-même; il a trahi ces magnifiques paroles prononcées par lui dans l'effusion de son cœur : *Qu'il ne concéderait jamais la liberté d'écraser les vaincus.* » Le plus grand châtiment de cette faute est qu'elle ait pu servir de précédent à d'autres violences, qu'elle ait fourni, à des personnages indignes d'un tel rapprochement, prétexte à se couvrir du nom de Périer. Non, sans doute, que nous acceptions sans réserve ce rapprochement. Pour être fondée sur les mêmes prétendues lois que des attentats récents, et pour avoir été exécutée par

---

se vêtir et prier Dieu comme ils l'entendaient, dans leur maison, alors surtout qu'on ne demandait à la loi d'autre protection que celle qui est due à tous les citoyens ».

[1] Séance du 31 décembre 1831.
[2] Jugement du 20 janvier 1832.

des procédés analogues¹, la dispersion des Trappistes de la Meilleraye n'avait pas été faite par les mêmes motifs, dans les mêmes conditions politiques et morales : elle avait été ordonnée, non par une pensée de persécution contre les congrégations en général, mais sous l'impression mal fondée d'un péril local, passager, exceptionnel, d'une crainte de complot et de guerre civile; comme l'a dit M. Bérenger, dans son rapport à la Chambre, cette mesure « se rattachait à la pacification des départements de l'Ouest ». Aussi quand, à cette époque, des journaux de gauche, mis en goût par cette première violence, demandèrent qu'on procédât de même contre certains couvents, notamment contre les Trappistes de Bellefontaine, le gouvernement, plus honteux probablement de son premier exploit que désireux de l'étendre, fit la sourde oreille. Tous les autres monastères furent laissés en paix, et le trop fameux décret de messidor rentra dans la poudre d'où un ministre soucieux du droit et de la liberté n'eût jamais dû le faire sortir. Les religieux, laissés à la Meilleraye avec leur abbé, reprirent leur costume et leurs exercices. Seulement, pendant plusieurs années, il leur fut interdit d'augmenter leur nombre. Ce ne fut qu'en 1838 qu'ils purent accepter des novices, qui affluèrent aussitôt et eurent avant peu comblé les vides produits par la violence de 1831. Celle-ci n'avait eu, en définitive, qu'un résultat : elle avait amené la fondation de deux nouvelles

---

¹ Dans l'éloquente plaidoirie qu'il a prononcée dernièrement, devant le tribunal des conflits, pour d'autres religieux dispersés, maître Sabatier a noté, entre les exécutions de 1830 et celle de la Meilleraye, une différence importante, au point de vue juridique. A la Meilleraye, il y avait eu grand déploiement de force armée, sans doute parce qu'on se croyait sous la menace d'une insurrection carliste; mais cette force armée paraît n'avoir été mise en action contre la personne des religieux que lors de la seconde expédition et seulement contre les étrangers; dans ce cas, en effet, elle était brutale, mais n'avait rien d'illégal. Quant aux religieux français expulsés lors de la première expédition, ils avaient protesté, mais avaient fini par se disperser volontairement. Rien n'avait été fait contre eux qui pût être comparé aux portes crochetées et brisées, aux citoyens français arrachés de force de leurs domiciles, à toutes les violences scandaleusement illégales dont nous avons été témoins. Même, d'après les instructions du ministre de 1831, citées dans le rapport de M. Bérenger, le sous-préfet devait, en cas de refus des moines, « requérir immédiatement l'intervention du procureur du Roi », ce qui semble signifier un recours aux voies judiciaires.

Trappes, créées par les expulsés, l'une à Mount-Melleray, en Irlande, l'autre au Mont Saint-Bernard, en Angleterre. C'est souvent ce que l'on gagne à persécuter les moines.

Sous la Restauration, les processions et autres cérémonies extérieures du culte avaient été en grande faveur, et plus d'une fois Charles X y avait pris part. Les interdire parut à plusieurs, après 1830, une représaille naturelle. Il ne fallait pas s'attendre que le gouvernement résistât bien vigoureusement à cette intolérance. Aucune mesure générale et uniforme ne fut prise pour les processions de la Fête-Dieu, en 1831; les autorités locales agirent à leur guise. Ce fut un sujet de bruyantes polémiques et même une occasion de troubles provoqués par ces étranges « libéraux » que révoltait la seule vue d'une cérémonie religieuse. Le ministère, effrayé de leurs dispositions et de leurs exigences, interdit, par circulaire, à tous les évêques, la procession du vœu de Louis XIII, qui se faisait le 15 août. Ce n'était pas qu'il tînt beaucoup à être obéi : dans plusieurs villes on trouva moyen de tourner la prohibition, et la procession eut lieu, en l'honneur de l'Assomption, sinon en souvenir de Louis XIII; à Vannes même, elle fut suivie par le préfet et par les autres fonctionnaires. Est-ce par une concession aux mêmes exigences, qu'à cette époque, on fit enlever de Notre-Dame les belles statues à genoux de Louis XIII et de Louis XIV [1]? Ces statues y avaient été placées en 1715, pour rappeler le vœu fait à la Vierge par le premier de ces rois et confirmé par le second. Craignait-on qu'elles ne fussent détériorées par ceux qui déclaraient ne plus vouloir de « roi à genoux [2] »?

Ce clergé qu'on prétendait renfermer dans l'intérieur de ses églises, au moins l'y laissait-on pleinement libre? Le gouvernement en avait le désir; mais ce désir incertain et débile ne l'empêchait pas, à la première occasion, de porter à l'indépendance du sanctuaire des atteintes dont il ne paraissait même

---

[1] *Ami de la religion*, t. LXIX, p. 102 et 117.

[2] Ces statues ont été plus tard portées dans la chapelle du château de Versailles. Elles n'ont été replacées à Notre-Dame, derrière le maître-autel, que sous le second empire, lors de la restauration dirigée par M. Viollet-Leduc.

pas comprendre la gravité sacrilége. Grégoire, ancien évêque constitutionnel et membre de la Convention, était mort en mai 1831, sans avoir voulu renier son passé et faire les rétractations exigées par l'archevêque de Paris. L'Église ne pouvait être tenue de rendre les honneurs à celui qui s'était ainsi séparé d'elle. Cette vérité évidente de conscience et de bon sens échappa aux ministres ou du moins leur parut primée par une considération supérieure. Ils virent seulement, en cette affaire, le désordre matériel dont le refus de service religieux pourrait être l'occasion ; ils ne virent pas le désordre moral dont ils allaient se rendre eux-mêmes coupables. Par leurs ordres, le préfet de police, alléguant un décret du 23 prairial an XII, signifia au curé de l'Abbaye-aux-Bois sa prétention de disposer malgré lui de son église ; il recruta quelques prêtres étrangers au diocèse de Paris, tous plus ou moins interdits, trouva, on ne sait où, — certains disent à la chapelle des Tuileries, — des ornements sacerdotaux, et, dans le temple occupé de force, fit célébrer par ces intrus les obsèques religieuses de l'évêque schismatique. Les discours prononcés au cimetière couronnèrent dignement cette scandaleuse cérémonie. On y entendit Raspail appeler les générations nouvelles à la guerre « contre les hommes du jour ». Thibaudeau, ancien régicide, remercia la révolution de Juillet « d'avoir associé la Convention nationale au trône » et « d'avoir enfin ouvert aux conventionnels, pour leur défense, cette tribune de la mort ». Puis il ajouta, en parlant des hommes de 1830 : « Que leur a-t-il manqué pour être ce que, par un haineux abus de la langue, ils ont appelé régicide? que Charles X fût fait prisonnier et que le peuple le leur livrât[1]. » En présence d'un tel langage, le gouvernement ne dut pas se sentir bien fier d'avoir pris le parti des amis de Grégoire contre le clergé catholique et d'avoir assumé la res-

---

[1] Dans ce même discours, Thibaudeau s'écriait, en s'adressant aux mânes de Grégoire : « Tant qu'un souffle de vie nous animera, à ton exemple, nous le consacrerons au culte de la liberté et de la patrie. » Est-ce pour tenir ce serment si solennel, qu'en 1852, au lendemain du coup d'État, ce dernier survivant des régicides se faisait porter sur la première liste des membres du Sénat impérial?

ponsabilité d'obsèques ainsi commentées. Le lendemain, cependant, il faisait insérer dans le *Moniteur* un article, où il se félicitait presque naïvement de sa conduite [1]. Son procédé pour s'emparer des églises et y faire célébrer des offices malgré l'autorité religieuse lui parut même si heureusement trouvé, qu'il s'empressa d'en user de nouveau, au mois d'octobre suivant, pour les obsèques de M. Debertier, autre évêque constitutionnel. L'archevêque de Paris écrivit une circulaire à son clergé, afin de protester contre le renouvellement de ce scandale.

Quelques-uns des amis du cabinet avaient cependant, en ces matières, une idée plus haute et plus raisonnable des conditions de la liberté religieuse; tel était le *Journal des Débats*, qui disait, quelques mois après : « De bonne foi, il faut convenir qu'un misérable esprit de réaction s'est manifesté contre l'autorité légitime des ministres du culte. Il y a des gens qui se moquent tout haut des lois de l'Église, qui ne croient ni à ses dogmes, ni à l'efficacité de ses sacrements, ni à la sainteté de ses pratiques... Mais que le prêtre refuse à un cercueil les derniers offices de la religion, et cela parce que sa conscience le lui ordonne, aussitôt voilà le zèle pieux de ces incrédules qui se rallume; ils enfoncent les portes de l'église dans laquelle peut-être ils n'avaient pas mis le pied depuis leur baptême ou leur première communion; ils sonnent les cloches, ils récitent des prières avec le plus grand recueillement, comme on a bien soin

---

[1] On lisait dans cet article, en date du 31 mai 1831 : « Les obsèques de M. l'abbé Grégoire, ancien évêque de Blois, ont eu lieu aujourd'hui, 30 mai, avec toute la régularité et la décence qu'exigeait une cérémonie de ce genre... On savait que l'autorité ecclésiastique ne croyait pas pouvoir accorder les prières de la communion catholique à cet ancien évêque. Sans vouloir examiner jusqu'à quel point cette détermination était compatible avec de hautes considérations d'État, et sans oublier que les libertés religieuses font aussi partie des libertés françaises, le gouvernement ne dut s'appliquer qu'à prévenir les fâcheuses interprétations ou les prétextes de troubles qui pouvaient résulter de ce refus. » Puis, après avoir raconté comment s'était faite la cérémonie, le *Moniteur* ajoutait : « Les lieux ont été remis régulièrement à M. le curé de l'Abbaye-aux-Bois. Tout est calme. Nous voilà bien loin des scandales qui, il y a peu d'années, accompagnaient des conflits de ce genre. C'est un des fruits de la raison publique... On comprend mieux toutes les libertés; on les possède plus sûrement; on en jouit avec plus de sagesse. » Le lendemain, cependant, le *Moniteur* jugea nécessaire de protester contre le discours de Thibaudeau.

de le dire, et finissent, dans leur sainte ferveur, par piller et brûler la maison du curé. Ce n'est pas une simple hypothèse, c'est malheureusement le récit exact des scènes honteuses et coupables dont la ville de Clermont vient d'être le théâtre [1]. » Le dernier trait seul avait manqué aux obsèques de Grégoire et de Deberthier.

La mort de Grégoire donna lieu à une autre difficulté qui touchait à une question singulièrement grave, celle du choix des évêques par le gouvernement. Au moment où le prélat schismatique refusait obstinément, sur son lit de mort, les rétractations exigées par l'archevêque de Paris, un prêtre, professeur à la Sorbonne et aumônier de la Reine, l'abbé Guillon, avait consenti à lui donner les derniers sacrements. S'il y avait eu erreur de sa part, elle était un peu volontaire, et la faiblesse envers le pouvoir civil y avait sa part. Frappé disciplinairement par l'archevêque, l'abbé Guillon voulut se défendre; il s'ensuivit une polémique qui fit quelque scandale. Or ce prêtre se trouvait avoir été désigné par le gouvernement, le 25 novembre 1830, pour l'évêché de Beauvais. Le clergé de ce diocèse s'émut de la conduite tenue par son futur chef; des protestations se signèrent; des adresses furent envoyées au Pape pour le supplier de ne pas ratifier le choix du gouvernement. Cette difficulté arrivait d'autant plus mal à propos qu'au même moment le ministère Périer appelait aux siéges vacants de Dijon et d'Avignon deux ecclésiastiques, M. Rey et M. d'Humières, dont les mœurs et la foi n'avaient encouru aucun reproche, mais que leur caractère et leurs habitudes d'esprit rendaient peu dignes et peu capables de ces hautes fonctions. De telles nominations n'étaient-elles pas des arguments pour la thèse que l'*Avenir* venait de soulever si témérairement au sujet de la rupture du Concordat? Le Saint-Siége montra, en cette circonstance délicate, l'esprit de conciliation qui l'animait. Faisant la part du temps, il agréa, malgré leurs défauts, MM. Rey et d'Humières, qui furent préconisés le

---

[1] *Journal des Débats*, février 1832.

6 mars 1832 ; mais il n'accepta pas M. Guillon. Le gouvernement, qui désirait sincèrement éviter le conflit et qui avait péché par ignorance des choses religieuses plutôt que par volonté mauvaise, ne pressa point le Pape. Bientôt, du reste, M. Guillon fit honorablement sa soumission à l'archevêque de Paris et donna sa démission d'évêque nommé à Beauvais ; il devait recevoir, en 1832, un canonicat à Saint-Denis et le titre d'évêque de Maroc *in partibus infidelium*. Quant à MM. d'Humières et Rey, leur élévation avait été si mal vue dans le monde ecclésiastique, qu'ils ne purent trouver, en France, de prélat consécrateur ; il fallut recourir au ministère d'un évêque étranger, et se faire autoriser à remplacer par de simples prêtres les évêques assistants. Mgr d'Humières mourut un an après son sacre, sans avoir exercé les fonctions épiscopales. Mgr Rey troubla si profondément le diocèse de Dijon, qu'au bout de sept ans il dut donner sa démission que lui demandaient à la fois le gouvernement et le Pape[1]. Ces fautes du début, la monarchie de Juillet ne les répétera plus. Mieux éclairée par la suite, elle fera, au contraire, de son droit de désigner les évêques, un usage qui lui méritera, à plusieurs reprises, les éloges reconnaissants du Saint-Siége.

Quand le gouvernement lui-même méconnaissait l'indépendance de l'Église, comme il l'avait fait lors des obsèques de Grégoire et de Deberthier, on peut se figurer ce dont étaient capables des municipalités à la fois moins éclairées et plus passionnées. Sans doute, le ministère, dès le premier jour, par une circulaire que nous avons citée, avait annoncé l'intention de prévenir et de réprimer les ingérences de ces municipalités dans l'exercice du culte, leurs atteintes à la liberté religieuse ; et il essayait de le faire toutes les fois que le scandale était trop grossier ; le plus souvent, cependant, son action était un peu molle pour en imposer beaucoup ; il ne paraissait pas prendre assez à cœur les droits qu'il recommandait de respecter. N'eût-il pas fallu surtout que son exemple ne vînt jamais contredire

---

[1] *Vie du cardinal Mathieu*, par Mgr Besson, t. I, p. 114 et 146.

ses recommandations? Aussi les vexations et les intrusions des pouvoirs locaux, pour être devenues moins fréquentes, étaient loin d'avoir complétement cessé. Des maires, sous prétexte que le curé ne chantait pas le *Domine salvum* à leur gré, pénétraient dans l'église, interrompaient bruyamment l'office, criaient tout haut leurs reproches et leurs injonctions. Un autre, trouvant que, pour le jour de la fête du Roi, on n'avait pas allumé assez de cierges, allait en chercher dans la sacristie et les posait de force sur l'autel. Celui-ci abattait violemment, en pleine procession, les panaches du dais, sous prétexte qu'ils étaient blancs et, par suite, suspects de carlisme. Celui-là, qui croyait avoir à se plaindre du curé, lui notifiait interdiction de dire sa messe le dimanche de Quasimodo. Beaucoup faisaient installer dans l'église un buste de Louis-Philippe. Aux messes pour l'anniversaire des journées de Juillet, plusieurs se conduisaient comme si eux et leurs partisans s'étaient emparés d'assaut du temple; ils prétendaient diriger l'office à leur fantaisie, faisaient étouffer, par des roulements de tambour, la voix du curé, chantaient la *Parisienne* ou la *Marseillaise* au moment de l'élévation, et, en plus d'un endroit, le populaire ainsi échauffé terminait la pieuse cérémonie en saccageant le presbytère [1].

Si le gouvernement avait parfois la prétention de pénétrer de force dans les églises pour y célébrer les cérémonies du culte malgré l'autorité ecclésiastique, il paraissait cependant préoccupé d'écarter systématiquement la religion et presque le nom de Dieu des actes de sa vie publique. M. de Salvandy se plaignait, en 1831, que, « dans le temps même où cette autre religion, qui est le mysticisme de l'anarchie, s'avançait hautement vers la jeunesse française, le jeune grand maître de l'Université [2], quand il parlait aux élèves pressés dans le champ de mai des grands concours et célébrait avec raison devant eux la

---

[1] Sur toutes ces petites persécutions des municipalités, cf. l'*Ami de la religion* de 1831 et de 1832, *passim*, notamment t. LXVII, p. 587; t. LXIX, p. 104, 134, 152, 169, 183; t. LXX, p. 215, 247, 281; t. LXXI, p. 596.

[2] M. de Montalivet était alors ministre de l'instruction publique.

patrie et la liberté, ne murmurât même pas le nom du Dieu qui a mis ces biens sur la terre ». Il dénonçait, dans « ce silence, une concession au génie fatal qui nous dominait [1] ». Voulait-on rendre hommage aux morts des « trois journées », le Roi et les pouvoirs publics se rendaient, le 27 juillet 1831, au Panthéon dont la croix venait d'être arrachée quelques jours auparavant, et y célébraient je ne sais quelle cérémonie païenne, où, en guise d'hymnes religieux, les artistes de l'Opéra chantaient la *Marseillaise* et la *Parisienne*. Cette solennité laissa une impression pénible à toutes les âmes un peu hautes. En en sortant, la duchesse de Broglie, qui était protestante, ne pouvait se contenir, et, rencontrant M. Thiers, elle lui dit : « *Bienheureux les morts qui meurent au Seigneur;* cela vaut mieux, monsieur, que tout ce que nous venons d'entendre. » Son accent indigné, la flamme de son regard, l'émotion de son noble et beau visage, tout cela était fort imposant, et M. Thiers ne sut trop que répondre. « Je ne puis m'empêcher de trouver, disait à ce même propos M. de Salvandy, qu'il y a un grand vide dans ces pompes, et je demande à Dieu que le déchaînement des passions mauvaises ne le comble pas. » Puis il ajoutait cette phrase que nous avons déjà eu occasion de citer : « Il y a quelques mois on mettait partout le prêtre ; aujourd'hui on ne met Dieu nulle part. » Cette prétention d'organiser une sorte de culte civil, en dehors du christianisme, se manifesta de nouveau au Parlement, lors de la discussion sur les honneurs à décerner, dans le Panthéon, aux morts illustres [2]. Ce fut une occasion de répéter les déclamations odieuses ou niaises des rhéteurs de la première révolution. Le gouvernement n'osa rien faire pour arrêter la Chambre, mais les législateurs ne purent même pas s'entendre sur la liste des grands hommes qu'ils proposeraient à la dévotion civique. Le débat se prolongea pendant plusieurs jours, violent et désordonné. Tout avorta dans une ridicule impuissance, et, une fois de plus, la confusion des langues vint châtier l'orgueil humain en révolte contre Dieu.

---

[1] M. DE SALVANDY, *Seize Mois, ou la Révolution et les révolutionnaires*, p. 420.
[2] Février 1832.

Les journaux raillèrent ce fiasco, et M. Saint-Marc Girardin put écrire dans le *Journal des Débats,* après l'une des séances : « Arbitres de l'immortalité, ayez donc un peu de dignité et de décence! En faisant des dieux, soyez au moins des hommes! »

Si « laïque » cependant que voulût être le gouvernement, il n'eût pas cru possible alors d'exclure la religion de l'enseignement populaire. Le 24 octobre 1831, M. de Montalivet déposait un projet dont l'article 1er indiquait, en tête des matières enseignées dans l'école primaire, « l'instruction morale et religieuse », ajoutant seulement que « le vœu des pères de famille serait toujours consulté et suivi, en ce qui concernait la participation de leurs enfants à l'instruction religieuse ». De plus, bien qu'on fût alors en pleine réaction contre l'intervention du clergé dans les choses administratives, le projet réservait une place de droit aux ministres du culte dans les comités divers auxquels étaient confiées la direction, la surveillance et l'inspection des écoles. Enfin, dans son exposé des motifs, le ministre n'hésitait pas à faire l'éloge « des Frères des Écoles chrétiennes, hommes laborieux et utiles, véritables fondateurs de l'enseignement élémentaire, repoussés aujourd'hui par des préventions exagérées, comme gens de routine et d'obscurantisme ». Ce projet de loi ne devait pas aboutir. Toutefois, après avoir été soumis à une commission de la Chambre, il fut l'objet d'un rapport rédigé par un ancien conventionnel non suspect de « cléricalisme », M. Daunou [1]. Le rapport n'hésitait pas un instant à prescrire l'instruction religieuse. La présence de droit des ministres du culte dans les comités de l'enseignement avait été discutée au sein de la commission; la majorité l'avait maintenue « afin, disait le rapporteur, d'assurer à la première instruction le caractère religieux qu'elle doit conserver ». M. Daunou répudiait hautement l'idée « des libéraux » qui voulaient refuser ou limiter la liberté d'enseignement, par crainte qu'elle ne profitât à leurs adversaires [2]. Il écartait

---

[1] Séance du 22 décembre 1831.

[2] Le rapporteur se pose cette question : La liberté d'enseignement n'est-elle pas dangereuse pour la liberté publique, en fournissant à ses ennemis des armes

notamment toute mesure restrictive contre les congréganistes. « Que des instituteurs, disait-il, appartiennent ou non à quelque société, nous n'avons vu en eux que des individus jouissant de la même liberté et soumis aux mêmes règles dans l'exercice de leur profession. »

Ces conclusions sont d'autant plus significatives que le monde parlementaire était alors animé d'une trop réelle malveillance contre la religion ; malveillance mesquine qui, n'osant « faire grand », se rattrapait sur les petites choses. Ne donnait-elle pas sa mesure, par exemple, quand elle faisait décider, contrairement à tous les usages et à toutes les convenances, que la Chambre siégerait le jour de l'Assomption et celui de la Toussaint? Telle également elle se manifesta dans le débat sur le budget du ministère des cultes, en février 1832. Il ne fut pas question de mesures radicales, mais, par animosité plus encore que par parcimonie, on s'appliqua à rogner misérablement les diverses parties de ce budget, déjà cependant réduit par les propositions du gouvernement. C'était dans le même esprit que presque tous les conseils généraux et beaucoup de conseils municipaux avaient, en 1831, supprimé les subventions allouées au clergé. « Il y a quelque chose de blessant, disait le *Journal des Débats*, pendant cette discussion du budget, à voir ainsi tout ce que les hommes respectent, tarifé,

---

nouvelles, ardemment désirées par eux? Il répond : « Les ennemis de la révolution de Juillet auraient contre nous trop d'avantages s'il leur suffisait de réclamer les lois justes, les institutions sages qu'elle promettait, pour nous disposer à nous en priver, et s'il fallait nous refuser à nous-mêmes tous les biens dont ils se flattent de profiter. Ce sont, depuis quarante ans, des alarmes de cette espèce qui nous ont valu tant de lois funestes, et, de tous les maux que nous ont faits les partisans de l'ancien despotisme, le plus profond peut-être consiste dans l'injustice ou l'imprudence des résolutions législatives, dictées, à diverses époques, par les peurs qu'ils inspirèrent... La liberté publique jouit contre eux de toutes ses forces, quand ils jouissent eux-mêmes de tous ses bienfaits et quand elle ne leur refuse que des privilèges. Vous remplirez donc le vœu exprimé par l'article 69 de la Charte. Vous garantirez la liberté des écoles privées, et vous avouerez qu'elle serait chimérique, si le gouvernement intervenait dans leur régime intérieur, par des nominations, des injonctions, des prohibitions, par d'autres actes enfin que ceux qui tiendraient à l'exécution des dispositions précises de la loi. Vous affranchirez surtout les écoles particulières de l'empire d'un corps enseignant qui, jusqu'en 1830, ne leur a laissé ni permis aucune indépendance. »

marchandé, mis au rabais. » Vainement ce journal rappelait-il que « la religion était encore bien forte, quoi qu'on pût en penser », et qu'il était imprudent « de lui donner juste sujet de se plaindre », ces avertissements n'étaient guère écoutés. On eût dit que, pour une bonne partie des députés encore imbus de leurs préjugés d'avant 1830, le principal ennemi était toujours « le parti prêtre [1] ». Le ministre des cultes, M. de Montalivet, auquel Casimir Périer laissa presque exclusivement la charge de ce débat, essaya de retenir la Chambre dans la voie détestable où elle s'engageait; après avoir cédé sur plusieurs points, il parvint à faire écarter quelques-uns des amendements les plus graves, notamment celui qui diminuait le nombre des évêchés sans entente avec le Pape; mais il ne put empêcher l'adoption de certains autres, par exemple de celui qui réduisait le traitement des évêques. Et pourtant que de concessions il faisait, dans sa manière même de discuter, aux préventions qu'il voulait contenir; affectant de poursuivre le même but et de ne différer que sur les moyens; se faisant honneur d'avoir opéré de son propre mouvement plus de réductions sur le budget des cultes que n'en avait demandé l'opposition avant 1830; se vantant même d'avoir retenu le traitement des ecclésiastiques dont politiquement il croyait avoir à se plaindre, mesure arbitraire et absolument illégale!

Sur un tel sujet, et en face de telles attaques, on eût souhaité, de la part du gouvernement, un langage plus haut et plus ferme. Ce langage, il se trouva, en dehors du cabinet et à côté de lui, quelqu'un pour le tenir. M. Guizot eut ce mérite et cet honneur. Les honteuses violences des 14 et 15 février 1831 lui avaient causé une profonde impression ; il n'y avait pas vu seulement, comme la plupart des conservateurs de ce temps, un désordre matériel à réprimer, mais surtout le signe d'un mal moral à guérir [2]. Quand il prit la parole dans la discussion du budget

---

[1] Un député, M. Aug. Giraud, disait, aux applaudissements de ses collègues : « Jamais je n'ai redouté le parti républicain : il est si peu nombreux, qu'il est impuissant à faire le mal. Il n'en est pas de même du parti carliste et du parti prêtre. C'est sur ce parti que nous devons fixer nos regards. »

[2] M. Guizot avait écrit, à ce propos, dans la *Revue de Paris* du 6 mars 1831,

des cultes, il ne craignit pas de traiter de « misérables » les amendements soumis à la Chambre pour réduire tels ou tels crédits. Puis, s'élevant plus haut, il se demanda quelle devait être, envers l'Église, la conduite de tout gouvernement, particulièrement du gouvernement de Juillet. Il concédait qu'il pût y avoir, dans le passé, « des motifs fort naturels de rancune et des raisons fort légitimes de défiance ». Seulement, ajoutait-il aussitôt, « ce ne sont pas les souvenirs du passé, ce sont les intérêts et les besoins du présent qui doivent régler notre conduite » ; parlant de la « masse ecclésiastique tranquille, pacifique », il déclarait « que non-seulement on ne lui devait pas de la froideur et de l'indifférence, mais qu'on lui devait bienveillance ». Si « le pouvoir politique » du clergé est fini, il faut lui faire voir que « son existence religieuse n'est pas compromise ». « Nous souffrons, disait-il, de ce que nos convictions politiques et morales sont incertaines, nous en souffrons d'autant plus que nous avons à lutter contre le fanatisme révolutionnaire. C'est la religion seule qui peut nous donner ce dont nous manquons, répandre et fortifier les sentiments nécessaires pour combattre le péril qui nous menace. » Puis il ajoutait ces paroles vraies de tout temps, mais particulièrement remarquables à cette époque : « La religion fait quelques fanatiques ; oui, mais, pour un fanatique, la religion fait cent citoyens soumis aux lois, respectueux pour tout ce qui est respectable, ennemis du désordre, du dévergondage et du cynisme. C'est par là qu'indépendamment de tout pouvoir politique, la religion est un principe éminemment social, l'allié naturel, l'appui

---

les réflexions suivantes, qui contrastent singulièrement avec tout ce qu'on disait alors autour de lui : « La liberté religieuse a été violée, les croix insultées, brisées ; tout ce que nos pères adoraient, tout ce que nous vénérons a été livré à la destruction et à l'outrage ; une église antique n'a été protégée qu'en devenant une mairie, et il a fallu la déguiser pour la sauver. Les catholiques, — et ils sont plus nombreux aujourd'hui qu'avant le 14 février, parce que tout honnête homme se souvient de sa religion quand il la voit outragée, — les catholiques sont inquiets dans toute la France. Les députés belges ont pu conter dans la Flandre catholique comment, à Paris, on traite les églises. La capitale de la France a pu passer aux yeux des étrangers pour une ville d'irréligion fanatique, et, ce qu'il y a de pis, c'est que tous ces maux, vous ne pourrez pas les réparer. Il n'est pas en votre pouvoir de faire remettre une croix abattue sur une église chrétienne. »

nécessaire de tout gouvernement régulier ; il n'est arrivé, sans grave péril, à aucun gouvernement régulier de se séparer complétement de cet appui, et de se rendre hostile la première force morale du pays. Et non-seulement, permettez-moi de le dire avec franchise, la religion répand et fortifie, dans tous les esprits, l'amour de l'ordre et les instincts honnêtes, mais elle donne à tout gouvernement un caractère d'élévation et de grandeur qui manque trop souvent sans elle. Je me sens obligé de le dire. Il importe extrêmement à la révolution de Juillet de ne pas se brouiller avec tout ce qu'il y a de grand et d'élevé dans la nature humaine et dans le monde. Il lui importe de ne pas se laisser aller à rabaisser, à rétrécir toutes choses, car elle pourrait fort bien à la fois se trouver abaissée et rétrécie elle-même. L'humanité ne se passe pas longtemps de grandeur ; elle a besoin de se voir elle-même grande et glorifiée : et permettez-moi d'ajouter que le gouvernement qui prétendrait se fonder uniquement sur le bien-être matériel du peuple s'abuserait étrangement... Je crois que la révolution de Juillet et le gouvernement qui en est né seront bien conseillés s'ils s'appliquent à rechercher l'alliance de la religion, à donner satisfaction à cette portion considérable du clergé qui veut rester paisible et se renfermer dans sa mission religieuse. Ne nous trompons pas par les mots : il ne s'agit pas de formes polies, de respect extérieur, de pure convenance ; il faut donner au clergé la ferme conviction que le gouvernement porte un respect profond à sa mission religieuse, qu'il a un profond sentiment de son utilité sociale ; il faut que le clergé prenne confiance dans le gouvernement, sente sa bienveillance. Il lui donnera en retour l'appui dont je parlais tout à l'heure, et qui peut, plus qu'un autre, vous mettre en état de lutter contre les ennemis dont vous êtes investis. »

CHAPITRE VII

MALADIE ET MORT DE CASIMIR PÉRIER

(Mars — mai 1832.)

I. Résultats de la politique de Périer. Succès complet à l'extérieur; moins complet, mais considérable, à l'intérieur. Ce succès proclamé par les amis et reconnu par les adversaires. C'est l'œuvre personnelle de Périer. Sa tristesse. D'où venait-elle? — II. Le choléra. Physionomie de Paris en proie au fléau. Dévouement du clergé. Émeutes hideuses révélant la maladie morale de la nation. — III. Casimir Périer atteint par le choléra. Violences de son agonie. Manifestations haineuses de ses adversaires et désolation de ses amis. Sa mort, le 16 mai 1832. Depuis lors, la gloire de Casimir Périer n'a fait que grandir.

I

Si l'histoire, qui n'oublie rien, ne peut passer sous silence les faiblesses d'un grand ministre, elle doit, lorsqu'il s'agit de regarder et d'apprécier l'ensemble, les reléguer à leur place, c'est-à-dire au second plan, dans une demi-ombre qui les laisse voir sans les faire sauter aux yeux. Au premier plan, dans la pleine lumière, frappant tout de suite le regard, comme le sujet principal du tableau, apparaîtra ce qui est vraiment l'œuvre propre de Périer, celle par laquelle il mérite d'être jugé, la résistance à la révolution. Nous en avons raconté les diverses vicissitudes. Maintenant, il convient de constater quels en étaient les résultats après une année de ministère.

A l'extérieur, la partie était gagnée. La guerre, tout à l'heure si probable, était définitivement écartée. Le *Journal des Débats* pouvait écrire, le 31 mars 1832 : « La pacification de l'Europe, il y a un an, était regardée comme une chimère. Aujourd'hui, c'est un fait accompli... Elle a désormais force de chose jugée, et le système de la paix, le système du ministère du 13 mars a pleinement triomphé. » En Pologne, en Belgique, en Italie, les trois grands foyers d'incendie, un moment si menaçants, étaient éteints, ou du moins il n'y avait plus à craindre d'en voir sortir l'embrasement de l'Europe. Les questions n'étaient pas toutes résolues, mais elles avaient cessé d'être révolutionnaires, pour devenir simplement diplomatiques. Les partisans de la guerre, Carrel en tête, se reconnaissaient « battus » [1] et étaient réduits à récriminer sur le passé. C'est précisément à cette date que M. Louis Blanc a placé ce qu'il appelle « la ruine du principe révolutionnaire en Europe ». M. Guizot, examinant, dans la séance du 7 mars 1832, les rapports de la France avec les gouvernements étrangers, se félicitait de la voir « sortir de cette situation violente où la question révolutionnaire domine et étouffe toutes les autres ». Dès lors, disait-il, les méfiances des autres puissances tendent à se calmer; « il n'y a plus de coalition européenne contre la France ». L'orateur entrevoyait un ordre nouveau de relations entre les divers États, chacun d'eux revenant à une politique plus personnelle, plus libre, et notre gouvernement pouvant prendre sa place dans ces combinaisons internationales. Peut-être cette espérance était-elle un peu trop prompte : nous ne devions pas nous trouver sitôt maîtres de choisir nos alliances. Toutefois le progrès était réel et considérable. Un soir, vers le milieu de mars, Périer, se promenant dans son jardin avec un de ses jeunes collaborateurs, lui parlait avec abandon de ses projets et de ses plans; il venait précisément de recevoir de Londres et de Vienne des dépêches lui permettant d'espérer que, dans un délai prochain, les puissances continentales désarmeraient sur une grande échelle : « Dès lors, ajoutait-il, toute cette mousse de guerre tombera, et, cela fait, je me retire; ma tâche sera terminée [2]. »

A l'intérieur, le succès était moins complet et moins décisif.

---

[1] *National* du 25 novembre 1831.
[2] Cette conversation eut lieu avec M Vitet. (*Mémoires de M. Guizot*, t. II, p. 312-313.)

Pendant les premiers temps même, plusieurs l'avaient cru presque impossible. Le 19 juin 1831, M. Bertin aîné écrivait à madame Récamier que les affaires publiques lui paraissaient tout à fait désespérées, et il ajoutait : « Dieu veuille que juillet, et le retour des immortelles journées n'amènent point l'effroyable dénoûment que je redoute! » A cette date, on retrouverait beaucoup d'aveux du même genre chez les meilleurs amis de la monarchie. Celle-ci leur faisait un peu l'effet d'un de ces enfants mal nés, qu'on tâche de faire vivre, sans avoir au fond grand espoir. Mais, au commencement de 1832, si le désordre n'a pas entièrement disparu, il s'est affaibli; l'ordre surtout s'est fortifié. Les émeutes n'ont pas désarmé, mais elles sont devenues plus rares; leur défaite est plus certaine et plus prompte. Au lieu de la misérable impuissance dans laquelle s'était écroulé le ministère Laffitte, le gouvernement a repris l'attitude et la réalité du commandement : à ses amis comme à ses ennemis, il a rendu le sentiment de sa propre existence, donnant direction et espoir aux uns, imposant respect et crainte aux autres. Les agents de tous ordres se sont réhabitués à obéir avec courage et dévouement à des ministres qui savent ce qu'ils veulent et qui veulent tous la même chose. Avec les éléments les plus inconsistants, le gouvernement est parvenu à former dans les Chambres une majorité, dans le pays un parti conservateur, qu'on y eût vainement cherchés quelques mois auparavant. La formule et le programme de la politique de résistance sont trouvés; le drapeau est déployé; l'impulsion surtout est donnée; c'est de ce côté, et non du côté révolutionnaire, qu'est désormais l'élan et qu'on se sent gagner du terrain. Des signes matériels permettent de mesurer la décroissance de l'effroyable crise économique qui avait marqué la fin du dernier ministère. Le commerce et l'industrie se sont ranimés. Le recouvrement des impôts ne rencontre plus d'obstacle. Le produit des contributions indirectes, pour être inférieur à ce qu'il avait été avant la révolution, dépasse de beaucoup ce qu'il était au moment où Périer a pris le pouvoir. Le spectre de la banqueroute, naguère si menaçant, s'est évanoui; les payements du Trésor sont assurés; son crédit est relevé. La rente 5 0/0, qui était à 82 francs, et avait même descendu à 75 francs en mars 1831, atteint, un an plus tard, les cours de 96 ou 97 francs, et le gouvernement peut même emprunter à 98 fr. 50. Partout, un retour marqué de confiance et de sécurité.

Périer avait conscience d'un changement qui était le fruit de ses efforts, et, le 6 février 1832, il pouvait dire, avec une apparente modestie qui cachait mal une très-légitime fierté : « Il ne nous appartient pas de rappeler dans quelle situation nous avons pris les affaires, ni de vous inviter à considérer dans quel état elles sont aujourd'hui. C'est à vous d'en juger. » Un an, jour pour jour, après la formation du cabinet, le 13 mars 1832, le *Journal des Débats* posait sans crainte cette question : « Dans quel état était la France, il y a un an, et dans quel état est-elle aujourd'hui ? N'est-il pas vrai que l'ordre s'affermit, que la confiance renaît, que notre avenir s'éclaircit ? » M. Thiers se sentait assez rassuré pour avouer qu'il avait, un moment, cru la monarchie nouvelle perdue et le pays condamné à de nouveaux bouleversements. Désormais la France lui paraissait « sauvée ». « La confiance, disait-il, l'ordre, la sécurité renaissent de toutes parts, et le bien-être public se rétablit. Tout n'est pas achevé sans doute... Mais ce travail se fait, se poursuit à vue d'œil. Le temps court, court à tire-d'aile ; il va aussi vite dans le bien que nous l'avons vu aller dans le mal. » Pour donner l'idée du changement accompli par quelques mois du gouvernement de Périer, M. Thiers ne craignait pas d'évoquer le souvenir du Consulat succédant au Directoire, et faisait seulement remarquer que, cette fois, il n'en coûtait rien à la liberté : « Jamais, ajoutait-il, jamais rien de plus honorable ne s'est passé pour l'humanité [1]. »

Récusera-t-on comme suspect le témoignage du ministre ou de ses amis? Il faudra bien accepter celui des républicains constatant que le « système » de Périer avait seul préservé la monarchie d'une ruine certaine. Quelques années plus tard,

---

[1] *La Monarchie de* 1830, passim. Cette brochure a été publiée à la fin de 1831.

une discussion rétrospective s'engageait entre les conservateurs et les opposants dynastiques : ceux-ci soutenaient qu'au lieu de combattre la révolution, comme l'avait fait Périer, la monarchie nouvelle aurait eu intérêt à lui tendre une main amie, ainsi que le lui avaient conseillé MM. Laffitte, La Fayette, O. Barrot, Mauguin. C'était la querelle bien ancienne et non encore vidée entre la politique de résistance et celle de laisser-aller. Carrel intervint dans la controverse. Il pouvait être tenté de se montrer partial pour les opposants dynastiques, ses alliés dans les combats de chaque jour. « Nous savons, disait-il, qu'il serait de bonne tactique de déplorer que Louis-Philippe n'ait pas connu ses véritables amis », La Fayette et les autres ; « mais ne mentons pas, car la situation du pays est trop grave pour que ce ne soit pas un devoir de dire la vérité, si étrange ou si inhabile qu'elle puisse paraître. » Carrel déclarait donc que, si l'on n'eût pas suivi la politique de Casimir Périer, « la royauté de Louis-Philippe n'existerait peut-être plus, ou, si elle existait encore, ce serait tout au plus à l'état d'impuissance absolue, de suspicion ou de demi-captivité qui précéda, pour Louis XVI, la catastrophe du 10 août, et dont Ferdinand VII ne fut tiré, en 1823, que par l'invasion étrangère. Voilà la vérité telle que nous la sentons, sans exagération comme sans réticence. Pourquoi ne dirions-nous pas toute la vérité? Pourquoi chercherions-nous à tromper les autres, quand nous ne pourrions pas réussir à nous tromper nous-mêmes, et que, malgré nous, l'évidence nous pénètre, nous entraîne et nous force à parler? » Puis, précisant ce qu'auraient été les opposants dynastiques au pouvoir, si Périer ne les en avait pas écartés avec une résolution si décisive, le journaliste républicain ajoutait : « En voulant nous rendre la monarchie plus attrayante ou moins repoussante, ils l'auraient peu à peu désarmée ; ses victoires contre les agitations populaires eussent été moins complètes ; on eût eu moins peur d'elle ; on aurait regardé ses conseillers patriotes comme des espèces d'auxiliaires introduits dans la place pour en diminuer les défenses, au risque de leur propre salut. La royauté du 7 août aurait eu successivement ses Necker, ses Bailly, ses Roland, ses Clavières..... Ces hommes n'auraient pas recruté des majorités furibondes pour les pousser contre les justes réclamations de nos classes inférieures, retombées dans l'ilotisme après leur glorieux, humain et magnanime règne des trois jours. Ils auraient peut-être risqué la guerre pour sauver la nationalité polonaise, pour appuyer la révolution en Italie, en Suisse et sur les bords du Rhin, ou tout au moins pour soutenir la non-intervention révolutionnaire contre l'action incessante et cruelle du principe absolutiste. Si habiles qu'ils eussent été, ces hommes eussent perdu la royauté de Juillet [1]. »

La politique dont amis et adversaires s'accordaient à reconnaître l'efficacité, apparaissait bien l'œuvre propre de Casimir Périer : on eût dit qu'elle était attachée à sa personne. C'était lui qui en avait eu l'idée et qui lui avait imprimé sa marque. C'était lui qui, dans l'incertitude, le désarroi et l'abandon général, avait révélé à la nation ce dont elle avait besoin et ce qu'elle devait faire, « la comprenant et la défendant mieux qu'elle ne savait se comprendre et se défendre elle-même [2] ». Cette volonté, cette énergie, cette passion si nouvelles, qui, depuis lors, s'étaient manifestées dans l'opinion conservatrice et dans les pouvoirs publics, c'étaient la volonté, l'énergie, la passion de Périer. La confiance si nouvelle aussi que l'on commençait à ressentir en France et hors de France, c'était la confiance dans Périer. Il paraissait le garant de la paix extérieure et de la sécurité intérieure. Le monde le regardait avec une attention émue, et calculait ses chances avec angoisse. « On

---

[1] Carrel prévoit l'objection : N'est-ce pas la complète justification de la politique de résistance qu'il a de tout temps combattue? — « Oui, répond-il, aux yeux de ceux qui voulaient faire sortir une monarchie de la révolution de 1830. » Mais, ajoute-t-il, « ce qui a pu être fort avantageux à la dynastie a pu être fort mauvais au pays ». C'est le point de vue républicain. (*National*, article du 7 novembre 1834.)

[2] Expression de M. Guizot. — Le *Journal des Débats* disait aussi, le 29 octobre 1831 : « Le grand danger des époques révolutionnaires, c'est que les esprits ne savent plus à quoi se rattacher, et que cette incertitude peut les livrer aux expérimentateurs politiques. L'homme ou le principe qui les tire de cette incertitude et qui a su deviner, au fond de leurs hésitations, vers quelle pensée ou quel intérêt ils penchaient le plus généralement, a trouvé le plus sûr moyen d'influence et souvent de succès. C'est ce qu'a su faire le ministre de la Charte et de la paix. »

admire et on plaint M. Périer », écrivait de l'étranger M. de Barante. Les hommes d'État d'Europe, comme les boutiquiers de Paris, avaient le sentiment que s'il disparaissait, tout serait remis en péril [1]. En même temps que les gens d'affaires ne juraient que par lui, un soldat éminent, le général Bugeaud, écrivait à un de ses amis, le 22 janvier 1832 : « Je suis dans un redoublement d'admiration pour M. Casimir Périer. On a voté pour M. de Richelieu une récompense nationale ; je ne mets pas en doute son mérite, mais, selon moi, il n'y a rien de comparable au président du conseil. Son courage et son dévouement sont bien au-dessus des héros qui gagnent des batailles. » L'ascendant, et, si l'on peut ainsi parler, la nécessité de ce ministre, étaient reconnus par la foule aussi bien que par l'élite. On disait couramment alors que c'était le seul homme vraiment supérieur qui se fût manifesté en France depuis Napoléon [2]. Quelque chose de cette impression si générale pénétrait jusque dans le château fermé de Prague où l'exil avait conduit Charles X, et le vieux Roi s'écriait, en causant avec le comte de Bouillé : « Si j'avais donné du pouvoir à Casimir Périer ! Il a prouvé qu'il avait caractère et talent [3]. » Cet homme d'État en imposait même à ses adversaires. Il leur portait sans doute des coups trop rudes pour ne pas être détesté par eux et surtout redouté : on l'injuriait, on le calomniait, on cherchait à lui faire les blessures les plus meurtrières. Mais nul n'eût songé à feindre le dédain à son égard, à essayer de le ridiculiser. Un jour que quelqu'un paraissait vouloir rire du ministre, l'un des opposants les plus acharnés interrompit le rieur : « Croyez-moi, lui dit-il, cet homme n'est pas moquable. »

[1] Le *Journal des Débats* pouvait écrire, le 13 mars 1832, sans que personne l'accusât d'adulation exagérée : « ...Dès aujourd'hui, nous le disons hautement, M. Casimir Périer trouve la récompense de son courage et de ses nobles efforts dans la confiance sans bornes que la France lui accorde... Cette confiance, l'Europe la partage. Le nom de M. Périer est une garantie de paix pour l'Europe. »
[2] « Il y a des bonnes gens à qui M. Périer a réussi à persuader qu'il n'y a plus d'ordre, plus de liberté, plus de gouvernement possible en France, s'il venait à quitter le ministère. » (*National* du 25 juillet 1831.)
[3] *Mémoires du vicomte de la Rochefoucauld*, t. XIII, p. 183.

Les pamphlétaires de gauche étaient plutôt disposés à lui prêter une sorte de grandeur monstrueuse et satanique. Henri Heine, qui s'inspirait alors auprès d'eux, écrivait à la *Gazette d'Augsbourg*, le 1ᵉʳ mars 1832 : « Le frisson me saisit toutes les fois que je l'approche. Je suis resté naguère, pendant une heure, comme enchaîné auprès de lui par un charme mystérieux, et j'observais cette figure sombre qui s'est placée si hardiment entre les peuples et le soleil de Juillet. Si cet homme tombe, me disais-je alors, la grande éclipse de soleil finira, et l'étendard tricolore du Panthéon reprendra son éclat inspirateur, et les arbres de la liberté fleuriront de nouveau. Cet homme est l'Atlas qui porte sur ses épaules la Bourse et tout l'échafaudage des puissances européennes, et, s'il tombe, tomberont aussi les comptoirs de change, et les cours, et l'égoïsme, et la grande boutique où l'on a trafiqué des espérances les plus nobles de l'humanité [1]. » Un tel langage, dans la bouche d'un ennemi, est un hommage à la grandeur de celui qu'on attaque. En somme, jamais un homme qui n'avait gagné aucune bataille, écrit aucun livre, qui n'était même pas un orateur de premier ordre, n'était arrivé si vite à tenir une si grande place dans son pays, à y exercer une prépondérance si incontestée. Jamais aussi le régime parlementaire, loyalement pratiqué, n'avait abouti à un gouvernement plus personnel. Le pouvoir, l'influence, l'action se trouvaient tellement concentrés dans un seul homme, qu'on a pu dire de Périer qu'il avait exercé une « dictature libérale [2] ».

Et cependant, plus la situation de ce ministre grandissait, plus son âme semblait envahie par une mélancolie souvent pleine d'amertume. A la fierté avec laquelle il affirmait son succès quand il était en vue de ses adversaires, se mêlait, quand il était seul en face de son œuvre, un sentiment de doute et d'inquiétude. On eût dit vraiment qu'arrivé presque au terme, il était plus triste qu'au début, lorsque tout avait paru désespéré. Était-ce le contre-coup d'un état maladif qui s'aggravait

---

[1] Henri Heine, *De la France*.
[2] Expression de M. Vitet.

chaque jour et le pressentiment d'une mort prochaine? Était-ce l'effet de cette susceptibilité douloureuse qui rendait ce grand batailleur si sensible aux blessures et le laissait meurtri jusqu'au plus profond de son âme, même après ses plus belles victoires? Se sentait-il pris de découragement en voyant ce qui restait, malgré tout, de sottise et de lâcheté dans ce public et jusque dans ce parlement qu'il s'était tant efforcé de redresser et d'aguerrir, découragement qui lui arrachait ces plaintes, vers la fin de son ministère : « Personne ne fait tout son devoir; personne ne vient en aide au gouvernement dans les moments difficiles. Je ne puis pas tout faire. Je ne sortirai pas de l'ornière à moi tout seul. Je suis pourtant un bon cheval; je me tuerai, s'il le faut, à la peine. Mais que tout le monde s'y mette franchement et donne avec moi le coup de collier; sans cela la France est perdue[1]. »

Cette tristesse du ministre venait peut-être d'un doute plus poignant encore, doute qui portait non plus seulement sur ses auxiliaires, mais sur son œuvre elle-même. Peut-être commençait-il à se demander si, dans son grand effort pour rétablir l'ordre à la surface, il ne laissait pas subsister au fond le désordre moral. Royer-Collard, grand admirateur cependant de Périer, était un penseur assez perspicace pour voir cette lacune, et il se complaisait trop dans son pessimisme chagrin pour la taire. « C'est la nécessité, écrivait-il le 21 janvier 1832, qui défend Roi, ministre, gouvernement dit représentatif, ordre dans les rues, la paix enfin. La raison morale? Il n'y en a pas, ni dans le commandement ni dans l'obéissance. Le bien, le mal, le vrai, le faux sont hors de tous les esprits; le sentiment du respect est éteint; mais la nécessité étend partout son sceptre. Périer, sans remonter plus haut, reste debout, battu par tous les vents. C'est qu'il est l'expression de la nécessité... Est-ce de la doctrine? Hélas! non. C'est le témoignage grossier de mes sens. Il suffit de voir, d'entendre ce malheureux ministre au milieu de cette Chambre dont les trois quarts ne l'aiment pas, mais qui s'arrête et tremble au moindre danger de le ren-

---

[1] Guizot, *Mémoires*, t. II, p. 311-312.

verser. » Périer différait absolument de Royer-Collard, dont il n'avait ni les qualités ni les défauts. Comme nous avons déjà eu l'occasion de le constater, sa nature le portait à se préoccuper plus des faits matériels et extérieurs que des doctrines. Mais son âme avait grandi par l'héroïsme de la lutte; son esprit s'était ouvert par l'usage du gouvernement; il était alors mieux en mesure de sentir l'absence et le prix de cette « raison morale » dont parlait Royer-Collard. Éclairé tardivement sur les idées fausses et les illusions dont il s'était nourri pendant sa longue opposition, pénétrant plus à fond le mal de toutes nos révolutions, y compris celle de 1830, discernant plus clairement les germes de faiblesse et de dissolution dont elles avaient infecté notre organisme politique et social, il pressentait probablement que sa victoire d'un jour, pour avoir arrêté et même fait reculer le mal, ne l'avait pas guéri ou étouffé, et il entrevoyait, par delà ce court répit, les déceptions, les avortements et les ruines nouvelles que l'avenir réservait à notre malheureux pays. De là ces doutes, ces inquiétudes presque mêlées de remords, qui oppressaient davantage sa pensée, lui arrachaient des aveux plus douloureux, des prédictions plus sombres, à mesure que son succès paraissait plus complet et plus universellement reconnu.

Sa physionomie trahissait cette angoisse intérieure. A la fin de son ministère, dans ces premiers mois de 1832, que restait-il du Périer de la Restauration, souriant, l'œil brillant de confiante hardiesse, portant haut la tête, secouant d'un air vainqueur une forêt de cheveux noirs? Sa figure était encore belle, majestueuse, mais ravagée, son crâne à peine couvert de rares cheveux gris, son long corps amaigri et tout courbé. Une seule chose subsistait; l'énergie de l'attitude et la flamme du regard, mais avec quelque chose de sombre, d'amer et de souffrant, qui frappait tout le monde et où les adversaires affectaient de voir les tourments intérieurs du « libéral renégat [1] ». Par toutes

---

[1] C'est ainsi que Henri Heine le représentait alors, « le cœur dévoré par tous les serpents du remords et la tête chargée de toutes les malédictions de l'humanité ». Et il ajoutait : « Les damnés de l'enfer se consoleraient entre eux, en se racontant les tourments de cet homme. »

ces souffrances morales et physiques, n'était-ce pas une victime toute préparée au choléra qui s'avançait?

II

Aujourd'hui que nous sommes familiarisés avec le choléra et que cette maladie, par sa diffusion même, est devenue moins violente, nous nous faisons difficilement une idée de l'effet produit par sa première invasion. Venu d'Asie, transporté par les armées russes en Pologne, le fléau avait parcouru l'Europe; en janvier 1832, il était à Londres, mais assez bénin. Le 29 mars, le *Moniteur* signala sa présence à Paris. C'était le jour de la mi-carême. La population, toute à ses plaisirs, prit d'abord la chose en plaisanterie; de sinistres bouffons se promenèrent par les rues, affublés de travestissements qui parodiaient la redoutable épidémie; le soir, les bals publics étaient plus remplis que jamais. Mais les excès même de cette journée fournirent au choléra l'occasion d'une vengeance meurtrière contre ceux qui avaient osé le railler; pendant la nuit, des voitures amenèrent à l'Hôtel-Dieu les masques surpris et terrassés par la contagion sous leur burlesque déguisement. Le mal sévit tout de suite avec une effroyable intensité. Dès le 9 avril, on comptait huit cent soixante et un décès dans un seul jour [1]. Sur toute la ville régnait une sorte de terreur, plus horrible, disait un témoin, que celle de 1793, car les exécutions avaient lieu avec plus de promptitude et de mystère : « C'était, ajoutait-il, un bourreau masqué qui marchait dans Paris, escorté d'une invisible guillotine. » Pour symboliser ce règne de la mort, le peuple avait mis un drapeau noir aux mains de la statue de Henri IV. Presque tous ceux qui le pouvaient s'étaient enfuis. Les théâtres étaient fermés ou déserts. Les passants,

---

[1] On a évalué à environ vingt mille le chiffre des victimes du choléra à Paris. Il faudrait y ajouter les décès survenus dans les vingt-deux départements que le fléau visita.

rares, marchaient rapidement, la physionomie morne et crispée, en tenant leur main ou leur mouchoir sur leur bouche. Presque plus de voitures dans les rues. Rien que des convois funèbres, et, ce qui était plus navrant encore, des convois que personne ne suivait. Les corbillards ne suffisant plus au service, on employait des tapissières, des voitures de toutes formes, bizarrement tendues d'étoffes noires ; elles parcouraient les rues, ramassant les cadavres, souvent renfermés dans de simples sacs, et les emportaient ensuite par douzaines aux cimetières ; il fallut même recourir aux fiacres : on y plaçait les cercueils en travers, les deux extrémités sortant par les portières. Seule, la politique ne chômait pas. Vainement le *Journal des Débats* rappelait-il que, dans Athènes envahie par la peste au temps de Thucidyde, les factions avaient fait trêve, nos partis plus implacables se refusaient à désarmer ; les journaux continuaient leurs polémiques. Cependant la Chambre, à demi vidée par la fuite de ses membres, avait peine à finir les travaux de sa longue session [1]. Au milieu de cette désertion générale, la famille royale restait à Paris, faisant pleinement et généreusement tout son devoir ; les jeunes princes parcouraient les quartiers les plus atteints ou visitaient les hôpitaux ; le salon des princesses était transformé en atelier où l'on préparait tous les secours, et la Reine présidait à cette œuvre de charité.

On ne pouvait s'attendre, au lendemain de 1830, à rencontrer ces signes extérieurs de piété publique, qui avaient, à d'autres époques, en des crises semblables, soutenu, consolé, relevé l'âme du peuple : la religion semblait même si absente, que Henri Heine, tout païen qu'il fût, s'en montrait presque effrayé [2] ; certains hôpitaux étaient privés d'aumôniers, et les prêtres, comme l'écrivait celui qui devait être le P. Lacordaire, ne parvenaient à y pénétrer que furtivement et au prix « d'incroyables avanies ». Toutefois, en dépit de cette sorte

---

[1] La session fut close le 21 avril.

[2] Heine écrivait alors : « Je n'ai jamais vu l'Église représentée, ni par ses ministres, ni par ses symboles, dans aucun des milliers de cortèges de deuil qui ont passé devant moi pendant la période du choléra. »

d'irréligion officielle et de ce qu'elle ajoutait à la désolation de l'épidémie, on n'en pouvait pas moins constater alors une certaine détente dans les relations du parti régnant avec le clergé. Celui-ci était admirable de générosité et de dévouement, ne comptant ni la fatigue, ni la dépense, ni le péril, se proposant partout pour soigner les malades et pour organiser des hôpitaux temporaires. C'était là sa vengeance contre ceux qui l'avaient méconnu, outragé, maltraité. Sous la protection de ce rôle bienfaisant, des prêtres recommençaient à se montrer en soutane dans les rues, ce qu'ils n'avaient pas osé faire depuis Juillet. Mgr de Quélen sortait de sa cachette, afin de se dévouer entièrement aux cholériques ; la charité de l'évêque imposait silence et même respect aux haines politiques[1]. Il offrait son séminaire pour y recevoir des malades et ses séminaristes pour les soigner, offre acceptée avec reconnaissance, malgré l'opposition de ceux qui craignaient, avec le *Constitutionnel*, que « la présence et le costume des séminaristes ne fussent guère propres à rassurer l'imagination des cholériques ». Le cardinal de Rohan, archevêque de Besançon, menacé lors de la révolution, s'était réfugié à Rome ; à peine apprenait-il l'invasion du choléra, que, dédaignant les avertissements inquiets de ses amis, il revenait dans son diocèse pour y secourir et consoler ses ouailles. Reçu d'abord par des manifestations tumultueuses, qui se reproduisirent trois jours de suite devant son palais, sa charité n'en était pas découragée et triomphait de ces violences. Tel était même le changement opéré dans les esprits, que le gouvernement pouvait, sans être trop maltraité, demander aux évêques des prières publiques ; dans plusieurs villes, il y eut des processions solennelles auxquelles assistèrent les autorités ; dans d'autres, il est vrai, ces cérémonies furent interdites.

Il était bien besoin que la religion vînt apporter son *sursum corda*, car trop d'autres symptômes donnaient une affligeante idée de l'état moral et intellectuel de la population. Après avoir

---

[1] Ce fut le 15 août suivant que Mgr de Quélen officia, pour la première fois depuis la révolution, dans l'église Notre-Dame.

fait son entrée au milieu des orgies d'un jour de carnaval, le fléau semblait prendre pour escorte les plus hideuses émeutes. C'étaient d'abord les chiffonniers qui se révoltaient, parce que, pour une raison de salubrité, on avait ordonné l'enlèvement des ordures par charrettes, et la *Tribune* s'efforçait, par des déclamations forcenées, de transformer cette échauffourée en un soulèvement général des prolétaires contre les riches. A peine ce désordre comprimé, le bruit se répandit que le peuple était victime, non d'une maladie, mais d'un empoisonnement des eaux et des comestibles. Qui avait le premier inventé cette nouvelle absurde et terrible? On ne sait; mais ce fut le parti révolutionnaire qui l'exploita. Il lança des proclamations incendiaires : « Depuis bientôt deux ans, y lisait-on, le peuple est en proie aux angoisses de la plus profonde misère... Voilà maintenant que, sous prétexte d'un fléau prétendu, on l'empoisonne dans les hôpitaux... Que la torche, la hache, la pique, nous ouvrent un passage! Aux armes! » Dans une autre : « Citoyens, nous laisserons-nous empoisonner et égorger impunément ? » Et encore : « Le choléra est un fléau moins cruel que le gouvernement de Louis-Philippe... Louis-Philippe envoie son fils à l'Hôtel-Dieu pour voir de plus près la misère du peuple. Le peuple vous rendra vos visites, comme au 10 août, comme au 29 juillet... Que le peuple se montre; qu'il aille, lui qui n'a rien, lever son impôt sur ceux qui ont tout. » Le *National* lui-même affirmait la réalité des tentatives d'empoisonnement[1]. Il n'était pas jusqu'à une maladroite proclamation du préfet de police qui ne parût donner crédit à ces soupçons. De là, dans la population, un état d'angoisse épouvantée qui se traduisit bientôt en accès de fureur sauvage. La foule parcourait les rues, affamée de vengeance. Des bandes se tenaient au coin des rues; sous prétexte de surveiller les empoisonneurs, elles arrêtaient

---

[1] Le *National* disait, le 4 avril 1832 : « Nous avons la douleur d'annoncer qu'il n'est que trop vrai que des tentatives d'empoisonnement sur le vin des débitants et la viande de boucherie ont été pratiquées par une bande de misérables dont l'atroce manie ne peut être comparée qu'à celle des incendiaires qui désolèrent, il y a deux ans, les départements de l'Ouest. » Le lendemain, à la vérité, ce journal déclarait que la nouvelle lui paraissait douteuse.

ceux qui paraissaient suspects à leur imagination troublée. Malheur aux passants sur lesquels on découvrait une fiole ou une poudre quelconque! quelques-uns étaient aussitôt torturés, parfois égorgés. Plus d'un meurtre fut ainsi commis. Ce désordre se prolongea pendant plusieurs jours. C'était à se croire retombé en pleine barbarie. Les témoins en étaient épouvantés. « Nul aspect, disait l'un d'eux notant au moment même ses impressions, n'est plus horrible que cette colère du peuple, quand il a soif de sang et qu'il égorge ses victimes désarmées. Alors roule dans les rues une mer d'hommes aux flots noirs, au milieu desquels écument çà et là les ouvriers en chemise comme les blanches vagues qui s'entre-choquent, et tout cela gronde et hurle sans parole de merci, comme des damnés, comme des démons. J'entendis, dans la rue Saint-Denis, le fameux cri : *A la lanterne!* Et quelques voix pleines de rage m'apprirent qu'on pendait un empoisonneur. Les uns disaient que c'était un carliste, qu'on avait trouvé dans sa poche un *brevet du lys;* les autres, que c'était un prêtre, et qu'un pareil misérable était capable de tout. Dans la rue de Vaugirard, où l'on massacra deux hommes qui étaient porteurs d'une poudre blanche, je vis un de ces infortunés au moment où il râlait encore, et les vieilles femmes tirèrent leurs sabots de leurs pieds pour l'en frapper sur la tête jusqu'à ce qu'il mourût. Il était entièrement nu et couvert de sang et de meurtrissures; on lui déchira non-seulement ses habits, mais les cheveux, les lèvres et le nez; puis vint un homme dégoûtant qui lia une corde autour des pieds du cadavre et le traîna par les rues, en criant sans relâche : *Voilà le choléra-morbus!* Une femme admirablement belle, le sein découvert et les mains ensanglantées, se trouvait là ; elle donna un dernier coup de pied au cadavre, quand il passa devant elle [1]. » Un autre spectateur nous a dépeint « cette tourbe ignorante et déçue, poussant dans les rues ses cris de rage et de meurtre, arrêtant un corbillard par des blasphèmes, enivrée de désespoir, de fureur, de terreur, de vengeance, de faim et de sédi-

---

[1] Lettre du 19 avril 1832, écrite par Henri Heine à la *Gazette d'Augsbourg*. — *De la France*, p. 139-140.

tion ; rebelle à la science, inaccessible à la persuasion, incapable d'une abstinence nécessaire et d'une pieuse force d'âme ». « Qui a vu ces bacchanales de sang et de mort, s'écriait-il, ne les oubliera jamais. Qui a vu l'émeute et le choléra s'embrasser comme frère et sœur et courir la ville, échevelés, ne les oubliera pas. Affreux mélange d'énervement chez les puissants, de férocité chez les pauvres ! » Et il concluait trop justement : « La maladie morale de la nation paraissait plus digne de pitié que son mal physique [1]. »

III

Tel était le cadre vraiment lugubre au milieu duquel allait se placer la mort de Casimir Périer. Le 1er avril, le président du conseil avait accompagné le duc d'Orléans dans une visite aux cholériques de l'Hôtel-Dieu. Il en était sorti plein d'admiration pour le sang-froid du jeune prince, mais aussi très-frappé du spectacle funèbre dont il avait été témoin. Quand il en parlait à ses amis, ceux-ci remarquaient avec inquiétude l'ardeur de son regard, la pâleur de son teint, l'altération de sa physionomie. Trois jours après, il fut obligé de s'aliter. C'était à ce moment que la populace massacrait dans les rues les prétendus empoisonneurs. Périer en ressentit une impression navrante qui aggrava son mal. « Ce n'est pas là, disait-il, la pensée d'un peuple civilisé, c'est le cri d'un peuple sauvage. » Humilié et découragé par les signes trop manifestes d'un désordre moral persistant, il faisait sur son pays et sur lui-même les plus sombres prédictions. Le 5 avril au soir, à M. de Montalivet qui le voyait pour la dernière fois, il répéta cette parole qu'il avait prononcée en acceptant le pouvoir : « Je vous l'ai déjà dit, je sortirai de ce ministère les pieds en avant. » Cependant le caractère de la maladie se manifestait chaque jour davantage,

[1] Philarète CHASLES, *Mémoires*.

et le 8 avril, le *Journal des Débats* dut annoncer que le président du conseil était atteint du choléra.

La lutte de la maladie fut, chez Périer, particulièrement violente et tragique. « Des spasmes nerveux, rapporte un témoin, soulevaient ce grand corps, par une sorte de mouvement mécanique dont la puissance irrésistible était effrayante. » Puis vint le délire. Les yeux brillants sous deux larges sourcils encore noirs, les cheveux blanchis en désordre, sa longue et belle figure jaunie et sillonnée par la souffrance, il se dressait sur son lit avec sa majesté naturelle. Des paroles entrecoupées révélaient, jusque dans le trouble de la fièvre, l'angoisse de son patriotisme, puis il retombait en s'écriant d'un accent lugubre : « Quel malheur! le président du conseil est fou! » Redevenait-il plus calme, reprenait-il possession de lui-même, il parlait du pays, de la politique à suivre au dedans et au dehors; épanchements douloureux où l'inquiétude dominait : « J'ai les ailes coupées, disait-il, je suis bien malade; mais le pays est encore plus malade que moi. »

Si l'approche de la mort ne faisait pas la paix au dedans de cette âme encore toute secouée des luttes au milieu desquelles la maladie l'avait saisie, le combat ne cessait pas non plus au dehors. Les adversaires politiques du ministre refusaient de désarmer devant ce lit de douleur; ils semblaient même s'y être donné rendez-vous, pour assouvir leur haine par ce spectacle. Leurs journaux faisaient tout haut le calcul des heures que ce moribond avait encore à vivre, escomptaient les avantages de sa disparition, analysaient et dénaturaient les incidents de son agonie, affectaient de voir dans son délire une sorte de folie furieuse produite par l'excitation ou le remords d'une politique violente [1]. Leur seul regret était de voir ce criminel

---

[1] Le *National* racontait, avec une sorte de joie sauvage, que le ministre était « aliéné » et « entre les mains du médecin en chef de Charenton ». Il parlait de « ce malheureux privé de sa raison qui, depuis huit jours, n'a retrouvé de courts intervalles lucides que pour maudire l'instant qui lui fit prêter son nom et l'énergie maladive de son tempérament au système personnel du Roi ». (Article du 29 avril.) La *Tribune* disait de Périer que c'était un « malheureux se débattant dans sa camisole de force ».

ainsi soustrait aux comptes qu'ils auraient voulu lui faire rendre. Langage si dur, que La Fayette lui-même s'en plaignait [1]. Par contre, à mesure que l'état du malade empirait, le grand public, celui qui vivait en dehors des passions de parti, sentait davantage la gravité de la perte dont il était menacé. « Périer, écrivait, le 12 mai, un de ses ennemis, gagne la sympathie de la foule qui s'aperçoit tout d'un coup qu'il était un grand homme [2]. » Quelle angoisse surtout chez ceux qui, au dehors et au dedans, étaient engagés dans l'œuvre de paix et d'ordre entreprise par le grand ministre ! Cette angoisse se manifestait même chez les hommes les moins portés à l'attendrissement. De Londres, M. de Talleyrand écrivait, le 4 mai : « A chaque heure, j'invoque M. Périer ! et j'ai bien peur que ce ne soit en vain et que je n'aie plus à m'adresser qu'à ses mânes... Un grand mot d'un grand homme est celui-ci : Je crains plus une armée de cent moutons commandée par un lion, qu'une armée de cent lions commandée par un mouton [3]. »

Cette terrible agonie ne se prolongea pas moins de six semaines, avec des alternatives diverses. Par moments, on se prenait à espérer que le malade triompherait du mal, comme avaient fait M. d'Argout et M. Guizot, également atteints. Ne voyait-on pas autour de lui l'épidémie en pleine décroissance [4] ? Mais bientôt toute illusion s'évanouit, et, le 16 mai au matin, la nouvelle se répandit dans Paris que Casimir Périer n'était plus. Il n'avait que cinquante-cinq ans. Pendant que quelques fanatiques obscurs illuminaient de joie à la prison de la Force [5], le pays, si énervé qu'il fût par ses récentes terreurs, se sentit

---

[1] La Fayette, dans une lettre intime du 28 avril 1831, exprimait une douloureuse sympathie pour Périer. Il ajoutait : « Les journaux sont durs à son égard, je l'ai dit à ceux de ma connaissance qui y travaillent. »
[2] Henri HEINE, *De la France*, p. 153.
[3] SAINTE-BEUVE, *Nouveaux Lundis*, t. XII, p. 95.
[4] C'est vers la fin d'avril que le choléra commença à diminuer d'intensité. Il y eut, en juillet, une assez forte recrudescence, et le fléau ne disparut complètement qu'à la fin de septembre.
[5] Voici le document que publiait la *Tribune* du 17 mai : « A la nouvelle de la mort du président du conseil, les détenus politiques soussignés, carlistes et républicains, ont unanimement résolu qu'une illumination générale aurait lieu ce soir à l'intérieur de leurs humides cabanons. *Signé* : Baron de Schauenbourg,

averti, comme par une secousse, que quelque chose de grand s'était écroulé. Partout, chez les amis de l'ordre, le regret, l'alarme et la consternation. Le jour des obsèques, ce ne fut pas seulement M. Royer-Collard qui vint, au nom de la science politique, rendre au grand homme de gouvernement un imposant hommage; la foule elle-même, comprenant d'instinct les services que ce ministre lui avait rendus et le vide qu'il laissait, se pressa derrière son char funèbre et souscrivit au monument que lui élevait la reconnaissance nationale.

C'était la gloire qui commençait pour Périer, et, depuis lors, le temps, bien loin de rien enlever à cette gloire, n'a fait que la grandir. Ce ministère si court, si combattu, est resté comme l'événement le plus considérable, le plus décisif de la monarchie de Juillet, et son influence a persisté pendant les seize années qui ont suivi. Le « système » de Périer, ce « système » que, par l'énergie de sa volonté, il avait substitué aux incertitudes et aux défaillances du début, est devenu celui du règne. Les conservateurs n'ont plus eu d'autre mot d'ordre que de le continuer. Parmi les ministres qui se sont succédé après le cabinet du 13 mars, presque aucun qui ne se sentît le besoin de se mettre à l'abri de ce grand nom, et c'était entre eux à qui se vanterait de suivre plus fidèlement le sillon que leur illustre prédécesseur avait si fortement creusé. Tous eussent volontiers confirmé ce jugement que le feu duc de Broglie portera au déclin de sa vie, en recueillant et en comparant ses souvenirs : « C'était là, plus que nous ne le savions au premier moment, plus que Périer ne le savait peut-être lui-même, un ministère, un vrai ministère, et qu'il me soit permis d'ajouter, *experto credite*, le meilleur qu'ait eu la France, sous notre défunt régime constitutionnel [1]. » Les partis mêmes qui avaient combattu si violemment Périer de son vivant, ont compris, aussitôt sa mort, qu'ils se heurteraient à une mémoire trop honorée et trop populaire, s'ils la traitaient en ennemie. On les a vus alors,

---

Roger, Toutain, Lemestre, henriquinquistes; Pelvillain, Considère, Degaune, républicains. »

[1] *Notes biographiques inédites du duc de Broglie.*

changeant de tactique, profitant de ce que le grand ministre n'était plus là pour leur jeter un de ses terribles démentis, tâcher de le tirer à eux et de l'opposer à ceux qui cherchaient à continuer sa politique. Étrange manœuvre que M. O. Barrot commençait déjà, peu après la mort de Périer, contre M. Thiers, dans ce temps-là ardent conservateur! Mais aussi, singulier hommage rendu au prestige inattaquable de ce nom! L'instinct public, du reste, ne s'y est pas trompé. Toutes les fois que, depuis un demi-siècle, le pays a traversé une crise périlleuse — et Dieu sait combien il en a connu — toutes les fois surtout qu'il a senti le pouvoir lâche et le mal audacieux, il a poussé ce cri : Donnez-nous un Casimir Périer! Pour ceux même qui connaissent le moins son histoire, ce personnage est devenu comme l'incarnation et le modèle de la seule politique où, dans ses heures de détresse, la nation entrevoie le salut et l'honneur. Il a suffi de quelques mois de ministère pour conquérir cette gloire. N'est-ce pas une grave leçon à l'adresse des hommes d'État? Presque tous doivent, à une certaine heure, faire leur choix entre les sévères devoirs de la politique de résistance et les tentations faciles de la politique de laisser-aller. Nous leur demandons seulement, avant de se décider, de comparer la place qu'occupent, dans l'estime du pays et dans les jugements de l'histoire, ces deux noms : Laffitte et Casimir Périer.

CHAPITRE VIII

L'ÉPILOGUE DU MINISTÈRE CASIMIR PÉRIER

(Mai-octobre 1832)

I. On ne remplace pas Casimir Périer, tout en prétendant conserver son « système ». Y a-t-il velléité de réduire rétrospectivement le rôle de Périer ? Sentiments du Roi à cet égard. Son désir de gouverner et de paraître gouverner. Il ne veut pas, du reste, faire fléchir la résistance. — II. Effet produit dans le gouvernement par la disparition de Périer. Reprise d'agitation dans le parti révolutionnaire. L'opposition parlementaire publie son « compte rendu ». — III. L'enterrement du général Lamarque, le 5 juin, est l'occasion d'une émeute. Énergie de la répression. La lutte se prolonge le 6 juin. Victoire du gouvernement. Attitude des chefs du parti républicain, pendant ces deux journées. Démarche de MM. O. Barrot, Laffitte et Arago auprès de Louis-Philippe. — IV. Les journaux de gauche protégent les vaincus des 5 et 6 juin. L'ordonnance d'état de siége et les polémiques qu'elle soulève. Arrêt de la Cour de cassation. Retrait de l'ordonnance. — V. Les royalistes se soulèvent en Vendée, en même temps que les républicains à Paris. La presse légitimiste après 1830. Chateaubriand. M. de Genoude. Tentative d'union des opposants de droite et de gauche. Cette hostilité des royalistes nuisible à la fois au gouvernement de Juillet et à la cause légitimiste. — VI. Le parti d'action parmi les royalistes. Le complot des Prouvaires. Rêve d'une prise d'armes en Vendée et dans le Midi. La duchesse de Berry et Charles X. La duchesse prépare une expédition en France. Son débarquement. Elle échoue dans le Midi. Tentative de soulèvement en Vendée. Elle est aussitôt réprimée. — VII. La double victoire de la monarchie de Juillet, sur les républicains et les légitimistes est complétée par la mort du duc de Reichstadt. L'autorité du ministère n'est pas cependant rétablie. Il paraît incapable de tirer parti de ses victoires. Même insuffisance pour la politique étrangère. Le cabinet n'est pas en mesure de se présenter devant les Chambres. Le Roi se résigne à un remaniement ministériel.

I

La mort de Casimir Périer laissait un vide immense dans le cabinet. L'embarras devait être grand de remplacer un tel chef de gouvernement. Chose étrange, on prit le parti de ne pas le remplacer du tout. Il se trouvait que tous les départements ministériels étaient pourvus. Dès la fin du mois d'avril, M. de Montalivet avait cédé le portefeuille de l'Instruction publique à M. Girod de l'Ain, pour prendre celui de l'Intérieur que Périer malade ne pouvait garder [1]. Celui-ci n'avait conservé que la présidence du conseil, rendue par son état de santé purement nominale. A sa mort, on ne prit aucune mesure nouvelle [2]. Privés du chef dont ils avaient été les agents dévoués, courageux, mais un peu effacés, les ministres n'avaient point, par eux seuls, grande autorité ni surtout une signification politique bien précise. D'opinion jusqu'alors un peu flottante ou mal connue, la plupart avaient commencé par être les collègues de M. Laffitte. Cependant la marque imprimée sur eux par la forte main de Périer était, pour ainsi dire, encore visible; mort, il continuait à les dominer; nul d'entre eux ne songeait à s'écarter, au dedans ou au dehors, de ce qu'on appelait, dans la langue du temps, « le système du 13 mars [3] ». Dès le premier jour, le *Moniteur* publia, sur ce point, les déclarations les plus formelles et les plus sincères. « Que la France, veuve d'un grand citoyen, disait le journal officiel, sache bien qu'il n'y a rien de changé dans ses destinées politiques [4]. »

Pour mieux écarter toute crainte de revirement, le *Moniteur* indiquait que « le système » ne tenait pas à la personne du ministre qui venait de disparaître. Déjà, quelques jours aupara-

---

[1] Ordonnances du 27 et du 30 avril 1832.
[2] Rappelons quelle se trouvait être alors la composition du cabinet : Montalivet, Intérieur; Sébastiani, Affaires étrangères; Barthe, garde des Sceaux; baron Louis, Finances; d'Argout, Commerce et Travaux publics; Girod de l'Ain, Instruction publique; maréchal Soult, Guerre; amiral de Rigny, Marine.
[3] Dans les controverses de cette époque, on faisait grand abus de ce mot de « système ». Peu de jours après que Périer avait pris le pouvoir, le 15 mars 1831, le *Journal des Débats* avait écrit : « Depuis plus de quatre mois, le gouvernement semble ne pas avoir de système... C'est ce défaut de système qui fait ses tiraillements. L'avénement du nouveau ministère est un système. Quel est ce système?... » Depuis lors, on ne parlait plus que du « système » : on était pour ou contre « le système ». Ce langage devait persister longtemps. En 1839, le Roi, causant avec M. Dupin qu'il pressait d'entrer au ministère, s'écriait : « Pourvu qu'on ne s'écarte pas du système! » et M. Dupin protestait. « Pour mon compte, disait-il, ne croyez pas que je veuille entreprendre ce que le *Journal des Débats* appelait dernièrement *la glorification du système*. » (*Mémoires de M. Dupin*, t. IV, p. 6.)
[4] *Moniteur* du 17 mai 1832.

vant, quand Périer n'était pas encore mort, le *Journal des Débats*, tout en se défendant de « vouloir rabaisser les immenses services » de ce ministre, avait dit : « C'est une erreur étrange que de s'obstiner à confondre le système et le ministère du 13 mars, comme si le système était né et devait s'éteindre avec tel ou tel homme... M. Périer n'a point créé son système... C'est le système qui a fait le ministère du 13 mars, et non pas le ministère du 13 mars qui a fait le système. Le système du 13 mars a pris naissance au moment même de la révolution de Juillet... Il était né avant M. Casimir Périer; il lui survivra, si le malheur veut que M. Casimir Périer soit enlevé à la France... Il avait et il a encore d'autres représentants et d'autres défenseurs [1]. » Ce langage qui fut, pendant quelque temps, celui de la presse officieuse s'expliquait par la nécessité de prévenir les incertitudes ou les alarmes que la perte du grand ministre pouvait avoir éveillées au dedans ou au dehors. Néanmoins il ne laissa pas que de causer un certain étonnement; il fut commenté; on crut entrevoir, chez les ministres et chez le Roi, quelque velléité de réduire rétrospectivement l'importance de Périer.

Très-laborieux et très-actif, Louis-Philippe avait le goût du gouvernement. D'une santé vigoureuse qui lui permettait au besoin de ne pas donner plus de quatre heures au sommeil, sans aucune de ces passions frivoles qui dépensent trop souvent le temps des princes, il apportait une application méritoire aux affaires publiques, se plaisant à les étudier toutes, à les suivre jusque dans leurs détails, au risque parfois de gêner ses ministres et de se faire reprocher une ingérence un peu tatillonne [2]. Son intelligence était aiguisée, ouverte et cultivée. Ayant beaucoup vu et beaucoup retenu, ayant approché, dans les vicissi-

---

[1] *Journal des Débats*, 15 mai 1832.
[2] Le Roi, a dit M. Guizot, « manifestait trop d'avis et de désirs dans de petites questions et de petites affaires qui ne méritaient pas son intervention. L'indifférence et le silence sont souvent d'utiles et convenables habiletés royales; Louis-Philippe n'en faisait pas assez d'usage. » C'est ce qui faisait dire à Béranger avec plus de méchanceté que de vérité : « Le Roi veut goûter à toutes les sauces et fait tourner toutes celles où il trempe le bout du doigt. »

tudes extrêmes de sa carrière, les gouvernements et les peuples, sachant ce qu'on apprend sur les marches du trône et dans l'adversité, connaissant la nouvelle France mieux que les Bourbons de la branche aînée, et la vieille Europe mieux que les parvenus du libéralisme, d'un esprit très-politique, il avait une confiance fondée dans son habileté, dans ce qu'il aimait à appeler sa « vieille expérience », et se croyait plus capable que tous les ministres de gouverner son pays, au milieu de tant de dangers intérieurs et extérieurs. Peut-être n'avait-il pas tort de le penser ; il avait certainement tort de le laisser voir. Dans la vivacité parfois trop abandonnée et trop féconde de ses conversations, il ne résistait pas toujours à la tentation de parler de ses ministres comme d'instruments dont il se piquait de jouer à son gré. N'était-il pas jusqu'à Périer qu'il se vantait d'avoir fini par bien « équiter » ? « Ils ont beau faire, disait-il un autre jour, ils ne m'empêcheront pas de mener mon fiacre. » Ou bien encore : « Un ministère est un relais de poste. J'ai quelquefois de bons chevaux, et le voyage est commode ; mais j'arrive à un relais où je suis obligé de prendre des chevaux fringants et rétifs ; il faut bien faire la route, et, après tout, ce n'est qu'un relais. » Ces paroles étaient répétées ; elles blessaient l'amour-propre des ministres présents, passés ou futurs ; elles heurtaient la prétention de cette bourgeoisie libérale qui s'était laissé persuader que le Roi ne devait pas « gouverner ». Une autre faiblesse de Louis-Philippe était d'accepter malaisément, dans le régime parlementaire, ce partage qui donne au ministre, avec la responsabilité, ce qu'il y a de plus visible dans le gouvernement, et ne laisse au prince qu'une action indirecte qui, pour être discrète, cachée, n'en est pas souvent moins réelle ni décisive. Il désirait avoir, aux yeux du pays, le mérite des services qu'il lui rendait en imprimant une bonne direction à ses affaires intérieures ou extérieures. On eût presque dit qu'il regrettait de ne pas tenir plutôt le rôle du ministre, et que, de ce rôle, il enviait même ce qui semblait le plus étranger aux habitudes d'un prince, la justification publique de sa politique, les luttes, les émotions et les succès des débats parlementaires. Il se savait la parole facile, abondante, aimait à s'en servir, et souffrait de ne l'employer que pour « chambrer » chaque député dans une embrasure de fenêtre, au lieu de parler, du haut de la tribune, à un nombreux auditoire : un peu comme certaines femmes du monde, impatientes des convenances qui les empêchent d'exercer au théâtre leur talent de cantatrice [1].

Périer avait singulièrement comprimé et froissé ce goût de Louis - Philippe pour le gouvernement et le gouvernement visible. Le ministre avait prétendu non-seulement s'emparer de tout le pouvoir, mais bien montrer aux autres qu'il était le seul maître, sans s'inquiéter de l'effacement mortifiant auquel il condamnait ainsi le Roi. Celui-ci s'y était soumis avec une patriotique résignation, quoique non sans chagrin. Périer mort, des esprits malveillants insinuèrent que Louis-Philippe en avait éprouvé un soulagement [2] : insinuation peu fondée, à laquelles les propos inconvenants et maladroits de certains courtisans avaient pu fournir prétexte [3]. Seulement il saisit, avec quelque empressement, l'occasion qui lui était offerte de gouverner davantage et de le faire voir. Sous ce rapport, rien ne

---

[1] A cette époque même, en juin 1832, le Roi, causant avec les chefs de la gauche, ne trahissait-il pas son regret, quand il leur disait : « Un roi constitutionnel ne peut *malheureusement* pas s'expliquer à la tribune : je ne puis faire connaître personnellement mes sentiments que quand je voyage, et vous aurez remarqué que je ne laisse jamais échapper ces occasions sans en profiter. » (*Mémoires d'Odilon Barrot*, t. I, p. 610.)

[2] Il ne convient d'accueillir qu'avec méfiance l'assertion de M. Odilon Barrot qui prétend qu'à la nouvelle de la mort de Périer, le Roi se serait contenté de cette froide réflexion : « Est-ce un bien? est-ce un mal?... »

[3] M. Guizot raconte, à ce propos, dans ses *Mémoires* (t. II, p. 329) : « Peu de jours après la mort de M. Casimir Périer, j'étais aux Tuileries, dans le salon de la Reine; un membre de la Chambre des députés, homme de sens et très-dévoué au Roi, dit à l'un des officiers intimes de la Cour : « Quel fléau que le « choléra, monsieur, et quelle perte que celle de M. Périer ! — Oui, certainement, « monsieur; et la fille de M. Molé, cette pauvre madame de Champlâtreux! » Comme pour atténuer, en le comparant à une douleur très-légitime, mais purement de famille, le deuil public pour la mort d'un grand ministre. Je ne doute pas que, si le roi Louis-Philippe eût entendu ce propos, il n'en eût senti l'inconvenance; mais les serviteurs ont des empressements qui vont fort au delà des désirs des rois, et celui-là croyait plaire en repoussant M. Casimir Périer dans la foule des morts que le choléra avait frappés. »

lui convenait mieux que l'état dans lequel la mort de Périer laissait le ministère. La présidence du Conseil, dont les droits naguère avaient été exagérés jusqu'à mettre pour ainsi dire le Roi hors du gouvernement, se trouvait être, par une autre anomalie, totalement supprimée : les fonctions en revenaient à Louis-Philippe, qui les avait déjà exercées lors du premier ministère [1], et qui avait peut-être le secret espoir de ne plus s'en dessaisir. Sa revanche, on le voit, était complète, d'autant plus que, parmi les ministres, il n'en était aucun dont l'indocilité ou l'importance propre pût, soit entraver l'action royale, soit la rejeter dans l'ombre. Le plus en vue, M. de Montalivet, ministre de l'intérieur, très-jeune encore, sans clientèle personnelle dans le Parlement, était particulièrement dévoué au prince dont la faveur avait fait sa fortune politique.

Pas plus que les ministres, Louis-Philippe ne songeait à faire fléchir la politique de résistance; mais il était bien aise de montrer que, pour l'appliquer, il pouvait se passer de Périer et de tout autre personnage équivalent. Il se flattait que l'opinion verrait dès lors dans cette politique, non plus seulement le « système » d'un ministre, mais celui du Roi. Cette préoccupation, alors très-vive chez lui, l'amenait parfois à des assertions contestables. Causant, quelques semaines plus tard, avec MM. Odilon Barrot, Laffitte et Arago, il leur disait : « J'ai remarqué, messieurs, que vous appelez tous mon système de gouvernement, le système du 13 mars. Cette dénomination, je dois vous en avertir, est tout à fait impropre. Le système que nous suivons aujourd'hui est celui que j'adoptai, après de sérieuses réflexions, en montant sur le trône; c'est aussi, de point en point, celui qui dirigeait le ministère dont M. Laffitte était le président. » Et comme ce dernier réclamait contre cette assimilation : « Les vues, je le répète, continuait le Roi, étaient absolument identiques. Depuis que je suis sur le trône, le gouvernement a toujours marché dans la même ligne, parce que

---

[1] Lors du second ministère, M. Laffitte avait le titre de président du Conseil; mais son indolence laissait grande place à l'action et à la prépondérance royales.

cette ligne avait été adoptée après de mûres réflexions, parce qu'elle était la seule convenable. » Si Périer avait pu assister à cette conversation, n'eût-il pas protesté plus haut encore que M. Laffitte contre un tel rapprochement? Dans son désir de tout rapporter à « son système » et d'antidater la politique du 13 mars, Louis-Philippe en prenait trop à son aise avec les faits. Mais son erreur ne portait que sur le passé, et elle ne saurait éveiller aucun doute sur la résolution où il était d'éviter, dans le présent et dans l'avenir, tout ce qui rappellerait, même de loin, le laisser-aller du ministère Laffitte.

II

Il n'était pas aussi simple qu'on le supposait de ne pas remplacer un grand ministre; les événements le firent voir tout de suite. Périer disparu, la sécurité des conservateurs sembla subitement s'évanouir. Le *Journal des Débats,* qui tout à l'heure affectait de croire que « le système n'avait pas besoin du ministre du 13 mars », disait, tout effaré, deux jours après : « La Providence aurait-elle donc résolu d'abandonner une seconde fois la France aux factions, comprimées un moment par le caractère énergique de M. C. Périer?... » Et il souhaitait de « n'être pas réduit à dire un jour que M. C. Périer était mort à propos pour son bonheur, et qu'il fallait le féliciter de n'avoir pas vu sa patrie ensanglantée par les factions victorieuses [1] ». Les liens de l'administration, ces liens que Périer avait si solidement renoués, se relâchaient aussitôt. L'un des amis de M. de Montalivet, le général de Ségur, lui adressait la note suivante : « Le réseau militaire, administratif, judiciaire, flotte incertain. Vos agents hésitent : les mauvais ont déjà reçu leur mot d'ordre, qui est le désordre; les médiocres attendent le premier coup de vent pour tourner à son gré; les meilleurs se découragent.

---

[1] *Journal des Débats* du **17** mai **1832.**

Les députés ministériels ne rentrent dans leurs départements que pour y être insultés à domicile. Ce n'est qu'après trois jours d'outrages que le préfet le plus décidé, que le général le plus solide les font enfin respecter. Ainsi, tout se prépare pour que le pouvoir, relevé si péniblement et si glorieusement depuis quatorze mois, s'échappe de vos mains, dans la Chambre, dès la première session; dans Paris, dès la première émeute [1]. »

Le parti révolutionnaire n'avait jamais complétement désarmé. Toutefois, à la fin de 1831 et au commencement de 1832, les émeutes étaient devenues plus rares : le découragement était visible. La maladie de Périer et son remplacement au ministère de l'intérieur par M. de Montalivet avaient déjà rendu quelque espoir aux hommes de désordre. On les avait vus aussitôt s'agiter; il avait même été question, dans les conciliabules des *Amis du peuple*, d'une prise d'armes pour le 5 mai. La mort de Périer augmenta encore l'audace et l'effervescence des sociétés révolutionnaires. Réunies en permanence, elles délibéraient presque ouvertement sur leurs projets d'émeutes. La police ayant apposé les scellés sur le local où l'une d'elles tenait ses séances, les affiliés les arrachèrent et maltraitèrent les agents de la force publique. Il était manifeste qu'on croyait le moment venu pour un coup de main, et qu'on s'y préparait comme si la monarchie était livrée désormais sans défense à ses ennemis. Des conspirateurs bonapartistes et légitimistes suivaient de près ce mouvement, tout disposés à y prêter leur concours, avec l'espoir secret de le faire tourner à leur profit [2].

---

[1] *Mémoires du général de Ségur*, t. VII.

[2] Sur cette agitation, cf. l'*Histoire des sociétés secrètes et du parti républicain de 1830 à 1848*, par Lucien DE LA HODDE. Ce dernier, membre actif des sociétés révolutionnaires pendant toute la monarchie de Juillet, rédacteur des journaux d'extrême gauche, était en réalité un habile et précieux agent de la police secrète. Quand Caussidière, lui-même ancien conspirateur, arriva à la préfecture de police en 1848, il découvrit le rôle joué par son camarade. Il réunit alors seize de ses amis chez Albert, au Luxembourg; de la Hodde avait été convoqué. Caussidière invita la réunion à se constituer en tribunal secret pour juger un traître, dénonça de la Hodde, et lui donnant à choisir entre un pistolet armé ou un verre de poison, le somma tragiquement de se donner la mort. L'ancien agent de la police s'y refusa. On n'osa le tuer, et Caussidière dut se contenter de le mettre arbitrairement au secret dans la prison de la Concier-

La presse démagogique ne prenait pas la précaution de dissimuler ses desseins et son attente. « Il ferait beau, disait la *Tribune* du 29 mai, de voir parler d'un article 291 et de sommations à des assemblées de deux cent mille hommes! Toutes ces broutilles ne s'opposent qu'aux faibles. » Et un autre jour : « Toute émeute sérieuse à Paris a produit un changement important. MM. Guizot et de Broglie sont tombés à la voix d'une émeute; les fleurs de lys au Palais-Royal ont été effacées à une pétition de l'émeute. Il n'y en a pas une qui n'ait porté ses fruits! Que l'émeute se prolonge, se grossisse, devienne insurrection, et vous verrez le sort du Juste Milieu. » Le 1er juin, le même journal s'écriait, à propos d'un procès qui venait de lui être fait : « Frappez, frappez encore, insensés! Vos coups ressemblent au tocsin. Annoncez le péril de votre cause, le triomphe de la nôtre. Frappez encore. Dans peu de jours, il ne vous restera plus à glapir que le sauve qui peut... Le jour du réveil du peuple commence à luire, et déjà bruit le cri national qui enfanta les soldats des trois journées, comme il avait enfanté ceux de nos armées républicaines. »

L'opposition parlementaire ne voulut pas rester en arrière. Les Chambres étaient en vacances; cette circonstance n'arrêta pas les députés de la minorité. Quelques jours après la mort de Périer, ils se réunirent à l'hôtel de M. Laffitte. Sous la forme insolite et presque révolutionnaire d'un appel au pays, ils adressèrent à leurs électeurs un *Compte rendu* qui était un réquisitoire véhément contre le gouvernement. Ce manifeste, publié le 28 mai, reçut cent trente-quatre signatures. Après avoir répété les griefs connus contre la politique intérieure et extérieure[1], il la montrait aboutissant, après deux ans d'expérience,

---

gerie. De la Hodde ne recouvra sa liberté qu'à la chute de Caussidière. Il publia son *Histoire des sociétés secrètes* en 1850.

[1] Voici quelques fragments qui donneront une idée de ce document : «....Lors de la discussion de la liste civile, nous avons cru que la royauté nouvelle avait d'autres conditions de force et d'existence que le luxe et la corruption des vieilles monarchies... — Deux systèmes étaient présentés pour l'organisation de l'armée : l'un, qui demandait une puissante réserve composée de la garde nationale et des soldats libérés du service, aurait permis de diminuer la force et les dépenses de l'armée permanente... Ce système, plus économique,

au dehors, à l'humiliation de la France et à la menace d'une coalition ; au dedans, à la révolution faussée, à la liberté opprimée, à la guerre civile flagrante ; puis il concluait : « Nous le proclamons avec une douloureuse et profonde conviction : que ce système se prolonge, et la révolution de Juillet et la France sont livrées à leurs ennemis. La Restauration et la Révolution sont en présence. La vieille lutte que nous avions cru terminée recommence. » Dans cet acte, l'opposition ne témoignait pas seulement de sa violence contre le gouvernement, mais aussi de sa faiblesse envers le parti révolutionnaire. La grande préoccupation de ceux qui se prétendaient « dynastiques » fut d'obtenir la signature des républicains les plus avancés, de MM. Garnier-Pagès aîné [1], Cabet, Voyer d'Argenson, et, pour y arriver, aucun sacrifice ne leur coûta. M. Odilon Barrot, chargé de rédiger le manifeste, avait écrit dans son projet : « Pour tous les hommes sensés, la monarchie constitutionnelle, sincèrement pratiquée, est la forme qui se concilie le mieux avec tous les développements de la liberté » ; les républicains réclamèrent, et pour faire droit à leurs exigences on se contenta de dire : « La France de 1830 a pensé, comme celle de 1789, que la royauté héréditaire, entourée d'institutions populaires, n'a rien d'inconciliable avec les principes de la liberté. » C'est ce que M. Bar-

plus favorable à la fusion de la garde nationale et de l'armée, était le nôtre... — Le gouvernement, abusé par de funestes doctrines et d'injustes préventions, n'a vu d'ennemis que dans ceux qui avaient combattu pour le fonder... — C'est la rougeur sur le front que nous avons entendu les agents du gouvernement parler de la crainte de déplaire aux cabinets étrangers ; nous croyions que la France était à jamais affranchie de cette humiliante influence... Après le renversement d'une dynastie imposée par la Sainte-Alliance, le gouvernement devait surveiller avec inquiétude les mouvements des monarques étrangers. Il ne devait pas leur permettre surtout d'étendre et d'augmenter leur puissance... Et cependant, malgré ses promesses formelles, il a abandonné l'Italie à la domination de l'Autriche, et il a laissé périr la Pologne, cette Pologne que nous pouvions secourir, quoi qu'on en ait dit à la tribune, et que notre devoir était de sauver, etc., etc. »

[1] Il ne faut pas confondre ce Garnier-Pagès, homme de talent, qui cachait dans un corps maladif une volonté froide et passionnée, avec son frère cadet, personnage bonasse, médiocre et un peu ridicule, qui dut seulement au renom laissé par son aîné de se trouver un moment en 1848 à la tête de la France. Le 24 février, on lisait, à la tribune de la Chambre envahie, les noms des membres du gouvernement provisoire ; arrivé au nom de Garnier-Pagès, une voix du peuple cria : « Il est mort, le bon ! »

rot a appelé dans ses *Mémoires* une « légère modification » et une « variante insignifiante[1] ». Carrel était plus dans le vrai quand il écrivait que le compte rendu était « une déclaration de neutralité entre la république et la monarchie ».

Ce manifeste ne pouvait avoir aucun résultat légal et parlementaire; il fournit seulement, pour quelques jours, un aliment aux polémiques des journaux; il apporta surtout un singulier encouragement aux républicains, aux fauteurs d'émeute, qui voyaient ainsi les fondateurs même du gouvernement de Juillet proclamer sa banqueroute et dénoncer sa trahison. Le compte rendu est aux redoutables émeutes qui vont éclater le 5 et le 6 juin, ce que les banquets seront plus tard à la révolution de Février. Dans les deux cas, l'opposition dynastique, aveuglée, ouvre la voie, donne l'élan aux pires ennemis de la monarchie. Ce n'est pas sa faute si elle n'obtient pas, dès 1832, le triste succès qu'elle aura en 1848.

III

Les meneurs des sociétés secrètes n'en étaient plus qu'à chercher une occasion, quand, le 2 juin, le général Lamarque mourut du choléra. Rien n'était plus conforme à la tradition du parti que de transformer des obsèques en manifestation révolutionnaire. Ainsi avait-on procédé, avec des nuances diverses, à la mort du général Foy et à celle de Manuel. Le grand embarras de ceux qui veulent lancer une émeute est de trouver un prétexte, d'apparence innocente, pour réunir leur armée dans la rue; un enterrement le leur fournit; cette armée une fois massée et mise en mouvement, sous couleur de rendre hommage au mort, se grossit naturellement des curieux attirés par la cérémonie; il ne reste plus qu'à profiter du premier incident pour engager la bataille. Les sociétés révolutionnaires

---

[1] O. Barrot, *Mémoires*, t. I, p. 268.

résolurent donc de descendre toutes sur la place publique, le jour des obsèques de Lamarque. Chacune eut son point de ralliement. Les rôles et les armes furent distribués. Les affiliés étaient au nombre d'environ deux mille, presque tous bourgeois [1] ; ils espéraient soulever les ouvriers et entraîner la foule. Avec leur clairvoyance ordinaire, les chefs de l'opposition parlementaire venaient, cette fois encore, à l'aide des révolutionnaires. Préoccupés de faire la contre-partie des obsèques de Périer et d'en imposer ainsi, par une grande manifestation, au gouvernement comme à l'opinion, ils s'agitèrent pour donner beaucoup d'éclat à la cérémonie et pour y attirer le plus de monde possible.

Le 5 juin, jour fixé pour l'enterrement, la foule est immense et les affidés sont à leur poste. On doit conduire le corps, par les boulevards, jusqu'au pont d'Austerlitz, où une voiture attend pour l'emporter à Mont-de-Marsan: Le cortége s'étend interminable, devant et derrière le char que trois cents jeunes gens traînent avec des cordes. En tête et en queue, les troupes d'escorte ; au milieu, des pelotons de toutes les légions de la garde nationale, une longue colonne d'ouvriers, les députations des Écoles, sauf de l'École polytechnique, consignée par ordre supérieur, les réfugiés de tous pays, et surtout les sociétés révolutionnaires, avec leurs bannières de diverses couleurs, dont une rouge, portée par le chef des « Réclamants de Juillet [2] ». Les physionomies farouches et sombres, les armes qu'on entrevoit à demi cachées sous les vêtements trahissent trop clairement les desseins de beaucoup de membres du cortége. Dès le début, à la hauteur de la rue de la Paix, une clameur s'élève de la foule : A la colonne ! et la longue procession se détourne pour passer par la place Vendôme : sorte de dévotion bonapartiste qui était alors dans les habitudes du parti républicain. A mesure que le cortége s'avance, les esprits s'échauffent, les passions s'exaltent. Le duc de Fitz-James, qui se tenait au balcon

---

[1] DE LA HODDE, *Histoire des sociétés secrètes,* p. 87.
[2] Ainsi appelait-on ceux des combattants de Juillet qui prétendaient n'avoir pas été récompensés selon leur mérite.

d'un cercle, ayant refusé de se découvrir, les vitres de la maison sont aussitôt brisées à coups de pierres. Cris de plus en plus nombreux de : Vive la République! à bas Louis-Philippe! plus de Bourbons! Violences croissantes contre les sergents de ville, dont quelques-uns sont grièvement blessés. Plusieurs postes sont désarmés sur le passage. On casse les chaises et l'on arrache les tuteurs des arbres du boulevard, pour se préparer des armes en vue d'un combat que chacun sent imminent. Les meneurs n'en sont plus à cacher leur projet : « Mais enfin, où nous conduit-on ? » demande une voix. — « A la république, répond l'un des chefs de groupe; tenez pour certain que nous souperons ce soir aux Tuileries. » Et le long cortège continue ainsi à rouler lentement par les boulevards, grossi des curieux, formant une masse épaisse de plus de cent mille hommes, d'où émergent les bannières, les bâtons garnis de feuillage, et d'où sort un grondement menaçant, entremêlé de cris farouches ou de refrains révolutionnaires. Le ciel gris et pluvieux rend le spectacle plus sinistre encore. A la hauteur du boulevard du Temple, une immense acclamation accueille une centaine d'élèves de l'École polytechnique qui se sont révoltés et ont forcé leur consigne, pour venir prendre leur place dans la manifestation et aussi dans l'émeute; triste conséquence des éloges prodigués par le gouvernement lui-même à ceux de leurs camarades qui avaient combattu sur les barricades de Juillet. On arrive enfin au pont d'Austerlitz, terme du convoi. Les orateurs montent sur une estrade pour prononcer des discours que, dans l'agitation croissante de la foule, personne n'entend. Tout à coup, apparaît un cavalier brandissant un drapeau rouge que surmonte un bonnet de même couleur. Le désordre est au comble. Suivant un plan convenu, les affidés tentent de s'emparer du corps, pour le porter au Panthéon; ils échouent; mais, dans ce premier combat, des soldats sont blessés. Le cri : Aux armes! retentit sur plusieurs points; les barricades s'élèvent; des coups de feu sont tirés. Les troupes, consignées et massées, dès le matin, en plusieurs endroits de la ville, ont pour instruction de ne se défendre qu'à la dernière extrémité. Aussi reçoivent-elles, sans riposter, les premières décharges, qui blessent plusieurs officiers ou soldats. Mais bientôt les commandants ne peuvent plus se faire illusion : c'est bien une insurrection qui commence ; il n'y a qu'à la réprimer vigoureusement.

Du côté du pouvoir, rien de ces hésitations, de cet abandon, signes des gouvernements qui vont tomber. Le Roi, qui depuis la mort de Périer a pris la direction effective des affaires, était à Saint-Cloud le matin : « Amélie, dit-il, il y a du trouble à Paris, j'y vais. — J'y vais avec vous, mon ami », répond la Reine. Tous les pouvoirs militaires sont remis au général de Lobau, qui prend ses mesures avec sang-froid et énergie. Les troupes se montrent résolues et fidèles [1]. Une bonne partie de la garde nationale répond à l'appel ; celle de la banlieue le fait même avec une passion irritée. Au premier moment, l'insurrection s'est étendue avec une rapidité qu'expliquent la préméditation des émeutiers et la volonté du gouvernement d'attendre, pour agir, qu'il soit attaqué ; elle occupe, sur la rive gauche, les quartiers compris entre le Jardin des Plantes et la rue du faubourg Saint-Jacques ; sur la rive droite, tout l'est de Paris jusqu'à la hauteur de la place des Victoires. Mais bientôt l'armée, appuyée par la garde nationale, reprend l'offensive, avec succès. Les soldats de l'émeute sont plus éparpillés que nombreux ; ils n'ont pu en effet ébranler la masse populaire, et, sauf de rares exceptions, les ouvriers ne donnent pas. A huit heures du soir, le général de Lobau circonscrit l'insurrection entre les boulevards, les quais, la Bastille et la pointe Saint-Eustache ; il la presse de toutes parts, sans lui laisser aucun répit : la bataille se prolonge jusqu'à minuit.

Elle recommence le lendemain, 6 juin, à quatre heures du matin. Les insurgés sont en plus petit nombre encore que la veille, mais résolus, hardis, retranchés, comme en une forteresse, au centre d'un quartier enchevêtré de rues étroites. Force

---

[1] On a raconté que, quand le cortége était arrivé à la place de la Bastille, un officier du 12e léger s'était avancé vers le premier groupe et avait dit au chef : « Je suis républicain, vous pouvez compter sur nous. » Aucune défection ne se produisit.

est d'employer contre eux le canon : encore n'avance-t-on que lentement. Pendant que la lutte se localise ainsi, le reste de Paris reprend peu à peu sa vie normale, rassuré d'ailleurs par le sang-froid du Roi qui parcourt à cheval la ligne des boulevards jusqu'à la Bastille, traverse le faubourg Saint-Antoine, revient jusqu'aux quais, en imposant aux plus hostiles par sa fermeté calme, ne paraissant même pas s'apercevoir des coups de feu qui parfois éclatent sur son chemin. C'est autour du cloître Saint-Merry que se livrent les derniers combats. Une poignée d'insurgés y tient longtemps en échec l'effort de la troupe et des gardes nationales; ils ne sont réduits qu'à la fin de la journée. Alors la bataille est définitivement gagnée par le gouvernement; mais c'est bien une bataille, la plus redoutable et la plus sanglante que les rues de Paris aient vue depuis la révolution de Juillet : on compte huit cents morts ou blessés, se partageant à peu près également entre les deux camps.

Dans cette insurrection, les soldats de l'armée républicaine ne se sont pas ménagés; mais les chefs n'ont pas paru sur les barricades. Celui dont on fit le héros de ces journées était un certain Jeanne qui commandait au cloître Saint-Merry, et qui y déploya une rare intrépidité : aventurier obscur dont le passé n'était pas absolument net [1]. Sans doute, si le mouvement avait réussi, les chefs se fussent montrés; mais leur prudence attendait l'événement. Godefroy Cavaignac lui-même se tint à l'écart. Les plus compromis étaient MM. Garnier-Pagès aîné, Cabet et Laboissière, députés, qui avaient concouru aux préparatifs et contre qui des mandats furent lancés. On avait fait espérer aux combattants que M. Mauguin et le maréchal Clausel se prononceraient pour eux. Les émissaires dépêchés au premier le trouvèrent tremblant de peur; le second répondit à un artilleur de la garde nationale, qui le pressait de prendre parti : « Je me joins à vous, si vous êtes assurés du concours d'un

---

[1] M. Louis Blanc, bien que fort disposé à le glorifier, a écrit de lui : « C'était un de ces hommes que créent les circonstances, plus passionné dans ses sentiments que *scrupuleux dans sa conduite*, et trop esclave de ses besoins pour avoir mené une jeunesse irréprochable. » (*Histoire de dix ans*, t. III, p. 311.)

régiment. — Eh! monsieur, répliqua l'artilleur, si, à l'heure où je parle, un régiment était à nos ordres, nous n'aurions pas besoin de vous [1]. » Quant à Carrel, il commençait à ressentir les embarras de son nouveau rôle. En sa qualité d'ancien officier, il tenait en médiocre estime les forces populaires et ne croyait pas au succès de l'émeute. Le soir du 5 juin, dans une réunion tenue aux bureaux du *National,* il avait combattu l'idée de se jeter dans la lutte. Le lendemain matin, dans son journal, il invitait les magistrats, les députés et la garde nationale à s'interposer, pour empêcher le gouvernement « d'égorger la population [2] ». Quelques heures plus tard, rencontrant M. O. Barrot, il le pressait de prendre la tête du mouvement : « Vous êtes, dans tous les cas, compromis, lui dit-il, vous et vos amis, par cette insurrection ; tâchez du moins de la faire tourner au profit de votre opinion. — Ah ! je ne le sais que trop, répondit M. Barrot, et ce n'est pas d'aujourd'hui seulement que vos folies compromettent la liberté ; mais j'aime encore mieux avoir à répondre de votre défaite que de votre victoire... » Et il le quitta pour se rendre aux Tuileries [3].

Restait La Fayette, que l'émeute était accoutumée à trouver parmi les plus dociles à son appel. Son rôle, dans la cérémonie, avait consisté à tenir un des cordons du char et à prononcer un discours sur l'estrade du pont d'Austerlitz. Il était de ceux qui avaient désiré et conseillé une manifestation « imposante », dans la pensée que le Roi serait à la merci de l'opposition, quand cent trente mille hommes se seraient publiquement prononcés pour elle [4]. Mais, quand il vit le drapeau rouge, entendit

---

[1] Louis Blanc, *Histoire de dix ans,* t. III, p. 286.
[2] « Magistrats, députés, gardes nationaux ne peuvent se croire fidèles à leurs serments envers le pays, s'ils n'interviennent pas de la manière la plus énergique entre la population qu'on menace d'égorger, et un gouvernement qui veut forcer les soldats à égorger la population, les citoyens à s'armer contre les citoyens. Par son endurcissement à soutenir un fatal système, il s'est fait une nécessité du crime ; il faut qu'il étouffe dans le sang nos patriotiques résistances..... La France veut un gouvernement qui la défende au lieu de l'assassiner. » (*National* du 6 juin 1832.)
[3] *Mémoires d'Odilon Barrot,* t. I, p. 270.
[4] Lettre du 20 juin 1832. (*Mémoires de La Fayette,* t. VI, p. 674.)

les premiers coups de feu et se rendit compte que la manifestation tournait en insurrection violente, le pauvre vieillard, épuisé d'ailleurs de fatigue, parut perdre le peu de tête qui lui restait; il n'eut qu'une pensée, se sauver au plus vite, loin non des balles dont il n'avait jamais eu peur, mais de la responsabilité dont il se sentait menacé. On l'aperçut, la figure bouleversée, errer, de ci, de là, à la recherche de sa voiture qui s'était égarée dans la confusion générale. Un fiacre se rencontra, il s'y jeta avec son fils. La foule le reconnut, dételi les chevaux et voulut le traîner à l'Hôtel de ville, le sommant de prendre le commandement de l'insurrection. Essaya-t-il de résister, comme le disent les uns? ou, comme le prétend au contraire M. Louis Blanc, « s'offrit-il tout entier », disant à ceux qui réclamaient son concours : « Mes amis, trouvez un endroit où l'on puisse placer une chaise, et je vous y suivrai[1] » ? Peut-être les deux versions ont-elles leur part de vérité; La Fayette était par nature assez indécis et, dans le cas particulier, assez troublé, pour avoir tenu les deux langages. D'ailleurs, il sentait bien qu'il n'était plus son maître, et il entendait l'un de ceux qui le traînaient dire à son voisin : « Si nous jetions le général dans la Seine, comment le gouvernement repousserait-il le soupçon de l'avoir sacrifié? » « Ce n'était pas une si mauvaise idée », disait plus tard le général, en racontant cet incident. Toujours est-il qu'il fut grandement soulagé, quand la troupe dégagea son fiacre et lui permit de rentrer chez lui, brisé de lassitude et d'émotion. Il n'eut garde de retourner auprès des combattants.

Pendant ce temps, les députés de l'opposition dynastique considéraient avec étonnement la suite donnée à leur compte rendu et la tournure qu'avait prise leur manifestation. Le soir du 5 juin, ils s'étaient réunis chez M. Laffitte, comme ils avaient fait au début des journées de Juillet. Leur état d'esprit était à peu près le même qu'à cette époque : nullement désireux, pour la plupart, d'une révolution, fort effrayés même de ce qu'elle pourrait être, mais encore moins décidés à la combattre. Les

---

[1] Louis BLANC, *Histoire de dix ans*, t. III, p. 286.

propositions les plus discordantes furent émises, sans aboutir. On eût bien voulu faire une « protestation », toujours en souvenir de Juillet, mais contre quoi? Aussi se bornait-on à attendre les événements, pour se mettre bravement à leur suite. Le lendemain, 6 juin, il apparut clairement que l'insurrection serait vaincue : on s'arrêta alors à l'idée d'une démarche auprès du Roi, pour lui demander d'arrêter l'effusion du sang et de changer sa politique. Il était trois heures de l'après-midi quand MM. Laffitte, O. Barrot et Arago, chargés de cette mission, se présentèrent aux Tuileries. Louis-Philippe, qui rentrait de sa promenade à travers Paris, les reçut aussitôt. L'entrevue dura plus d'une heure et demie. Les trois députés en ont dressé une sorte de procès-verbal qui a été publié un peu plus tard[1]. A le lire, on est tout d'abord stupéfait du vide et de la sottise des déclarations faites par les députés. Désavouant pour leur compte l'insurrection républicaine, ils prétendaient y montrer cependant le signe de la « désaffection » de la nation, la condamnation de la « politique du 13 mars »; rééditaient contre cette politique leurs vieux griefs, lui reprochaient d'employer à l'intérieur la force au lieu des « moyens moraux », d'être, en face de l'étranger, « pusillanime, sans souci de l'honneur national », et menaçaient le Roi, s'il ne changeait pas de « système », d'un divorce prochain entre la France et la monarchie de Juillet. Il était facile de réfuter ces reproches et de montrer l'inanité de ces conseils : c'est ce que fit Louis-Philippe, avec un succès que ne peuvent contester ceux mêmes qui lisent de l'œil le plus prévenu le procès-verbal de cette conversation. Cependant, à y regarder de plus près, on se demande si le Roi ne se laissait pas entraîner à jouer un rôle autre que le sien. Ne retrouve-t-on pas là les petites faiblesses que nous avons déjà eu occasion de noter chez cet habile homme d'État, trop préoccupé de démontrer aux autres l'excellence de sa politique, et surtout de manifester qu'elle était bien sienne, chez ce brillant et abondant causeur qui ne se souvenait pas assez que le silence est souvent

---

[1] On trouve notamment le texte de ce procès-verbal dans les *Mémoires de M. Odilon Barrot*, t. I, p. 596 à 612.

pour un prince une condition de dignité, un acte de prudence et un moyen d'autorité? En parlant aussi longuement, il s'exposait à dire ce qu'il aurait mieux fait de taire [1]. N'eût-il pas été, par exemple, plus habile, en n'affectant pas de présenter la politique suivie depuis la révolution comme sa politique propre, son « système [2] », et en ne fournissant pas ainsi à ses interlocuteurs, déjà trop en méfiance sur ce point, un prétexte aux accusations de pouvoir personnel? Toutefois les derniers qui avaient le droit de lui en faire un reproche étaient les députés qui s'adressaient ainsi au prince, en dehors de ses ministres responsables, qui lui demandaient de changer, *motu proprio* et contrairement à la volonté connue de la Chambre, la politique du gouvernement. Si l'on pouvait relever quelque incorrection, ils avaient provoqué Louis-Philippe à la commettre. D'ailleurs, ce n'était pas le lieu d'être trop formaliste, et, quand un Roi est obligé de défendre sa couronne contre une

---

[1] C'est ainsi qu'on eût préféré ne pas le voir chercher à se faire une sorte de popularité libérale aux dépens de ses conseillers, notamment de Casimir Périer. « Dans le conseil des ministres dont on veut me tenir éloigné, disait le Roi, ce n'est certainement pas par mon influence qu'on prendra des déterminations illibérales. Ce matin, par exemple, il y avait des avis pour la mise en état de siége, et je m'y suis formellement opposé. » Cette déclaration était d'autant plus fâcheuse que, le lendemain, le ministère décidait cette mise en état de siége : on verra quelles polémiques et quelles difficultés devaient en résulter. Louis-Philippe se vantait également de s'être « opposé aux mesures d'exception, que Périer lui proposait souvent quand il était dans ces accès de colère qui, ajoutait-il, nous ont nui plusieurs fois ». A un autre moment, il disait « n'avoir jamais deviné par quel caprice Périer s'était opposé obstinément » à une démarche demandée par M. Arago.

[2] « Dès mon arrivée au trône, disait le Roi, j'adoptai une marche qui me parut bonne, qui me semble bonne encore aujourd'hui. Prouvez-moi que je me trompe, et je changerai. Jusque-là, je dois persister ; je suis un homme de conscience et de conviction. On me hacherait comme chair à pâté dans un mortier, plutôt que de m'entraîner dans une voie dont on ne m'aurait pas démontré la convenance. Ce ne sont pas là les influences de ce prétendu entourage dont on parle tant. Je vous le dis avec franchise, un entourage, je ne m'en connais point. Peut-être est-ce l'effet de mon amour-propre, mais je crois pouvoir ajouter que personne n'a pris sur moi un ascendant qui, dans les grandes ou même dans les petites affaires, me soumette à ses volontés. Mon système de gouvernement, je le répète, me paraît excellent; je n'en changerai point, tant que vous ne m'aurez point prouvé qu'il est mauvais. » Et plus loin, dans le même ordre d'idées, le Roi prononçait, au sujet de Casimir Périer, des paroles que nous avons déjà citées.

émeute, on ne saurait le blâmer beaucoup de se mettre en avant. Seulement que ce soit plutôt pour agir que pour parler. Nous applaudissons Louis-Philippe, quand, dans cette même journée du 6 juin, il dirige la résistance avec un admirable sang-froid, paye courageusement de sa personne, se montre dans la rue alors que la bataille n'est pas encore finie : c'était vraiment se conduire en roi. Nous avons plus de doute, lorsque nous le voyons soutenir une controverse contre trois députés de l'opposition, se justifier ou se plaindre auprès d'eux; en admettant qu'il n'eût pas mieux fait de refuser de les écouter et de les renvoyer à ses ministres, au moins eût-il pu se borner à leur faire savoir ses volontés en quelques mots sévères et nets. Cette brièveté royale eût été plus efficace que les conversations les plus spirituelles et les plus habiles arguments.

L'entrevue ne fut, du reste, qu'un incident alors peu remarqué. En cette soirée du 6 juin, les amis de la monarchie jouissaient d'autant plus de leur victoire qu'ils en avaient un moment douté. Une telle inquiétude peut surprendre. A première vue, il semblerait que le résultat n'eût jamais dû paraître incertain. Les insurgés étaient peu nombreux, sans chefs connus, sans crédit sur la population; l'armée qui les combattait comptait, en dehors même de la garde nationale, au moins vingt-cinq mille hommes. Et cependant tous les témoignages contemporains révèlent qu'on eut grand'-peur; l'impression générale fut que la monarchie courait un réel danger. D'où venait cette alarme? du souvenir de Juillet. On avait conscience d'avoir alors faussé et obscurci le sens de la légalité. On avait tellement flétri la résistance à l'émeute; on avait tant loué les défaillances de l'armée et la défection de la garde nationale; on avait proclamé si haut le droit supérieur des barricades; on avait tant glorifié la révolte des Écoles, tant félicité les ouvriers d'être descendus dans la rue et les députés de s'être ralliés à l'insurrection, qu'on se demandait avec angoisse si tous comprendraient qu'il fallait faire, en 1832 [1], le

[1] La pensée de ce rapprochement entre les journées de juillet 1830 et celles de juin 1832 préoccupait alors tous les esprits. M. Guizot écrivait, le 14 juin, au

contraire de ce qu'on avait fait en 1830. Les élèves de l'École polytechnique furent heureusement les seuls à ne pas le comprendre.

IV

L'insurrection vaincue, il restait à donner satisfaction à la conscience publique, en punissant les factieux. Lorsque le Roi avait parcouru les rues de Paris, dans l'après-midi du 6 juin, un cri avait dominé tous les autres : « Faites prompte et sévère justice ! » Empêcher cette justice, telle est l'œuvre à laquelle s'appliquèrent aussitôt les journaux de gauche, y compris ceux qui avaient regretté la prise d'armes. La révolution de 1830 leur servait à justifier ou tout au moins à excuser cette nouvelle rébellion. « Sous un gouvernement né d'une insurrection populaire, disait le *National* du 10 juin, devrait-on s'étonner et s'indigner qu'il soit resté, dans la portion du peuple et de la jeunesse habituellement la plus remuante, quelques souvenirs de Juillet mal compris, quelques instincts confus de sédition ? »

« De quel droit demander aux juges de frapper les factieux, disait encore le *National,* quand, après 1830, on a réhabilité comme ayant été victimes d'un « assassinat politique », tous ceux qui avaient été condamnés à raison de faits analogues, sous la Restauration ? » Pour grandir les insurgés et les rendre plus intéressants, on insistait sur le courage réel qu'ils avaient montré, notamment au cloître Saint-Merry ; on poétisait l'acharnement fanatique et meurtrier de leur résistance ; on les posait en attitudes tragiques sur les barricades ; on répétait les mots qu'ils avaient prononcés ou qu'on leur avait prêtés : sorte de légende héroïque qui n'a pas peu contribué à donner le change sur la laideur criminelle et la téméraire sottise de cette tentative de

---

duc de Broglie : « La parodie de la révolution de Juillet est jouée et tombée. Rien n'y a manqué : l'adresse des 221 sous le nom de *Compte rendu,* etc. » (*Papiers inédits.*)

guerre civile. Enfin, pour faire oublier qu'elle était accusée, l'opposition se faisait accusatrice; elle reprochait au gouvernement d'avoir, par ses propres méfaits, légitimé la rébellion; elle imputait à la police d'avoir provoqué le combat, à l'armée d'avoir commencé le feu. Toutes les injustices, tous les mensonges lui semblaient légitimes pour couvrir ceux que souvent au fond elle blâmait.

Le ministère fournit, dès le premier jour, aux opposants un terrain de polémique sur lequel ceux-ci se hâtèrent de prendre position. Le 7 juin, une ordonnance déclarait Paris en état de siége et déférait aux conseils de guerre le jugement des faits insurrectionnels. Cette mesure qu'avait, dit-on, conseillée M. Thiers, et qui avait séduit le courage juvénile de M. de Montalivet, fut prise, sans doute, par crainte des scandaleuses faiblesses du jury. Ne pensait-on pas répondre ainsi au vœu de l'opinion, fort indignée contre les émeutiers et si désireuse d'une répression énergique? Une femme éminente du monde conservateur écrivait, le 7 juin : « Le cri général est répression sévère. On est enchanté de l'état de siége; on regrette seulement qu'il ait été mis si tard. Le mot de la garde nationale est celui-ci : Maintenant que voilà l'état de siége, nous sommes bien aises de les avoir arrêtés; ils n'iront pas au jury [1]. » La légalité de l'ordonnance eût été incontestable soit avant 1830, soit sous la législation qui nous régit depuis 1849. En 1832, certains juristes la croyaient douteuse, à raison de l'article de la Charte qui interdisait les tribunaux d'exception. Toutefois il ne semblait pas que l'objection pût venir de l'opposition qui avait elle-même demandé, à grand bruit, qu'on établît l'état de siége en Vendée. Mais l'esprit de parti ne s'embarrasse pas des reproches de contradiction. A peine l'ordonnance fut-elle publiée qu'il y eut explosion dans la presse de gauche, trop heureuse de sortir d'une défensive gênante et de prendre l'offensive. A l'entendre, c'était une répétition des Ordonnances de Juillet, et ce nouveau coup d'État méritait le même châtiment que l'autre.

---

[1] Lettre de madame G*** à M. le duc de Broglie. (*Papiers inédits.*)

Les barreaux de plusieurs grandes villes rédigèrent des consultations concluant à l'illégalité de l'état de siége. Quant à la bourgeoisie parisienne qui, tout à l'heure, en présence du danger matériel, avait réclamé « prompte et sévère justice », rassurée maintenant, elle n'avait plus d'oreille que pour les criailleries de la gauche ; elle se laissait troubler, entraîner, et oubliant sa récente colère contre les émeutiers qui venaient de mettre sa ville à feu et à sang, elle ne cherchait querelle qu'aux ministres qui s'étaient compromis pour la protéger. Ce sont revirements auxquels il faut toujours s'attendre de sa part. Peut-être cependant eût-elle été moins mobile, avec des ministres plus capables de lui en imposer et de la retenir. Intimidés par le soulèvement des esprits, les conseils de guerre se montrèrent, dans leurs jugements, d'une modération et même d'une timidité extrêmes. Ce ne fut pas tout : une mésaventure plus grave attendait le gouvernement.

La Cour royale de Paris avait reconnu la légalité de l'ordonnance du 7 juin, en refusant de se prononcer sur les faits déférés à la juridiction militaire. Mais la Cour de cassation, saisie du pourvoi d'un condamné, annula, sur la plaidoirie de M. Odilon Barrot, la décision d'un conseil de guerre, par le motif que celui-ci avait violé la Charte en se déclarant compétent, et elle renvoya l'accusé devant les juges ordinaires. C'était proclamer l'inconstitutionnalité de l'ordonnance d'état de siége. Long cri de triomphe dans tous les rangs de l'opposition. Le ministère fut fort surpris et mortifié, mais il ne crut pas avoir un autre parti à prendre que de s'incliner devant la décision de la cour suprême. A cette époque, les gouvernements ne connaissaient pas encore les moyens, découverts de nos jours, soit pour empêcher les tribunaux de juger, soit pour se venger des jugements désagréables. La monarchie de Juillet n'était pas sur ce point plus avancée que la Restauration, à laquelle l'indépendance judiciaire avait plusieurs fois fait échec, et qui n'avait pas songé pour cela à la briser. Quelques heures après le prononcé de l'arrêt, l'ordonnance qui avait établi l'état de siége fut rapportée, et tous les accusés rendus à la juridiction ordinaire. Le jury fut d'ailleurs plus sévère que le conseil de guerre ; il y eut quatre-vingt-deux condamnations, dont sept à mort qui furent commuées en déportation. Mais, à lire les journaux, on eût dit qu'il n'y avait eu qu'une condamnation, celle qu'on prétendait faire sortir de l'arrêt de la Cour de cassation contre le gouvernement convaincu d'avoir violé la Charte, contre les auteurs de ce prétendu « coup d'État de juin 1832 » que la presse de gauche présentera, pendant longtemps, comme allant de pair avec les plus grands forfaits de l'histoire. Était-ce donc là le fruit que la monarchie recueillait de sa sanglante et décisive victoire sur la faction républicaine ? Étrange résultat, en vérité, qui ne faisait honneur ni à la justice du public, ni à l'adresse du ministère.

V

L'insurrection républicaine n'est pas la seule qui ait éclaté aussitôt après la mort de Casimir Périer. Le 4 juin, veille du jour où la bataille s'engageait dans les rues de Paris, les royalistes prenaient les armes en Vendée. C'était la faiblesse de la monarchie de Juillet de rencontrer des ennemis acharnés à droite comme à gauche ; selon la parole de Royer-Collard, « elle avait le feu en haut et le feu en bas ».

Les légitimistes s'étaient remis assez rapidement de l'abattement où les avait jetés tout d'abord le succès de la révolution. Les embarras, les fautes, les périls du gouvernement nouveau, l'insécurité et le malaise du pays leur avaient rendu courage et espoir. Telle avait même été la dissolution générale, pendant le ministère Laffitte, qu'ils s'étaient imaginés toucher au moment de la revanche. Quelques-uns, sans doute, n'en persistèrent pas moins à se renfermer dans une sorte de retraite, déposant leurs armes tout en gardant leurs convictions, et écrivant, comme M. de Villèle, sur la porte de leur demeure, le mot d'Horace : *Inveni portum*. Mais on ne pouvait attendre pareille attitude de la masse du parti qui n'avait pas les mêmes raisons de sérénité ou de satiété, surtout des jeunes qui, par nature, rêvent plus de la haute mer que du port. Beaucoup de royalistes commencèrent donc aussitôt, contre la monarchie de 1830, la guerre implacable qu'ils devaient poursuivre jusqu'en 1848. Dans les premiers temps, malgré l'immense talent et la renommée déjà éclatante de M. Berryer, le terrain parlementaire n'était pas le plus favorable à leur attaque. Les élections de 1831 les avaient presque complétement exclus de la Chambre. D'ailleurs, les vainqueurs de la veille, orgueilleux de leur succès et de leur nombre, n'eussent pas toléré à la tribune des agressions trop vives contre le régime nouveau, ou une apologie trop ouverte du régime ancien. C'est dans la presse que les vaincus cherchèrent leur revanche, ou tout au moins la satisfaction de leurs ressentiments. Rien ne peut donner une idée du ton que prirent les journaux de droite, de leur violence outrageuse contre le gouvernement et personnellement contre le Roi. Ils dépassaient presque les feuilles de gauche, et nous avons vu cependant jusqu'où allait l'audace de celles-ci[1]. Il est vrai que les écrivains du parti vainqueur ne traitaient souvent pas mieux la dynastie tombée. Renverser à tout prix la monarchie nouvelle et, en attendant, lui faire le plus de mal possible, tel était, dans sa redoutable simplicité, le programme de ces royalistes. Que ce renversement dût tout d'abord profiter à la République, ils ne s'en inquiétaient pas outre mesure : ils se flattaient que cette république ne durerait pas; d'ailleurs, s'ils ne pouvaient obtenir la pleine restauration du droit, ce leur était du moins une première jouissance de voir châtier ce qu'ils regardaient comme une usurpation, pis encore, comme une trahison. Pour comprendre leur conduite, il ne faut pas oublier qu'à leurs yeux tout était préférable à ce qui existait.

Chateaubriand, alors âgé de plus de soixante ans, dans la

---

[1] Les grands journaux légitimistes étaient déjà très-violents. Mais ce n'était rien à côté des petites feuilles satiriques d'extrême droite telles que le *Bridoison* ou les *Cancans*. La lecture en est singulièrement répugnante. Pour en avoir une idée, voyez les citations faites par M. Giraudeau, dans son livre sur la *Presse périodique de* 1789 *à* 1867, p. 76 à 87.

plénitude de son talent et de sa gloire, était le plus illustre, et surtout le plus populaire des royalistes. Il donnait le ton à la polémique de son parti, dans des pamphlets terribles que la presse entière commentait avec passion. Essayait-il de tenir la gageure téméraire qu'il avait faite, assure-t-on, au début des journées de Juillet? « Si la légitimité est renversée, avait-il dit, et que la presse soit libre, je ne demande qu'une plume et deux mois pour relever la légitimité. » C'est par le mépris qu'il veut tuer la royauté de 1830 ; il la montre « arrivant piteuse, les mains vides, n'ayant rien à donner, tout à recevoir, se faisant pauvrette, demandant grâce à chacun, et cependant hargneuse, déclamant contre la légitimité, contre le républicanisme, et tremblant devant lui ». Les sarcasmes ne lui manquent point pour flétrir le « pot-au-feu d'une monarchie domestique ». Il s'en prend surtout à la politique extérieure du nouveau gouvernement, aux « génuflexions et aux mains mendiantes de sa diplomatie ». Il lui reproche « d'avoir eu peur de son principe par faillance de cœur, manque d'honneur et défaut de génie » ; de s'être « traînée sur le ventre », d'avoir « abandonné les nations soulevées pour elle et par elle », d'avoir ainsi « laissé échapper l'occasion de rendre à la France ses frontières ». Les « patriotes » républicains ne parlaient pas autrement. C'est que, tout en combattant pour la vieille royauté, par fidélité de conviction, peut-être plus encore par point d'honneur, par souci de l'unité de sa vie, Chateaubriand tenait beaucoup à conserver ces applaudissements de gauche dont il avait pris l'agréable habitude, depuis son opposition à M. de Villèle. De là, ses coquetteries avec Béranger et Carrel ; de là, ses éloges à l'adresse du peuple qui l'avait porté en triomphe pendant les journées de Juillet, et qu'il plaignait d'avoir été dépouillé de sa victoire et de sa révolution par « les usurpations de la coterie régnante », par « ces écornifleurs de gloire, de courage et de génie » ; de là, les protestations, souvent injurieuses, par lesquelles il se séparait des hommes impopulaires de son propre parti, des auteurs du « coup d'État manqué », de ces « eunuques » qui avaient tenté d'organiser une « terreur de château » et avaient formé « la conspiration de la bêtise et de l'hypocrisie » ; de là, sa préoccupation de ne pas paraître trop dupe du drapeau politique dans lequel il se drapait, de ne pas être pris par la jeune France pour « un rabâcheur de panache blanc et de lieux communs sur Henri IV », capable « d'un attendrissement de nourrice transmis, de maillot en maillot, depuis le berceau du Béarnais jusqu'à celui du jeune Henri [1] ».

Dans ces avances à la gauche, il n'y avait pas seulement le calcul d'une vanité personnelle, mais aussi une tactique politique qui fut alors celle de presque tous les royalistes militants. Ceux-ci s'étaient rendu compte qu'ils seraient peu entendus et surtout n'auraient pas d'alliés, s'ils attaquaient la monarchie nouvelle au nom de leurs anciennes doctrines autoritaires, aristocratiques et traditionnelles. Il leur parut plus habile et plus efficace de lui faire la guerre sous le drapeau de la liberté absolue. On vit subitement les anciens amis de M. de Polignac réclamer la licence de la presse, de l'association, des réunions, l'extension des droits du jury, la suppression de tout cens électoral, l'élection des maires, etc., etc. Ils n'admettaient pas qu'on relevât dans cette attitude une contradiction avec leur propre passé. Nous avons le droit, disaient-ils, d'exiger de la monarchie nouvelle qu'elle soit conséquente avec ses propres principes. Leur objectait-on que, dans de telles conditions, il n'y avait pas de gouvernement possible : « Eh ! qui vous dit le contraire ? répondait M. Berryer. Je comprends vos embarras, je les avais prévus, et c'est pourquoi je protestais contre ce que vous faisiez et contre le principe que vous adoptiez. Mais il est adopté, ce principe, adopté pour être la loi du pays. » Dès le 18 août 1830, la *Quotidienne* disait : « Il faut oser demander aux révolutions la conséquence des principes qui les produisent. Cela pousse à des abîmes peut-être, mais aussi ramène forcément à l'ordre moral...

---

[1] Cf. *passim*, discours à la Chambre des pairs, 7 août 1830; *De la Restauration et de la Monarchie élective* (1831); *De la nouvelle proposition relative au bannissement de Charles X et de sa famille* (1831); lettre à la duchesse de Berry (1832); lettre à Béranger (1832), etc., etc.

Lorsqu'on aura vu les pouvoirs, les partis et les factions guidés seulement par l'instinct d'une force brutale se débattre et se renverser dans une immense arène, sans qu'aucun principe de droit puisse jamais jaillir d'un tel choc, les peuples fatigués seront bien obligés de convenir que l'équité, c'est-à-dire la légitimité, a sa source en quelque lieu plus haut [1]. » Cette tactique permettait aux royalistes de se rencontrer, dans presque toutes les questions, avec le parti démocratique. Plusieurs même rêvaient une alliance, une coalition formelle. Telle était notamment la thèse de la *Gazette de France*, qui, au lendemain de la révolution, conviait les républicains à s'unir aux royalistes pour une même œuvre de renversement. « Ceux qui adhèrent à la légitimité par sentiment ou par principe, disait-elle, et ceux qui ont foi dans la souveraineté du peuple, tout en se proposant un but différent, doivent être d'accord sur la nullité radicale de tout ce qui a été fait [2]. »

Le directeur de la *Gazette de France*, M. de Genoude, fut en effet l'apôtre le plus persévérant et le plus passionné de cette alliance avec la gauche. Aucune rebuffade ne décourageait ses avances. Plus tard, d'ailleurs, il imaginera un moyen ingénieux d'avoir raison des résistances de la presse démocratique : ce sera de fonder à ses frais une feuille de gauche, la *Nation*, qui aura pour programme spécial de marcher d'accord avec la *Gazette* et de montrer ainsi réalisée l'union des deux partis; la *Nation*, à la vérité, ne pourra vivre. Non-seulement M. de Ge-

---

[1] Il faut croire que cette tactique est la tentation naturelle de tout parti dans la situation des légitimistes après 1830; car les « cavaliers » anglais n'avaient pas agi autrement au dix-septième siècle. Lamartine cite à ce propos, dans une lettre à M. de Virieu, ce passage de Burnet : « Les cavaliers vaincus se firent les plus logiques des républicains. Personne ne poussait aussi loin qu'eux les conséquences de la révolution, et, quand on leur demandait pourquoi ils proclamaient, d'une façon si absolue, des principes contradictoires à leur ancienne nature, ils répondaient : « Nous avions une logique pour la monarchie, nous en avons une « pour la république; elle est sincère; nous voulons l'extension indéfinie des prin- « cipes que le pays a adoptés. » La restauration ayant eu lieu, ils revinrent à leurs anciens principes, mais ils avaient perdu toute autorité pour les faire de nouveau prévaloir. On leur opposait leurs paroles récentes, et de là vint le discrédit où ils tombèrent justement et la chute définitive de la dynastie. »

[2] *Gazette de France* du 10 août 1830.

noude tendait la main aux démocrates, mais il leur empruntait leurs idées, leurs formules, amalgamait bizarrement la souveraineté du peuple et la légitimité royale, et lançait, le premier, au lendemain de 1830, l'idée du suffrage universel, comme il sera le premier, le 24 février 1848, à en demander l'application. Personnage étrange : marié d'abord assez richement, ayant ajouté un *de* au commencement et à la fin de son nom patronymique qui était *Genou,* il devenait prêtre en 1835, peut-être avec l'espoir de pouvoir présenter désormais toutes ses lubies comme des dogmes, menant du reste une vie qui, sans être irrégulière, n'était guère plus sacerdotale que son costume moitié frac, moitié soutane. Une fois prêtre, il n'aura de cesse qu'il ne soit député, et il y parviendra en 1846. C'étaient autant de préparatifs au rôle universel dont il avait la prétention. Il annonçait, à jour fixe, les États généraux, le congrès et le concile, où il devait siéger, et qui auraient pour tâche de refaire, d'après ses plans et sous sa direction, la monarchie, l'Europe et l'Église. Jamais prophète ne fut plus hardi, plus imperturbable, moins troublé par le démenti des événements. Très-personnel, d'une vanité et d'une ambition presque candides dans leur énormité, peu scrupuleux sur les moyens de polémique, ayant quelque chose du charlatan, on ne pouvait néanmoins contester la sincérité de ses convictions, son dévouement à sa cause et le désintéressement avec lequel il dépensait pour elle sa vie et sa fortune. Écrivain médiocre et terne, compilateur audacieux, universellement superficiel, il touchait à tout, fondait des journaux, entreprenait des encyclopédies, faisait des livres de théologie, mêlait la littérature, la politique, la religion et le commerce. Mais il possédait quelques-unes des qualités du journaliste, et son nom a été souvent mis à côté de celui de M. de Girardin; il avait du coup d'œil, de l'abondance, des ressources et de l'audace pour la guerre de plume. Ajoutez une naïveté et une confiance dans le paradoxe qui déroutaient la contradiction, un aplomb que rien ne démontait, une ténacité que rien ne lassait, et surtout, au milieu d'une vie par d'autres côtés si mobile et si dispersée, la puissance de l'idée fixe. « Je suis, disait-il de lui-même, la vrille qui tourne toujours jusqu'à ce qu'elle ait fait son trou. » Criblé de sarcasmes, il avait trop confiance en soi pour en être atteint, tellement persuadé de son importance qu'il finissait par en persuader le public. Vainement ses amis le trouvaient-ils souvent compromettant, vainement ses ennemis étaient-ils tentés de ne pas le prendre au sérieux, il s'imposait à tous, à force de les fatiguer, obligeant les uns à compter sur lui et les autres à compter avec lui; bien plus, il a fait en sorte que l'histoire ne peut le passer sous silence.

Au lendemain même de la révolution, les hommes de gauche se souvenaient trop de la Restauration pour accepter facilement l'espèce d'alliance que M. de Genoude et d'autres royalistes leur proposaient. Le plus souvent même, ils la repoussaient avec indignation [1]. Mais avec le temps, cette répugnance s'affaiblit. A gauche aussi, on arriva a détester le gouvernement plus que tout le reste. « Si nous n'avons pas le même paradis, disait-on aux légitimistes, nous avons le même enfer. » L'habitude de la lutte amena une sorte de fraternité d'armes entre les soldats ou les chefs des deux camps. Plus d'une camaraderie de ce genre se forma en prison : ainsi le vicomte de la Rochefoucauld devenait, à Sainte-Pélagie, l'ami de M. Sarrut, l'un des rédacteurs de la *Tribune*. Quand ce journal, si grossièrement révolutionnaire, ouvrit une souscription pour payer ses amendes, M. de Chateaubriand s'inscrivit pour cinquante francs, et la *Gazette de France* pour mille francs. Un tel rapprochement n'était pas sans offusquer certains royalistes. L'un des anciens collègues de M. de Polignac, M. de Guernon-Ranville, écrivait sur son journal, dans la prison de Ham, à propos de réunions de carlistes et de républicains qui avaient lieu dans certains départements du Midi : « L'alliance paraît tout à fait cimentée dans ces réunions. On dit qu'à un grand banquet donné à Berryer, les couleurs rouge et blanc brillaient partout

---

[1] Voir, par exemple, l'article publié par Carrel, dans le *National*, à la date du 11 mars 1831.

réunies, et le journal royaliste (*Gazette de France*), en signalant ce fait, s'écrie avec jubilation : « La réforme a donc un dra-« peau, et maintenant il faudra compter avec elle. » C'est bien ! 1815 et 1793 se donnent l'accolade; les bourreaux et les victimes s'embrassent... Touchante sympathie ! admirable fusion ! » Et M. de Guernon-Ranville ajoutait : « C'est M. de Genoude qui est l'inventeur de ce beau système[1]. » Mais le déplaisir des sages, d'ailleurs peu nombreux, n'était pas fait pour arrêter la passion des ardents. Bientôt on ne s'étonnera plus, quand il s'agira d'un plan de campagne à arrêter pour l'opposition, de voir les représentants des deux partis se réunir et délibérer ensemble[2], et un jour viendra, en 1843, où M. de Genoude se présentera aux électeurs de Périgueux, avec la recommandation de MM. Arago et Laffitte. Après tout, pour être juste, il faut reconnaître que les légitimistes ne faisaient pas pis qu'on n'avait fait contre eux, quand ils étaient au pouvoir : leur alliance avec les républicains n'était pas plus malhonnête que celle des libéraux et des bonapartistes, sous la Restauration.

Si nous avons rappelé l'acharnement de la presse royaliste contre le gouvernement d'alors, ce n'est certes pas avec l'intention de rallumer des querelles aujourd'hui éteintes. Grâce à Dieu, elles n'ont plus de raison d'être, et le seul résultat de ce retour sur le passé doit être de nous faire mieux sentir le tort que cette division causait aux deux partis. La monarchie de Juillet, surtout au début, n'a pas toujours bien compris quelle cause de faiblesse était pour elle l'hostilité des légitimistes. Ceux-ci lui paraissaient avoir été, pour le gouvernement précédent, des amis si gênants par leurs exigences, si compromettants par leur impopularité, qu'elle se félicitait presque de leur opposition, comme si le gouvernement en devenait plus com-

[1] *Journal de M. de Guernon-Ranville*, 1ᵉʳ août 1834.
[2] C'est ainsi qu'en 1840, à l'occasion des affaires d'Orient, MM. Dupont de l'Eure, Odilon Barrot, Mauguin, Thomas du *National*, Isambert, Chambolle du *Siècle*, Louis Blanc se réunissaient chez M. Laffitte, avec MM. de Genoude de la *Gazette de France*, Laurentie de la *Quotidienne*, Lubis de la *France* et Walsh de la *Mode*. (NETTEMENT, *Histoire de la littérature sous le gouvernement de Juillet*, t. II, p. 474.)

mode, et la faveur du public plus assurée : aussi s'attachait-elle, par son langage, par ses actes, à marquer davantage la séparation, et s'en faisait-elle un titre auprès de la foule. Vue bien courte! Pour être une minorité alors vaincue et peu en faveur, le parti royaliste n'en comprenait pas moins la plus grande part de cette élite sociale, aristocratie de la naissance, de la fortune, de l'éducation, de la tradition, sans laquelle et surtout contre laquelle on ne saurait établir un gouvernement durable. En dehors de ce groupe, il restait bien encore un parti conservateur pour soutenir la monarchie nouvelle, mais un parti rabaissé, découronné, appauvri de ses éléments brillants, généreux et croyants, n'ayant plus assez de prestige pour en imposer à la foule, assez de force pour soutenir la lutte contre les ennemis de tout gouvernement. Cette vérité a été du reste mieux vue après coup, et les esprits les moins suspects de partialité pour les hommes et les idées du parti royaliste l'ont confessée. « Rien n'est assuré en politique, a écrit M. Renan en 1869, jusqu'à ce qu'on ait amené les parties lourdes et solides, qui sont le lest de la nation, à servir le progrès. Le parti libéral de 1830 s'imagina trop facilement emporter son programme de vive force, en contrariant en face le parti légitimiste. L'abstention ou l'hostilité de ce parti est encore le grand malheur de la France. Retirée de la vie commune, l'aristocratie légitimiste refuse à la société ce qu'elle lui doit, un patronage, des modèles et des leçons de noble vie, de belles images de sérieux. La vulgarité, le défaut d'éducation de la France, l'ignorance de l'art de vivre, l'ennui, le manque de respect, la parcimonie puérile de la vie provinciale, viennent de ce que les personnes qui devraient au pays les types de gentilshommes remplissant les devoirs publics avec une autorité reconnue de tous, désertent la société générale, se renferment de plus en plus dans une vie solitaire et fermée. Le parti légitimiste est en un sens l'assise indispensable de toute fondation politique parmi nous ; même les États-Unis possèdent cette base essentielle de toute société, dans leurs souvenirs religieux, héroïques à leur manière, et dans cette classe de citoyens moraux, fiers, graves, pesants, qui sont les pierres avec lesquelles on bâtit l'édifice de l'État. Le reste n'est que sable ; on n'en fait rien de solide, quelque esprit et même quelque chaleur de cœur qu'on y mette d'ailleurs [1]. »

Mais si le parti légitimiste, par son opposition, faisait du mal à la monarchie de Juillet, il s'en faisait aussi à lui-même. La campagne d'opposition à outrance, de vengeance implacable, de renversement quand même, où il s'engageait, était pleine de tentations mauvaises : elle le conduisait à des procédés et à des alliances révolutionnaires qui n'étaient pas sans fausser ses habitudes intellectuelles, diminuer son autorité politique et altérer son intégrité morale. Dans ce nouveau rôle, il n'était plus lui-même, étonnait la conscience publique et fournissait prétexte aux sévérités de ses adversaires qui lui reprochaient, avec M. Guizot, « son mélange bizarre d'insolence aristocratique et de cynisme révolutionnaire [2] ». D'ailleurs, cette monarchie de Juillet, où l'on ne voulait voir qu'une usurpation à châtier à tout prix et à tout risque, ne s'en trouvait pas moins avoir le dépôt de l'autorité et la charge de défendre la société contre ses ennemis. Les royalistes ont dû se demander plus tard si les coups dont ils avaient frappé ce gouvernement n'avaient pas atteint l'autorité sociale, et notamment si leur campagne audacieusement poursuivie pour avilir la personne d'un roi, n'avait pas abaissé la royauté elle-même, contribué à détruire complétement dans nos mœurs le prestige et le respect dont la dynastie légitime eût eu la première besoin, et préparé ainsi les esprits à la république.

Double leçon, dont ont profité ces deux moitiés, également nécessaires, du parti conservateur et monarchique. Les « libéraux » de 1830 y ont appris qu'ils étaient impuissants à rien fonder de solide, de complet et de durable, sans les royalistes. Ceux-ci ont vu que cette politique de ressentiment, dont le dernier acte a été de pousser un cri de joie triomphante le

---

[1] *Revue des Deux Mondes*, 1er novembre 1869, p. 100.
[2] Discours de M. Guizot, du 12 mars 1834. Cf. aussi le discours du 9 août suivant.

24 février 1848, n'avait ni avancé la restauration de leur dynastie, ni accru l'honneur de leur drapeau, ni servi les intérêts permanents de la société.

VI

Il était des royalistes assez nombreux et surtout fort remuants auxquels cette guerre de plume et ces manœuvres de presse ne suffisaient pas. Vivant entre eux, se nourrissant de leur propre exaltation, ils s'imaginaient, comme les républicains, qu'un coup de main pourrait jeter bas un gouvernement si précaire. Le dédain avec lequel il était de mode, chez eux, de traiter la royauté « bourgeoise », aidait à leurs illusions. A ceux qui parlaient de laisser d'abord la monarchie « s'user », ils répondaient : « Profitons au contraire de ce qu'elle n'a pas encore eu le temps de s'installer. » Humiliés de la façon un peu piteuse dont leurs amis du ministère Polignac s'étaient laissé battre par les Parisiens, ils étaient impatients de relever, par quelque fait d'armes, l'honneur de leur drapeau. Ce parti d'action était alors plus spécialement représenté par les officiers démissionnaires de la garde royale. Son organe, dans la presse de droite, était la *Quotidienne*, dont M. de Brian avait pris la direction, au lendemain de la révolution, tandis que les autres légitimistes, les « parlementaires », comme on les appelait avec mépris, se rattachaient davantage à la *Gazette de France*.

Au sein même du parti d'action, l'accord était loin d'être complet. Quelques-uns tournaient plus ou moins les yeux du côté des puissances européennes; ils étaient peu nombreux et vivement désavoués par la plupart des royalistes qui n'avaient pas oublié combien avait été cruellement exploitée, contre la royauté légitime, la coïncidence de la Restauration et de l'invasion étrangère. D'autres prétendaient agir, à la façon des républicains, par des sociétés secrètes et des émeutes dont les soldats seraient recrutés, à prix d'argent, dans les mêmes régions où les révolutionnaires trouvaient gratuitement les leurs. Tel fut, en février 1832, l'étrange complot des Prouvaires. On avait enrôlé, à grands frais, et organisé, à peu près comme les carbonari, quinze cents hommes de main, généralement aventuriers de carrefours. Leurs chefs apparents étaient un cordonnier et un passementier. Quels étaient les chefs réels? On a parlé du maréchal duc de Bellune; il est probable qu'on se servait de son nom malgré lui. En somme, les recherches de la police n'ont pu guère remonter, dans cette affaire, plus haut qu'un comité qui se prétendait en rapport avec la duchesse de Berry, et dont faisaient partie des gentilshommes peu connus [1]. Les conspirateurs avaient résolu de faire leur coup dans la nuit du 2 février. Un bal était annoncé aux Tuileries, pour cette date. On devait cerner le palais, y pénétrer par le Louvre et s'emparer de la famille royale. Mais la police était de moitié dans le secret. Quelques heures avant le moment fixé, une grande partie des conjurés étaient réunis dans un banquet, rue des Prouvaires : survinrent les sergents de ville et les gardes municipaux. Il y eut une velléité de résistance; des coups de feu furent tirés, dont un tua un malheureux agent de police. Meurtre inutile! Tout était manqué. Parmi les individus arrêtés, cinquante-six furent renvoyés en cour d'assises; vingt-sept condamnations furent prononcées, dont six à la déportation, et deux, par contumace, à la peine de mort.

Des entreprises aussi suspectes n'étaient pas faites pour plaire à un parti chevaleresque. Combien plus était-il séduit à l'idée d'une prise d'armes au plein soleil, d'un combat face à face! L'agitation qui s'était manifestée à la suite de la révolution de 1830, dans les départements de l'Ouest, les bandes de chouans qui s'y étaient reformées, bandes isolées, il est vrai, et composées plutôt de réfractaires que de partisans politiques, avaient donné à penser qu'il serait possible de généraliser le mouvement et de réveiller l'ancienne Vendée de 1793. On comptait aussi sur le Midi, où les royalistes étaient en effet nombreux et où surtout,

---

[1] DE LA HODDE, *Histoire des sociétés secrètes*, p. 79 et suivantes.

par la vivacité méridionale de leur langage, ils faisaient illusion aux autres et peut-être à eux-mêmes sur leur force et leur résolution. Les fidèles qui allaient visiter les royaux exilés les entretenaient de ces espérances. Souvent même, la compassion pour le malheur, l'ardeur du dévouement, ou le désir de se faire valoir, les conduisaient à embellir le tableau. Vainement les politiques sérieux du parti, MM. de Chateaubriand, de Pastoret, Berryer, Hyde de Neuville, de Dreux-Brézé, faisaient-ils parvenir des avis absolument contraires et avertissaient-ils que ces projets reposaient sur de pures illusions; vainement, de la Vendée même, les renseignements étaient-ils loin d'être unanimes, et des doutes y étaient-ils parfois exprimés sur la possibilité d'un soulèvement; il était plus facile et plus agréable de se faire entendre, quand on offrait de se battre et qu'on promettait le succès.

Ce n'était pas auprès de Charles X que ces ardeurs belliqueuses trouvaient le plus d'accueil. Enfermé, comme en un tombeau, dans le sombre château d'Holyrood, à Édimbourg, désabusé par tant de catastrophes, inerte par vieillesse, résigné par piété, ce prince attendait peu des moyens humains, et se préoccupait surtout de ne pas compromettre, dans une aventure, cette dignité royale qu'il avait su garder intacte, jusque dans sa chute, et qui seule lui restait de l'héritage de ses pères. Il était d'ailleurs encouragé, dans sa méfiance, par son conseiller favori, M. de Blacas, qui ne voyait guère rien de sérieux à tenter en dehors des puissances étrangères. Tout autres étaient les dispositions de la duchesse de Berry, mère du jeune duc de Bordeaux, sur la tête duquel l'abdication de Charles X et la renonciation du duc d'Angoulême faisaient reposer le droit royal. Vivant alors à Londres, entourée de jeunes femmes et de jeunes gens, dans un va-et-vient de visiteurs qui faisait illusion sur la force du parti, elle accueillit aussitôt avec ardeur le projet d'une prise d'armes et se montra résolue à y jouer personnellement le premier rôle. Elle s'exaltait à cette pensée qu'une femme saurait reconquérir une couronne perdue par des hommes, et que la mère remettrait elle-même son fils sur le trône. Chez cette Napolitaine aimable et rieuse, légère et mobile, vraie reine de l'élégance et du divertissement, facilement absorbée par ses fantaisies du moment, animant et égayant tout autour d'elle, semant les grâces et les bienfaits tout en récoltant les plaisirs, facile à vivre, le cœur sur la main, sans morgue comme sans discipline, chez cette veuve de vingt et un ans que la mort tragique de son époux n'avait pu ni éteindre, ni rendre longtemps grave, il y avait un côté vaillant et généreux. Une heure d'héroïsme lui était même plus facile qu'une vie de devoir simple et triste. L'exil inerte et résigné dans un vieux château, entre Charles X et la duchesse d'Angoulême, représentait pour elle quelque chose de cent fois pire que le danger, l'ennui. Au contraire, l'expédition qu'on lui proposait, tout en intéressant sa tendresse et son ambition maternelles, en séduisant son courage, amusait son imagination. Pour elle et pour beaucoup de ses partisans, il s'agissait moins d'exécuter un dessein politique mûrement médité, que de transporter en pleine France bourgeoise de 1830 une chevaleresque aventure, quelque chose comme la mise en action d'un récit de ce Walter Scott qui régnait alors souverainement sur toutes les têtes romanesques. Un peu plus tard, quand Madame se trouvait en Vendée, un royaliste disait aux politiques du parti, fort embarrassés et mécontents de cette équipée : « Messieurs, faites pendre Walter Scott, car c'est lui le vrai coupable [1]. » En tout cas, ce devait être le dernier roman de l'auteur de *Waverley*, qui mourut peu après la prise d'armes de la Vendée, le 21 septembre 1832.

La situation était assez mal définie entre la duchesse de Berry et Charles X. Celui-ci n'avait pas rétracté l'abdication de Rambouillet : il l'avait même confirmée ; seulement auprès des siens, il semblait être demeuré le Roi ; il tenait sous sa garde le duc de Bordeaux. On eût dit qu'à ses yeux l'abdication devait

---

[1] *Mémoires d'outre-tombe*, par CHATEAUBRIAND, t. X, p. 143. — Walter Scott ne tournait pas seulement la tête des princesses. Combien de petites bourgeoises rêvaient alors d'être Diana Vernon! Voir, à ce propos, dans les spirituels Mémoires de M. de Pontmartin, l'histoire de la fille du chocolatier marseillais. (*Correspondant*, 25 décembre 1881, p. 1046.)

rester sans effet, tant qu'il n'aurait pas pourvu à la régence. En tout cas, à défaut de ses droits de roi, il prétendait conserver ceux de grand-père et de chef de famille. La duchesse et ses amis, parmi lesquels on remarquait le général duc des Cars, le maréchal de Bourmont, le vicomte de Saint-Priest, le comte de Kergorlay, le comte de Mesnard, soutenaient au contraire, plus ou moins ouvertement, que Charles X s'était dépouillé de toute autorité, que la régence appartenait de droit à la mère du jeune roi, et que d'ailleurs, pour agir sur la France, il fallait lui montrer quelqu'un de plus jeune, de moins compromis que le vieil auteur des Ordonnances.

La différence des points de vue auxquels, à Holyrood et à Londres, on envisageait le projet de prise d'armes, n'était pas faite pour atténuer ce désaccord. Charles X estimait ce projet déraisonnable et dangereux. Cependant, au commencement de 1831, entouré, pressé, il ne crut pas pouvoir s'opposer plus longtemps à toute action; il se résigna à donner un demi-consentement et à conférer conditionnellement à la duchesse de Berry, pour le cas où elle entrerait en France, le titre de régente [1]. Seulement il lui adjoignait le duc de Blacas et donnait à celui-ci pouvoir de s'opposer à toute démarche imprudente. La duchesse se rendit alors en Italie, pour y préparer de plus près sa descente en France. Entre sa témérité généreuse et tout imaginative et la circonspection hautaine, étroite et froide du favori royal, l'entente était impossible. Le conflit s'aggrava rapidement, et bientôt il fallut en venir à un éclat. M. de Blacas, à peu près congédié, dut s'éloigner, et, à la fin de septembre 1831, après conférence entre les conseillers de la duchesse, il fut signifié au vieux roi qu'en vertu de l'axiome : Donner et retenir ne vaut, il n'avait plus, depuis l'abdication, le droit de disposer de la régence, que la mère du roi mineur avait qualité pour se proclamer elle-même régente, et que d'ailleurs, dans la disposition des esprits en France, la publication d'ordonnances par lesquelles Charles X conférerait la régence et en

---

[1] Ordre du 27 janvier 1831.

réglerait les conditions, « aurait un effet funeste ». Ainsi émancipée de la cour de Holyrood, la duchesse de Berry employa l'hiver de 1832 à presser les préparatifs de son entreprise. Les belles promesses des royalistes du Midi leur firent réserver l'honneur de prendre les premiers les armes. Marseille devait donner le signal, toutes les provinces environnantes y répondre, et de là le mouvement gagner la Vendée et la Bretagne. Le duc des Cars était chargé de commander dans le Midi, le maréchal de Bourmont dans l'Ouest. Tout était prévu pour le lendemain de la victoire ; des ordonnances, rédigées d'avance, constituaient un gouvernement provisoire, composé du maréchal de Bellune, de MM. de Pastoret, de Chateaubriand, de Kergorlay ; convoquaient les États généraux à Toulouse ; rétablissaient les provinces, avec des libertés locales étendues ; abolissaient une partie des impôts indirects ; licenciaient les plus jeunes soldats, augmentaient la solde des autres et récompensaient l'armée d'Alger. Il n'était pas jusqu'à la composition de la maison du jeune roi qui ne fût arrêtée dans ses détails. Les gouvernements étrangers, si peu favorables qu'ils fussent à Louis-Philippe, ne voyaient pas sans déplaisir ces préparatifs ; M. de Metternich engageait sous main le duc de Modène à renvoyer la duchesse de Berry de ses États ; le Czar, causant avec un envoyé de cette dernière, M. de Choulot, gémissait sur la froideur de la Prusse et de l'Autriche, mais se gardait lui-même de promettre aucun secours ; seul, Charles Albert, roi de Piémont, donnait ouvertement son appui et s'exposait ainsi aux remontrances du gouvernement français [1]. Quant à la princesse, plus exaltée que jamais, impatiente de tout retard, elle se refusait à voir aucun obstacle, à tenir compte d'aucun renseignement défavorable ; se décidait par l'imagination et le sentiment, dans ce qui était du ressort de la raison et du bon sens ; écoutait seulement ceux qui abondaient dans ses idées ; désarmait, par son charme et sa belle humeur, l'opposition

---

[1] Dépêches citées par HILLEBRAND, *Geschichte Frankreichs* (1830-1848), t. I, p. 355-358.

des sages qui, séduits, mais non convertis, se résignaient à la suivre en branlant la tête [1].

Enfin vient l'heure si désirée de l'exécution. Madame s'embarque à la dérobée sur un petit navire frété sous de faux noms, et, suivie de rares et fidèles compagnons, parvient, le 29 août 1832, à se faire jeter sur la côte de Provence. Le lendemain, à Marseille, tentative d'insurrection qui, dès la première heure, échoue piteusement. Quelques soldats suffirent à disperser les conjurés, dont plusieurs sont arrêtés, entre autres M. de Kergorlay. On n'a que le temps de faire parvenir à la princesse un billet ainsi conçu : « Le coup a manqué; il faut sortir de France. » Mais elle refuse de se rembarquer. D'ailleurs, les mesures prises par le gouvernement le lui permettraient-elles? « Messieurs, en Vendée! » dit-elle aux amis qui l'entourent. Donnant l'exemple, elle se met hardiment en route, traverse la France de part en part, dépiste partout la police, grâce à la fidélité de ses partisans [2], ne se rebute d'aucune fatigue ni d'aucun péril, prend en gaieté les ruses et les déguisements auxquels il lui faut recourir. Enfin, vers le 15 mai, elle arrive en Vendée, traquée, mais insaisissable, le plus souvent travestie en jeune paysan sous le nom de Petit-Pierre, toujours sur le qui-vive, passant de ferme en ferme, à cheval ou plus souvent à pied, par des chemins détestables, recevant mystérieusement les hommages des gentilshommes auxquels elle se fait connaître, partageant la chaumière et mangeant le pain du métayer. Plus que jamais, elle est en plein Walter Scott.

Une telle vie n'est pas faite pour calmer l'exaltation de la

---

[1] M. de Metternich déplorait alors « la malheureuse facilité de la duchesse de Berry à se laisser influencer par des flatteurs qui, en sachant caresser ses affections toutes naturelles, l'exaltent et l'entraînent ». Le chancelier déclarait d'ailleurs que l'entreprise projetée « ne pouvait avoir que de fâcheux résultats ». (*Mémoires de M. de Metternich*, t. V, p. 284, 340.)

[2] C'est ce qui faisait dire, quelques mois plus tard, à M. Berryer, devant la cour d'assises de Loir-et-Cher : « C'est beaucoup pour moi d'avoir cette pensée, satisfaisante pour l'honneur et le courage français, que, depuis cinq ou six mois que madame la duchesse de Berry est entrée en France, elle a changé de demeure trois ou quatre fois par semaine, que, dans chacune de ses retraites, huit à dix personnes ont connu son secret, et que pas une seule n'ait été tentée de le trahir. »

duchesse. Vainement plusieurs des chefs bretons et vendéens lui déclarent-ils, tardivement il est vrai, qu'un soulèvement leur paraît impossible [1]; vainement M. Berryer vient-il, au nom de ses amis de Paris, la supplier de renoncer à son projet [2] : elle se montre surprise et irritée de ces conseils, rappelle les avis tout contraires sur la foi desquels elle s'est engagée, et repousse vivement l'idée d'une retraite qui lui paraît désastreuse pour sa cause et ridicule pour elle-même. D'ailleurs, elle ne manque pas de gens qui, par aveuglement, par faux point d'honneur, par dévouement mal entendu, la poussent à agir, ou qui du moins se feraient scrupule de l'en détourner. Et puis, de quelles illusions ne se nourrit-elle pas encore! Elle s'imagine qu'il suffira de répandre ses proclamations pour décider l'armée à passer au drapeau blanc, ou met sa confiance dans un stratagème de roman au moyen duquel on prétend enlever aux soldats dispersés leurs armes et leurs habits. Enfin, après des tiraillements, des contre-ordres qui ont dérouté ses partisans et mieux averti ses adversaires, elle fixe définitivement la prise d'armes à la nuit du 3 au 4 juin.

A la date indiquée, le tocsin sonne; des bandes se forment, mais peu nombreuses et sans ensemble. Quelques petits combats sont livrés, le 4 à Aigrefeuille, le 5 au Chêne, le 7 au château de la Pénissière, où quarante-cinq fils de famille se défendent héroïquement, au milieu même des flammes, contre plus

---

[1] Voir, sur ces faits et sur ceux dont nous parlons plus loin, le *Journal militaire d'un chef de l'Ouest*, par le baron DE CHARETTE. Celui-ci, l'un des amis les plus ardents de la duchesse de Berry, l'un de ceux qui la poussèrent le plus à l'action, déclare avoir écrit sa relation « pour ainsi dire sous les yeux de Son Altesse Royale ».

[2] On trouva plus tard, dans les papiers de la Duchesse, une note datée du 1er juin et écrite de la main de M. de Chateaubriand. On y lisait : « Les fidèles amis de la duchesse de Berry non-seulement pensent que la guerre civile est toujours une chose funeste et déplorable, mais que de plus elle est, en ce moment, impossible... Ils pensent que les personnes qui ont été conduites à conseiller des mouvements de cette nature ont été grossièrement trompées, ou par des traîtres, ou par des intrigants, ou par des gentilshommes de courage qui se sont plus abandonnés à la chaleur de leurs sentiments qu'ils n'ont consulté la réalité des faits. » La note concluait en déclarant formellement que la duchesse n'avait qu'une chose à faire : quitter la France au plus vite. (*Documents inédits*.)

de deux cents soldats. Partout les Vendéens sont écrasés : il ne leur reste plus qu'à se disperser et à rentrer chez eux. La duchesse de Berry avait annoncé qu'elle serait de sa personne au premier rassemblement. Ce n'est certes pas le défaut de courage qui l'en a empêchée, et, quoi qu'il eût pu lui arriver dans un combat, tout eût mieux valu pour elle que ce qui devait suivre; mais, dès le premier moment, sa cause est à ce point perdue qu'il lui faut dépenser toute son énergie à se soustraire aux poursuites, en alerte le jour et la nuit, réduite à changer à tous moments de refuge. Enfin, le 9 juin, elle est forcée de reconnaître que la Vendée n'est plus même en état de la cacher; elle gagne Nantes, déguisée en paysanne, et s'établit chez les demoiselles Duguigny; elle devait y rester jusqu'au jour où elle sera vendue par Deutz.

La déroute était complète. Elle eût risqué même d'être un peu ridicule, sans le respect dû à des actes de courage comme celui de la Pénissière, et sans cette bonne tenue que le parti royaliste ne gardait jamais mieux qu'aux jours de ses grands revers. C'était, en tout cas, un échec irréparable pour la cause qu'on avait cru relever d'un seul coup, et une confirmation décisive de la défaite de Juillet. Pendant que la Vendée mettait bas les armes qu'elle ne devait jamais reprendre, le duc d'Orléans parcourait ces provinces du Midi que la mère du duc de Bordeaux s'était flattée de soulever, et il y recevait un accueil chaleureux auquel, du reste, aidaient sa bonne grâce et sa présence d'esprit. M. de Metternich constatait de loin l'étendue de la défaite à laquelle les royalistes s'étaient si témérairement exposés. « L'absurde entreprise de madame la duchesse de Berry, écrivait-il, le 15 juin 1832, à son ambassadeur à Rome, a eu un résultat aussi opposé que possible aux vues de la duchesse; elle aura ainsi prêté au roi Louis-Philippe la vitalité qui lui manquait; elle l'aura affermi sur un trône qui, jusqu'à cette heure, ne reposait sur aucune base solide [1]. » Aussi la royale aventurière était-elle vivement

---

[1] *Mémoires de Metternich*, t. V, p. 349.

blâmée par sa propre famille. « J'ai eu l'occasion, écrivait encore M. de Metternich au comte Apponyi, ambassadeur en France, de m'entretenir avec madame la duchesse d'Angoulême sur l'entreprise de Madame, sa belle-sœur. Elle pense, à ce sujet, comme le roi Louis-Philippe et comme l'Empereur. » Charles X en jugeait de même et le faisait dire par M. de Blacas [1]. Ils avaient donc bien mal servi leur parti, ceux qui avaient poussé à cette prise d'armes, surtout ceux qui, voyant la folie de l'aventure, ne s'étaient pas mis en travers ou même y avaient applaudi, par crainte de paraître moins courageux et moins dévoués que tels ou tels cerveaux brûlés. C'était, du reste, une faute assez fréquente chez les légitimistes ; ils oubliaient trop souvent que le meilleur courage n'est pas celui qui fait aller au feu, ni le meilleur dévouement celui qui consiste à dire aux princes ce qu'ils désirent entendre. La conséquence était que, chez eux, ce n'étaient pas toujours les sages qui décidaient et conduisaient.

VII

La monarchie de 1830 remportait donc, au même moment, une double et complète victoire, sur les républicains, à Paris, et sur les royalistes, en Vendée. Elle mettait en plein jour l'impuissance des deux partis qui s'étaient vantés d'avoir si facilement raison de sa faiblesse. Elle manifestait surtout sa résolution de se défendre par la force, non-seulement contre ceux qu'elle avait supplantés, mais aussi contre une partie de ceux qui avaient contribué à l'établir. « Le gouvernement, écrivait à ce propos un homme politique, est rentré en possession du canon. Un pouvoir sans canon est impossible, tout comme un pouvoir sans raison. Charles X est tombé faute de raison ; nous chancelions faute de canon [2]. » A la même époque, comme pour

---

[1] *Mémoires de Metternich*, t. V, p. 298-299.
[2] Lettre du 14 juin, adressée au duc de Broglie. (*Documents inédits.*)

compléter l'effacement de tous les rivaux possibles de la dynastie nouvelle, le fils de Napoléon Ier, le malheureux duc de Reichstadt, se mourait phthisique, à Vienne [1]. L'événement a prouvé, depuis, que cette mort ne détruisait pas toutes les chances d'une restauration napoléonienne, que même elle les augmentait, en transportant l'héritage des prétentions impériales à un prince plus remuant et plus ambitieux. M. de Metternich avait tout de suite deviné ce péril, et, dès le 21 juin 1832, il écrivait à son ambassadeur à Paris : « Je vous prie de rendre le roi Louis-Philippe attentif au personnage qui succédera au duc de Reichstadt. Je me sers du mot succéder, car dans la hiérarchie bonapartiste, il y a une succession tout avouée et respectée par le parti. Le jeune Louis Bonaparte est un homme engagé dans les trames des sectes. Il n'est pas placé, comme le duc de Reichstadt, sous la sauvegarde des principes de l'Empereur (d'Autriche). Le jour du décès du duc, il se regardera comme appelé à la tête de la république française [2]. » Mais en France, on était convaincu que la mort du Roi de Rome supprimait le seul prétendant sérieux à la succession de l'Empereur.

Ces événements, qui augmentaient la force de la monarchie de Juillet, laissaient cependant le ministère toujours aussi débile. Celui-ci ne trouvait pas, dans son double succès, le crédit dont il manquait auparavant; on ne le prenait pas davantage au sérieux et on ne le croyait pas plus durable. L'opinion lui savait moins gré d'avoir vaincu les insurrections, qu'elle ne lui imputait à grief de les avoir encouragées et en quelque sorte provoquées par sa faiblesse. Et surtout, nul ne le croyait en état de tirer de la victoire tout ce qu'elle contenait. « Le Roi a beaucoup gagné, écrivait un des chefs du parti conservateur, non-seulement dans les rues, mais dans les salons. C'est le propos courant du faubourg Saint-Germain que, le 6 juin, il a pris sa couronne..... Mais le cœur me saigne de tout ce que pourrait rapporter et ne rapportera probable-

---

[1] Le duc de Reichstadt succomba le 22 juillet 1832; mais dès le mois de juin, M. de Metternich annonçait qu'il était perdu.
[2] *Mémoires de Metternich*, t. V, p. 288.

ment pas ce capital. Je crains fort que nous ne le dépensions, au lieu de le faire fructifier. C'est le moment ou jamais de prendre une attitude et de commencer une conduite de gouvernement. Le cri en arrive de tous côtés. Beaucoup de gens le répètent; tous viennent, s'agitent, mais sans effet. Rien n'est possible que par un vrai cabinet. Celui-ci n'est rien, de plus en plus rien; le succès ne lui est bon qu'à faire ressortir sa nullité [1]. »

A regarder, en effet, soit à gauche, soit à droite, il ne semblait pas que le ministère sût tirer parti de ses avantages. Les conservateurs étaient péniblement surpris qu'au lendemain même des 5 et 6 juin, la presse de gauche eût repris audacieusement l'offensive, notamment dans les polémiques sur l'état de siége. Sans doute, si l'on avait pénétré plus avant dans le parti révolutionnaire, on y aurait trouvé plus d'insolence que de confiance : au fond son découragement était grand [2]; mais le public s'en tenait aux apparences et en voulait au cabinet de n'avoir pas davantage intimidé ceux qu'il avait vaincus. Les ministres n'en imposaient pas même à leurs surbordonnés. Dans son voyage à travers le Midi, le duc d'Orléans entendit des maires et des conseils municipaux rappeler le gouvernement aux prétendus engagements de l'Hôtel de ville, « repousser le funeste système » et se plaindre que « l'éclat du soleil de Juillet » eût « pali ». Sous un Casimir Périer, se disait-on, un tel désordre ne se fût pas produit.

De même avec les royalistes. La Vendée était vaincue : elle n'était pas pacifiée. La duchesse de Berry s'obstinait à rester en France, contre l'avis même de ses amis [3], contre les ordres de Charles X [4]. Insaisissable dans sa cachette de Nantes, elle

[1] *Documents inédits.*

[2] « L'effort est visible, écrivait à ce propos M. Guizot, le 23 juillet 1832, pour maintenir l'insolence; mais la confiance a disparu. » Et il ajoutait : « Carrel professe le découragement, le mépris des siens. » (*Documents inédits.*)

[3] Cf. le *Journal militaire d'un chef de l'Ouest*, par le baron DE CHARETTE. « Il faut sauver madame la duchesse de Berry malgré elle, écrivait M. de Metternich, et l'on ne peut la sauver qu'en la faisant sortir de France. » (*Mémoires de Metternich*, t. V, p. 298.)

[4] Charles X écrivait à la duchesse de Berry, le 28 août 1832 : « J'ai besoin, ma

bravait le gouvernement, écrivait aux souverains de l'Europe, correspondait avec ses partisans de province et de Paris, divisait la France en grands commandements, constituait des comités, cherchait partout à entretenir et à aviver l'agitation. Les amis du gouvernement craignaient qu'en cas d'embarras extérieur ou autre, il n'y eût là une cause de danger[1] ; ils ne comprenaient pas que le ministère n'eût pu découvrir la retraite de la princesse, et le soupçonnaient de n'avoir pas osé le faire, parce qu'il se sentait trop faible pour surmonter les difficultés morales et matérielles d'une arrestation.

Quand il avait voulu se montrer plus prompt et plus énergique, le ministère n'avait pas eu la main heureuse. Croyant découvrir dans le voyage de M. Berryer auprès de la duchesse de Berry une preuve de complicité, il avait ordonné l'arrestation de l'illustre avocat, ainsi que de M. de Chateaubriand, du duc de Fitz-James et de M. Hyde de Neuville. C'était certes frapper haut : encore eût-il fallu frapper juste. Quelques jours ne s'étaient pas passés qu'une ordonnance de non-lieu libérait les trois derniers. Quant à M. Berryer, après plusieurs mois de détention,

chère enfant, de vous exprimer la parfaite inquiétude que j'éprouve de votre courageuse, mais inutile persévérance, dans une entreprise manquée, dès le principe, et qui ne peut plus être qu'aussi dangereuse pour vous qu'elle est funeste pour la cause que nous servons. » Le vieux roi continuait en l'invitant, de la façon la plus pressante, à quitter la France. La duchesse d'Angoulême lui écrivait dans le même sens. (Papiers saisis lors de l'arrestation de la duchesse. *Documents inédits.*) — Dans une dépêche du 28 juillet, M. de Werther, ambassadeur de Prusse en France, parle des prières instantes que Charles X et la duchesse d'Angoulême avaient adressées à la duchesse de Berry, pour la déterminer à revenir auprès d'eux. L'ambassadeur croit que la répugnance que lui inspirait le séjour d'Holyrood était pour beaucoup dans la résistance de la princesse. (HILLEBRAND, *Geschichte Frankreichs*, t. I, p. 399.)

[1] C'était bien en effet le calcul de la duchesse de Berry ; au mois d'août 1832, elle adressait à ses partisans une circulaire, où, pour se justifier d'être demeurée en France contrairement à leur avis, elle leur montrait l'état menaçant de l'Europe : « la question belge, sur le point d'amener un choc violent entre les puissances du Nord et la France ; le vieux roi de Hollande, par sa persévérance, paraissant devoir entraîner dans la lice, en vertu des traités de 1815, cette vieille Europe qui semblait sommeiller depuis les grandes guerres de l'Empire » ; et, tout en se défendant de vouloir rien faire par l'étranger, elle déclarait rester pour profiter de ces événements. M. de Charette, qui nous rapporte ce résumé de la circulaire, ajoute qu'elle avait convaincu beaucoup de Vendéens, qui dès lors ne conseillèrent plus à la duchesse de quitter la France.

il comparut devant la cour d'assises de Loir-et-Cher [1]. Le néant des preuves était tel qu'à l'audience le ministère public dut abandonner l'accusation. Le triomphe fut pour M. Berryer et ses amis. Une telle faute indiquait de la part du ministère peu de clairvoyance, peu de tact et un défaut de sang-froid qui n'était certes pas un signe de force.

Il n'était pas jusqu'aux affaires diplomatiques où l'on ne souffrît d'avoir un ministère qui n'en imposait pas plus au dehors qu'au dedans. M. de Metternich profitait de ce que Casimir Périer n'était plus là pour essayer aussitôt de prendre sa revanche en Italie; dès le 19 mai 1832, il adressait à son ambassadeur à Rome une longue dépêche où il indiquait que la mort de ce ministre permettait de beaucoup oser; il ajoutait que « la position où se trouvait le gouvernement français offrait au Souverain Pontife une chance dont il était sage qu'il profitât pour *régler ses affaires* », c'est-à-dire pour rentrer dans l'orbite de l'Autriche [2]. Même après la répression de l'insurrection de Juin, le chancelier ne prit pas plus au sérieux le ministère; il conserva son dédain et sa méfiance. « Les événements qui viennent de se passer à Paris, écrivait-il le 21 juin 1832, ont à nos yeux la valeur de ces coups de force qu'il n'est pas rare de voir exécutés par des hommes faibles, dans les occasions où ils sont poussés à bout. » Il ajoutait qu'il « n'avait pas pu découvrir le moteur de l'énergie déployée »; le Roi lui paraissait incapable d'avoir été ce moteur, et aucun des ministres au pouvoir ne lui semblait de taille à « se charger du rôle de M. Périer [3] ».

Ces dispositions des puissances risquaient de devenir périlleuses, en l'état de la question belge. Le roi de Hollande refusait toujours d'accepter le partage fixé par la conférence, dans le traité des Vingt-quatre articles (15 octobre 1831); il persistait à occuper militairement une partie des territoires que ce traité avait attribués à la Belgique, notamment la citadelle d'Anvers.

---

[1] Arrêté le 7 juin, M. Berryer ne fut jugé que le 16 octobre.
[2] *Mémoires de Metternich*, t. V, p. 339.
[3] *Ibid.*, t. V, p. 239, 352 à 355.

Le gouvernement de Bruxelles demandait vivement à être mis en possession de ces territoires. Il s'adressait surtout à la France, devenue sa protectrice attitrée, depuis l'expédition d'août 1831, et encore rapprochée de lui par le mariage de Léopold avec la princesse Louise, fille aînée de Louis-Philippe[1]. Périer avait obtenu que, malgré l'opposition de la Hollande, l'Autriche, la Prusse et la Russie ratifiassent, sous certaines réserves, ce traité des Vingt-quatre articles; mais on ne pouvait espérer qu'elles se concertassent avec nous pour en imposer l'exécution par la force. Il était même visible, depuis la mort de Périer, que le roi de Hollande reprenait confiance, qu'il se flattait de ramener les puissances dans son camp et d'être appuyé par elles, en cas de lutte armée. Que faire? Prolonger le *statu quo*, c'était laisser incertain le sort définitif de la Belgique; c'était notamment exposer celle-ci aux chances d'un revirement de la politique anglaise : or, en mai 1832, on avait pu croire, un moment, que les tories allaient reprendre le pouvoir. D'autre part, agir malgré les puissances, n'était-ce pas s'exposer à un conflit redoutable? En tout cas, pour résoudre une question si délicate, il fallait un ministère sûr de lui-même et de son avenir, inspirant à l'Europe un peu de la confiance et du respect qu'elle avait si vite témoignés à Périer. M. de Talleyrand, alors tout entier à cette affaire belge qui était son œuvre, voyait bien l'insuffisance du cabinet à ce point de vue; il s'en exprima hautement, dans un séjour qu'il fit à Paris, vers la fin de juin.

Les affaires d'Italie et de Belgique n'étaient pas les seules où se faisait sentir, pour notre diplomatie, le besoin d'une direction ferme. En ce même moment, une guerre survenue entre le pacha d'Égypte et la Porte rouvrait la question d'Orient; le Sultan, vaincu et effrayé, se jetait dans les bras de la Russie, et le ministère était à ce point pris au dépourvu par cette grave complication, qu'il n'avait même pas d'ambassadeur à Constantinople.

Si le cabinet n'était pas en état de faire face aux diffi-

---

[1] Ce mariage fut célébré à Compiègne, le 9 août 1832.

cultés de la politique intérieure et extérieure, il semblait peut-être encore moins capable de faire bonne figure dans les débats des Chambres. Parmi ses membres, pas un orateur de premier rang, pas un chef de parti ayant crédit et clientèle. Depuis la mort de Périer, le Parlement était en vacances; mais ces vacances devaient avoir un terme, et un terme prochain. Or tout faisait croire que la session serait difficile. Les opposants, les auteurs du Compte rendu, encouragés sans doute par la faiblesse du cabinet, se préparaient à pousser très-vivement l'attaque. Du côté des députés conservateurs, les symptômes n'étaient pas plus rassurants : beaucoup, de ceux surtout qui se croyaient des titres au pouvoir, s'exprimaient avec amertume et dédain sur les ministres, sur leur médiocrité, leur présomption, et aussi sur leur trop grande dépendance à l'égard du Roi : ce dernier reproche s'adressait particulièrement à M. de Montalivet et au général Sébastiani, devenus ainsi très-impopulaires. Dans le même ordre d'idées, on commentait l'absence d'un président du Conseil et la prétention du Roi d'en remplir les fonctions. « Un ministère et un vrai président du Conseil! » tel était le vœu qui se dégageait de toutes les conversations du monde parlementaire.

Les ministres n'étaient pas en mesure de faire tête à un soulèvement si général. Ils ne témoignaient guère plus de confiance que le public dans le cabinet dont ils faisaient partie. Les uns, ennuyés et fatigués, ne demandaient, comme le baron Louis, qu'à s'en aller au plus vite. D'autres, pour se faire un titre à être compris dans les combinaisons futures, offraient eux-mêmes en holocauste leurs collègues plus compromis, notamment M. de Montalivet et le général Sébastiani. Ils s'imputaient mutuellement leur faiblesse commune, qu'ils augmentaient encore par ces divisions et ces récriminations. Un tel état ne pouvait se prolonger. « Nous sommes en dissolution », disait, avec trop de raison, l'un des ministres [1].

Force fut donc au Roi de se rendre compte qu'il n'était pas

---

[1] *Mémoires de Dupin*, t. II, p. 445 et 551 à 553.

si simple de ne pas remplacer Casimir Périer. Il le reconnut à regret; il eût préféré pouvoir garder encore des ministres en qui il trouvait des agents dévoués, commodes et déférents; mais il avait l'esprit trop politique pour se buter contre une nécessité. Il se résigna donc à un changement et commença les pourparlers qui, après de laborieuses vicissitudes, devaient aboutir à la constitution du ministère du 11 octobre.

CHAPITRE IX

LA FORMATION ET LES DÉBUTS DU MINISTÈRE DU 11 OCTOBRE

I. Louis-Philippe, obligé à regret de modifier son ministère, s'adresse à M. Dupin. Refus de ce dernier. Ses motifs. Le maréchal Soult chargé de former un cabinet de coalition conservatrice. Difficultés venant des préventions soulevées contre M. Guizot. Ouvertures faites au duc de Broglie. — II. Antécédents du duc de Broglie, peu populaire, mais très-respecté. Son éloignement pour le pouvoir. Il ne veut pas entrer au ministère sans M. Guizot. — III. On accepte M. Guizot, en le plaçant au ministère de l'Instruction publique. Composition et programme du cabinet. — IV. Nécessité pour le ministère d'en imposer à l'opinion. Occasion fournie par la question belge. Convention du 22 octobre avec l'Angleterre. Les troupes françaises en marche contre Anvers. — V. Mesures prises par M. Thiers pour se saisir de la duchesse de Berry. Trahison de Deutz. Que faire de la prisonnière? On écarte l'idée d'un procès. La princesse transférée à Blaye. — VI. Ouverture de la session. Discussion de l'Adresse. Succès du ministère. — VII. Siége et prise d'Anvers. Résultats heureux de cette expédition pour la Belgique et pour la France. — VIII. Débats à la Chambre, sur la duchesse de Berry. Le bruit se répand que celle-ci est enceinte. Agitation des esprits et conduite du gouvernement. Après son accouchement et la déclaration de son mariage secret, la princesse est mise en liberté. Sentiments du Roi en cette affaire. Faute commise. — IX. Les royalistes obligés de renoncer à la politique des coups de main. Berryer. Son origine. Son attitude après 1830. Il cherche à être l'orateur de toute l'opposition. Son succès. Avantages qui en résultent pour le parti royaliste. Berryer attaqué cependant par une fraction de ce parti. — X. Chateaubriand se tient à l'écart, découragé, bien que non adouci. Son état d'esprit. Sa triste vieillesse. — XI. Fécondité législative des sessions de 1832 et 1833. Calme et prospérité du pays. Après tant de secousses, était-on donc enfin arrivé à l'heure du repos?

I

Contraint à regret de modifier un cabinet qui lui était à la fois agréable et commode, Louis-Philippe désirait y toucher le moins possible. Ne suffirait-il pas d'adjoindre à M. de Montalivet, au général Sébastiani et aux autres anciens collègues de Casimir

FORMATION ET DÉBUTS DU MINISTÈRE DU 11 OCTOBRE.

Périer, quelque homme politique leur apportant l'éclat oratoire et l'autorité parlementaire qui leur manquaient depuis la mort de leur chef : M. Dupin, par exemple? Dès le 13 juin 1832, le Roi fit faire à ce dernier des ouvertures. Il se flattait de ne pas trouver, chez un avocat engagé au service des intérêts privés de sa maison et habitué du reste à changer souvent de dossier, la fierté un peu ombrageuse, l'entêtement doctrinal, l'indépendance de situation, qu'il redoutait chez certains hommes d'État; il était trop fin, d'ailleurs, pour n'avoir pas deviné que ce paysan du Danube cachait, sous sa brusquerie souvent boudeuse, un courtisan plus maniable que beaucoup d'autres [1]. Aussi n'attacha-t-il pas tout d'abord grande importance aux objections par lesquelles M. Dupin répondit à ses offres; quelques cajoleries royales, pensait-il, auraient facilement raison de ces résistances. C'est sans doute ce qui serait arrivé, s'il ne se fût agi que de scrupules de principes. Mais M. Dupin avait d'autres raisons de se dérober. Il redoutait le pouvoir, non par modestie ou désintéressement, mais par calcul : égoïsme avisé et subalterne, quelque peu analogue à celui de Béranger. Les pourparlers se prolongèrent pendant plusieurs semaines : le Roi n'obtenait rien; cette coquette en souliers ferrés lui glissait entre les mains. Pour se défendre contre des instances trop pressantes, M. Dupin finit même par émettre des exigences de nature à surprendre son royal interlocuteur : éloignement de M. de Montalivet et du général Sébastiani; constitution de la présidence du Conseil dans les conditions où elle fonctionnait avec Périer. Ce dernier trait surtout atteignait Louis-Philippe au point le plus sensible. Renommer un président du Conseil; il s'y résignait; mais il

---

[1] « C'est, a écrit M. de Cormenin, une espèce de paysan du Danube qui a chaussé les talons rouges..... Il est gauche à la cour et malappris. Il y offense, par ses lazzi, de princières susceptibilités. Les excursions de sa faconde importunent. Mais on ne l'empêche pas de courir à travers plaine, parce qu'on sait qu'il revient au gîte et se laisse prendre facilement par les deux oreilles. Dupin est le plus rustre des courtisans et le plus courtisan des rustres. Il ne faut pas s'y tromper : les courtisans de cette espèce ne sont pas les moins maniables. Le dessus de l'écorce est rude au toucher, mais le dessous en est lisse. » (*Livre des orateurs*, t. II, p. 85.)

se refusait à laisser établir en règle l'effacement, auquel il avait momentanément consenti, par égard pour un ministre nécessaire. Il déclara, non sans vivacité, « qu'il n'entendait pas se mettre de nouveau en tutelle, en nommant un vice-roi », et le fit avec « tant de volubilité », raconte M. Dupin, qu'il n'y eut moyen de lui rien objecter [1]. Vainement, après cette explosion, le Roi en revint-il aux caresses; vainement, de son côté, l'avocat, après ses fugues maussades, se laissa-t-il rappeler, il fallut bien finir par reconnaître qu'on ne pouvait s'entendre.

En réalité, d'ailleurs, le désaccord était plus profond encore et portait sur la direction même de la politique. Depuis la mort de Périer, M. Dupin cherchait visiblement à se détacher ou, tout au moins, à se distinguer des autres conservateurs, en compagnie desquels il avait défendu le ministère du 13 mars. On eût dit qu'il tâtonnait pour trouver, entre eux et la gauche, une situation intermédiaire. Trop précautionné pour se laisser lier définitivement à un système et surtout à un parti, mobile d'esprit et peu dévoué de caractère, il aimait, après s'être un instant compromis, à reprendre brusquement son indépendance, fût-ce par des inconséquences et des infidélités. On avait remarqué que, procureur général près la Cour de cassation, il s'était gardé de conclure dans l'affaire de l'état de siége, qu'il avait passé la parole à un de ses avocats généraux et s'était, dans ses conversations, prononcé contre la thèse du gouvernement. Il affectait de répéter qu'il n'approuvait pas tout ce qui avait été fait par les conservateurs. Tout cela, sans doute, était encore un peu vague et incertain. Le propre de M. Dupin était de n'avoir ni vues, ni doctrines fixes. Comme l'écrivait alors Carrel, il était « le type le plus parfait de ces gens mécontents de tout, ne sachant ni ce qu'ils sont, ni ce qu'ils veulent ». Et l'écrivain du *National* ajoutait : « Avocat d'un talent de parole très-distingué, il a été lancé, par sa réputation de barreau, à une hauteur parlementaire où les principes arrêtés lui seraient fort nécessaires, et il n'en a pas plus que

---

[1] *Mémoires de M. Dupin*, t. II, p. 441.

d'études politiques[1]. » Ce qu'il y avait de plus net, dans ce nouvel état d'esprit de M. Dupin, était l'animosité qu'il témoignait contre les doctrinaires. Était-ce antipathie contre leurs personnes, opposition contre leurs doctrines, jalousie de leur talent, peur de partager leur impopularité[2]? Naturellement il ne manquait pas de gens, sur les frontières de la gauche et du centre, pour exploiter et envenimer cette animosité. Le *Constitutionnel* et le *Temps* associaient chaque jour l'éloge de M. Dupin à des attaques acharnées contre M. Guizot et ses amis. Dans le monde où s'inspiraient ces journaux, on caressait une combinaison qui eût séparé M. Dupin du parti de la résistance pour le rapprocher graduellement de la gauche. D'ailleurs, près du trône, parmi les habitués du château et jusque dans la famille royale, quelques-uns disaient assez haut qu'il fallait se relâcher de la rigueur militante de Périer, pour rallier la partie modérée de l'opposition : c'était ce qu'on appelait « faire fléchir le système du 13 mars ». Mais plus cette idée se trahissait, plus elle mettait en éveil la sagesse du Roi. Si celui-ci avait pu préférer M. Dupin à tels autres conservateurs, cette préférence n'allait pas jusqu'à lui faire rien sacrifier de la politique de résistance. Le maintien de cette politique était, à ses yeux, un intérêt supérieur à toutes ses commodités personnelles. Aussi ne tarda-t-il pas à montrer clairement qu'il ne se prêterait à aucune déviation, et ce fut l'une des raisons qui mirent fin aux négociations entamées avec M. Dupin[3].

---

[1] Article du 25 décembre 1832.

[2] Où trouver d'ailleurs des natures plus dissemblables que celles de M. Guizot et de M. Dupin? Pour se rendre compte de cette dissemblance, il suffit de comparer les Mémoires des deux hommes. On connaît ceux de M. Guizot, moins confidences personnelles qu'histoire générale, regardée et racontée de haut. Les Mémoires de M. Dupin, plats et insipides, sans une vue large et élevée, ne sont en réalité qu'une série de petites notes, classées dans l'ordre chronologique, toutes rédigées au point de vue le plus mesquinement personnel, et coupées par les citations, soigneusement colligées, des articles de journaux où l'on avait fait l'éloge des discours et même des raouts de l'auteur.

[3] Quelques semaines plus tard, M. Thiers, racontant ces pourparlers ministériels, écrivait au général Bugeaud : « Le Roi avait songé non à moi, non à M. Guizot, mais à M. Dupin seul. M. Dupin a voulu être chef absolu, faire et défaire à sa volonté, et surtout s'allier à la gauche, sous prétexte de transiger

Cette combinaison ainsi écartée, Louis-Philippe se décida enfin à prendre franchement le seul parti possible : c'était de faire un ministère vraiment nouveau, un ministère de coalition conservatrice, et il chargea le maréchal Soult de le former. Le choix n'était pas sans habileté. Le renom militaire du personnage, son importance personnelle donnaient satisfaction à ceux qui réclamaient un président du Conseil réel. D'autre part, sans engagement avec les partis parlementaires, sans expérience du détail des affaires autres que celles de l'armée, le maréchal n'apportait pas au pouvoir des opinions et des desseins assez arrêtés, pour que Louis-Philippe pût craindre de le voir tout attirer, absorber, dominer, aux dépens de l'initiative royale. Bien qu'il eût été membre du ministère Périer et engagé dans le système du 13 mars, on ne lui connaissait pas d'opinions personnelles bien déterminées. M. Guizot, qui avait été plusieurs fois son collègue, a dit de lui finement : « Il n'avait, en politique, point d'idées arrêtées, ni de parti pris, ni d'alliés permanents. Je dirai plus : à raison de sa profession, de son rang, de sa gloire militaire, il se tenait pour dispensé d'en avoir; il faisait de la politique comme il avait fait la guerre, au service de l'État et du chef de l'État, selon leurs intérêts et leurs desseins du moment, sans se croire obligé à rien de plus qu'à réussir, pour leur compte en même temps que pour le sien propre, et toujours prêt à changer au besoin, sans le moindre embarras, d'attitude ou d'alliés [1]. » Cette disposition d'esprit donnait une importance particulière au choix des collègues du maréchal. Son avénement ne devait et ne pouvait avoir toute sa portée que s'il se présentait flanqué des chefs de la majorité conservatrice.

Ces chefs, chacun les nommait; on les avait vus à l'œuvre sous Périer : c'étaient, avec M. Dupin, MM. Guizot et Thiers. Aucune difficulté pour l'entrée de ce dernier. Sa fortune était encore trop récente et son origine trop humble, pour porter ombrage soit au Parlement, soit au Roi. Il était demeuré par-

avec ses chefs les plus modérés. » (Cité par M. D'IDEVILLE, dans son livre sur le *Maréchal Bugeaud*.)

[1] GUIZOT, *Mémoires*, t. II, p. 359-60.

tisan très-résolu de la résistance, et M. Guizot pouvait écrire au duc de Broglie : « J'ai vu Thiers, qui est revenu dans d'excellentes dispositions, nullement troublé des charivaris de Marseille, et fort éclairé par ses conversations avec tous les étrangers qu'il a vus à Rome [1]. » Les choses allaient moins facilement pour M. Guizot. Son impopularité, que nous avons déjà signalée sous le ministère du 13 mars, semblait s'accroître à mesure que sa rentrée au pouvoir était plus indiquée et plus urgente [2]. Son patriotisme était cependant trop alarmé, et aussi son ambition trop en éveil, pour qu'il se laissât facilement exclure du gouvernement; voyant le péril public, estimant son heure venue, il avait soif d'agir. Mais Louis-Philippe hésitait à braver les préventions que ce nom soulevait. Peut-être, à cette époque, les partageait-il dans une certaine mesure. Que faire alors? Car il n'avait pas l'illusion que M. Thiers seul suffît, et qu'il y eût moyen de faire un ministère de résistance en excluant les doctrinaires qui étaient, après tout, les plus capables et les plus fermes des conservateurs. Ne pourrait-on donc pas avoir ceux-ci, tout en évitant M. Guizot? De là vint l'idée d'offrir un portefeuille à un autre éminent doctrinaire, au duc de Broglie, qui, retiré jusqu'alors dans l'enceinte un peu silencieuse de la Chambre des pairs, avait attiré sur lui moins d'inimitiés. Nous l'avions déjà entrevu, au second rang et dans une ombre volontaire, parmi les membres du ministère de l'avénement. Appelé maintenant à un rôle plus considérable, il mérite de fixer davantage notre attention.

[1] Lettre du 28 mai 1832. (*Papiers inédits*.)
[2] M. de Barante, vers cette époque, écrivait de Turin à M. Guizot : « Vous avez contre vous cette fièvre d'égalité et d'envie, maladie endémique après nos révolutions. La Chambre m'en paraît envahie comme le public. Les succès qu'elle-même accorde sont presque un titre à sa malveillance... Vous êtes en butte à de violentes préventions populaires. Après les révolutions, il se manifeste, dans notre pays de vanité, une horreur des supériorités qui n'a plus d'aliment qu'en s'attaquant aux supériorités de l'esprit. » (Lettres du 8 et 19 octobre 1832.)

II

Parmi les hommes de 1830, le duc de Broglie représentait alors très-nettement la politique de résistance. A ses débuts, sous la Restauration, il s'était trouvé plus à gauche. Tout l'y avait porté : le souvenir de son père, ancien compagnon d'armes de La Fayette aux États-Unis, entré assez avant dans le mouvement de 1789, et qui, victime de la Terreur, n'en avait pas moins recommandé, en mourant, à son fils, de rester « fidèle à la révolution française » ; l'influence du second mari de sa mère, le marquis d'Argenson, radical d'extrême gauche, socialiste, conspirateur, sans avoir pu, à son grand regret, cesser complétement d'être gentilhomme; enfin son mariage qui avait fait de lui le gendre de madame de Staël. Mais bientôt, avec cette intelligence curieuse et sincère qui voulait tout examiner par elle-même, et qui, suivant l'expression de M. Sainte-Beuve, « pensait tout droit devant elle », le jeune pair avait découvert, chez ses amis de gauche, « un certain esprit court, étroit et routinier », qui l'inquiéta et le dégoûta; il s'était aperçu qu'on rentrait dans ce qu'il appelait « l'ornière révolutionnaire [1] ». On l'avait vu alors se dégager et s'amender peu à peu : affranchissement bien rare des préjugés d'origine. Toujours libéral, il avait commencé à se montrer plus soucieux des intérêts conservateurs, plus intelligent des nécessités du jour, plus indulgent envers le gouvernement, plus scrupuleux dans son opposition. Sans devenir « légitimiste » soit de sentiment, soit de doctrine, il était arrivé à accepter sérieusement la Restauration avec la Charte [2]. Non-seulement il n'avait pas

---

[1] *Notes biographiques inédites.*

[2] Le duc de Broglie, comme il l'a dit lui-même, « se tenait à distance et hors de portée de la cour, n'ayant nul goût pour cette faveur d'ancien régime dont toute restauration se trouve nécessairement assaisonnée », mais « ne se tenait pas à moindre distance, malgré ses liaisons politiques et domestiques, de tout complot républicain ou bonapartiste ». Et il ajoutait : « Le roi d'Angleterre, Charles Ier,

préparé la révolution de Juillet, mais il ne l'avait pas désirée, et l'avait même redoutée [1].

L'événement arrivé malgré lui, le duc de Broglie se montra sympathique au régime nouveau qui amenait au pouvoir tous ses amis, concourut à faire sortir une monarchie de la révolution, et surtout s'appliqua, dès la première heure, à mettre cette monarchie en garde contre les périls de son origine. Membre du ministère de l'avénement, où il s'était modestement contenté du portefeuille de l'instruction publique et des cultes, il s'y prononça, avec M. Guizot, contre les défaillances ou les complaisances révolutionnaires. Le spectacle du ministère Laffitte ne fit que le confirmer dans sa résistance, et Casimir Périer trouva en lui un adhérent très-résolu. Moins mêlé que ses amis de la Chambre basse à la bataille de chaque jour, il ne perdait néanmoins, dans la Chambre des pairs, aucune occasion de marquer son attitude : ainsi ne craignit-il pas de combattre la loi portant abolition du deuil du 21 janvier, au risque de se faire traiter de « carliste », reproche alors le plus difficile à affronter. Une telle conduite ne le rendait pas populaire. Plaire à la foule était peu dans sa nature et dans ses goûts : trop peu même, pour un homme politique. On l'eût dit plus soigneux de restreindre que d'étendre le cercle de ceux auxquels il s'adressait et dont il recherchait l'estime. En tout, il regardait les idées plus que les hommes, et, parmi ceux-ci, il ne voyait qu'une petite élite. Il tenait les autres à distance par une allure sévère, un peu roide, qui venait du reste plus encore d'une sorte de gaucherie que d'un défaut de bienveillance; ceux qui l'ont approché ont témoigné de ce qu'il cachait de bonté, de tendresse, derrière cette froideur qu'on

---

écrivait, dit-on, à la reine Henriette-Marie qu'il ne lui avait jamais été infidèle même en pensée; autant en aurais-je pu dire aux Bourbons de la branche aînée, mais sous condition, bien entendu, qu'entre nous la fidélité serait réciproque. » (*Notes biographiques inédites.*)

[1] « Suivant de l'œil le cours précipité des événements, je ne me livrais pas aussi volontiers que bien d'autres à la perspective qui semblait s'ouvrir. La nécessité de traverser un état de transition révolutionnaire, et l'incertitude du résultat définitif, m'inspiraient plus de répugnance et d'anxiété que n'avait pour moi d'attrait l'espérance d'un état meilleur. » (*Ibid.*)

pouvait prendre pour de l'indifférence ou du dédain. En tout cas, sa haute probité politique et la dignité de son caractère en imposaient à tous, même à ceux qui s'écartaient le plus de lui, et l'on a pu dire qu'il était « universellement respecté ».

Le duc de Broglie n'avait pas moins d'éloignement pour le pouvoir que M. Dupin; mais ses motifs étaient tout autres : au lieu d'un égoïsme circonspect et terre à terre, c'était un mélange assez original de modestie et de fierté. Cette modestie ne lui permettait pas de se faire illusion sur ce qui lui manquait pour l'action, et il était le premier à en convenir : « Je me croyais, a-t-il écrit, peu propre au maniement des hommes, et en cela je ne me trompais pas [1]. » Une sorte de timidité facilement embarrassée lui faisait redouter d'être mis en avant. Ses amis remarquaient la gêne qu'il éprouvait parfois à entrer en relation avec les personnes qui ne lui étaient pas familières, et la facilité avec laquelle il rougissait, quand, dans la conversation, il se trouvait avoir exprimé avec force son opinion [2]. En même temps, sa fierté lui faisait chercher ailleurs que dans les satisfactions vulgaires de l'ambition le but de sa vie. Il déclarait « n'avoir aucun goût pour la carrière d'ambition ». Son âme délicate était facilement froissée et dégoûtée de ce qu'il y a trop souvent d'un peu impur dans toute action politique. Principalement soucieux de l'honneur de son nom, il redoutait à l'extrême tout ce qui pouvait le compromettre. Il avait cet orgueil fondé de se croire assez haut par sa naissance et par sa valeur propre, pour qu'un titre et une fonction n'ajoutassent rien à son importance. La politique n'était pas pour lui, comme pour beaucoup, un moyen de parvenir; c'était l'occupation naturelle de son rang, la préoccupation nécessaire de son patriotisme. De même pour les lettres : on eût difficilement trouvé un esprit aussi cultivé, se portant avec autant d'ardeur dans toutes les régions où se développait l'intelligence humaine, philosophie, littérature, histoire, droit, économie

---

[1] *Notes biographiques inédites.*
[2] *Life, Letters and Journals of George Ticknor.*

sociale; mais, en lui, pas plus de l'écrivain de profession que du « politicien »; aucun besoin de production, et surtout de publicité; il écrivait pour lui, pour se rendre compte des questions, pour les scruter jusqu'au fond et s'élever jusqu'à leur sommet. Cette existence d'un citoyen s'intéressant et participant aux affaires de son pays, goûtant et approfondissant toutes les choses de l'intelligence, sans se laisser absorber étroitement par aucune, lui plaisait et lui suffisait. Ajoutez les jouissances d'un intérieur orné et charmé par une femme éminente dont tous ceux qui l'ont approchée ont gardé un souvenir ineffaçable [1]; ajoutez les distractions d'un salon devenu le centre d'une société d'élite que la publication des lettres de M. Doudan a permis aux profanes d'entrevoir, et alors vous comprendrez qu'un tel homme ne fût pas empressé d'être nommé ministre.

Mais, pour vaincre ses répugnances, le duc de Broglie avait, plus que M. Dupin, le patriotisme généreux, l'esprit de devoir et de sacrifice. Ce qu'on lui eût offert comme un honneur, il l'eût obstinément repoussé; il ne pouvait refuser ce qu'on lui imposait comme une charge et un péril, ce qu'on lui demandait comme un service à son pays malade. Voilà pourquoi, au moment même où M. Dupin se dérobait, le duc de Broglie, faisant violence à ses goûts, se montrait prêt à accepter un portefeuille. Seulement il posa tout de suite ses conditions, dont la première bouleversait toute la combinaison du Roi : il

---

[1] Citons, par exemple, le beau portrait qu'en trace M. Guizot dans sa notice sur le duc de Broglie : « Née dans l'ardent foyer de la vie et de la société de madame de Staël, sa fille en avait gardé la flamme, en l'unissant à la lumière céleste, et elle en était sortie comme un beau métal sort de la fournaise, aussi pur que brillant, et fait pour les plus saintes comme pour les plus éclatantes destinations. La beauté de sa figure était l'image de son âme noble et franche, digne avec abandon, fière sans dédain, expansive et bonne jusqu'à la sympathie, pleine de grâce comme de liberté dans les mouvements de sa personne comme de son esprit, rarement en repos, jamais en trouble intérieur : créature du premier rang dans l'ordre intellectuel comme dans l'ordre moral, et en qui le don de plaire était le moindre de ceux qu'elle avait reçus de Dieu. Le duc de Broglie avait raison de porter à sa femme une affection si profonde et mêlée d'un tel respect qu'aucune parole ne le satisfaisait pour parler d'elle. Je suis tenté d'éprouver le même sentiment. »

se refusa à entrer sans M. Guizot. Vainement insista-t-on auprès de lui, il fut inébranlable ; si bien que, pendant quelques jours, les négociations parurent rompues.

III

Il fallait en finir. L'opinion s'impatientait de ces retards et de ces hésitations. M. Dupin, interrogé de nouveau, repoussa toute ouverture avec aigreur, aussi mécontent qu'on vînt le relancer que jaloux des offres faites aux autres. Dès lors, il ne restait que les doctrinaires. Les plus fidèles partisans de la monarchie se plaignaient de l'exclusion qu'on faisait peser sur cette fraction des conservateurs. « La coalition de tous les talents », disait le *Journal des Débats*, est nécessaire pour « combler le vide » produit par la mort de Périer, et il ajoutait ces graves avertissements : « C'est à grand'peine que, depuis juillet 1830, les vrais amis de la révolution ont résisté au torrent qui menaçait de tout engloutir. Le danger a été plutôt évité que conjuré, le mal, suspendu plutôt que guéri ; la désorganisation est encore à nos portes... Ayez peur de l'opposition : ménagez-la ; désavouez un seul de vos antécédents ; séparez-vous d'un seul de vos amis : vous lui rendez des chances [1]. » M. Thiers lui-même ne croyait pas qu'on pût rien faire sans les doctrinaires : « Il fallait des forces, écrivait-il, et où les prendre, quand Dupin refusait?... En conscience, où trouver des hommes plus capables, plus honorables, plus dignes de la liberté, que MM. de Broglie, Guizot et Humann ? Ne faut-il pas un infâme génie de calomnie pour trouver à dire contre des hommes pareils [2] ? » Et cependant Louis-Philippe redoutait toujours de prendre un ministre trop impopulaire. Dans cet embarras, une transaction fut proposée, à laquelle le Roi se rallia : elle consistait à offrir à M. Guizot, non le ministère de l'Intérieur qu'il

---

[1] *Journal des Débats* du 22 septembre 1832.
[2] Lettre au général Bugeaud, du 12 octobre 1832.

avait déjà occupé dans le cabinet du 11 août, mais le ministère de l'Instruction publique qui était moins en vue, moins politique, et pour lequel l'ancien professeur de la Sorbonne était, comme il le disait, « une spécialité ». M. Guizot eut l'esprit de ne pas élever d'objection d'amour-propre. D'une part, il savait avoir beaucoup à faire dans ce département ; d'autre part, il comptait sur son talent de parole pour jouer, quand même, un grand rôle dans le Parlement et, par suite, tenir une grande place dans le cabinet.

Cette difficulté résolue, la constitution du ministère devint aussitôt facile. Les ordonnances de nomination furent signées le 11 octobre. Le cabinet était ainsi composé : présidence du Conseil et ministère de la Guerre, le maréchal Soult ; Affaires étrangères, le duc de Broglie ; Intérieur, M. Thiers ; Finances, M. Humann ; Instruction publique, M. Guizot. MM. Barthe, d'Argout et de Rigny conservèrent les portefeuilles de la Justice, du Commerce et de la Marine.

Telle fut, quatre mois après les premières négociations entamées avec M. Dupin, l'issue de cette crise laborieuse. Ce résultat, imprévu pour plusieurs, imposé par la force des choses plus encore que par la volonté des hommes, était certainement ce qu'on pouvait alors attendre de mieux. Ce cabinet était même d'un niveau intellectuel supérieur à celui de Périer. A voir ce brillant triumvirat, Broglie, Guizot et Thiers, ces spécialités éminentes telles que Soult et Humann, on pouvait, reprenant une expression d'origine anglaise, saluer ce ministère comme « le ministère de tous les talents ». Sans doute cette richesse était obtenue aux dépens de l'uniformité, et même un peu de l'homogénéité. Que d'origines, de doctrines, de tendances, d'habitudes d'esprit et de vie, différentes et presque opposées ! Les ministres eux-mêmes en avaient conscience et prenaient de part et d'autre leurs précautions. Mais, pour le moment, unis par la crainte du péril et la nécessité de l'action commune, d'accord sur cette action, ils avaient réciproquement confiance, sinon dans toutes les idées, du moins dans le talent de leurs collègues et dans la puissance qui résultait de leur union. N'étaient-ce pas précisément les hommes qui, derrière Casimir Périer, s'étaient déjà habitués à combattre côte à côte? M. Dupin seul manquait, et ce n'était pas la faute du Roi. Dès le lendemain de la formation du cabinet, le duc de Broglie écrivait à M. de Talleyrand, pour en bien marquer le caractère : « Le ministère actuel est composé pour moitié des collègues de M. Périer, pour moitié de ceux de ses amis politiques qui, plus compromis encore que lui-même dans la cause de l'ordre et de la paix, avaient été réservés par lui pour des temps meilleurs [1]. » Continuer Casimir Périer, tel était en effet le mot d'ordre. C'était ce grand nom qu'on invoquait, et sous lequel on s'abritait. Dans une circulaire adressée à tous les hauts fonctionnaires, le maréchal Soult s'exprimait ainsi : « Le système adopté par mon illustre prédécesseur sera le mien ; c'est le vrai système national. » Et le *Journal des Débats* disait, de son côté : « Le ministère actuel continuera la pensée et l'ouvrage de M. Casimir Périer [2]. »

IV

A voir l'accueil que lui firent les journaux, on n'eût pas promis longue vie au nouveau cabinet. Sauf le *Journal des Débats*, tous se montraient violemment hostiles, depuis le *National* et la *Tribune* jusqu'au *Constitutionnel*, en passant par le *Temps*, le *Courrier français*, le *Journal du Commerce*. « Non, mille fois non, s'écriait le *Constitutionnel*, ce n'est pas l'opposition seule, c'est la France entière qui pousse ce cri : Arrière ! arrière ! hommes de la Doctrine [3] ! » Le ministère était comparé à celui de M. de Polignac et devait conduire à une semblable catastrophe ; on racontait que Louis-Philippe préparait déjà sa fuite et faisait passer des fonds à l'étranger. Grisés par leur

---

[1] Lettre du 12 octobre 1832. (*Papiers inédits.*)
[2] 15 octobre 1832.
[3] 6 novembre 1832.

propre tapage, les opposants finissaient par se croire sûrs d'une prochaine victoire. Par contre, les amis du cabinet, assourdis, quelque peu intimidés, se demandaient avec inquiétude ce qui allait se passer à la rentrée des Chambres [1]. Ne savaient-ils pas combien était encore peu consistante la majorité de combat que Périer avait rassemblée et entraînée, pour ainsi dire, à la force du poignet? La situation pouvait donc devenir périlleuse. Les ministres comprirent qu'il leur fallait, dans les quatre ou cinq semaines qui les séparaient du 19 novembre, date indiquée pour l'ouverture de la session, accomplir au dedans ou au dehors quelque acte qui en imposât à l'opinion.

La question belge offrait précisément une occasion d'agir. On a vu comment, depuis quelques mois, elle semblait arrêtée dans une sorte d'impasse. Peu de jours avant la formation du cabinet, le 1er octobre, la France, appuyée par l'Angleterre, avait proposé à la Conférence de Londres des mesures coercitives pour imposer à la Hollande l'exécution du traité du 15 novembre 1831; les autres puissances avaient élevé des objections, et la Conférence, définitivement impuissante, s'était séparée, chaque État restant désormais juge de ce qu'il avait à faire comme signataire de ce traité. Force était au nouveau cabinet de se prononcer. Laisser les choses plus longtemps en suspens, c'était risquer l'avenir de la Belgique, irriter l'opinion en France, et fournir à l'opposition un redoutable terrain d'attaque. Mais recourir à la force, sans et malgré les autres puissances, c'était une opération difficile, périlleuse, exigeant ce rare mélange d'autorité et de prudence, d'audace, de sang-froid et de mesure, qui avait marqué la politique extérieure de Périer. Le duc de Broglie n'hésita pas un instant. A peine au pouvoir, il avertit les autres puissances, sans se laisser intimider par leur mauvaise humeur, de son intention d'agir; en

---

[1] Le 11 octobre, jour même de la formation du ministère, l'ordonnance de convocation avait été publiée. A la même date, une autre ordonnance avait créé d'un coup soixante pairs. Une telle « fournée » n'était pas faite pour augmenter beaucoup l'autorité de la Chambre haute : mais c'était la conséquence nécessaire de la révolution qui avait dépeuplé cette Chambre et en avait arrêté le recrutement héréditaire.

même temps, il fit d'instantes démarches pour obtenir le concours indispensable de l'Angleterre. M. de Talleyrand, notre ambassadeur à Londres, mena cette négociation avec autant d'habileté que de vigueur, et, dès le 22 octobre, triomphant des hésitations méfiantes de lord Palmerston, il signait avec lui une convention réglant les conditions d'une action commune de la France et l'Angleterre, à l'effet de contraindre la Hollande à l'exécution du traité du 15 novembre 1831. Parmi les moyens prévus de coercition, figuraient d'abord des mesures maritimes, telles que blocus et embargos, et ensuite — ce qui était pour nous le point capital — une expédition française contre la citadelle d'Anvers qui faisait partie du territoire attribué par la Conférence à la Belgique, et que l'armée hollandaise se refusait à évacuer.

Le duc de Broglie n'avait pas caché de quel intérêt parlementaire il était, pour le ministère français, d'agir, et d'agir tout de suite. Dès le 11 octobre, le jour même où il prenait possession du ministère, il écrivait à M. de Talleyrand : « Il dépend de l'Europe, et surtout de l'Angleterre, de consolider ce cabinet et de mettre un terme par là aux dangers que la victoire du parti contraire entraînerait, dangers dont l'Europe aurait assurément sa bonne part. Nous allons combattre pour la cause de la civilisation ; c'est à la civilisation de nous aider ; c'est à vous, mon prince, de lui dire ce qu'il faut faire pour que nous ouvrions la session avec éclat. » Le lendemain, il revenait avec insistance sur la même idée : « Que l'Angleterre nous voie, sans en prendre alarme, enlever la citadelle d'Anvers aux Hollandais... Si la session prochaine s'ouvre sous de tels auspices, soyez certains d'un triomphe éclatant. S'il nous faut, au contraire, défendre de nouveau à la tribune les délais, les remises, les procrastinations de la diplomatie, notre position sera très-périlleuse. » Il ajoutait encore, le 18 octobre : « Notre sort dépend de nos œuvres d'ici à la session, et, de toutes les œuvres, la véritable, la seule qui préoccupe l'opinion, c'est l'expédition d'Anvers [1]. » Ce fut, en somme, cette considération du

---

[1] *Papiers inédits.*

péril couru par le ministère français, qui détermina le gouvernement de Londres à céder. Nous avons, sur ce point, le témoignage du roi Léopold, bien mis au courant des choses d'outre-Manche par son ami Stockmar : « Le ministère Broglie, écrivait-il un peu plus tard à M. Goblet, était mort sans Anvers, et le ministère anglais a jugé plus sage de laisser faire que d'avoir un ministère de l'extrême gauche qui menait à la guerre générale [1]. »

La nouvelle de la convention du 22 octobre produisit un vif mécontentement chez les trois puissances continentales. A Vienne, M. de Metternich dogmatisa sur ce qui lui paraissait être une violation du droit des gens, s'épancha en sombres prédictions [2] et surtout en gémissements rétrospectifs, maudit le jour où s'était soulevée cette malheureuse affaire de la Belgique et où il s'était laissé attacher au « détestable char » de la Conférence [3]; mais, comme mesures effectives, il se borna à prêcher une union plus étroite des « trois cours » en face de l'alliance anglo-française [4]. La Russie protesta avec irritation et reprit diplomatiquement tout ce qu'elle avait cédé à la Conférence. Mais, à Saint-Pétersbourg comme à Vienne, on estimait qu'en cette affaire le premier rôle et l'initiative appartenaient à Berlin. Dans le monde militaire prussien, l'émotion fut extrême. On n'y pouvait supporter qu'une armée française parût et agît si près du Rhin. Le roi Frédéric-Guillaume, bien que plus pacifique que son entourage, dut ordonner la réunion de deux corps d'armée, l'un sur la frontière belge, l'autre sur le Rhin; sorte de menace à laquelle nous répondîmes aussitôt en formant, derrière l'armée destinée à opérer en Belgique, un corps d'observation massé dans les environs de Metz.

---

[1] Cité par M. HILLEBRAND, *Geschichte Frankreichs*, 1830-1870, t. I, p. 509.

[2] « On a vu, disait M. de Metternich dans une de ses dépêches, l'Europe entière mise en feu par suite d'une excitation bien moindre que celle qui sera nécessairement produite par celle d'Anvers. » (*Mémoires*, t. V, p. 298.)

[3] *Ibid.*, p. 398, 408. Le chancelier d'Autriche en venait à regretter ouvertement que la Prusse n'eût pas étouffé l'insurrection belge dès le début, fût-ce au prix d'une guerre avec la France. (*Ibid.*, p. 411, 412.)

[4] *Ibid.*, p. 400, 401.

La correspondance du duc de Broglie et de ses ambassadeurs, à cette époque, trahit l'anxiété d'une grosse partie où se jouait la paix de l'Europe. M. de Talleyrand lui-même déclarait en avoir perdu le sommeil. Toutefois, ni lui, ni le ministre ne se laissèrent un instant détourner de leur dessein. Ils avaient mesuré d'avance, avec sang-froid, jusqu'où ils pouvaient aller, sans rencontrer autre chose que de la mauvaise humeur. Le 1er novembre 1832, M. de Talleyrand écrivait au duc de Broglie, dans une lettre confidentielle : « Je n'ai pas cru devoir vous parler, dans ma dépêche, des bruits de coalition entre les trois puissances, répandus par quelques journaux français et allemands. Nous n'avons pas à nous inquiéter de pareils projets. L'union de la France et de l'Angleterre arrête tout, et, d'ailleurs, les dispositions certaines des cabinets de Berlin et de Vienne indiquent plutôt de la crainte que l'esprit d'entreprise. » Et il ajoutait dans un *post-scriptum* : « Laissez-moi vous recommander de faire plutôt trop que pas assez pour la grande entreprise actuelle : songez bien qu'il vous faut un succès [1]. » Le gouvernement avait devancé ce dernier conseil. Dès le premier jour, il avait poussé activement ses préparatifs militaires et réuni, sur sa frontière du Nord, une armée considérable, bien pourvue, sous le commandement du maréchal Gérard.

Le 2 novembre, au terme extrême fixé par la convention, la Hollande n'ayant pas cédé, les premières exécutions maritimes furent ordonnées par la France et l'Angleterre. Restait l'action principale : l'expédition française contre Anvers. Le Roi des Belges la demanda, le 9 novembre. Toutes les conditions prévues par la convention étaient dès lors remplies, et cependant l'Angleterre, retenue par ses propres méfiances et par les efforts des autres puissances, hésitait à donner son assentiment. Vainement le cabinet de Paris la pressait-il, vainement lui offrait-il toutes les garanties, elle répondait toujours d'une façon dilatoire. On ne pouvait cependant retarder davantage. L'opinion était de plus en plus agitée. Le jour de la réunion des Cham-

---

[1] *Papiers inédits.*

bres approchait. Le maréchal Gérard s'impatientait, déclarant que bientôt la mauvaise saison rendrait l'opération à peu près impossible. Le 14 novembre, les ministres, réunis sous la présidence du Roi, délibérèrent s'il convenait de passer outre aux hésitations de l'Angleterre. Les dispositions de l'Europe donnaient à cette question une particulière gravité. Le duc de Broglie et M. Thiers opinèrent résolûment pour qu'on allât de l'avant, sans attendre plus longtemps une approbation si lente à venir. « Eh bien ! messieurs, conclut le Roi, entrons en Belgique. » Les ordres furent aussitôt envoyés au maréchal Gérard. C'était procéder à la Périer. L'assentiment du cabinet de Londres, dont on s'était passé, arriva dans la nuit suivante.

Notre armée, qui ne comptait pas moins de soixante-dix mille hommes, et avait à son avant-garde les deux fils aînés du Roi, franchit rapidement et allègrement la frontière. Le 19 novembre, jour même fixé pour l'ouverture des Chambres, elle se déployait devant la citadelle d'Anvers, et les opérations du siége commençaient aussitôt avec vigueur.

V

En même temps que l'expédition d'Anvers, le ministère en entreprenait une autre à l'intérieur, toute différente, où la police remplaçait l'armée, mais qui ne devait pas être d'un effet moins décisif sur l'opinion d'alors. On avait beaucoup reproché au cabinet précédent de n'avoir pas pu ou pas voulu découvrir la cachette de la duchesse de Berry. Son séjour prolongé dans l'Ouest était une cause d'agitation permanente, et pouvait même devenir un embarras sérieux, au moment où l'on s'apprêtait à tirer le canon sur l'Escaut. Ce qui avait été saisi de la correspondance de la princesse prouvait qu'elle entretenait des négociations avec le roi de Hollande et qu'elle fondait tous ses calculs sur les complications européennes qui pouvaient se produire de ce côté. Ces considérations, jointes à la pression chaque jour plus vive de l'opinion, donnèrent au ministère le sentiment qu'il fallait à tout prix en finir. M. Thiers se chargea spécialement de cette entreprise. Dans ce dessein, il s'était fait donner le ministère de l'intérieur, réduit aux attributions de police; les services administratifs furent transférés au ministère du commerce et des travaux publics. Il se réservait de faire tout lui-même et lui seul, sans être obligé de tenir ses collègues au courant. Parvenu de la veille, cette besogne policière amusait sa curiosité, sans exciter chez lui les répugnances qu'eût ressenties un homme d'éducation plus achevée et plus délicate[1]. Son animosité contre les Bourbons y trouvait d'ailleurs son compte. Et puis, s'il s'était associé à M. Guizot et au duc de Broglie, sans trop se troubler de les entendre traiter d'hommes de la Restauration, il n'était pas fâché cependant de les compromettre par un acte qui fût une rupture éclatante avec la vieille monarchie, un gage décisif donné à la révolution. Quelques jours plus tard, l'arrestation faite, M. Thiers s'en servait à la tribune, comme d'une preuve que le ministère n'hésitait pas à « se séparer de la dynastie déchue », et il demandait à ses adversaires comment il eût pu davantage « se compromettre ». De son côté, le *Journal des Débats* y montrait une marque de « dévouement à la révolution de Juillet[2] ».

M. Thiers choisit des instruments peu nombreux et énergiques. Le mot d'ordre était de se saisir de la princesse par tous les moyens, en évitant les violences contre la personne, en écartant même d'elle toute chance d'accident. « En un mot, écrivait le ministre, nous voulons prendre le duc d'Enghien, mais nous ne voulons pas le fusiller; nous n'avons pas assez de gloire pour cela, et, si nous l'avions, nous ne la souillerions pas. » Au fond même, on désirait plutôt le départ

---

[1] M. Thiers se lassa, du reste, assez vite de ce rôle. « Je ne veux pas, dit-il, être le Fouché de ce régime », et, dès le 31 décembre 1832, il passa au ministère des travaux publics et du commerce. Le ministère de l'intérieur, rentré en possession de ses attributions administratives, fut alors confié à M. d'Argout.

[2] Séance du 29 novembre 1832 et *Journal des Débats* du 14 novembre précédent.

que l'arrestation de la duchesse. Au moment où toutes les mesures étaient prises pour la serrer de près, le Roi, la Reine, les ministres la firent plusieurs fois avertir qu'on était sur sa trace, et que, si elle voulait se retirer volontairement, on l'y aiderait[1]. Mais tout échouait devant cette obstination, qui avait déjà résisté aux instances des royalistes et aux ordres de Charles X. Les premières recherches furent sans succès. Elles se heurtaient à cette fidélité royaliste qui, depuis plusieurs mois, déjouait toutes les ruses de la police. Un traître finit cependant par se trouver; son nom est connu et flétri : il s'appelait Deutz, Juif prétendu converti, qui avait capté la confiance de la duchesse de Berry. Dans un rendez-vous donné la nuit aux Champs-Élysées, — vraie scène de roman, — il fit ses offres à M. Thiers. Celui-ci acheta sans scrupule ce honteux concours. Conduits par Deutz, les agents du ministre pénétrèrent, à Nantes, chez mademoiselle Duguigny, et, après vingt-quatre heures de perquisition, ils finirent par découvrir la princesse dans l'étroite cachette où elle s'était enfermée avec quelques amis. C'était le 7 novembre 1832.

« Croyez-moi », disait la duchesse de Berry au général Dermoncourt, peu après son arrestation, « ils sont plus embarrassés que moi. » C'était vrai. La loi du 10 avril 1832 avait interdit le territoire de la France aux membres de l'ancienne famille royale, mais sans mettre aucune sanction à cette interdiction. Le plus sage eût été de reconduire la duchesse à la frontière. C'était le sentiment du Roi, qui disait, quelques jours après, à M. Guizot : « On ne sait pas quel embarras on encourt en la retenant; les princes sont aussi incommodes en prison qu'en liberté; on conspire pour les délivrer comme pour les suivre, et leur captivité entretient chez leurs partisans plus de passions que n'en soulèverait leur présence. » Tel avait été aussi le dessein premier du gouvernement; il s'en était même ouvert aux cabinets étrangers, au moment où il prévoyait une arrestation

---

[1] Sur ce point les témoignages abondent. Cf. notamment la *Captivité de madame la duchesse de Berry, à Blaye, Journal du docteur Ménière*, t. I, p. 187.

prochaine [1]. Les ministres comprenaient que leur jeu n'était pas de grossir l'affaire et d'allumer les passions; dans la maison où était cachée la duchesse, ils avaient saisi des papiers qui eussent permis d'étendre singulièrement les poursuites; ils n'en firent pas usage, sachant que les gouvernements n'ont pas intérêt à pousser les représailles jusqu'au bout. On raconte que M. Thiers lui-même, le plus animé de tous, ayant invité, quelque temps après, M. Berryer à déjeuner, lui ouvrit un portefeuille contenant les plus compromettants de ces papiers; puis, après l'avoir assuré qu'il en avait gardé le secret pour lui seul, il les jeta au feu devant son convive. Le gouvernement eût sagement agi, en ne se montrant pas plus impitoyable contre la duchesse elle-même. Il ne l'osa pas. Il eut peur de mécontenter l'opinion, vivement excitée par la nouvelle de l'arrestation. La violence des légitimistes, l'insolence impérieuse avec laquelle ils exigeaient une mise en liberté immédiate, n'étaient pas faites pour lui rendre la modération plus facile. Ajoutez que ceux des ministres qui jugeaient utile de compromettre leurs collègues dans le sens de la révolution de Juillet, poussaient à la rigueur. Résolution fut donc prise de ne pas relâcher immédiatement la princesse. Mais ce n'était qu'accroître et prolonger les difficultés. Que faire, en effet, de la prisonnière? L'idée d'une poursuite en justice pour crime de droit commun, bruyamment soutenue par l'opposition de gauche, fut aussitôt écartée comme odieuse et périlleuse. Quelle dynastie eût pu gagner à voir, sous prétexte d'égalité devant la loi, une femme de sang royal rabaissée au rang d'un criminel vulgaire? L'appareil même du procès aurait enflammé encore les passions des deux partis. L'issue n'en pouvait être que funeste : une condamnation fût devenue très-embarrassante, si les esprits excités en avaient exigé la rigoureuse exécution; un acquittement eût été aussitôt

---

[1] M. de Metternich écrivait à son ambassadeur en France, le 30 octobre 1832 : « Tout ce que veut le roi des Français, à l'égard de madame la duchesse de Berry, est d'accord avec ce que doit vouloir l'Empereur..... Il faut la sauver malgré elle, et on ne peut la sauver qu'en la faisant sortir de France. Ce but une fois atteint, elle devra être remise à sa famille. »

interprété comme une condamnation de la royauté de Juillet. La vue de ces périls détermina le gouvernement à faire insérer, dès le 9 novembre, dans le *Moniteur,* une note annonçant « qu'un projet de loi serait présenté aux Chambres, pour statuer relativement à madame la duchesse de Berry ». Seulement ce parti n'était pas, lui aussi, sans de graves inconvénients qui ne tarderont pas à se produire. En attendant, la princesse fut transférée dans la citadelle de Blaye, où elle entra le 17 novembre.

VI

Une fois l'expédition d'Anvers entreprise et la duchesse de Berry arrêtée, le ministère vit arriver, sans alarme, la date du 19 novembre, marquée pour l'ouverture de la session. Ce jour même, un incident se produisit qui augmenta encore ses avantages. Au moment où le Roi, se rendant au Palais-Bourbon, passait sur le pont Royal, un coup de pistolet fut tiré sur lui, sans atteindre personne. C'était le premier de ces attentats qui allaient devenir si fréquents, pendant le règne de Louis-Philippe. Vainement la gauche, profitant des difficultés qu'on rencontrait à découvrir l'assassin [1], insinua-t-elle que c'était un coup de police : l'émotion fut vive, et l'impression du péril révolutionnaire s'en trouva utilement ravivée dans l'esprit des conservateurs.

La première épreuve fut la nomination du bureau de la Chambre. M. Dupin, appuyé par le ministère, l'emporta, pour la présidence, de près de cent voix, sur M. Laffitte, candidat de l'opposition. Dans ce vote, toutefois, l'équivoque était encore possible, M. Dupin étant appuyé par quelques-uns de ceux qui combattaient le plus vivement les doctrinaires [2]. Dans la

---

[1] Après une instruction laborieuse, on poursuivit de ce chef Bergeron, qui fut acquitté.
[2] Le *Constitutionnel* raillait les ministériels qui présentaient M. Dupin comme

nomination des autres membres du bureau et dans l'élection de la commission de l'Adresse, le succès du ministère fut sans contestation possible. Il apparut à tous que la majorité de Casimir Périer se reformait derrière le nouveau cabinet. A gauche, la déception fut vive et le découragement prompt. La Fayette écrivait, le 23 novembre 1832, à l'un de ses amis : « La session s'est ouverte assez tristement pour l'opposition. Plusieurs de nos collègues, même signataires du *Compte rendu*, sont revenus persuadés que nous avions été trop véhéments l'année dernière. Ils se fatiguent de n'avoir pas la majorité. L'opposition n'augmentera donc pas en nombre [1]. »

La discussion de l'Adresse fut longue et passionnée. Mais la gauche, gênée, déroutée par les événements de Belgique et de Nantes, en fut réduite à ressasser ses vieux griefs. Le principal orateur du ministère fut M. Thiers ; M. Guizot était tombé malade, à l'ouverture de la session, fort attristé de se trouver retenu loin d'une bataille où il avait espéré servir ses idées et recueillir de l'honneur. Sur tous les points, la majorité demeura fidèle au ministère ; aucun des amendements de l'opposition ne put passer. Nul doute ne pouvait exister sur le caractère de la politique à laquelle la Chambre donnait ainsi son adhésion. Le discours du trône, rédigé par M. Guizot, avait proclamé la volonté de continuer « le système qu'avait soutenu le ministre habile et courageux dont on déplorait la perte », et il avait montré « combien serait dangereuse toute politique qui ménagerait les passions subversives, au lieu de les réprimer ». Tels étaient aussi les sentiments de la majorité : celle-ci applaudissait, quand, au cours de la discussion, un de ses orateurs, M. Duvergier de Hauranne, s'écriait : « Lasse de tant d'agitations, fatiguée de tant de désordres, la nation demande à se reposer, à l'ombre d'un gou-

---

leur candidat : « M. Dupin ! disait-il, l'orateur bourgeois, l'éloquent plébéien qui ne s'est pas jugé d'assez bonne maison pour entrer dans un cabinet doctrinaire... Et vous avez beau, messieurs les doctrinaires, vous accrocher au pan de son habit, il saura bien le secouer, de manière à vous faire lâcher prise. » (13 novembre 1832.)

[1] *Mémoires de La Fayette*, t. VI, p. 696.

vernement qui contienne et punisse les factions, au lieu de les ménager; qui lutte avec courage contre les mauvaises passions, au lieu de les flatter; qui gouverne, en un mot, au lieu de se laisser gouverner... Et quand le pays nous demande de la force, nous lui donnerions de la faiblesse! Quand il veut que nous élevions la digue, nous l'abaisserions! Quand il nous crie de rester unis et serrés, nous nous diviserions, nous ouvririons nos rangs! Non, cela n'est pas possible, cela n'arrivera pas. Ce que nous étions l'an dernier, nous le sommes encore... »

Au ministère maintenant d'user des forces que l'Adresse lui donnait, pour mener à fin les deux affaires qu'il avait entreprises, au dehors, avec le siége d'Anvers; au dedans, avec l'arrestation de la duchesse de Berry.

VII

Les difficultés de l'expédition d'Anvers n'étaient pas toutes d'ordre militaire, et le gouvernement français n'avait pas seulement affaire aux soldats hollandais. Il avait été convenu que l'armée belge ne prendrait pas part au siége. Sa présence eût ôté à l'opération son caractère d'exécution des décisions prises par la Conférence, et l'eût transformée en guerre entre la Belgique et la Hollande, guerre forcément révolutionnaire et bientôt généralisée [1]. Les Belges se montrèrent fort blessés de cette exclusion. Dans leurs journaux, dans leur parlement, il y eut explosion d'attaques amères, emportées, contre la France, et notre armée eut cette chance singulière, d'être mal reçue par les populations pour lesquelles elle venait verser son sang. Ce n'était pas la première fois que ce petit peuple se conduisait avec nous en véritable enfant gâté. M. de Talleyrand écrivait, à ce propos, au duc de Broglie : « Vous devez comprendre

---

[1] M. Louis Blanc se plaignait précisément que l'expédition eût un caractère « diplomatique » au lieu d'être « révolutionnaire ». (*Histoire de dix ans*, t. III, p. 408.)

maintenant à quel point les Belges sont difficiles à servir. Sébastiani, en hâtant le mariage, les a rendus encore moins maniables. Ils ont fait mon supplice depuis deux ans [1]. » Suivant son habitude, la presse opposante de Paris fit écho aux plaintes et aux invectives venues de Bruxelles. Précisément, elle était alors fort embarrassée de l'attitude à prendre en cette question. Elle avait bien essayé d'inquiéter l'opinion, en dénonçant la témérité aventureuse du ministère : mais cela venait mal après tant de sommations et de défis d'agir, après tant d'accusations de timidité et de faiblesse [2]. Ces journaux trouvèrent plus commode de montrer notre gouvernement maudit par ceux qu'il disait défendre, accusé par eux de les sacrifier à la diplomatie de la Sainte-Alliance. Tout ce tapage néanmoins ne parvint pas à faire dévier de sa ligne le ministère français. Il imposa avec fermeté à ses protégés l'exécution des conditions convenues, assura le ravitaillement de ses troupes, que la malveillance des Belges avait un moment compromis, et s'occupa surtout de mener rapidement le siége, se fiant au temps pour avoir raison de l'ingratitude des uns et de la mauvaise foi des autres. Les opérations furent habilement conduites. Malgré la résistance courageuse des Hollandais, malgré les difficultés de la saison, malgré les limites parfois gênantes que la prudence diplomatique imposait à notre action, malgré les pronostics contraires de plus d'un spectateur, notamment de Wellington, la garnison fut bientôt à bout de forces, et, le 23 décembre, son commandant signait une capitulation.

Le but atteint, il fallait se presser de mettre fin à une situation qui n'eût pu se prolonger sans péril. Quatre cent mille soldats, français, hollandais, belges, prussiens, étaient réunis en effet dans ce petit coin de l'Europe, et le moindre accident eût amené un choc. Aussitôt donc, fidèle à ses engagements, sans se laisser entraîner par le maréchal Gérard qui voulait pousser plus avant, le gouvernement français fit remettre aux

---

[1] *Documents inédits.*
[2] Cf. sur ce sujet le *Journal des Débats* du 4 novembre 1832.

Belges la citadelle conquise, et notre armée reprit la route de France, saluée cette fois, avec reconnaissance, par ceux auxquels elle avait rendu un si grand service et qui finissaient par le comprendre. Tant de mesure succédant à tant de hardiesse, cette façon de rassurer l'Europe après l'avoir bravée, c'était bien la tradition de Périer. Dès le 19 novembre, M. de Talleyrand avait écrit au duc de Broglie : « Voici nos troupes en Belgique ; c'était là la question d'intérêt. Celle de retirer nos troupes, s'il ne survient pas de complications, peut se présenter prochainement ; ce sera alors une question d'honneur ; et je vous conjure de ne pas perdre de vue que celui du Roi, le vôtre et le mien y sont engagés. C'est sur ce terrain-là que la Prusse nous attend et que l'Europe nous jugera. » Et plus tard, le 6 décembre, revenant sur cette nécessité de rappeler les troupes aussitôt que le siége serait terminé : « C'est, disait-il, la branche d'olivier présentée à toute l'Europe. » Le duc de Broglie pensait comme son ambassadeur et agit en conséquence. En somme, toute cette politique fut habilement et honnêtement conduite, et le même M. de Talleyrand avait le droit d'écrire au ministre, le 31 décembre : « Voici une bonne fin d'année, dont nous pouvons réciproquement nous faire, je pense, de sincères compliments [1]. »

L'expédition d'Anvers avait profité aux Belges, d'abord en mettant entre leurs mains la position stratégique la plus importante de leur nouveau royaume, ensuite en leur prouvant que nous étions résolus à les protéger et que l'Europe était impuissante à nous en empêcher. Cependant, elle n'apporta pas encore la solution définitive de cette interminable question. Le roi de Hollande persista à ne pas adhérer au traité du 15 novembre 1831. Il perdait à ce refus : car, si, contrairement à cette convention, il occupait encore deux fortins sur le bas Escaut, la Belgique était en possession du Limbourg et du Luxembourg qu'elle devait rendre le jour de la pleine exécution du traité. Mais ce prince obstiné guettait

---

[1] *Documents inédits.*

toujours la chance d'une guerre européenne et surtout d'une révolution en France : il était convaincu que cette dernière ne pouvait lui échapper. Pour le moment, les efforts des gouvernements de Paris et de Londres ne parvinrent qu'à lui faire accepter, le 21 mai 1833, une convention stipulant la suspension des hostilités et la libre navigation de l'Escaut, jusqu'à la conclusion d'un traité définitif. Celui-ci ne sera signé qu'en 1838.

En dehors des avantages qu'en retira tout de suite et qu'en devait retirer plus tard la Belgique, l'expédition d'Anvers eut, pour la France elle-même, un résultat immédiat et considérable. Elle confirma au dehors l'effet qu'avait produit Casimir Périer, en envoyant une première armée en Belgique, en forçant l'entrée du Tage et en occupant Ancône. Bien plus, elle compléta cet effet : il ne s'agissait plus, en effet, de coups de main rapides et restreints, mais d'une opération durant plusieurs semaines et mettant en branle un corps de soixante-dix mille hommes. Sous la Restauration, la guerre d'Espagne avait montré à l'Europe, qui en doutait, que la royauté, rétablie au milieu de l'invasion et de la défaite de la France, s'était refait une armée, qu'elle était en état et en volonté de s'en servir. L'expédition d'Anvers fut une démonstration analogue à l'adresse de cette même Europe qui était disposée à considérer avec dedain et scepticisme la force militaire d'un gouvernement né sur des barricades.

VIII

En gardant en prison la duchesse de Berry, le ministère s'était mis sur les bras une affaire à la fois plus embarrassante et moins honorable. On se rappelle qu'une note, insérée au *Moniteur,* avait annoncé « qu'un projet de loi serait présenté aux Chambres pour statuer relativement à cette princesse ». Mais il fut tout de suite visible que la Chambre, fort divisée et fort agitée sur cette question, ne serait pas en état de la résoudre.

Le ministère dut renoncer à la loi annoncée et décider de lui-même les mesures qu'il jugeait nécessaires, sauf à demander à la majorité une approbation plus ou moins explicite. Bientôt, d'ailleurs, une occasion se présenta de voir dans quelle mesure cette approbation lui serait accordée. Le 5 janvier 1833, la Chambre fut appelée à se prononcer sur diverses pétitions relatives à la duchesse de Berry ; le rapport concluait à passer à l'ordre du jour, par le motif que, les mesures à prendre devant être « déterminées par des considérations de sûreté publique et d'ordre intérieur », il fallait que le gouvernement restât maître d'agir ainsi qu'il l'entendrait et sous sa responsabilité. Le ministère, qui savait ne pouvoir obtenir du Parlement un appui plus formel, voulut au moins profiter de ce débat pour exposer avec netteté sa conduite et sa doctrine en cette pénible affaire. Il proclama hautement que les lois de droit commun n'étaient pas applicables, et développa avec force les raisons pour lesquelles une mise en jugement serait inconvenante et périlleuse. Dans les circonstances où l'on se trouvait, il regardait la duchesse de Berry comme une ennemie, contre laquelle le gouvernement avait le droit de se défendre et qu'il pouvait retenir en prison, tant que la sécurité de l'État l'exigerait. C'était, il ne le niait pas, sortir de la légalité : mais n'en était-on pas sorti déjà par la révolution ? Ce qu'il s'agissait de faire n'était que la continuation et la confirmation de cette révolution. Si la Chambre voulait prendre sur elle de régler les conditions de la captivité, rien de mieux ; si elle préférait laisser toute la responsabilité au ministère, celui-ci déclarait l'accepter, et il se tiendrait pour approuvé par le seul vote de l'ordre du jour pur et simple. C'était se montrer peu exigeant, et un tel vote était un fondement bien fragile et bien équivoque pour un pouvoir aussi arbitraire. Encore ne fut-il pas obtenu sans difficulté. Les orateurs de la gauche insistèrent pour l'application du droit commun et pour une poursuite devant le jury. M. Berryer porta un coup habile à la thèse du ministère, en se prononçant, comme lui, pour l'ordre du jour pur et simple : « Ce sera reconnaître, dit-il, qu'on n'a pas le droit de juger celle dont on s'est emparé ; ce sera avouer qu'il y a là, non un coupable et un juge, mais deux principes en lutte : celui du droit royal et celui de la révolution. » Irritée par le défi de ce discours, la majorité fut fort tentée de se prononcer pour un procès criminel. Il fallut, pour la ramener, un grand effort oratoire de M. Thiers. Elle se décida alors à voter l'ordre du jour pur et simple proposé par la commission et accepté par le ministre; mais il fut visible qu'elle le faisait d'assez triste humeur, sous la pression du cabinet, et qu'au fond il n'eût pas déplu à beaucoup de ses membres de voir une fille de roi forcée de s'asseoir sur les bancs de la cour d'assises.

Ce vote ne mit pas fin à l'agitation des esprits; bien au contraire. La presse de gauche dénonça bruyamment ce triomphe de la raison d'État et de l'arbitraire, cette violation de l'égalité démocratique devant la loi. A droite, la tactique des uns, l'émotion des autres portèrent l'exaltation à son comble; le ton des journaux royalistes se haussa à un diapason inouï de violence et d'audace; ils n'avaient pas assez de sarcasmes dédaigneux pour ce gouvernement qui venait, disaient-ils, d'avouer ses illégalités et ses peurs; ils s'indignaient du sort fait à la princesse, affectaient de redouter les plus sinistres desseins et sommaient les ministres de mettre aussitôt leur prisonnière en liberté, s'ils ne voulaient être soupçonnés d'attenter à sa vie. On signa des adresses à la mère du duc de Bordeaux; on ouvrit des souscriptions pour lui constituer une « liste civile »; on annonça une prochaine restauration. « Madame, votre fils est mon Roi ! » s'écriait Chateaubriand, dans une brochure alors fameuse, et des jeunes gens venaient, à grand bruit, féliciter l'écrivain royaliste et adhérer à sa déclaration; tentait-on d'en poursuivre quelques-uns, le jury les acquittait.

Sur ces entrefaites, un bruit étrange se répandit : la duchesse de Berry, disait-on, était enceinte. Aussitôt à gauche, ricanement insultant des adversaires, tout affriandés à l'espoir de voir ce roman chevaleresque se terminer par un vulgaire scandale. A droite, fureur indignée des amis, ainsi désagréablement interrompus dans l'apothéose qu'ils avaient entreprise de l'héroïne de Vendée; parti pris de ne pas croire à la nouvelle, où l'on ne voulait voir qu'une calomnie méchante du gouvernement. Des écrivains démocratiques s'étant permis à ce propos des plaisanteries malséantes, il s'ensuivit une série de cartels, et l'on put craindre un moment que ces duels n'aboutissent à une sorte de combat des Trente, entre républicains et royalistes. Vainement, avec le temps, la nouvelle de la grossesse se confirmat-elle, vainement la duchesse elle-même, comme pour préparer l'opinion à une révélation inévitable, déclara-t-elle, le 22 février 1833, « s'être mariée secrètement pendant son séjour en Italie », les plus ardents des légitimistes persistèrent à nier, et dénoncèrent là le premier acte d'un complot infâme qui devait aboutir à une supposition d'enfant et au meurtre de la princesse.

Celle-ci n'était pas la dernière à souffrir de ces dénégations inconsidérées dont l'injure retombait sur elle. « Ils font maintenant beaucoup de bruit mal à propos, disait-elle non sans amertume, et ils ne sont pas venus, quand je les attendais. » D'ailleurs, elle en avait alors fini avec son rêve à la Walter Scott; la fièvre héroïque était tombée. Restait seulement la femme, la Napolitaine aimable, charmeuse, prime-sautière, fantasque, prompte aux curiosités frivoles; plus faite pour le plaisir rapide que pour le long martyre; plaisante et touchante, rarement imposante, dans ses alternatives de gaietés et de colères, dans ses mélanges imprévus de larmes et de calembours; avant tout, affamée de liberté, de grand air, de soleil, la première à déclarer que son rôle était terminé et qu'elle avait assez de la politique [1].

Cette tournure prise par les événements, l'agitation croissante qui en résultait, n'étaient pas faites pour simplifier et embellir le rôle de geôlier dont le ministère s'était si imprudemment chargé. Les démentis, les soupçons et les défis injurieux des royalistes, la passion surexcitée de leurs adversaires, et aussi la tentation de ruiner moralement, par le scandale, une

---

[1] Telle apparaît la captive de Blaye, dans les écrits des personnes qui l'ont approchée à cette époque, notamment dans le *Journal*, récemment publié, du docteur MÉNIÈRE.

ennemie, acculaient peu à peu le gouvernement à cette triste entreprise, de rendre manifeste le déshonneur d'une femme, d'une princesse, d'une nièce de la Reine. Il lui fallut s'abaisser à une sorte d'inquisition et de police médicales, user d'autorité et de diplomatie, employer des médecins renommés et un brave général [1], pour obtenir l'aveu ou arriver à la constatation de cette grossesse. Et devant le refus de la princesse, si mobile en d'autres sujets, obstinée sur ce point, on fut amené à prolonger une détention aussi pénible et fâcheuse pour ceux qui l'imposaient que pour celle qui la subissait. Enfin survint l'accouchement, qui s'accomplit dans des conditions particulières de publicité. La veuve du duc de Berry fit à ce moment une révélation dont ses partisans ne furent pas les moins surpris; elle déclara qu'elle était mariée au comte Hector Lucchesi Palli, gentilhomme de la chambre du Roi des Deux-Siciles, domicilié à Palerme. Cette déclaration ne mit pas un terme aux insinuations outrageantes des ennemis de la princesse, et, ce qui est plus étonnant, elle ne triompha pas de l'incrédulité bruyamment tenace de quelques-uns de ses amis. Ceux-ci nièrent l'accouchement comme ils avaient nié la grossesse; une cinquantaine de royalistes, dont M. de Kergorlay, déposèrent au parquet, contre les ministres, une dénonciation « pour cause de présomption légale du crime de supposition d'enfant ».

L'épouse du comte Lucchesi n'était plus un adversaire dangereux : aucune raison de la retenir davantage à Blaye. Les portes de la forteresse s'ouvrirent devant elle, le 8 juin 1833; elle fut embarquée sur un navire qui la transporta à Palerme. Elle n'était pas, du reste, au bout de ses peines : désormais elle aura affaire non plus au gouvernement qu'elle avait voulu renverser, mais au parti et surtout à la famille royale qu'elle avait compromis et mortifiés; de ce côté, on ne lui épargnera ni les

---

[1] Le commandement de la forteresse de Blaye et la garde de la duchesse de Berry avaient été confiés à un officier qui devait bientôt illustrer son nom par d'autres services, au général Bugeaud. Les journaux de droite voyaient alors en lui un geôlier barbare, une façon d'Hudson Lowe. Propos de parti. La vérité est que, dans une mission pénible que d'autres, il est vrai, n'eussent peut-être pas acceptée, il fut droit et respectueux.

sévérités ni les humiliations; Charles X notamment ne lui pardonnera jamais; définitivement séparée de ses enfants, c'est à peine si, après de pénibles pourparlers, elle obtiendra de les entrevoir et de les embrasser.

En France, c'était une affaire terminée. Le 10 juin, une ordonnance leva l'état de siége dans les départements de l'Ouest. Le même jour, s'ouvrit à la Chambre un débat où le ministère rendit compte de sa conduite. MM. Garnier-Pagès, Salverte et Mauguin contestèrent, au nom de la gauche, la légalité de l'emprisonnement comme de l'élargissement. M. Thiers reconnut hautement qu'on s'était placé en dehors des lois, et mit ses contradicteurs au défi de le faire blâmer par la Chambre. Personne n'osa relever ce défi. Néanmoins, cette fois encore, la majorité ne s'engagea pas au delà du vote de l'ordre du jour pur et simple; elle persistait à laisser toute la responsabilité au gouvernement.

On conçoit, du reste, que chacun fût plus empressé de décliner que de revendiquer cette responsabilité. Le Roi, qui avait, dès le début, regretté l'emprisonnement, ne manquait pas une occasion de bien marquer qu'en toute cette affaire il avait dû laisser carte blanche à ses ministres. Cette préoccupation avait apparu, plus d'une fois, dans ses entretiens avec les ambassadeurs étrangers ou avec certains amis de la duchesse de Berry, comme M. de Choulot. Nous la retrouvons surtout dans une conversation fort curieuse, récemment publiée. Au cours de la captivité, le docteur Ménière, qui avait été attaché par le ministère à la personne de la prisonnière, fut mandé aux Tuileries. Louis-Philippe lui parla longuement; faisant allusion aux reproches que M. Ménière devait entendre de la bouche de la princesse, il lui dit : « Répondez-lui, monsieur, et ce sera la vérité, que le Roi a complètement ignoré l'infamie de Deutz, que l'arrestation de Nantes, qui en était la conséquence, n'a été soumise au cabinet que quand elle a été consommée, et qu'alors le conseil des ministres a décidé à l'unanimité qu'il fallait laisser son cours à la justice. J'ai eu la main forcée; j'ai dû céder à des résolutions mûrement arrêtées; il a fallu résister aux prières de la Reine, faire taire la voix du sang, l'intérêt de la parenté, et tout cela, parce qu'un ministre l'a voulu. Aucune considération personnelle n'a pu entrer en balance contre cette impérieuse nécessité de ruiner un grand parti politique, de rendre la duchesse de Berry impossible, et j'ai dû laisser faire ce que je ne pouvais pas empêcher. Dites-lui bien que la Reine a prié, supplié, que la tante s'est montrée une véritable mère dans cette triste circonstance... » En prononçant ces paroles, Louis-Philippe paraissait très-ému ; « sa voix altérée indiquait la profondeur du sentiment qui l'agitait ». Il reprit : « Si madame la duchesse de Berry m'accusait personnellement de n'avoir suivi à son égard que les seules inspirations de mon intérêt, vous pourriez lui rappeler que des personnes qui possèdent sa confiance lui ont dit de ma part quels dangers elle courait en restant en Vendée... Je l'ai fait prévenir, à diverses reprises, des périls de sa situation, je l'ai averti de la possibilité d'une arrestation et des fâcheuses conséquences qui pouvaient en résulter pour elle... Par quelle fatalité s'est-elle obstinée à rester en France, lorsqu'il lui était si facile de partir ?... Les événements ont trop prouvé qu'elle était retenue à Nantes ou aux environs de cette ville par un motif tout-puissant sur son esprit, et c'est là un malheur irréparable. » Puis, insistant sur ce qu'il n'avait pu résister à ses ministres, lorsqu'ils invoquaient la raison d'État : « Vous lui direz encore que, par le temps qui court, quand l'émeute est dans la rue, quand des assassins à gages se relayent pour me tuer, quand la guerre civile est à peine assoupie dans la Vendée et que la presse la plus ardente enflamme toutes les passions populaires, la position d'un roi constitutionnel est à peine tenable, et qu'en vérité je serais parfois tenté de quitter la partie et de mettre la clef sous la porte [1]. »

Que valait donc au fond cette « raison d'État » que les ministres invoquaient et à laquelle le Roi s'était cru contraint de céder ? Sans doute, on avait ainsi tué politiquement une prin-

---

[1] *La Captivité de madame la duchesse de Berry, à Blaye, Journal du docteur Ménière*, t. I, p. 185.

cesse entreprenante, la seule qui, dans sa famille, pût rêver de guerre civile ; on avait porté un coup et surtout infligé une cruelle mortification à une dynastie rivale et à un parti ennemi. Mais n'était-ce pas acheté bien cher ? Était-il habile de blesser à ce point les royalistes, de provoquer chez eux d'aussi implacables ressentiments, et d'affronter le genre de reproches auxquels un tel acte devait donner lieu ? A l'heure où le respect de la royauté se trouvait déjà si ébranlé, était-il prudent d'y porter une nouvelle atteinte, en livrant à la malignité, à l'insolence et au mépris publics les faiblesses d'une princesse royale ? S'imaginait-on que ce qui était retranché ainsi à la dignité de la branche aînée était ajouté à celle de la branche cadette ? N'était-ce pas plutôt une perte pour la cause monarchique elle-même, sous toutes ses formes ; une diminution du trésor commun de prestige et d'honneur, également nécessaire à toutes les dynasties ? N'était-ce pas en un mot, de la part des hommes de 1830, une faute analogue à celle que commettaient les légitimistes, quand ils traînaient dans la boue Louis-Philippe, sans comprendre que toute royauté était par là rabaissée ? Parmi les amis les plus dévoués du gouvernement de Juillet, quelques-uns avaient, dès cette époque, le sentiment de cette faute : « Le gouvernement, dit le général de Ségur dans ses Mémoires, abusa déplorablement de sa victoire ; je veux parler de cette espèce d'exposition publique, de ce cruel pilori, où fut attaché la malheureuse princesse prisonnière. Je ne fus sans doute pas le seul à faire trop inutilement observer que cette atteinte, portée à l'honneur d'un sang royal et à son propre sang, rejaillirait sur soi-même et sur tous les trônes ; qu'elle irriterait toutes les cours, et achèverait de détruire, dans les peuples, un reste de respect si nécessaire à conserver. » L'un des ministres d'alors, M. Guizot, revenant plus tard sur ces événements, a raconté comment le Roi avait été d'avis qu'on se bornât à reconduire tout de suite la duchesse de Berry hors de France ; puis il a ajouté : « La méfiance est le fléau des révolutions ; elle hébète les peuples, même quand elle ne leur fait plus commettre des crimes. Pas plus que mes collègues, je ne jugeai possible, en 1833, de ne pas retenir madame la duchesse de Berry. Des esprits grossiers ou légers ont pu croire que les incidents de sa captivité avaient tourné au profit de la monarchie de 1830; je suis convaincu qu'on aurait bien mieux servi cette monarchie en agissant avec une hardiesse généreuse, et que tous, pays, Chambres et cabinet, nous aurions fait acte de sage comme de grande politique, en nous associant au désir impuissant, mais clairvoyant, du Roi. »

IX

La déconfiture de la duchesse de Berry marqua, pour les royalistes, la fin de la politique de coups de main. Force leur était bien de se rabattre désormais sur l'autre politique, jusqu'alors un peu dédaignée, sur celle qui cherchait à agir par la presse et le Parlement. La déception était dure pour les ardents et les impatients. Au moins eurent-ils la consolation d'avoir, pour soutenir à la tribune cette lutte sans espoir prochain, un homme dont l'éloquence apporta à leur amour-propre de parti des satisfactions égales à celles qu'ils avaient rêvé de trouver par des exploits à main armée. Cet orateur n'était pas un gentilhomme voué par sa naissance à servir sous le drapeau fleurdelysé : c'était un fils de la bourgeoisie, tout comme les Dupin, les Guizot et les Thiers. Nouveau venu dans la politique active, il s'engageait volontairement au service d'une cause vaincue, sans en avoir retiré aucun profit personnel alors qu'elle était victorieuse. Chacun a nommé Berryer.

Il était éloquent rien qu'à être vu : une tête admirable, noblement portée, avec je ne sais quoi de doux, de fort, de charmant et de dominateur; le front large et découvert; les yeux expressifs; la puissance du buste et la carrure des épaules se dessinant, non sans une coquetterie virile, dans le gilet blanc et l'habit bleu à boutons d'or; en tout son être, un mélange de vigueur et d'élégance, et surtout une abondance de vie qui s'épanchait sans effort. Ouvrait-il la bouche, il en sortait une voix, d'un timbre incomparable, qu'accompagnait un geste ample et superbe. Rarement homme avait reçu à un tel degré tous les dons physiques de l'orateur. Orateur, il l'était aussi par le mouvement irrésistible de la pensée, la vigueur de la dialectique, l'intelligence prompte à s'assimiler les questions les plus diverses, l'imprévu grandiose des inspirations, une prodigieuse faculté d'émouvoir et d'être ému, et cette sorte de flamme qui jaillissait soudainement, illuminant ou embrasant tout autour de lui.

Pour le rôle qu'il allait jouer sous la monarchie de Juillet, Berryer avait cet avantage de n'avoir pas été personnellement compromis dans le gouvernement précédent. Entré à la Chambre, au commencement de 1830 [1], ses seuls actes de député avaient été alors de refuser le portefeuille que lui offrait M. de Polignac, et de combattre l'Adresse des 221. Auparavant il s'était renfermé dans sa profession d'avocat, déjà royaliste sans doute, mais accordant libéralement le secours de sa parole à des clients de toute opinion, ayant même débuté par être l'un des défenseurs du maréchal Ney. Quand on lui jettera à la face quelque faute de la Restauration : « J'ai gardé entière, répondra-t-il, l'indépendance de ma vie ; je n'ai pris, envers mon pays, aucune responsabilité dans des actes funestes pour lui. »

Dès le lendemain de la révolution, Berryer a marqué son attitude : s'il ne se regardait pas comme délié de sa fidélité à la royauté déchue, il ne s'estimait pas non plus dégagé de ses devoirs envers le pays. Pas « d'émigration à l'intérieur », déclarait-il, c'est-à-dire pas d'abstention, pas d'isolement dans la conspiration ou même dans la bouderie. Quand la Chambre a constitué la monarchie nouvelle, il a protesté, mais est resté dans le Parlement et n'a pas refusé le serment. Ce serment l'obligeait à répudier toute attaque illégale. Seulement, témoin d'une expérience dont il ne jugeait le succès ni possible ni désirable, il se

---

[1] C'est à cette époque qu'il avait atteint l'âge de quarante ans, condition d'éligibilité sous la Restauration.

croyait autorisé à en annoncer l'échec, à y aider même par tous les moyens de discussion que la loi mettait à sa disposition. Il se plaisait à placer la monarchie nouvelle en face de toutes ses faiblesses, de celles surtout qui venaient de son origine, triomphait de ses embarras et de ses contradictions, la poussait, l'acculait aux conséquences les plus extrêmes et les plus périlleuses de son principe, lui refusait les moyens et le droit de limiter et de combattre la révolution d'où elle était née. Lois diverses, questions intérieures ou extérieures, malaises ou crises, tout lui servait à reprendre sans cesse cette critique implacable, dont le dessein était de montrer la royauté de Juillet impuissante pour l'ordre, pour la paix et pour l'honneur, et dont la conclusion logique et avouée devait être un changement de gouvernement. Comment cette conduite se conciliait avec le serment, c'est une question de casuistique dans laquelle nous n'avons garde d'entrer. Le terrain, en tout cas, était singulièrement étroit et glissant, et il fallait au député royaliste toute la souplesse et aussi toute la noblesse de sa parole, pour y garder son équilibre et sa dignité d'attitude.

Dans l'attaque, Berryer apporta cette passion sans laquelle il n'y a pas d'orateur; ses invectives étaient parfois terribles, son mépris plus terrible encore. Et cependant, on ne peut pas dire qu'il ait eu rien des haines enfiellées, mesquines, méchantes, qui marquent trop souvent l'esprit de parti. Tout en lui y répugnait : la cordialité ouverte, largement sympathique, la bonté aimable et simple de son caractère; la liberté de son intelligence, naturellement dégagée des illusions de coterie, des superstitions et des préventions de secte; les habitudes de l'avocat, ayant appris à demeurer le camarade de ceux qu'il venait de combattre à la barre ; les goûts du dilettante, de l'homme du monde fort répandu dans les sociétés les plus diverses et trouvant plaisir à y être aimé et admiré. On était presque étonné parfois de ses rapports personnels avec ses adversaires de tribune. Non-seulement beaucoup de républicains se vantaient de son amitié, mais il était au mieux avec des partisans de la monarchie de Juillet, comme M. Dupin et M. Odilon Barrot, tutoyait à mi-voix les ministres qu'il combattait tout haut, et déjeunait familièrement chez M. Thiers, au lendemain des affaires de la duchesse de Berry.

Sans jamais abjurer et même en confessant très-haut sa croyance politique, Berryer faisait effort, chaque fois qu'il prenait la parole, pour sortir des thèses particulières à son parti. Par goût et par tactique, il cherchait à devenir, sinon le chef, du moins l'orateur de l'opposition entière; il y parvenait souvent : fait remarquable quand on se rappelle qu'il représentait les vaincus de 1830. Son secret était de se montrer très-libéral à l'intérieur, très « national » dans les questions extérieures [1]. Il manquait souvent de mesure, de justice, comme toutes les oppositions; exigeait ce que lui-même n'eût pas fait au pouvoir; ne tenait pas compte des difficultés et des nécessités de la situation; mais il trouvait, pour parler de liberté ou de patriotisme, une sincérité et une chaleur d'accent qui remuaient les esprits d'ordinaire le plus éloignés de lui. Ainsi s'expliquent l'éclat et l'étendue de son succès. Nul orateur n'était moins contesté parmi les gens de toute opinion; la mode était même alors de le porter très-haut. Devait-il parler, les tribunes de la Chambre étaient garnies d'un triple rang de femmes élégantes. Souvent, après ses discours, quand il se laissait tomber sur son siége, accablé et frémissant encore, de tous les bancs, ses collègues venaient à lui, lui serraient la main; certains même l'embrassaient, comme fit un jour le général Jacqueminot. A le voir ainsi entouré, un étranger eût pu le prendre pour le *leader* de la majorité. Le royalisme était-il donc redevenu populaire dans le Parlement?

---

[1] Lui rappelait-on Louis XVIII, déclarant qu'il devait sa couronne, après Dieu, au prince régent d'Angleterre, il répliquait : « Quelques paroles que l'on cite, fût-ce des paroles de roi, je ne les couvre pas de mon suffrage, j'en abjure la responsabilité. » Un autre jour, il allait jusqu'à louer la Convention : « Je sépare complètement de toutes nos querelles, disait-il, tout ce qui est relatif à la position de la France à l'égard de l'étranger. En tous temps et sous tous les régimes, je crois que je n'aurais pas eu un autre sentiment, et, pour me montrer à vous tel que Dieu m'a fait, si je disais ici toute ma pensée, je rappellerais une époque d'horreurs, de crimes, une assemblée vouée par ses actes antérieurs à l'exécration des gens de bien, dont le souvenir soulève encore tout cœur d'homme : eh bien! je la remercie d'avoir sauvé l'intégrité du territoire! »

Non, c'était le succès de l'orateur, tenant à la rare adresse avec laquelle, sans répudier sa note particulière, il s'était placé sur le terrain commun à toute l'opposition ; on faisait même ce succès d'autant plus vif qu'on croyait son parti moins en état d'en tirer profit. Si, au lieu des applaudissements et des poignées de main qu'on lui prodiguait, Berryer avait demandé des votes pour sa cause, il eût vu alors à quel point celle-ci était toujours vaincue. Il était du reste trop clairvoyant pour se leurrer d'illusions. « S'il y a quelque chance, dira-t-il à Lamartine en 1838, elle n'est plus à vue d'homme ; elle est à un horizon inconnu. »

Toutefois, si personnels qu'ils fussent à Berryer, ce succès et cette popularité n'étaient pas à dédaigner pour la cause royaliste. Il y avait là de quoi consoler un parti, de sa nature, plus affamé d'honneur que de pouvoir réel. Et puis, en arborant ainsi le drapeau de la liberté ou du patriotisme, en flattant les aspirations généreuses du pays, l'orateur de la droite ne s'associait pas seulement à la tactique commune de l'opposition ; il dégageait hardiment ses propres amis de certains souvenirs compromettants d'ancien régime ou d'invasion étrangère ; il les amenait peu à peu sur le seul terrain où ils pussent retrouver, pour le moment, une part d'influence dans les affaires publiques, et préparer, pour l'avenir, un retour de fortune. Cela valait mieux que de courir l'aventure d'une nouvelle guerre de Vendée, ou de prendre à rebours les idées de la France moderne comme s'y appliquait alors l'entourage du vieux roi Charles X. Si, après le 24 février 1848, les légitimistes ont fait si brillante figure et occupé si grande place dans les assemblées républicaines, ils le doivent surtout à l'attitude que Berryer leur avait fait prendre depuis 1830. Peut-être même leur succès eût-il été plus complet, s'ils avaient mieux suivi son exemple et ses conseils. Mais le grand royaliste, qui n'était guère contesté dans les autres partis, l'était parfois dans une fraction du sien. L'éclat extérieur de son rôle et la prépondérance de son talent ne le garantissaient pas contre toutes sortes de contradictions, de suspicions, d'attaques intérieures. Les violents d'extrême droite étaient loin d'avoir désarmé ; et ils manœuvraient, trop souvent avec quelque succès, pour entraver les efforts de celui contre lequel ils croyaient avoir tout dit, quand ils l'avaient traité de parlementaire. Triste histoire, souvent répétée, que celle de ces divisions et de ces déchirements, au sein d'une opinion vaincue. C'est la vue de ces misères qui, dès 1833, faisait écrire à madame Swetchine : « Il me paraît bien singulier que la division ne soit pas un de ces tributs dont se rachète la mauvaise fortune. Comment l'instinct seul ne fait-il pas devenir compactes ceux qui n'ont pour eux ni le nombre, ni l'action, ni le pouvoir ? Ah ! comme me disait un homme d'esprit, si M. le duc de Bordeaux n'avait en France que des ennemis...... Il y a longtemps que je regarde les partis en eux-mêmes comme les plus grands obstacles au triomphe du principe qu'ils servent. »

X

Ces mêmes événements de Vendée et de Blaye, qui grandissaient le rôle de Berryer, amenèrent la retraite volontaire d'un royaliste plus illustre et plus populaire encore, qui naguère semblait mener la bataille de presse contre la monarchie de Juillet. Chateaubriand avait désapprouvé l'entreprise de la duchesse de Berry. Mais, à la vue de la princesse vaincue, captive, il avait cru que l'honneur l'obligeait à la défendre, et avait lancé une brochure toute vibrante des émotions et des colères de son parti. Plus tard, la prisonnière libérée, il travailla à un rapprochement entre le vieux Roi trop immobile et sa trop mobile belle-fille ; il intervint dans les discussions intestines, dans les rivalités d'école et de coterie qui éclatèrent alors, dans le sein et autour de la famille royale, au sujet de l'éducation du duc de Bordeaux, de la fixation et des conséquences de sa majorité : misères de l'exil que les *Mémoires d'outre-tombe* n'ont parfois que trop cruellement divulguées. Est-ce dégoût de ces misères, tristesse de voir ses conseils repoussés [1], mortification de n'avoir pu davantage ébranler la monarchie nouvelle qu'il s'était flatté de jeter bas avec sa plume? ou bien, est-ce une forme de ce malaise dont ont été atteints presque tous les hommes de lettres de notre temps, et auquel échappait la nature de Berryer, plus agissante et moins pensante, plus simple et moins sensible? Quoi qu'il en soit, à partir de ce moment, Chateaubriand va se tenir à l'écart. Désormais, plus de ces retentissantes brochures qui étaient à elles seules des événements, plus de ces démarches éclatantes où il apparaissait à la tête de l'armée royaliste. A peine sortira-t-il de cette immobilité, pour prendre part, en 1843, au pèlerinage de Belgrave Square.

Au fond, il n'est pas adouci à l'égard du régime de Juillet; mais il est plus calme, par lassitude et découragement. Il est toujours fidèle à la vieille royauté, mais d'une fidélité dédaigneuse, insolente parfois; aussi a-t-on pu le comparer à ces femmes acariâtres qui, sous prétexte qu'elles ne trompent pas leur mari, se croient le droit de lui dire qu'elles ne l'aiment pas [2]. A vrai dire, il est moins fidèle à son roi qu'à lui-même, moins préoccupé de servir une cause que de maintenir l'unité morale et en quelque sorte esthétique de sa vie. Plus que jamais il craint de paraître dupe de ses clients et de ses principes; « désabusé, sans cesser d'être fidèle », dit-il de lui-même. Après avoir remué tous les cœurs royalistes par son apostrophe fameuse à la duchesse de Berry : « Madame! votre fils est mon roi! » il s'étonne que ce soit lui qui ait poussé ce cri; car, dit-il, « je crois moins au retour de Henri V que le plus misérable juste-milieu ou le plus violent républicain ». Malheureusement, c'est souvent aux pires adversaires de la royauté, ou même à l'héritier des Bonaparte, qu'il fait confidence de son

---

[1] Quelques années plus tard, en octobre 1836, il écrivait à la duchesse de Berry : « J'ai été opposé à presque tout ce qui s'est fait... Henri V sort maintenant de l'enfance; il va bientôt entrer dans le monde, avec une éducation qui ne lui a rien appris du siècle où nous vivons. »

[2] « Après tout, écrit-il, c'est une monarchie tombée; il en tombera bien d'autres! Nous ne lui devons que notre fidélité : elle l'a. »

absence de foi et d'espérance [1]. Il y mêle, avec une sorte de complaisance, des généralités démocratiques et presque des prophéties républicaines. C'est sa manière de quêter, pour lui-même, une popularité qu'il n'attend plus pour sa cause. Lui, parfois si amer, si hautain, si susceptible avec ses amis politiques, il est aux petits soins avec Béranger et Carrel. Et en même temps, dans cette âme mobile comme sont celles des grands artistes, se produisent, à l'improviste, des attendrissements qui percent ce masque de scepticisme : « Je viens de recevoir la récompense de toute ma vie, écrira-t-il à madame Récamier le 29 novembre 1843 ; le prince a daigné parler de moi, au milieu d'une foule de Français, avec une effusion digne de sa jeunesse. Si je savais raconter, je vous raconterais cela ; mais je suis là à pleurer comme une bête. » Néanmoins, c'est le découragement qui domine. Son dernier mot est toujours de se proclamer « sans foi dans les rois comme dans les peuples » ; il ne « croit plus à la politique », et « rit des hommes d'esprit qui prennent tout ce qui se passe au sérieux ».

Ainsi désabusé de la politique, le grand écrivain ne sait pas se réfugier dans les lettres pour leur demander la paix de son esprit et la revanche de son ambition. La fatigue a gagné chez lui jusqu'à l'artiste. Dès 1832, il disait à Augustin Thierry : « Je suis las, je suis encore plus dégoûté. Je n'écrirais plus si ma misère ne m'y forçait. » Ajoutez, à mesure que les années s'accumulent sur sa tête, le regret, le dépit, presque la honte de vieillir. On dirait de ces coquettes qui ont mis tout l'intérêt de leur vie dans leurs succès de jeunesse. Don Diègue ne s'est pas écrié d'un accent plus désespéré : « O vieillesse ennemie ! » Ce sentiment ne sera pas pour peu dans le pessimisme amer de ses Mémoires. Seule, l'amitié ingénieuse et délicate de madame Récamier parviendra à lui apporter un peu de douceur et de distraction. Mais jamais il ne reprendra part ou seulement intérêt aux événements publics. Cette vie naguère si agitée, si retentis-

---

[1] Chateaubriand écrivait à Louis-Napoléon, le 19 mai 1832 : « En défendant la cause de la légitimité, je ne me fais aucune illusion, mais je pense que tout homme, qui tient à l'estime publique, doit rester fidèle à ses serments. »

sante, si mêlée à tous les mouvements et à tous les bruits du siècle, se terminera dans une immobilité chagrine, dans un silence altier, encore enveloppée, sans doute, pour ceux qui la regarderont de loin, d'une vapeur glorieuse, mais de celle qu'on voit d'ordinaire plutôt autour des morts que des vivants. Quand, en 1848, on viendra annoncer la chute de la monarchie de Juillet à celui qui l'avait, au début, tant haïe et tant attaquée, il se bornera à répondre d'un ton indifférent : « C'est bien, cela devait arriver. »

XI

La session de 1832, ouverte le 19 novembre, se prolongea jusqu'au 25 avril de l'année suivante ; celle de 1833 lui succéda sans interruption, et dura jusqu'au 26 juin. Toutes deux furent relativement calmes. En dehors de l'Adresse et des discussions soulevées, à deux reprises, sur la duchesse de Berry, aucun de ces grands débats politiques où les partis se rencontrent et se mesurent. Le ministère restait en possession de sa majorité ; il s'en croyait même assez sûr, pour défier parfois l'opposition par des actes d'autorité à la Casimir Périer [1] : telle fut la brusque destitution de M. Dubois, inspecteur général de l'Université, et de M. Baude, conseiller d'État, tous deux coupables d'avoir pris, comme députés, une attitude hostile à l'un des projets du gouvernement.

L'absence de débats purement politiques permit aux Chambres de voter des lois organiques qui donnaient satisfaction aux besoins permanents du pays. Plusieurs de ces lois sont encore en vigueur, ou tout au moins ont posé des principes qui, depuis lors, ont subsisté dans notre législation : loi sur l'organisation

[1] Le nom de Périer était toujours celui sous lequel s'abritaient les ministres. M. Guizot disait, le 6 mars 1833 : « Quel est le système de l'administration actuelle? C'est le système du 13 mars ; système, je me fais honneur de le dire, implanté dans cette Chambre par mon honorable et illustre ami, M. Casimir Périer. »

des conseils généraux et des conseils d'arrondissement, mettant en œuvre le régime électif, étendu, depuis 1830, à l'administration départementale ; loi sur l'expropriation pour cause d'utilité publique, assurant à la propriété la garantie d'une indemnité fixée par jury, et à l'État les pouvoirs qui seuls lui permettront d'entreprendre les grands travaux nécessités par la transformation économique de la société ; loi sur la police du roulage ; et surtout loi du 28 juin 1833, sur l'instruction primaire, qui, en organisant l'école publique et en donnant la liberté à l'école privée, a marqué l'une des dates les plus importantes de l'histoire de l'enseignement populaire en France. Une réforme fut introduite dans la présentation du budget pour mettre fin au régime des crédits provisoires. M. Thiers fit adopter un plan de travaux publics qui comportait une dépense de cent millions, répartie en cinq ans, sans recours à l'emprunt ; un tel chiffre paraissait alors hardi [1]. Des ordonnances, préparées par le duc de Broglie, réorganisèrent nos établissements consulaires. Partout, en somme, activité féconde des ministres et du Parlement, qui avaient enfin le loisir de faire les affaires du pays, au lieu de dépenser toutes leurs forces et tout leur temps à défendre, contre des attaques incessantes, l'ordre public, l'existence du gouvernement ou de la société.

Nous savons moins de gré au cabinet et aux Chambres de certaines décisions qui étaient un dernier tribut payé aux révolutionnaires : tels l'adoption définitive de la loi abolissant le deuil du 21 janvier, le vote nouveau de la Chambre en faveur du divorce, et la loi accordant des pensions aux « vainqueurs de la Bastille ». A ce dernier propos, que de banalités et de sophismes furent débités sur la vulgaire et sanglante émeute du 14 juillet ! et, signe du temps, ils le furent non-seulement par La Fayette, mais par le ministre de l'intérieur, M. d'Argout, et par M. Villemain [2]. M. Guizot a confessé

---

[1] Une partie de ces travaux comprenait l'achèvement de l'arc de triomphe de l'Étoile, de la Madeleine, de la place de la Concorde et du Panthéon.

[2] M. Villemain dit, en cette occasion, à la Chambre des pairs : « Toutes les Chambres des députés et la Chambre des pairs doivent se souvenir à jamais que

et regretté plus tard « les concessions fâcheuses » qu'en ces diverses circonstances le ministère avait faites, « par ses actes ou par son silence, à l'esprit révolutionnaire [1] ».

Quoi qu'il en fût de ces faiblesses, à voir les choses dans leur ensemble, il était manifeste, vers la fin de la session de 1833, que le gouvernement marchait bien, que le pays était calme et prospère. La presse ministérielle triomphait, avec quelque fierté. « De l'aveu de tout le monde, disait le *Journal des Débats* du 8 juin 1833, jamais le commerce n'a été plus florissant; le travail abonde; la misère, entretenue, pendant près de deux années, par les entreprises désespérées des factions, a disparu....... Voyez si le temps ne s'est pas chargé de donner d'insultants démentis à toutes les prophéties de l'opposition. Cette année, qui a vu mourir les émeutes, a vu aussi tomber les dernières chances d'une guerre européenne. A l'intérieur, vous rappelez-vous les effrayantes malédictions dont fut salué le ministère du 11 octobre?..... La majorité, qui voyait bien que c'était son propre système qu'on cherchait à lui faire abandonner, est restée parfaitement unie au gouvernement. Nous avons eu deux sessions beaucoup plus paisibles que les précédentes... Qui s'est dissous ? L'opposition. Dans la Chambre, dans les journaux, nous avons vu l'opposition mal faite éclater en mille pièces. » Et, quelques jours plus tard, le 26 juin : « Les Chambres laisseront le pays, non plus comme l'année dernière, inquiet et à la veille d'une secousse violente, mais calme, en pleine prospérité et commençant à avoir foi dans son avenir. » Ce que les amis du ministère notaient avec le plus d'orgueil, c'est qu'il n'y avait plus de ces séditions, naguère encore presque permanentes. « Voici, s'écriait le *Journal des Débats*, une année passée sans

---

c'est à de telles insurrections que nous devons tous l'honneur de siéger dans cette Assemblée... Ne médisons pas de ces grands souvenirs.... Oui, sans doute, comme dans tous les grands événements, comme dans toutes les commotions politiques, des crimes, des attentats, des violences individuelles ont suivi le développement soudain et nécessaire de l'énergie nationale. Le crime a été à côté de la grandeur. C'est la force et la fatalité des révolutions. C'est parce qu'elles sont si terribles qu'elles doivent être rares... »

[1] Guizot, *Mémoires*, t. III, p. 218, 219.

désordres et sans émeutes! » Et M. Guizot se croyait fondé à dire, du haut de la tribune : « Les émeutes sont mortes, les clubs sont morts, la propagande révolutionnaire est morte; l'esprit révolutionnaire, cet esprit de guerre aveugle, qui semblait s'être emparé un moment de toute la nation, est mort [1]. »

Courbatu comme un malade au sortir d'un long accès de fièvre, le pays jouissait d'un repos qu'il n'avait pas connu depuis trois ans. Les Français, à d'autres époques, si vite impatients, si facilement ennuyés des gouvernements qui ne leur assurent que ce repos, en sentaient tant alors le besoin, qu'ils désiraient presque le silence et l'immobilité. Bien changés depuis la Restauration, ils semblaient plus las que curieux de la politique. M. de Rémusat écrivait à M. Guizot, après avoir parcouru plusieurs provinces : « On jouit réellement de la tranquillité et de la prospérité renaissantes. Pour le moment, il n'y a, je vous en réponds, nul souci à prendre de satisfaire les imaginations et de captiver les esprits. Le repos leur est une chose nouvelle qui leur suffit. » Le *Journal des Débats* ne craignait pas de constater publiquement cette fatigue de la politique : « Il est évident, disait-il, pour quiconque sait et veut observer, que notre fièvre politique commence à se calmer. Il y a un dégoût des longues discussions, un rassasiement de lois et de théories gouvernementales, que tout le monde éprouve plus ou moins. Je ne sais trop ce que l'on pourrait imaginer pour émouvoir et remuer le public, tant il paraît affermi dans son indifférence. Jamais session ne l'a trouvé plus calme et plus froid. » La feuille ministérielle reprochait même au cabinet de « fatiguer » l'esprit public, en déposant trop de projets. Et elle ajoutait : « L'opposition elle-même cache-t-elle sa lassitude? La violence n'est plus que dans quelques journaux. Là, j'en conviens, le feu sacré brûle encore; encore est-il facile de reconnaître, au mal que se donne la presse pour être violente, à la surabondance des épithètes injurieuses, que la violence est dans

---

[1] Discours du 16 février 1833.

les mots et non dans le cœur. Cela ne coule plus de source, comme il y a un an [1]. »

Le pays entrait-il donc définitivement en possession de ce repos tant désiré? Les émeutes étaient-elles aussi « mortes » que le proclamaient M. Guizot ou le *Journal des Débats?* Hélas! l'événement devait bientôt donner un démenti à cette trop prompte satisfaction. Au moment même où la session de 1833 se termine dans ces illusions, l'agitation révolutionnaire recommence, à l'occasion des préparatifs des fêtes de Juillet; les émeutes reparaissent imminentes; le gouvernement et les Chambres vont être contraints de nouveau de se vouer principalement à la lutte contre le désordre, lutte plus violente que jamais et qui les absorbera encore pendant trois années.

[1] *Journal des Débats* du 20 décembre 1832 et du 8 juin 1833.

CHAPITRE X

LES INSURRECTIONS D'AVRIL

(Juin 1833 — juin 1834)

I. La Société des *Droits de l'homme*. Elle entretient et excite les passions révolutionnaires. Préparatifs d'émeute en vue des fêtes de Juillet. La question des « forts détachés ». L'émeute avorte. — II. Agitation socialiste. Déclaration par laquelle la Société des *Droits de l'homme* se met sous le patronage de Robespierre. Effet produit. Attitude des républicains modérés, particulièrement de Carrel. Ce dernier est sans autorité et jalousé dans son parti. Ses déboires et sa tristesse. — III. Efforts du gouvernement pour réprimer le désordre. Faiblesses du jury. L'affaire des crieurs publics met en lumière l'insuffisance de la législation. Les conservateurs comprennent la nécessité de lois nouvelles. — IV. Session de 1834. Loi sur les crieurs publics. Loi sur les associations. Cette dernière est une loi de défiance et de déception. A qui la faute? — V. Irritation des sociétés révolutionnaires. Appel à l'insurrection. Embarras des chefs. La situation à Lyon. Bataille dans les rues de cette ville, du 9 au 13 avril. Défaite des insurgés. Émotion produite par les nouvelles de Lyon. L'émeute éclate à Paris et est promptement vaincue. Autres tentatives d'insurrection en province. — VI. Lois pour augmenter l'effectif de l'armée et pour interdire la détention des armes de guerre. Découragement des républicains. Mort de La Fayette. Élections de juin 1834, marquant la défaite du parti révolutionnaire. Grand élan de prospérité matérielle.

I

A la fin de 1832 et dans la première moitié de 1833, à l'époque même où les ministres du 11 octobre se félicitaient de n'avoir plus d'émeutes, certains symptômes révélaient cependant qu'au fond le mal révolutionnaire persistait. Pour s'être un moment enfoncé sous terre, le torrent n'avait pas cessé de couler. L'armée du désordre, désorganisée à la suite de sa défaite des 5 et 6 juin 1832, n'avait pas tardé à se reconstituer. Avant la fin de l'année, s'était fondée une nouvelle société secrète qui devait acquérir une certaine célébrité dans notre histoire insurrectionnelle, la Société des Droits de l'homme. Parmi les membres du comité directeur, on remarquait MM. Audry de Puyraveau et Voyer d'Argenson, députés; de Kersausie, Godefroy Cavaignac, Trélat, Guinard, etc. Chaque section prenait un nom différent : *Robespierre, Marat, Babeuf, Louvel,* le *Vingt et un Janvier,* l'*Abolition de la propriété mal acquise,* la *Guerre aux châteaux,* etc. Des ordres du jour imprimés étaient distribués et lus aux affiliés. Le développement de la société fut rapide; elle compta bientôt, dans Paris, plus de quatre mille membres. En outre, elle se vantait d'être « une société mère de plus de trois cents associations qui se ralliaient, sur tous les points de la France, aux mêmes principes et à la même direction ».

Toute cette grande machine avait pour but et pour effet d'entretenir et d'exciter les passions subversives. On s'en aperçut d'abord à la violence croissante de la presse. Plus que jamais celle-ci, suivant l'expression de Lamartine, « suait l'insurrection et l'anarchie »; plus que jamais aussi, elle s'attaquait directement à la personne du Roi, à sa famille [1]. On cherchait toutes les occasions d'arborer avec éclat le drapeau de la révolte, et, suivant un usage établi depuis 1830, chaque procès politique ne semblait être qu'un théâtre ouvert, une tribune offerte à l'effronterie révolutionnaire. Bergeron, poursuivi comme auteur présumé du coup de pistolet tiré contre le Roi, sur le pont Royal, et acquitté faute de preuves, se vantait, devant les juges, d'avoir tué plusieurs soldats dans les journées des 5 et 6 juin. S'il voulait bien se défendre d'avoir tiré sur le Roi, ce n'était pas sans ajouter aussitôt : « Nous ne regardons pas

---

[1] « A moins d'être aveugle ou sourd, disait le *Journal des Débats,* il faut bien reconnaître que le Roi n'a d'autre privilége que celui d'être injurié, outragé, calomnié de préférence à tout autre. S'il y a une ignoble plaisanterie à faire, sur qui tombe-t-elle? Sur le Roi. Qui désigne-t-on à la haine et aux vengeances du peuple? Le Roi. Qui arrache le pain à la misère, le vêtement à la nudité, la liberté à tous? Le Roi. Qui représente-t-on, sous les formes les plus grotesques ou les plus odieuses, à tous les coins de rue, sur tous les carreaux des boutiques, partout où s'arrêtent les oisifs? Le Roi... Le Roi, en un mot, est l'ennemi public. » (14 décembre 1833.)

le Roi comme un ennemi assez puissant pour le massacrer » ; et au magistrat, lui demandant « s'il avait dit que le Roi méritait d'être fusillé », il répondait : « Je ne me rappelle pas l'avoir dit, mais je le pense. » Tous les écrivains républicains, y compris Carrel, célébraient Bergeron comme un héros. En avril 1833, la Chambre des députés, grossièrement outragée dans un article de la *Tribune*, crut devoir, sur la proposition de M. Viennet, citer le gérant de ce journal à sa barre. MM. Cavaignac et Marrast, principaux rédacteurs du journal, saisirent avec empressement cette occasion, non de se défendre, mais d'étaler arrogamment leurs sophismes, leurs accusations et leurs menaces, à la face de la Chambre condamnée au silence par son rôle de juge, et du pays rendu attentif par la solennité inaccoutumée d'une telle audience. C'était, après cela, pour l'ordre public, une maigre compensation que la condamnation du gérant à trois ans de prison et à dix mille francs d'amende.

La Société des Droits de l'homme ne négligeait aucun moyen de tenir les passions révolutionnaires en haleine. Un de ses apologistes a dit d'elle, à ce propos : « Entretenir l'élan imprimé au peuple, en 1830, préparer les moyens d'attaque en élaborant les idées nouvelles, souffler sans cesse aux âmes atteintes de langueur la colère, le courage, l'espérance, tel était son but, et elle y avait marché la tête haute, avec une énergie, avec un vouloir extraordinaires. Souscriptions en faveur des prisonniers politiques ou des journaux condamnés, prédications populaires, voyages, correspondances, tout était mis en œuvre. De sorte que la révolte avait, au milieu même de l'État, son gouvernement, son administration, ses divisions géographiques, son armée [1]. »

A ce régime d'excitations, le parti révolutionnaire ne devait pas longtemps se contenter des violences de plume et de parole. Les meneurs ne se cachaient pas, du reste, pour proclamer qu'on n'en avait pas fini avec les émeutes, et l'un de leurs principaux soucis était de mettre en garde leurs partisans contre

---

[1] Louis BLANC, *Histoire de dix ans*, t. IV, ch. II.

l'impression décourageante qu'avait pu laisser le souvenir des 5 et 6 juin 1832. Aussi, quand approcha le premier anniversaire de ces journées, lancèrent-ils un ordre du jour où l'on lisait : « Citoyens, l'anniversaire des 5 et 6 juin ne nous demande pas de vaines douleurs ; les cyprès de la liberté veulent être arrosés avec du sang, non pas avec des larmes... Combien de fois n'a-t-on pas annoncé que le génie révolutionnaire était écrasé ! et pourtant toujours, toujours, nous l'avons vu se relever, plus fort et plus terrible. Pour un frère qu'on nous tue, il nous en vient dix, et le pavé de nos rues, imbibé de carnage, fume, au soleil d'été, l'insurrection et la mort !... Il y a un an, la république a été vaincue ; aujourd'hui elle est plus puissante qu'avant le combat, car elle a acquis la force d'unité et de discipline qui lui manquait... Bientôt, le bras du souverain s'appesantira terrible sur le front de nos ennemis ; alors, qu'ils n'espèrent ni grâce ni pardon ! Quand le peuple frappe, il n'est ni timide ni généreux, parce qu'il frappe, non pas dans son intérêt, mais dans celui de l'éternelle morale, et qu'il sait bien que personne n'a le droit de faire grâce en son nom. »

Mais quel prétexte trouver pour cette émeute, si ouvertement désirée et préparée ? Vers la fin de la session de 1833, un incident de la discussion du budget avait provoqué une assez vive agitation. Il s'agissait de ce qu'on appelait alors la question des « forts détachés ». Le gouvernement de 1830 s'était préoccupé, dès le premier jour, de fortifier Paris. Un projet d'ensemble, déposé en 1832, avait reçu de la commission nommée par la Chambre un accueil favorable. En attendant qu'il pût être discuté, le ministère avait inscrit au budget un crédit de deux millions, pour continuer certains travaux déjà commencés dans le périmètre de Paris. Dans ce zèle à élever des forts autour de la capitale, l'opposition de toute nuance découvrit les desseins les plus « liberticides ». Le général Demarçay dénonça, à la tribune, ces « *Bastilles* dirigées, au moins pour moitié, contre la population de Paris ». Le patriote Carrel démontra à satiété, dans des articles qu'on ne peut relire aujourd'hui sans écœurement, que ces fortifications n'avaient d'autre raison d'être que l'arrière-pensée de bombarder Paris, et Arago vint, au nom de la science, exposer dans une lettre répandue à profusion, que les canons des forts pourraient envoyer des boulets jusque dans la Cité. L'événement a permis, depuis lors, d'apprécier la clairvoyance des craintes témoignées par l'opposition, puisque les fortifications, une fois construites, n'ont jamais servi aux gouvernements contre l'émeute parisienne, mais ont au contraire servi, en 1871, à l'émeute contre le gouvernement. Quoi qu'il en soit, l'argument fit grand effet, en 1833 ; non-seulement le crédit fut rejeté à la Chambre, mais on parvint à éveiller dans une bonne partie de la bourgeoisie parisienne une aversion mêlée de terreur à l'endroit des « forts détachés ». L'émotion devint plus vive encore quand, après la clôture de la session, les journaux de gauche annoncèrent que le gouvernement, malgré le vote de la Chambre, venait d'adjuger certains travaux de fortifications : il ne s'agissait en réalité que d'employer des crédits antérieurement votés ; mais on n'y regarda pas de si près ; on feignit de voir là le dessein, poursuivi quand même, d' « embastiller » Paris.

Ce mécontentement parut une bonne fortune aux meneurs des sociétés secrètes. On approchait précisément alors des fêtes de Juillet. Le gouvernement croyait devoir célébrer, par des réjouissances officielles, l'anniversaire des trois journées qui avaient vu le renversement de la vieille dynastie : fête étrange et non sans péril pour une monarchie, que ce mémorial des barricades[1]. Aussi, chaque année, l'approche de cette solennité était-elle marquée par une recrudescence d'agitation révolutionnaire, par des menaces de troubles : époque de transes pour le gouvernement[2]. Il était d'usage qu'en cette circonstance le

---

[1] En 1841, à l'une de ces fêtes, un plaisant avait inscrit ce quatrain sur un transparent :

> L'émeute est tour à tour défendue et permise ;
> Le gouvernement de Juillet,
> Selon les temps, les lieux, et surtout l'intérêt,
> La canonne ou la canonise.

[2] Bientôt le gouvernement n'aspirera plus qu'à se débarrasser de ce gênant

Roi passât une grande revue de la garde nationale. Les meneurs incitèrent sous main les soldats citoyens à profiter de cette revue pour protester, avec éclat et à la face du souverain, contre les « forts détachés » ; ils se disaient qu'il ne serait pas très-difficile de faire tourner en insurrection une manifestation hostile, faite par un corps armé : pour y aider, le mot d'ordre était donné aux républicains de se faire incorporer dans la garde nationale. En même temps, on distribuait des écrits qui cherchaient à allumer les convoitises des prolétaires, en leur offrant les richesses des bourgeois, et à ruiner la discipline dans l'armée, en promettant aux soldats les grades de leurs officiers.

Parmi les hommes importants du parti républicain, plusieurs n'approuvaient pas l'idée d'une prise d'armes. Carrel était du nombre, et avec lui quelques-uns même des membres du comité directeur des Droits de l'homme. Les violents passèrent outre : toutes les instructions furent données, en vue d'un combat prévu à date fixe. Un ordre du jour du 24 juillet annonça que la Société des Droits de l'homme serait en permanence, pendant les trois jours. Du reste, les républicains hostiles à l'émeute n'étaient pas les moins ardents à seconder sa tactique. Carrel, par exemple, poussait plus énergiquement que personne la garde nationale à « manifester » pendant la revue. Ce fut même, pour cet écrivain, une occasion de produire, au sujet du rôle de la garde nationale, une théorie qui montrait bien le péril et l'absurdité de cette institution. A l'entendre, Paris, « métropole du principe révolutionnaire », a le droit d'empêcher les Chambres de prendre certaines mesures opposées à ce principe, par exemple de « relever des Bastilles ». Or la garde nationale représente Paris. « Elle n'est point un corps soldé et voué à l'obéissance passive ; c'est la cité politique sous les armes » : sorte « d'arbitre » appelé à prononcer « entre les partis et le gouvernement », et « se prononçant par voie de fait

anniversaire ; et Henri Heine écrira, par exemple, le 25 juillet 1840, à un journal allemand : « Vraiment nous sommes très-inquiétés par l'approche des Journées de Juillet, qui seront célébrées cette année avec une pompe toute particulière, mais, comme on pense, pour la dernière fois ; le gouvernement ne peut pas, chaque année, se charger d'un pareil fardeau de terreurs. » (*Lutèce*, p. 97.)

ou par voie d'acclamation, soit lorsqu'un désordre petit ou grand éclate, soit lorsqu'une occasion solennelle met en présence la population et le gouvernement ». Il ajoutait encore : « La garde nationale est aujourd'hui la véritable souveraineté nationale, la souveraineté de fait, car, en définitive, tout système politique est de nécessité traduit devant elle aux anniversaires de Juillet; mais c'est la souveraineté sous les armes, la souveraineté du vieux Champ de Mars de nos ancêtres [1]. »

Le gouvernement ne se sentait pas encore assez d'autorité propre et de confiance en soi-même, pour ne pas s'inquiéter des desseins suggérés ou prêtés à la garde nationale, et se crut obligé, pour désarmer les mécontents, de publier, dans le *Moniteur*, une note annonçant la suspension de tous les travaux de fortification. En même temps, par une inspiration plus vigoureuse, la police, qui était au courant de tout ce qui se tramait dans les sociétés secrètes, se saisit préventivement de quelques-uns des meneurs. Cette double mesure, l'acte d'énergie et la concession, dérangèrent complétement le plan des conjurés. La garde nationale, ayant reçu satisfaction, ne se prêta plus à faire, lors de la revue du 28 juillet, aucune manifestation hostile. Les affiliés des sociétés secrètes, déconcertés par la disparution de leurs chefs les plus résolus, n'osèrent bouger. En outre, pour distraire l'opinion, le gouvernement avait préparé une sorte de coup de théâtre : au moment où le cortége royal passa sur la place Vendôme, un voile, qui enveloppait le sommet de la colonne, tomba tout à coup; la statue de Napoléon Ier reparut sur le piédestal d'où elle avait été descendue en 1815, et Louis-Philippe donna lui-même le signal des acclamations, en criant : Vive l'Empereur ! Dès lors, la foule ne pensa plus aux « forts détachés », et cette journée, qui avait excité d'avance tant d'alarmes, se passa sans trouble. Les chefs des Droits de l'homme furent réduits, pour couvrir leur fiasco, à distribuer un ordre du jour où ils disaient n'avoir eu d'autre dessein que d'éprouver la discipline de leurs adhérents; « nous voulions, ajoutaient-

---

[1] Articles des 11, 13, 24, 25 juillet 1833.

ils, savoir si le Juste Milieu aurait l'audace de nous braver ; il ne l'a pas osé, le lâche ! » Ils engagaient les sections à se disperser, leur promettant de « frapper », lorsque « l'occasion favorable se présenterait ». Puis, pour faire diversion, les journaux démagogiques tonnèrent contre les arrestations préventives, opérées par la police. A la suite de ces événements, vingt-sept individus furent déférés à la cour d'assises, pour complot contre la sûreté de l'État. Les scènes les plus violentes marquèrent le procès. L'un des témoins, membre du comité directeur des Droits de l'homme, Vignerte, interrompit l'avocat général, en lui criant : « Tu en as menti, misérable ! » Comme le président l'interpellait à ce propos, il renouvela son injure et ajouta : « Je ne veux pas être défendu... Vous n'êtes qu'un tas de valets; vous êtes les salariés d'un roi usurpateur des droits du peuple. » La cour dut condamner, sur l'heure, ce forcené à trois ans de prison. Les avocats, MM. Michel de Bourges, Pinard et Dupont, outragèrent tellement les magistrats du parquet que la cour leur infligea des suspensions variant d'un an à six mois. Quant aux accusés eux-mêmes, le jury les acquitta tous.

II

Ayant échoué dans son appel aux bourgeois de la garde nationale, la Société des Droits de l'homme ne se découragea pas ; seulement ce lui fut une raison de se tourner davantage du côté des masses populaires. Dans tous les grands centres industriels, elle se mit en rapport avec les confréries et associations ouvrières, jusqu'alors étrangères à la politique, tâcha d'y faire pénétrer ses idées, ses passions, et d'y recruter des soldats pour la bataille révolutionnaire. Le socialisme n'avait pas alors la précision doctrinale que devaient lui donner bientôt Louis Blanc, Proudhon et d'autres ; mais les aspirations et surtout les convoitises où les haines socialistes dominaient de plus en plus dans les manifestes de l'association. Celle-ci déclarait vouloir avant tout la refonte de la société, pour arriver à une répartition plus équitable de la propriété, à l'égalité du bien-être [1]. Les grèves furent ouvertement provoquées : une commission spéciale, dite de Propagande, se fonda, parmi les meneurs des Droits de l'homme, pour organiser ce nouveau moyen de perturbation. Sous son impulsion, de nombreuses grèves, souvent accompagnées de violences et de troubles, éclatèrent, vers la fin de 1833, à Paris, à Lyon, à Anzin, à Caen, au Mans, à Limoges. Mais le gouvernement était sur ses gardes ; il réprima les désordres, poursuivit les fauteurs de coalitions, et se décida même, pour couper le mal par la racine, à faire arrêter les membres du comité de Propagande ; du coup, les grèves cessèrent. Les principaux meneurs furent condamnés à cinq ans, deux ans et un an de prison.

Jusqu'alors la Société des Droits de l'homme n'avait imprimé et distribué ses appels et ses ordres du jour que d'une façon plus ou moins clandestine. Son audace croissant chaque jour, elle résolut, à la fin de 1833, de se montrer à visage découvert et de parler haut. Elle adressa donc à tous les journaux de gauche,

---

[1] Voici quelques extraits des publications faites alors par la Société des Droits de l'homme : « Nous avons bien moins en vue un changement politique qu'une refonte sociale. L'extension des droits politiques, le suffrage universel peuvent être d'excellentes choses, mais comme moyens seulement, non comme but. Ce qui est notre but, à nous, c'est la répartition égale des charges et des bénéfices de la société... » — « Sur trente-deux millions d'habitants, la France renferme cinq cent mille sybarites, un million d'esclaves heureux, et trente et un millions d'ilotes, de parias... Dites-leur que la monarchie n'est capable que de déplacer le bonheur et les souffrances, mais que la république seule peut tarir la source de celles-ci et rendre à chaque individu sa part de jouissances et de félicités... » D'autres fois, c'est une invitation brûlante « à extirper, jusque dans ses fondements même, l'aristocratie qui s'est reformée sous la dénomination de bourgeoisie ». — « Ce que nous voulons, c'est l'égale somme de bien-être pour tous ; le seul gouvernement qui puisse remplir cette condition, c'est le gouvernement du peuple par le peuple, c'est la république : avec elle, nivellement des fortunes, nivellement des conditions. » — « C'est le peuple qui garde et cultive le sol, écrivait M. Vignerte dans une lettre à Carrel ; c'est lui qui féconde le commerce et l'industrie ; c'est lui qui crée toutes les richesses : à lui donc appartient le droit d'organiser la propriété, de faire l'égale répartition des charges et des jouissances sociales. » — Enfin M. Charles Teste rédigeait un projet de constitution fondé sur le pur collectivisme.

à toutes les associations, aux réfugiés étrangers, une solennelle déclaration de principes, délibérée par le comité dont on ne craignit pas de publier les noms, et signée, pour ce comité, par le président Cavaignac et le secrétaire Berryer-Fontaine [1]. Bien que la publicité même de ce document eût obligé ses rédacteurs à modérer leur langage et à voiler leurs doctrines, plus qu'ils ne le faisaient dans les morceaux réservés aux affiliés, son double caractère jacobin et socialiste apparut tout d'abord. D'une part, nulle préoccupation de la liberté des individus et des droits des minorités; toute-puissance politique, morale, éducatrice, économique, de l'État qui n'est autre chose que le parti en possession du pouvoir. D'autre part, organisation du travail; l'État commanditant le prolétaire, assurant sa subsistance aux dépens de ceux qui ont le superflu, détruisant toute industrie préjudiciable au pauvre; limitation du droit de propriété à une certaine portion garantie par la loi; progression et non plus proportion de l'impôt. Du reste, pour que personne ne se fît illusion sur l'esprit qui l'animait, la Société proclama qu'elle « adoptait, comme expression de ses principes, la Déclaration présentée à la Convention nationale par le représentant du peuple Robespierre », et elle joignit le texte de ce document à son manifeste. Le retentissement fut considérable. Pendant que, de tous les fonds violents, venaient des adhésions passionnées, les doctrines affichées et surtout le nom de Robespierre produisaient, dans la bourgeoisie, un grand effet de scandale et d'effroi [2].

L'origine et l'éclat de ce manifeste ne permettaient pas de n'y voir que l'extravagance de quelques enfants perdus. Il engageait vraiment le parti républicain. Ce n'est pas qu'il n'y eût, dans ce parti, des hommes importants qui blâmaient au fond cette démarche. La Fayette, plus porté à se réclamer de 1789 et de l'Amérique que de la Terreur, se plaignait tout bas de ces « singeries de 93 », de ces « utopies

---

[1] Ce manifeste fut publié par la *Tribune*, le 23 octobre 1833.
[2] M. Louis Blanc a écrit, à ce propos : « L'évocation de ce nom fameux et terrible fit scandale. »

d'arbitraire », et écrivait à un de ses amis : « Associé des Washington, Franklin et Jefferson, je ne suis pas tenté, au bout de près de soixante ans, de changer de paroisse pour le patronage de Robespierre, Saint-Just et Marat [1]. » Carrel, qui se disait alors « républicain conservateur [2] », avait, lui aussi, rêvé d'une république « comme il faut », fondée, à la façon des États-Unis, sur la liberté et le droit commun. Aussi gémissait-il avec amertume, dans une lettre intime, sur ces « prétendus patriotes des Droits de l'homme », sur leurs « misères », leurs « turpitudes » et leurs « fureurs [3] ». Béranger écrivait, de son côté, à un de ses amis, en parlant de G. Cavaignac et de ses partisans : « Nos jeunes gens sont aussi des hommes rétrogrades. Comme les romantiques, ils veulent tout remettre à neuf et ne font que de la vieillerie. Ils s'en tiennent à 93 qui les tuera [4]. » Seulement, soit par timidité et pour ne pas se brouiller avec des gens dont on avait peur [5], soit par calcul et pour ne pas décourager des passions où l'on voyait après tout la force principale du parti, soit par une sorte de point d'honneur et pour ne pas fournir des armes aux adversaires, ces républicains modérés ne laissaient rien voir au public de leur désapprobation. « La presse ne peut pas tout dire, écrivait Carrel dans la lettre déjà citée plus haut ; nous sommes forcés de cacher les misères de gens qui s'appellent républicains comme nous, et avec lesquels nous sommes, bon gré, mal gré, en solidarité... Se

---

[1] Voir *passim* LA FAYETTE, *Mémoires*, t. VI, notamment la lettre du 23 novembre 1833.

[2] Lettre de J. Stuart Mill, racontant une entrevue qu'il avait eue avec Carrel, en 1833. (*Dissertations and Discussions*, t. I, p. 261.)

[3] Lettre à M. Anselme Petétin, du 5 septembre 1833. Cette lettre tomba, peu après, dans une perquisition, aux mains de la justice. M. Petétin rédigeait alors, à Lyon, le *Précurseur*, journal républicain de la nuance du *National*. Il fut plus tard conseiller d'État, sous Napoléon III.

[4] *Correspondance de Béranger*, lettres du 23 avril, du 10 août et du 14 novembre 1833.

[5] Un banquier, auquel M. Guizot reprochait alors ses compromissions avec le parti révolutionnaire, lui répondait : « Que voulez-vous ? vous autres, vous ne me ferez jamais de mal ; mais ces gens-là seront quelque jour les maîtres, et ils ont des amis qui pourraient bien avoir la fantaisie de me prendre mon bien et de me couper la tête : je ne veux pas me brouiller avec eux. » (*Mémoires de M. Guizot*, t. III, p. 208.)

plaindre et jeter des hauts cris, c'est exciter les ricanements du juste milieu qui vous dit : Nous l'avions bien prévu. » Carrel croyait même « chevaleresque » de couvrir les violents qui avaient agi contrairement à son sentiment : pour le faire, il prenait, contre la monarchie et contre le Roi, l'offensive des outrages, écrasait d'invectives ou de sarcasmes ceux qui disaient, des évocations de Robespierre, ce qu'il en pensait au fond lui-même, et essayait une semi-apologie, fort embarrassée, de ces hommes et de ces idées de 93 qu'il eût désiré si fort voir répudier.

Parmi les associations auxquelles la Société des Droits de l'homme avait envoyé son manifeste, en leur demandant une adhésion, était la Société pour la défense de la liberté de la presse dont faisaient partie La Fayette, Carrel et autres républicains de même nuance. Carrel fut chargé de faire au comité de cette société un rapport sur le manifeste. Dans ce travail fort étendu, il laisse voir sa répugnance contre la dictature jacobine, son déplaisir de l'entrée en scène du socialisme; mais que d'embarras, de timidités, de précautions, de détours, et aussi de concessions ! S'il n'acclame pas Robespierre, il comprend cependant et excuse ceux qui l'ont invoqué; s'il se distingue des jacobins terroristes, c'est en les traitant comme des coreligionnaires dont une nuance seule les sépare; s'il réfute avec force certains sophismes, tels que celui de l'impôt progressif, c'est en faisant d'autres concessions, notamment sur le principe de la propriété, ou en avouant une incertitude de pensée [1] qui faisaient la part belle au socialisme. Encore ce rapport était-il tenu secret, pour ménager la Société des Droits de l'homme [2]; le public ne connaissait alors, de Carrel, que les articles dans lesquels il défendait ou, tout au moins, expliquait la déclaration robespierriste contre les « déclamations monarchiques [3] ».

---

[1] « Je sentais parfaitement, a dit Carrel, la faiblesse de cet écrit, qui témoigne plutôt des hésitations consciencieuses de son auteur, sur les points les plus importants de notre passé et de notre avenir révolutionnaires, que de cette fixité de vues et de projets qu'on est, en général, porté à nous demander. »

[2] Ce document n'a été connu que plus tard, à la suite d'une saisie des papiers de Carrel.

[3] Voir l'article du 10 janvier 1834, dans le *National*.

Était-ce par de tels procédés qu'un écrivain politique pouvait se flatter de diriger le parti républicain? Celui-ci, sans doute, était bien aise de pouvoir montrer à sa tête Armand Carrel, avec le prestige de son talent, de son caractère et de son intrépidité, avec ce je ne sais quoi de chevaleresque qui manquait aux autres meneurs, avec cette figure d'homme d'action qui le faisait apparaître à beaucoup d'imaginations comme une sorte de Bonaparte républicain. Le nom paraissait une enseigne bonne à prendre le bourgeois. Mais d'autorité réelle sur le parti, d'influence sur ses doctrines ou sa conduite, l'écrivain du *National* n'en exerçait aucune. « Cette démocratie à laquelle il avait fait tant de sacrifices, a écrit un de ses admirateurs[1], n'a jamais vu en lui qu'un instrument et presque une dupe. Ses théories américaines furent peu goûtées et encore moins comprises, au sein d'un parti où le Contrat social était considéré comme le code de la liberté. »

Non-seulement Carrel n'était pas obéi, mais parfois il était attaqué, dénoncé, soit secrètement dans quelque ordre du jour des sociétés révolutionnaires, soit publiquement par la *Tribune*. Celle-ci le prenait à parti sur la décentralisation et sur l'Amérique, ou éveillait les jalousies naturelles des démocrates en l'accusant de « prendre des allures de grand seigneur ». Carrel prêtait à ce reproche par sa roideur un peu dédaigneuse; il n'avait pas la physionomie habituelle du tribun populaire : dans sa personne comme dans son talent, rien de grossier ni en surface; tout était fin et profond; ses goûts d'élégance, sa politesse faisaient contraste avec le type vulgaire du « bouzingot » d'alors. C'était peut-être ce qu'on lui pardonnait le moins. Les jacobins lui en voulaient de ses éperons, de sa cravache et de son cabriolet, presque plus encore que de son libéralisme américain[2].

Aussi, bien qu'entraîné par les violents et solidaire d'eux,

---

[1] *Notice de M. Lanfrey.*

[2] La Fayette n'était pas plus épargné que Carrel. Marrast avait un duel avec un républicain qui trouvait que ce n'était pas assez d'avoir traité La Fayette de « grand coupable ». Un peu plus tard, lors de la mort du général, les détenus républicains illumineront à la prison de la Force.

Carrel devait se sentir chaque jour plus seul. « Vous vous élevez bien haut, Monsieur, lui écrivait alors M. de Chateaubriand; vous commencez à vous isoler, comme tous les hommes faits pour une grande renommée. Peu à peu la foule, qui ne peut les suivre, les abandonne, et on les voit d'autant mieux qu'ils sont à part. » Il est douteux que cette rhétorique suffît à consoler Carrel. A cet homme qui était venu aux républicains avec l'espoir de les commander, qui se croyait fait pour l'action et le pouvoir, et qui le montrait dans son langage et jusque dans sa tenue, il devait être dur de se sentir impuissant, de ne pas posséder plus d'autorité réelle que ce La Fayette dont il avait sans doute, à part lui, raillé plus d'une fois la nullité vaniteuse. A cet homme d'une fierté si farouche, d'une indépendance si susceptible, qui se piquait de « ne recevoir de mot d'ordre d'aucune autorité [1] » et de « ne pas aimer à marcher en troupeau [2] », tellement rebelle à toute supériorité qu'il avait trouvé insupportable la hiérarchie d'une société monarchique, il devait être dur de subir, dans son parti, la prédominance de meneurs vulgaires et d'être réduit à couvrir après coup ce que ceux-ci faisaient malgré lui.

De là, chez Carrel, une tristesse et une amertume croissantes. Il se voyait dans une impasse. « Nous sommes, comme tous les partis, écrivait-il alors à son ami, M. Petétin, poussés par notre fatalité. Nous avons une monarchie à renverser; nous la renverserons, et puis il faudra lutter contre d'autres ennemis. J'ai pensé longtemps qu'en se séparant nettement des furieux, on amènerait à soi les honnêtes gens du Juste Milieu; mais ces honnêtes gens nous en veulent... Plus nous allons, plus les difficultés de la tâche s'accroissent [3]. » Peut-être en venait-il à regretter de s'être fait républicain. La Fayette écrivait, le 30 mai 1833, qu'il avait trouvé Carrel très-troublé de ce que devenait le républicanisme, et il ajoutait : « Je crois que, s'il en était à recommencer, il s'en tiendrait à la doctrine du droit

---

[1] Lettre à M. Sainte-Beuve.
[2] Conversation déjà citée avec J. Stuart Mill.
[3] Lettre du 5 septembre 1833.

commun et de la souveraineté du peuple, sans faire de la première magistrature une question égale à celle des droits naturels et sociaux[1]. » Seulement, si l'écrivain du *National* avait des doutes, il se croyait tenu à les cacher, et l'un de ses amis a résumé ainsi le rôle pénible auquel était alors condamné ce chef apparent du parti républicain : « Résister à ses propres lumières, ne pas fléchir, ne pas laisser voir ses doutes, ne pas délaisser les principes arborés dans certaines crises, même si ces principes n'ont été, au commencement, que des impressions ou des espérances téméraires que l'impatience a converties en doctrines de gouvernement; ne pas manquer aux âmes simples qu'on y a engagées et qui y persévèrent et s'exaltent; étouffer son bon sens de ses propres mains, et, au besoin, appeler froidement, sur sa vie ou sur sa liberté, des périls inutiles et prématurés, pour ne pas faire douter de soi[2]. » Douloureux supplice, châtiment redoutable ! Et ce n'est qu'un début : le mal s'aggravera encore pendant les deux dernières années de la vie de Carrel.

III

Les violents, les aveugles, les aventuriers, les rêveurs de coups de force dominaient donc, de plus en plus, dans le parti républicain. Un tel symptôme, s'ajoutant aux tentatives de désordres qui s'étaient produites dans la seconde moitié de 1833, ne permettait plus guère la satisfaction et l'illusion un peu orgueilleuses auxquelles nous avions vu naguère le ministère s'abandonner. Impossible de proclamer encore, comme l'avait fait M. Guizot, en février 1833, que « l'esprit révolutionnaire était mort ». Vainement le gouvernement avait-il réussi à prévenir les émeutes de juillet, à réprimer les coali-

---

[1] *Mémoires de La Fayette*, t. VI.
[2] Notice écrite, en 1837, par M. Nisard, qui avait été le collaborateur et l'ami de Carrel.

tions de l'automne, il sentait bien que ces victoires temporaires et toutes matérielles laissaient subsister le principe même du désordre. Le *Journal des Débats*, si optimiste quelques mois auparavant, publiait, le 14 décembre 1833, ces réflexions dont la vérité n'est pas aujourd'hui affaiblie : « L'ordre véritable est-il complétement rétabli? Non certes, il s'en faut encore de beaucoup, et nous ne cesserons de le répéter, au risque de troubler la quiétude de ces gens qui ne connaissent d'autre désordre que le désordre brutal. Faut-il absolument, pour qu'il y ait du désordre, que l'on en soit aux coups de fusil? Le désordre moral n'est-il pas l'infaillible précurseur du désordre matériel? Pour qui l'entend bien, le désordre matériel est moins effrayant que le désordre moral. L'ordre peut en sortir par un effort vigoureux de la société. Le désordre matériel frappe les yeux des plus insouciants, alarme tous les intérêts, rallie toutes les forces conservatrices de la société. Il donne un élan général. On se réveille, on s'anime l'un l'autre, on oppose la violence à la violence. Le désordre moral gagne lentement et infecte toute la société; il va toujours s'étendant; il pervertit jusqu'à ceux qui le repousseraient avec horreur, sous les formes brutales du désordre matériel... Il y a des gens, je le sais, qui ne croient point à ces effets du désordre moral. La face extérieure de la société est tranquille, cela leur suffit; ils se trompent... La tour paraît entière et inébranlable aux yeux, mais la mine avance sourdement. Quel remède? Au désordre moral, il faut opposer l'ordre moral. » Cette intelligence et ce souci de l' « ordre moral » étaient choses nouvelles. Périer n'y avait guère songé. C'était la marque propre des doctrinaires, et par là apparaissait leur prétention non-seulement de continuer, mais de compléter le « système du 13 mars ».

Comment avoir raison de ce désordre moral? Contre la presse, le gouvernement avait essayé de se défendre par des poursuites. Mais le jury n'était pas devenu plus ferme, et les procès, occasions de nouveaux scandales, n'aboutissaient trop souvent qu'à des acquittements. Le résultat en était ainsi plus nuisible qu'utile. En janvier 1834, un député obscur de la gauche, connu pour être fils naturel de M. Dupont de l'Eure, M. Dulong, injuriait à la Chambre, le général Bugeaud : de là, un duel et la mort du malheureux Dulong, frappé d'une balle au front. Aussitôt, cri de rage dans la presse de gauche, qui présenta ce duel comme un guet-apens organisé par le Roi lui-même. Carrel n'était pas le moins ardent à appuyer cette odieuse et absurde insinuation. La *Caricature* publia un dessin intitulé la *Main invisible;* c'était la scène du duel : derrière le général Bugeaud, on entrevoyait le profil de Louis-Philippe qui le poussait et le dirigeait, et, à côté, un poteau indicateur, avec ces mots : *Route royale*. L'outrage et la calomnie étaient manifestes : la *Caricature,* poursuivie de ce chef, fut acquittée. Combien pourrait-on noter d'autres verdicts non moins injustifiables [1] !

Le jury ne réprimait pas mieux les sociétés révolutionnaires. Ne l'avait-on pas vu, dans l'affaire des Amis du peuple, constater le délit d'association non autorisée, la violation de l'article 291 du Code pénal, et ensuite déclarer les accusés « non coupables [2] » ? Même, quand il se décidait à frapper, ce qu'il fit, une fois, pour certains membres des Droits de l'homme [3], et

---

[1] M. Cabet avait dit : « La royauté du 7 août est instituée par une charte usurpatrice et illégale; elle se maintient par les moyens les plus honteux; elle a trahi la révolution de Juillet, et la livrera, si besoin est, aux puissances étrangères. Mais la royauté doit être responsable, et la nation a su punir Louis XVI. » Acquitté, le 15 avril 1833. — La *Tribune* avait dit : « Où est la force de la royauté? La tire-t-elle de l'illustration de la maison d'Orléans?... Prenez son histoire : hommes et femmes, c'est à repousser de dégoût. Est-ce de la considération particulière de Louis-Philippe? Nous consentons à la faire apprécier par un jury, et nous le tirerons au sort parmi ceux qui ont vu l'homme de plus près. » Acquittée, le 3 juin 1833. — Un autre jour, ce journal avait publié des adresses appelant à l'insurrection. Acquitté, le 26 octobre 1833. — Carrel écrivait dans le *National* : « Comme il n'y a que le malheur qui rende les princes intéressants, on se surprend à souhaiter aux femmes accomplies qui composent la famille de Louis-Philippe ce je ne sais quoi d'achevé que Bossuet admirait dans la veuve de Charles Ier. » Acquitté, le 23 août 1834, etc., etc. — Du reste, nous recueillons dans les journaux du temps une statistique qui montre bien, et le nombre énorme des procès de presse à cette époque, et la proportion considérable des acquittements. Du 2 août 1830 au 1er octobre 1834, on compte, rien qu'à Paris, 520 procès et seulement 188 condamnations. Celles-ci s'élevaient ensemble à 106 ans de prison et à 44,000 francs d'amende.

[2] 15 décembre 1832.

[3] 12 avril 1833.

quand, en conséquence, la Cour prononçait la dissolution de la société, la sentence n'avait guère d'effet pratique; les affiliés échappaient à une nouvelle répression, en feignant de se fractionner par sections de moins de vingt et un membres, et, en somme, l'association n'en continuait pas moins à se développer avec une audace croissante.

L'affaire des crieurs publics, à la fin de 1833, fut une de celles où le gouvernement sentit davantage son impuissance et se vit le plus insolemment bravé. Ces crieurs, sortis de la lie de la population, remplissaient alors les rues les plus fréquentées, colportant, avec des exclamations assourdissantes, d'ignobles libelles dont le titre seul était souvent un outrage aux lois ou aux bonnes mœurs. Cette sorte d'orgie prit de telles proportions qu'on put se vanter d'avoir distribué ainsi, en trois mois, six millions d'imprimés démagogiques. Les colporteurs étaient presque tous enrégimentés dans la Société des Droits de l'homme et revêtus même d'une sorte d'uniforme. Ils remplissaient l'office de courtiers des sociétés révolutionnaires, d'agents de troubles, faisant parvenir à la rue tous les mots d'ordre et toutes les excitations. M. Louis Blanc lui-même les a appelés « les hérauts d'armes de l'émeute, les moniteurs ambulants de l'insurrection ».

Le préfet de police, M. Gisquet, ému d'un tel désordre, se crut le droit d'empêcher, sur la voie publique, la vente des écrits qu'il n'avait pas autorisés. Mais le tribunal, saisi de la question, lui donna tort; il déclara que la loi obligeait le crieur à faire seulement une déclaration et un dépôt préalables, non à demander une autorisation. Ce n'était encore qu'un jugement de première instance, frappé d'appel, et la police, en cela plus ardente que prudente, crut pouvoir, en attendant la décision de la Cour, persister dans son interprétation, continuer ses saisies et ses arrestations. Aussitôt, les meneurs virent là l'occasion d'une « journée ». Le coup fut monté non sans quelque habileté. Pendant que, de toutes parts, les journaux faisaient rage contre l'arbitraire de la police, un écrivain républicain, de caractère résolu, M. Rodde, annonça que, le dimanche 13 octobre 1834, il vendrait en personne, sur la place de la Bourse, les imprimés interdits : « Je résisterai, disait-il, à toute tentative de saisie et d'arrestation arbitraires ; je repousserai la violence par la violence ; j'appelle à mon aide tous les citoyens qui croient encore que force doit rester à la loi. Qu'on y prenne garde... J'ai le droit d'en appeler à l'insurrection ; dans ce cas, elle sera, ou jamais, le plus saint des devoirs. » En même temps, les Droits de l'homme convoquaient tout leur personnel pour soutenir le « crieur » volontaire. Le défi était embarrassant pour l'administration, non soutenue, sur la question de droit, par la justice. Aussi saisit-elle le prétexte d'un arrêt rendu, le 11 octobre, par la Cour royale, et confirmant le jugement de première instance, pour annoncer, dans le *Moniteur*, que, jusqu'à la décision de la Cour de cassation, il ne serait fait aucune poursuite nouvelle contre les crieurs publics. M. Rodde ne renonça pas pour cela à sa mise en scène. Au jour fixé, il parut vêtu en crieur, distribua ses imprimés, entouré d'une foule considérable : la police le regarda faire sans intervenir. Le lendemain, le parti révolutionnaire, enorgueilli d'avoir fait reculer l'autorité, célébrait arrogamment son succès. « Déjà, écrivait l'un des meneurs, les résultats féconds de cette victoire de la république se font sentir. Dans toutes les rues de Paris, on voit des légions de crieurs et de vendeurs d'écrits républicains. Hier, j'en ai vu une vingtaine, aux Tuileries, qui vendaient, sous les fenêtres du Roi-citoyen, la Déclaration des droits de l'homme (celle de Robespierre). Tous ceux qui ont vu ce qui s'est passé et qui voient ce qui se passe aujourd'hui, sont remplis d'espoir. Ils contemplent avec ravissement la chute prochaine des tyrans et l'avénement prochain de la république. »

Ainsi apparaissait partout l'insuffisance des moyens légaux par lesquels le gouvernement essayait de se défendre. Dès lors, une question se posait : Ne fallait-il pas des lois nouvelles pour limiter cette liberté que les passions démagogiques faisaient dégénérer en licence ? Périer s'était fait un point d'honneur de ne rien demander de ce genre, sauf une loi secondaire sur les rassemblements. Mais eût-il pu lui-même persister longtemps dans cette abstention? Et d'ailleurs, si considérable qu'eût été son œuvre, n'avait-elle pas laissé subsister une grande part du mal révolutionnaire? Aussi beaucoup de conservateurs commençaient-ils à croire et à dire qu'il fallait passer par-dessus ce scrupule, et qu'après tout le premier devoir d'un gouvernement était de donner au pays la paix et la sécurité dont il avait besoin. M. Viennet s'était fait l'interprète, un peu compromettant et maladroit, de ces impressions, quand il avait laissé échapper à la tribune cette exclamation, aussitôt violemment attaquée et perfidement exploitée par la presse de gauche : « La légalité actuelle nous tue [1] ! » C'est un sentiment analogue qu'exprimait, un peu plus tard, le *Journal des Débats,* quand il disait : « L'effet des 5 et 6 juin s'est épuisé, et nous avons vu recommencer d'abord l'anarchie morale..., ensuite et à peu de distance l'anarchie matérielle... On a vu que ce n'était pas tout d'avoir battu ses ennemis dans les rues ; que, tant que les lois restaient faibles, impuissantes, inexécutées, la répression des désordres n'était qu'une affaire d'un moment, quelque chose de local et d'accidentel qui ne pouvait rien pour le repos de la société [2]. » Plus le trouble s'aggravait, plus ces idées gagnaient dans le monde conservateur. « La situation s'est améliorée, écrivait, de Toulouse, M. de Rémusat à M. Guizot, précisément parce qu'elle est moins sereine. Vous savez que je ne crains rien tant qu'une sécurité exagérée... Nous avons toujours besoin d'un peu de danger pour être raisonnables. » Puis, après avoir parlé des coalitions d'ouvriers et des symptômes de « maladie sociale », il ajoutait : « Ces troubles ne peuvent que rallier et mettre sur ses gardes la classe moyenne. On est ici très-préoccupé de ces sortes d'événements ; des gens, qui ne s'inquiétaient pas jusqu'à

---

[1] Séance du 23 mars 1823. Voici, du reste, le passage entier du discours de M. Viennet : « La masse de la population veut être protégée ; elle ne sait pas se protéger elle-même... Ministres du Roi, assurez-lui le repos qu'elle vous demande. La légalité actuelle nous tue. Les factions s'en moquent. Elle est un bouclier pour elles, et ce sera bientôt une arme contre vous-mêmes. Provoquez des lois plus fortes, plus efficaces, et nous les voterons, aux applaudissements des populations rassurées. »
[2] *Journal des Débats,* 7 mars 1834.

présent, commencent à s'inquiéter et à voir ce qui nous crève les yeux, à vous et à moi, depuis trois ans[1]. » Le ministère s'aperçut de cette disposition nouvelle des esprits, et résolut d'en profiter. Las de combattre avec des armes qui se brisaient entre ses mains, il voulut saisir cette occasion d'en demander au législateur de plus solides et de plus efficaces : tel devait être, dans sa pensée, l'emploi de la session de 1834.

IV

La session de 1834 s'ouvrit le 23 décembre 1833. Amis ou adversaires de la monarchie s'attendaient à y voir livrer une bataille décisive entre le gouvernement et la faction révolutionnaire. Le ministère cependant n'abattit pas ses cartes tout d'un coup et n'annonça pas, dès le premier jour, les projets de loi qu'il avait l'intention de déposer. Évidemment, il était incertain des dispositions de la majorité, inquiet des premiers symptômes de tiers parti, et il voulait examiner le terrain avant de s'y engager. Aussi le discours du trône se contenta-t-il de quelques phrases vagues sur les « passions insensées » et les « manœuvres coupables » qui « s'efforçaient d'ébranler l'ordre social ». Dans la discussion de l'Adresse, il n'y eut, sur ce sujet, que des escarmouches. Les ministres essayèrent bien d'obliger leurs adversaires à s'expliquer sur les menées républicaines, mais l'opposition se déroba à un débat gênant pour elle ; toutefois, si peu qu'elle dît, ce fut assez pour manifester ses divisions. Pendant que La Fayette et Garnier-Pagès se proclamaient républicains, que MM. Voyer d'Argenson et Audry de Puyraveau avouaient, au mépris de leur serment, avoir signé le manifeste de la Société des Droits de l'homme, M. Odilon Barrot protestait de sa fidélité dynastique, sans vouloir pour cela se séparer des révolutionnaires, bien plus, en s'efforçant de les couvrir.

[1] *Mémoires de M. Guizot*, t. III, p. 220.

L'Adresse terminée, le ministère crut le moment venu de déposer le premier des projets qu'il avait préparés, celui sur les crieurs publics [1]. C'était une réponse directe et ferme aux scandales et aux défis dont la rue avait été le théâtre, une revanche de l'espèce de défaite que l'autorité y avait subie. D'après ce projet, les crieurs devaient obtenir une autorisation toujours révocable, et l'infraction à cette prescription était déférée non au jury, mais aux tribunaux correctionnels. La discussion fut vive. A entendre les orateurs de l'opposition, on eût dit que la liberté de la presse elle-même était en jeu, et qu'il était question de rétablir la censure. Mais la majorité ne se laissa pas ébranler, et le projet fut voté par 212 voix contre 122. C'était un coup sensible pour les sociétés secrètes, qui perdaient, avec les crieurs, leurs agents de propagande et de transmission. Aussi, grande colère et tentative de résistance. Les crieurs prétendirent vendre quand même. Des rixes éclatèrent, et une agitation telle que les meneurs se flattèrent un moment de pouvoir livrer bataille. Plus d'une circonstance les y encourageait. N'annonçait-on pas qu'à ce moment même les ouvriers étaient sur le point de se soulever à Lyon, à Saint-Étienne, à Marseille, et que Mazzini se disposait à envahir le Piémont, à la tête d'une armée révolutionnaire? Mais la population ne parut pas disposée à écouter l'appel des sociétés secrètes. A défaut d'une véritable insurrection, les troubles ne s'en prolongèrent pas moins, pendant plusieurs jours, du 17 au 24 février. Le gouvernement ne se laissa pas intimider, et la police, justement irritée de ce que plusieurs des siens avaient été grièvement blessés, frappa sur les perturbateurs d'une main qui ne fut pas toujours légère. Force resta à la loi. Quant à l'opposition parlementaire, elle ne vit là qu'une occasion de déclamer contre la barbarie des sergents de ville.

La loi sur les crieurs n'était qu'un engagement d'avant-poste. Encouragé par ce premier succès, le gouvernement se décida à pousser plus avant et plus à fond son offensive contre le parti

---

[1] Ce projet fut déposé le 25 janvier 1834.

révolutionnaire. Le 24 février, à l'heure même où les troubles étaient le plus violents, le garde des sceaux saisit l'occasion d'une interpellation, pour annoncer qu'il déposerait, le lendemain, un projet sur les associations. Les dispositions en étaient rigoureuses, radicales. L'article 291 du Code pénal disposait qu'aucune association de plus de vingt personnes, quel que fût son objet, ne pouvait se former qu'avec l'agrément du gouvernement ; mais les sociétés révolutionnaires avaient cherché et parfois réussi à échapper à cet article, en se subdivisant en sections de moins de vingt personnes : le projet portait que « les dispositions de l'article 291 seraient applicables aux associations de plus de vingt personnes, alors même que ces associations seraient partagées en sections d'un moindre nombre ». Le texte ancien paraissait exiger, pour l'existence du délit, la périodicité des réunions : le projet supprimait cette condition. En cas d'infraction, l'article 292 n'avait fait peser de responsabilité que sur les « chefs » et n'avait stipulé qu'une légère amende : le projet élevait le chiffre de l'amende, y ajoutait la prison et étendait la peine à tous les associés ; enfin, il déférait à la Cour des pairs les attentats commis par les associations contre la sûreté de l'État, et renvoyait aux tribunaux correctionnels les infractions à la loi des associations. Ces dernières mesures étaient visiblement inspirées par la méfiance trop fondée qu'inspirait alors le jury. N'avait-on pas entendu, peu auparavant, le procureur général près la Cour de Paris dénoncer, dans sa mercuriale, le scandale de certains acquittements, et n'avait-on pas vu, dans la discussion de l'Adresse, la majorité repousser un amendement qui louait « la sagesse et l'indépendance du jury » ? Seulement, sur ce point, la Charte, qui avait stipulé « l'application du jury aux délits de la presse et aux délits politiques », ne permettait pas une réforme radicale : il fallait se borner à renvoyer aux tribunaux correctionnels tout ce qu'on pouvait soutenir n'être pas, à proprement parler, un « délit politique ». Ainsi avait-on déjà fait dans la loi sur les crieurs ; ainsi fera-t-on plus tard, dans les lois de septembre 1835.

Nul ne songeait à présenter la loi proposée comme une de

ces lois qui résolvent d'une façon définitive et permanente les grands problèmes d'organisation politique. C'était une loi de circonstance pour faire face au péril du jour, une loi de combat contre une faction ennemie. Aussi, lisez l'exposé des motifs : vous n'y trouvez pas de considérations théoriques sur les droits de l'autorité et de la liberté en semblable matière, mais un réquisitoire contre les désordres et les attentats des associations révolutionnaires depuis 1830. Ce n'est pas au nom d'un principe qu'on veut les frapper, c'est au nom du salut public. Certes, le péril ne pouvait être nié. Un écrivain peu suspect, M. Louis Blanc, l'a avoué plus tard : « Sans la loi contre les associations, a-t-il écrit, non telle que l'entendait l'opposition dynastique, mais telle que le gouvernement la demandait, c'en était fait de la monarchie constitutionnelle : rien de plus certain. » Mais pourquoi ne s'être pas borné à frapper ces associations dangereuses? Pourquoi avoir englobé dans la même interdiction toutes les associations, même celles auxquelles ne pouvaient aucunement s'appliquer les motifs invoqués par le gouvernement? Au cours du débat, des amendements nombreux furent proposés pour reconnaître la liberté des associations notoirement inoffensives. On les repoussa, dans la crainte que les sociétés révolutionnaires ne se servissent de ces distinctions pour échapper à la répression. « Si on laisse aux associations, disait le *Journal des Débats*, un prétexte soit religieux, soit scientifique, soit littéraire, la lutte devient inutile; car elles se jetteront toutes dans l'exception que la loi consacrera, et, pour nous servir de l'énergique expression de M. Dupin, elles se précipiteront toutes par la porte qui restera ouverte [1]. » Seulement ministres, membres de la commission, orateurs de la majorité, tous déclarèrent à l'envi que la loi était exclusivement dirigée contre les associations politiques et révolutionnaires, repoussant, comme une injure et une absurdité, l'idée qu'elle pourrait être appliquée aux associations littéraires, religieuses ou de bienfaisance. « La loi sera générale, disait encore le

[1] 22 mars 1834.

Journal des Débats, pour ne laisser aucun prétexte à la mauvaise foi ; la loi ne discernera pas. Le gouvernement discernera ! Sans doute, une loi qui ne discerne pas est une arme dangereuse dans la main d'un gouvernement absolu... Mais, contre l'abus du pouvoir que vous allez confier au gouvernement, contre son mauvais vouloir, contre sa sottise, n'avez-vous pas la tribune ? n'avez-vous pas la presse ? » Garantie bien insuffisante, comme on l'a vu plus tard, sinon sous la monarchie de Juillet, du moins sous les régimes qui ont suivi. L'Empire a appliqué la loi contre la Société de Saint-Vincent de Paul en même temps que contre les sociétés politiques. Depuis, on a vu mieux encore : pendant que cette loi est devenue lettre morte à l'égard des associations révolutionnaires contre lesquelles elle avait été faite, elle a été mise en œuvre contre les associations religieuses que le législateur de 1834 avait affirmé ne pas vouloir atteindre. Ce sont résultats auxquels il faut s'attendre, quand une fois on a mis l'arbitraire dans la législation.

S'il était nécessaire de laisser à la loi une portée générale et absolue, ne pouvait-on en limiter la durée ? C'eût été la marquer de son vrai caractère. Néanmoins, tous les amendements dans ce sens furent également rejetés. On craignit de l'énerver, et surtout de la déconsidérer, en lui donnant la figure d'une de ces « lois d'exception » dont le titre seul était devenu si impopulaire et contre lesquelles les « libéraux » avaient tant crié sous la Restauration[1]. Singulier scrupule, à vrai dire, que celui qui faisait supprimer à jamais une liberté, pour échapper au reproche de la suspendre ! L'un des ministres d'alors, M. Guizot, a reconnu plus tard que c'était une faute, et qu'il eût mieux valu donner franchement à la loi son caractère de loi d'exception, faite pour une durée limitée.

La discussion ne dura pas moins de deux semaines, appro-

---

[1] Le *Journal des Débats* disait, le 25 mars 1834 : « La Chambre ne fera pas la faute énorme d'énerver elle-même la loi, en la rejetant dans la classe des lois d'exception..... Tout ce qui aurait l'air d'une concession faite aux clubs, en ce moment, ne serait qu'une lâcheté devant des gens qui annoncent ouvertement l'intention de ne pas obéir à la loi. » — Voir, dans le même sens, le discours prononcé, le 25 mars, par M. de Salvandy.

fondie et passionnée. Dans les deux camps, personne ne s'épargna. Du côté de l'opposition, on entendit MM. Odilon Barrot, Berryer, Garnier-Pagès, Mauguin, Dubois, Bignon, Bérenger, etc. En face d'eux, et leur faisant tête, sans reculer d'une semelle, les ministres : le duc de Broglie, MM. Barthe, d'Argout, et surtout MM. Guizot et Thiers dont les discours produisirent un immense effet ; à côté des ministres, et ne craignant pas de se compromettre avec eux, des membres de la majorité, MM. de Rémusat, de Salvandy, Martin du Nord, Lamartine, Jouffroy, Jaubert, etc. L'opposition avait beau jeu à dénoncer le caractère illibéral de la loi ; elle prétendait même y voir une violation de la Charte, ne fût-ce que dans les dispositions restreignant la juridiction du jury. Son attaque prenait plus de vivacité encore, quand elle mettait en cause les anciens libéraux qui, pendant la Restauration, s'étaient plaints d'étouffer sous l'article 291, et qui, à peine ministres, non-seulement confirmaient, mais aggravaient cet article. C'était à qui rappellerait à M. le duc de Broglie qu'il avait ouvert son hôtel à la Société des Amis de la presse ; à M. Guizot, qu'il avait été l'un des chefs de la Société Aide-toi, le ciel t'aidera ; à M. Barthe, qu'il avait conspiré dans les Ventes de *Carbonari*. Et M. Berryer, dans l'emportement de son éloquence, s'écriait : « Il est quelque chose de plus hideux que le cynisme révolutionnaire, c'est le cynisme des apostasies. » Une seule réponse était possible : rappeler les crimes récents et montrer les périls immédiats des associations révolutionnaires. Sur ce point de fait, les preuves ne manquaient pas. C'est toujours là qu'en revenaient les ministres et leurs alliés, c'est par là qu'ils agissaient sur la majorité. Ils discutaient cette loi moins comme un problème de législation que comme une question de politique actuelle. A les entendre, l'existence même du gouvernement était en jeu ; en votant pour ou contre la loi, on se déciderait entre la monarchie et la république, et, à ce propos, M. Thiers, voulant à tout jamais dégoûter la France de ce second régime, s'écriait : « On a eu la république non-seulement sanglante, mais la république clémente qui voulait être modérée et qui n'est arrivée qu'au mépris, quoiqu'en majorité les hommes qui la dirigeaient fussent d'honnêtes gens... Aussi la France en a horreur : quand on lui parle république, elle recule épouvantée. Elle sait que ce gouvernement tourne au sang ou à l'imbécillité. » Du premier jour au dernier, la majorité tint bon; voyant là, comme les ministres, une nécessité de défense sociale et de salut public, elle repoussa, de parti pris, tous les amendements, même ceux où l'on avait eu soin de ne pas contredire directement le principe de la loi. L'ensemble fut voté par 246 voix contre 154.

Cette victoire avait ses côtés tristes. Comment ne pas faire un rapprochement? Quatre ans après sa restauration, le gouvernement de Louis XVIII avait fait voter cette loi de 1819 sur la presse, imprudente peut-être dans sa générosité libérale, mais loi de confiance et d'espoir. Quatre ans aussi après son avénement, la monarchie de Juillet, qui cependant ne rêvait pas davantage d'arbitraire et de despotisme, était conduite à faire voter une loi contre la liberté d'association, loi de défiance et de déception. A qui s'en prendre? M. Guizot le disait à la tribune, dans cette discussion même : « Ce n'est pas à nous, s'écriait-il, en s'adressant aux opposants de gauche, c'est à vous et au parti que vous défendez, qu'il faut imputer ce retard dans le développement de la liberté... Ce n'est pas d'aujourd'hui que vous décriez, que vous compromettez nos libertés, à mesure qu'elles paraissent. Je voudrais bien qu'on me citât une seule de nos libertés qui, en passant par vos mains, par les mains des hommes dont je parle, ne soit bientôt devenue un danger et ne soit devenue suspecte au pays. Entre vos mains, la liberté devient licence, la résistance devient révolution. On parlait hier, à cette tribune, d'empoisonneurs. Messieurs, il y a un parti qui semble avoir pris le rôle d'empoisonneur public, qui semble avoir pris à tâche de venir souiller les plus beaux sentiments, les plus beaux noms, les meilleures institutions... Chaque fois que la liberté est tombée entre ses mains, chaque fois qu'il s'est emparé de nos institutions, de la presse, de la parole, du gouvernement représentatif, du droit d'association, il en a fait un tel usage, il en a tiré un tel danger pour le pays, un tel sujet d'épouvante, et permettez-moi d'ajouter, de dégoût, qu'au bout de très-peu de temps, le pays tout entier s'est indigné, alarmé, soulevé, et que la liberté a péri dans les embrassements de ses honteux amants. Qu'on ne parle donc plus, comme on le fait depuis quelque temps, qu'on ne parle plus de mécomptes depuis 1830! Qu'on ne parle plus d'espérances déçues! Oui, il y a eu des mécomptes, oui, il y a eu des espérances déçues, et les premières, ce sont les nôtres! C'était nous qui avions conçu les plus hautes espérances du développement progressif de nos libertés et de nos institutions. C'est vous qui les avez arrêtées; c'est de vous que sont venus nos mécomptes, qu'est venue la déception de nos espérances. Au lieu de nous livrer, comme nous le pensions, comme nous le voulions, à l'amélioration de nos lois, de nos institutions, au lieu de ne songer qu'à des progrès, nous avons été obligés de faire volte-face, de défendre l'ordre menacé, de nous occuper uniquement du présent et de laisser là l'avenir qui jusque-là avait été l'objet de nos plus chères pensées. Voilà le mal que vous nous avez fait; voilà comment vous nous avez forcés à nous arrêter dans la route où nous marchions depuis quelques années! »

Nous nous sommes laissé aller à prolonger cette citation qui a pour nous plus qu'un intérêt de curiosité historique. Ce mécompte si douloureusement et si éloquemment avoué par M. Guizot, dès le lendemain de 1830, ne le ressentons-nous pas, hélas! plus encore, et toujours par la cause qu'indiquait l'orateur de 1834, par la faute du parti qu'il dénonçait? Ne semble-t-il même pas que ce soit la grande humiliation réservée à ce siècle, en sa vieillesse, la contre-partie et le châtiment du libéralisme trop présomptueux qui avait marqué sa brillante et espérante jeunesse?

V

Ce n'était pas tout de faire voter la loi, il fallait la mettre à exécution. Or, si les mesures prises contre les crieurs publics avaient déjà soulevé tant de colères, quel effet ne devaient pas produire des dispositions qui menaçaient dans leur existence toutes les associations révolutionnaires! Celles-ci eurent aussitôt le sentiment qu'il leur fallait tenter un effort désespéré et livrer la suprême bataille, avant de se laisser dissoudre. Cette résolution belliqueuse convenait d'ailleurs à l'état d'esprit de beaucoup de leurs membres, plus irrités que découragés de leurs précédents échecs, surexcités et troublés par l'espèce d'ivresse où ils vivaient continuellement, se trompant eux-mêmes sur leurs propres forces par l'arrogance de leur rhétorique, en proie à cette impatience et à cette illusion qui sont la maladie de tous les conspirateurs.

A peine donc la loi votée, la Société des Droits de l'homme déclara qu'elle ne s'y soumettrait pas, et s'ingénia à provoquer, par toute la France, de la part des autres sociétés, des déclarations analogues que les journaux publiaient à grand tapage. Un congrès, réuni à Paris et composé des délégués de ces sociétés, rédigea une proclamation se terminant ainsi : « Que les associations se réunissent, s'étendent, se multiplient donc, au lieu de se dissoudre; que les sociétés existantes proclament la résistance à ce projet d'oppression, et qu'elles en donnent l'exemple. » L'Union de Juillet, présidée par La Fayette, prit une décision analogue. Ce mot de « résistance » n'avait peut-être pas le même sens pour tous ceux qui l'employaient. Mais les meneurs des Droits de l'homme entendaient bien que l'agitation devait aboutir à une prise d'armes. « Ralliez autour de vous vos sectionnaires, écrivait, le 20 mars, le comité central de Paris au comité républicain de Lyon; prenez ou faites-vous donner un pouvoir discrétionnaire, afin d'agir avec plus de promptitude et

d'ensemble, à l'instant de la lutte qui paraît très-rapprochée. »
On réunissait des armes, de la poudre; on fondait des balles.
En même temps, la polémique devenait de plus en plus violente [1]; la *Tribune* lançait des appels non déguisés à l'insurrection, et Carrel, bien que désapprouvant tout bas le projet d'émeute, parlait tout haut, dans le *National*, comme s'il voulait l'encourager ou tout au moins le justifier par avance [2].

A mesure cependant qu'on approchait de l'exécution, ceux des chefs qui étaient capables de quelque réflexion et se savaient une responsabilité, devenaient plus hésitants, plus inquiets. Divers symptômes les faisaient douter de leurs forces. Ces sentiments se manifestaient chez ceux-là même qui passaient pour être les plus hardis, chez Cavaignac à Paris, chez Baune et Lagrange à Lyon. Mais, à côté d'eux, se trouvaient des forcenés, ou seulement des aventuriers en quête de bruit et de popularité, qui dénonçaient leurs hésitations comme une lâcheté ou une trahison, et poussaient à agir quand même. Le commun des comparses, fanatisé depuis longtemps par tant

---

[1] Veut-on un spécimen de la façon dont les révolutionnaires traitaient les hommes au pouvoir? MM. Guinard, Cavaignac et autres, voulant protester contre certaines paroles prononcées à la tribune par MM. Guizot et d'Argout, au sujet de la Société des Droits de l'homme, parlaient dans une lettre publique de « deux hommes aussi justement et universellement méprisés que MM. Guizot et d'Argout », et ils les déclaraient « infâmes ». Quelques jours après, un autre républicain, M. Landolphe, parlait de « l'ignoble Gisquet » et de « MM. Guizot et d'Argout dont les noms ne peuvent plus être accolés qu'à l'épithète de lâches ».

[2] Avant même que la discussion de la loi d'association ne fût complétement terminée, le 20 mars 1834, Carrel publiait, dans le *National*, un article intitulé : *Comment on dégoûte une nation de l'ordre*, et où se lisaient ces lignes : « On semble avoir pris à tâche de dégoûter la nation de cet ordre public qui s'adosse à la Sainte-Alliance, pour lever un ignoble gourdin sur la population de Paris..... Les deux camps se forment et se menacent. Dans le camp de l'ordre public, on proclame déjà que la suspension de la liberté pourrait bien devenir nécessaire au salut de l'ordre; mais, dans le camp de la liberté, on se compte, on se dit qu'on a fait, en juillet, une révolution, malgré le parti de l'ordre public; on se dit que cette révolution ne peut pas, ne doit pas être abandonnée, qu'elle ne le sera pas; on a assez de sens pour songer que, s'il y avait suspension de la liberté, *il y faudrait répondre, comme en juillet, par la suspension de l'ordre public*... Qui sera suspendu de la liberté telle que nous la voulons, ou de l'ordre public tel que le veut la faction doctrinaire? M. Jaubert parie contre la liberté; nous parierions, nous, contre son ordre public. »

d'excitations, allait naturellement aux plus violents. Châtiment instructif de ces chefs révolutionnaires, débordés par les passions qu'ils avaient soulevées, acculés, pleins d'angoisses et tout ahuris, au combat qu'ils avaient si fièrement provoqué et que maintenant ils voudraient bien ajourner. Un de leurs amis, M. Louis Blanc, voulant dépeindre leur état d'esprit à cette époque, les a montrés « lancés dans un irrésistible tourbillon, ne sachant s'il fallait pousser le char ou le retenir, dévorés tout à la fois de colère et d'inquiétude, accablés par l'inexorable rapidité des événements ».

Dès sa fondation, la Société des Droits de l'homme s'était attachée à étendre son réseau en province, dans le dessein, au jour venu, d'y étendre aussi la révolte, au lieu de la concentrer dans Paris comme en juin 1832. Lyon surtout avait fixé son attention, à cause des sanglants souvenirs de novembre 1831. Sans doute, elle n'ignorait pas que la politique n'avait été pour rien dans cette première insurrection. Mais le terrain, où l'émeute avait pu mettre en ligne une telle armée, ne devait-il pas lui paraître singulièrement favorable? Aussi avait-elle compris de quel intérêt il était pour elle de s'y établir et de s'y créer des relations avec la population ouvrière. Plus d'une fois, elle avait envoyé à Lyon des missionnaires de révolution, entre autres Garnier-Pagès et Cavaignac. Ceux-ci y avaient rencontré un noyau de républicains ardents : MM. Baune, Lagrange, Berthollon, Antide Martin; on peut ajouter M. Jules Favre, dont le nom apparaît alors pour la première fois. La seconde ville de France eut bientôt, comme Paris, de nombreuses sociétés secrètes, en lien plus ou moins étroit avec les Droits de l'homme. Leur principal effort se dirigeait du côté des ouvriers; elles prenaient parti pour leurs exigences économiques, s'attachaient à irriter leurs ressentiments et leurs convoitises, et les poussaient à chercher, dans une révolution politique et sociale, satisfaction et vengeance. Les associations ouvrières, jalouses de leur autonomie, n'étaient pas sans quelque méfiance à l'endroit de ces agitateurs bourgeois. Cependant, il fut bientôt visible que chaque jour, elles se laissaient un peu plus envahir par la propagande républicaine. Tel était le cas de la plus puissante de ces associations, celle des Mutuellistes, qui comprenait tous les chefs d'ateliers de soieries et qui, jusqu'alors, fidèle à ses statuts, était demeurée absolument étrangère à la politique. Les meneurs des Droits de l'homme se flattaient qu'un jour ou l'autre quelque querelle de tarif fournirait le prétexte d'un soulèvement dont ils prendraient la direction. En février 1834, ils avaient cru le moment venu : la question des salaires était devenue plus aiguë et plus douloureuse, par suite d'une crise de l'industrie des soies ; une grève générale avait éclaté. Les républicains avaient tout fait pour envenimer et exaspérer ce redoutable conflit. Ils n'avaient pas réussi, pour cette fois, à amener une explosion ; mais les esprits étaient sortis de là plus agités et plus irrités que jamais.

C'est dans un milieu ainsi travaillé que vint tomber le mot d'ordre du refus d'obéissance à la loi contre les associations. Rien ne pouvait mieux convenir au rapprochement des sociétés républicaines et des sociétés ouvrières. Celles-ci se laissèrent facilement persuader de se joindre à la résistance. Deux mille cinq cent quarante Mutuellistes « déclarèrent » publiquement « qu'ils ne courberaient pas la tête sous un joug aussi abrutissant..., et ne reculeraient devant aucun sacrifice, pour la défense d'un droit qu'aucune puissance humaine ne saurait leur ravir ». En même temps, les journaux locaux, notamment le *Glaneur* et l'*Écho de la fabrique*, sonnaient ouvertement le clairon de l'émeute. « Le peuple voulait la paix, disait cette dernière feuille, le 30 mars, on lui a répondu par un cri de guerre. Eh bien ! soit ! il est prêt au combat. Mais écoutez, vous qui lui jetez un insolent défi : dès qu'il aura tiré l'épée, il jettera derrière lui le fourreau ;... l'Association mutuelliste saura prouver qu'elle peut encore se lever comme un seul homme. » Dès lors, il était évident pour tous que la révolte allait éclater. Un procès intenté à quelques Mutuellistes, compromis dans la dernière grève, fut l'étincelle qui amena l'explosion.

Le 9 avril, les émeutiers se réunissent aux points qui leur ont été désignés d'avance ; les barricades s'élèvent, en même temps que sont distribuées des proclamations incendiaires. L'autorité, prévenue par les préparatifs presque publics de l'insurrection, n'est pas prise au dépourvu. L'armée, qui compte environ dix mille hommes, est à son poste, pourvue de vivres et de munitions. La garde nationale, supprimée en 1831, n'avait pas été rétablie. Des instructions énergiques ont été données aux troupes. M. Thiers, redevenu ministre de l'intérieur par une récente modification dans la distribution des portefeuilles, leur a écrit : « Laissez tirer les premiers coups, mais, quand vous les aurez reçus, agissez sans ménagement. » Ce n'est donc pas une conspiration qui éclate à l'improviste, surprenant, en pleine sécurité, ceux qu'elle attaque. C'est une bataille prévue des deux côtés, qui s'engage. L'armée, résolûment commandée, fait son devoir avec vigueur, trompant ceux qui, pour avoir attiré quelques sous-officiers dans leurs sociétés secrètes, se flattaient de voir les régiments mettre la crosse en l'air. Parfois même, le soldat, exaspéré par la perfidie meurtrière des insurgés qui le fusillent des fenêtres, se laisse aller à de sanglantes représailles : rigueur naturelle autour de laquelle la presse révolutionnaire tâchera de mener grand bruit, accusant les troupes de férocité, par dépit de n'avoir pas à les féliciter de leur défection [1]. Chez les insurgés, malgré l'absence de plusieurs chefs qui, après avoir tout lancé, se sont évanouis au moment du combat, il y a beaucoup d'acharnement, de bravoure et une sorte d'animosité désespérée. La topographie de la ville, l'enchevêtrement et l'étroitesse des rues leur rendent la lutte facile. On entretient du reste leur courage par des placards mensongers, annonçant que la république est proclamée à Paris, le Roi en fuite et Lucien Bonaparte premier consul. Cette bataille se prolonge pendant cinq jours, avec des alternatives diverses. Il faut employer le pétard, le boulet et même la bombe [2].

---

[1] M. Louis Blanc n'ira-t-il pas jusqu'à déclarer les prétendus massacres de Vaise plus horribles que ceux de septembre 1793?

[2] On a calculé que les troupes avaient tiré 269,000 coups de fusil et 1,729 coups de canon.

Sinistres journées et nuits plus sinistres encore, pendant lesquelles les habitants sont enfermés dans leurs maisons, avec défense de se montrer aux fenêtres, coupés de toutes communications, sans nouvelles, n'entendant que le tocsin, la fusillade et le canon. Enfin l'insurrection, refoulée de poste en poste, est définitivement écrasée. Le 13 au soir, l'armée est maîtresse de la ville et des faubourgs. Du côté des troupes, le nombre des morts s'élève à cent trente et un, celui des blessés à près de trois cents ; du côté des insurgés, cent soixante-dix morts et un chiffre de blessés inconnu qui ne doit pas être moindre de cinq cents.

Impossible de se tromper sur le caractère de l'insurrection : Ce n'est plus le soulèvement ouvrier de 1831. La lutte a été politique plus que sociale. Il a été question non de tarifs et de salaires, mais de république. Les proclamations sont datées de « l'an XLII de la République française ». Parmi les prisonniers, les morts et les blessés, on en compte tout au plus un dixième appartenant à la fabrique lyonnaise. La masse des combattants est formée de révolutionnaires, la plupart étrangers à la ville, aventuriers de toute provenance et de toute nation. Ajoutez quelques légitimistes qui se sont mêlés au mouvement, avec l'illusion de le faire tourner à leur profit. Quel a été le nombre des combattants de l'émeute ? Il est difficile de le préciser. Les évaluations les plus vraisemblables le portent au moins à trois mille. Les écrivains républicains ont cherché après coup à diminuer ce nombre, afin d'effacer la mortification de leur défaite ; Louis Blanc a avancé le chiffre ridicule de trois cents. A entendre ces écrivains, les faits se réduiraient à une émeute sans importance, éclatée à l'improviste, malgré les chefs ; elle n'aurait un moment duré que par l'héroïsme des combattants, et grâce aussi aux lenteurs calculées des généraux et du préfet, désireux de grossir l'importance de leur victoire. Tout dément cette thèse. Il est certain que la bataille a été voulue, préparée à l'avance, qu'elle faisait partie d'un ensemble de soulèvements devant éclater sur tous les points de la France, et que le parti révolutionnaire y a déployé toutes ses forces. Si celles-ci n'ont pas été plus considérables, c'est qu'on n'a pu entraîner la masse des ouvriers, comme on s'en était flatté.

C'est le 10 avril au soir que parviennent à Paris les premières nouvelles de l'insurrection lyonnaise; l'agitation est extrême dans le monde surchauffé des sociétés révolutionnaires. Impossible, s'écrie-t-on, d'abandonner les frères de Lyon. D'ailleurs, depuis quelque temps, ne se préparait-on pas à livrer bataille? Ne se croyait-on pas en mesure de mettre en ligne quatre mille combattants, sans compter ceux qu'au dernier moment, on espérait entraîner par l'exemple? Le mot d'ordre est donc donné d'engager la lutte, le 13 avril. En attendant, la *Tribune* et même le *National* publient des bulletins mensongers, annonçant les victoires remportées par la révolution à Lyon et dans d'autres villes.

L'émotion est grande aussi dans le sein du gouvernement : la lenteur et l'incertitude prolongée des nouvelles de Lyon ne sont pas faites pour dissiper promptement ses angoisses. Il est même un moment question, entre les ministres, de se diviser : M. Guizot irait à Lyon avec le duc d'Orléans, tandis que M. Thiers resterait à Paris avec le Roi. Du reste, aucune défaillance : on se prépare vigoureusement au combat prévu. Le maréchal Lobau est à la tête d'une armée de quarante mille hommes et d'une garde nationale, cette fois, bien disposée. M. Thiers, ministre de l'intérieur, donne à tous une impulsion vive et hardie. En présence d'un péril si certain, le jeune ministre ne recule pas devant la responsabilité : il supprime la *Tribune*, par mesure de salut public, et donne l'ordre à la police de faire une razzia d'environ cent cinquante meneurs des Droits de l'homme. C'était une des faiblesses de cette société d'avoir fait connaître ses chefs et de les avoir ainsi désignés aux coups du gouvernement. En même temps, le *Moniteur* « avertit les insensés qui voudraient se livrer à des désordres, que des forces considérables sont préparées, et que la répression sera aussi prompte que décisive ».

Si affaiblie et si désorganisée qu'elle soit par l'arrestation de ses chefs, l'émeute éclate au jour fixé. Le 13 avril au soir, les barricades s'élèvent. Les insurgés peu nombreux, non suivis par le peuple, sont aussitôt enveloppés et écrasés par des forces supérieures, vigoureusement conduites. M. Thiers se montre à cheval auprès des généraux et voit tuer, à quelques pas de lui, un officier et un auditeur au Conseil d'État. La lutte est bientôt circonscrite dans le quartier Saint-Merry, déjà ensanglanté en 1832. Interrompue la nuit, elle recommence le 14, au petit jour. Un incident douloureux marque ces dernières heures du combat : des soldats, furieux d'avoir vu tirer, d'une maison de la rue Transnonain, sur leur capitaine blessé, font irruption dans cette maison et main basse sur ceux qui l'occupent. Le « massacre de la rue Transnonain » sera pour les journaux de gauche un sujet de déclamations, d'autant plus avidement saisi, qu'il leur faudra une diversion à la mortification d'une défaite si prompte et si complète. Dès sept heures du matin, tout est fini. La troupe et la garde nationale ont eu onze tués et quatorze blessés; du côté de l'insurrection, on comptait quatorze morts et une douzaine de blessés.

Lyon et Paris ne sont pas les seuls champs de bataille. Sur beaucoup d'autres points où les sociétés secrètes ont des ramifications, à Saint-Étienne, Marseille, Châlons, Vienne, Grenoble, Clermont, Auxerre, Poitiers, Arbois, des tentatives d'émeute se produisent, manifestant ainsi, plus clairement encore, ce qu'avait de prémédité l'assaut dirigé contre la monarchie. Partout, après plus ou moins de désordres, quelquefois non sans un peu de sang versé, l'émeute est comprimée.

Les meneurs des Droits de l'homme avaient, dès le premier jour, fait de grands efforts pour étendre leurs affiliations dans l'armée. Ils étaient ainsi parvenus à embaucher un certain nombre de sous-officiers [1]. Dans l'Est notamment, ils avaient trouvé un agent trè-szélé de propagande dans un maréchal des logis de cuirassiers qui, par une fortune singulière, devait être,

---

[1] En juillet 1834, M. Pasquier disait à un homme politique qu'il ressortait de l'instruction faite contre les insurgés d'avril, que la société des Droits de l'homme avait « travaillé à corrompre l'armée et y avait déjà obtenu quelques succès ». « Il y aurait, ajoutait-il, moyen d'introduire en justice plus de 80 sous-officiers. Mais on ne le fera que pour quelques-uns. » (Documents inédits.)

trente-sept ans plus tard, l'une des premières victimes de la Commune : il s'appelait Clément Thomas. Ayant recruté des adhérents parmi les sous-officiers des quatre régiments de grosse cavalerie casernés à Lunéville et dans la région des Vosges, son plan était, au moment où les sociétés secrètes donneraient le signal de la grande insurrection, d'enlever ces quatre régiments et de marcher sur Paris. Mais la mèche avait été plus ou moins éventée. Le 16 avril, sur la fausse nouvelle d'un soulèvement de la garnison de Belfort, Clément Thomas et ses complices réunissent leurs camarades et essayent de les entraîner à la révolte. Ils se heurtent à des refus et à des hésitations, et, aussitôt découverts, ils sont arrêtés.

VI

Partout donc, avortement ou défaite de l'insurrection. Dès le 14 avril, le gouvernement annonçait aux Chambres sa double victoire de Lyon et de Paris. Pairs et députés se transportèrent en masse aux Tuileries, pour porter au Roi leurs félicitations. Le lendemain, une ordonnance déféra à la Cour des pairs le jugement de l'attentat qui venait d'être commis contre la sûreté de l'État : premier acte d'un immense procès dont nous aurons à raconter les étranges péripéties. Le même jour, les ministres déposèrent deux projets de loi destinés, disaient-ils, à empêcher le retour de semblables troubles. Par l'un, ils demandaient des crédits supplémentaires pour mettre l'armée sur un pied qui permît d'assurer l'ordre intérieur : on était loin du temps où, au lendemain de 1830, le pouvoir n'osait pas se servir de cette armée pour réprimer une émeute. Le second projet édictait des peines sévères contre les détenteurs d'armes de guerre. L'opposition essaya vainement de combattre ces deux projets. La majorité, encore sous l'impression du péril si récemment couru, n'était pas en humeur de l'écouter. Les deux lois, votées facilement, vinrent compléter l'ensemble des mesures de défense sociale, œuvre de la session de 1834.

Quant aux républicains, ils portaient, pour le moment, la tête bien basse, se sentant à la fois détestés et dédaignés, odieux pour avoir fait peur et ridicules pour avoir échoué misérablement après des menaces si fanfaronnes. Les sociétés secrètes étaient dissoutes, leurs chefs en prison, leurs soldats dispersés. La publication de la *Tribune* était suspendue [1]. Seul porte-parole du parti républicain, le *National* était réduit, une fois de plus, après une entreprise qu'il avait désapprouvée, à couvrir la retraite ou, pour mieux dire, la déroute. Aussi, jamais le langage de Carrel n'avait trahi un embarras plus douloureux et plus découragé. Précisément à cette époque, le 20 mai 1834, le général La Fayette s'éteignit à soixante-dix-sept ans. A tout autre moment, le parti républicain eût vu là matière à une de ces manifestations funéraires qui étaient dans ses traditions. Mais tel était son désarroi et son abattement, il avait à ce point conscience de l'indifférence ou même de l'hostilité de la population, qu'il n'osa rien faire pour exploiter un mort si fameux, et le monde officiel présida presque seul aux obsèques du vieux général. Carrel en ressentit une « honte » qu'il épanchait avec une singulière amertume : « La France que nous voyons, s'écriait-il, est-ce bien cette France pour laquelle se dévoua, si jeune, et tant de fois depuis, l'incomparable vieillard qui vient de succomber, plein d'amour pour le pays? Est-ce bien une terre de liberté que celle qui le recevra? C'est à la police de tout rang, de tout nom, de toute livrée, qu'il appartiendra de mener La Fayette au coin de terre qu'il s'était destinée. » Puis, relevant ce mot que « La Fayette était mort mal à propos », il ajoutait : « Mal à propos, oui; mais ce n'est pas pour lui..., c'est pour nous, insatiables, il y a quatre ans, de prétentions envahissantes et réformatrices; aujourd'hui, abattus et couchés, avec une résignation d'Orientaux, sous la main qui nous frappe. Après ce qui s'est passé depuis quatre mois, on pourrait nous crier :

---

[1] Jusqu'au 10 août 1834, où ce journal reparaîtra, aussi violent que jamais.

Cachez-vous, Parisiens! le convoi d'un véritable ami de la liberté va passer¹! »

A cette même époque, des élections firent mesurer, avec plus d'exactitude encore, le discrédit du parti républicain. Ce furent d'abord, au mois de mai, les élections des officiers de la garde nationale. Singulière législation que celle qui appelait ainsi la force armée à dire tout haut si elle était ou non pour le gouvernement. Cette fois, du moins, la réponse, pleinement favorable à la monarchie, fut une condamnation sévère de tous les factieux. Le mois suivant, le 21 juin, eurent lieu des élections plus considérables, celles de la Chambre des députés. Ce fut un échec écrasant pour le parti révolutionnaire. Pas un député ouvertement républicain ne fut élu. Sans doute, comme on le verra plus tard, tout ce qui était perdu pour l'opposition violente n'était pas gagné pour le ministère : la part du tiers parti était considérable. Mais, enfin, ce n'en fut pas moins, sur le terrain électoral, une éclatante confirmation de la victoire d'avril. Les républicains s'étaient si bien sentis battus d'avance, qu'ils n'avaient pas engagé sérieusement la lutte, et que Carrel avait cherché à se faire une thèse et une attitude pour expliquer cette abstention : il affectait de renoncer, avec dédain, à ces luttes de scrutin, qu'il appelait les « intrigues de la France officielle », les « vieilles hypocrisies de l'opposition de quinze ans », pour « s'attacher exclusivement aux justes et, si l'on veut, encore tumultueuses prétentions de l'immense majorité non officielle, non représentée, non gouvernante, et contre laquelle on gouverne » ; il ne se dissimulait pas, du reste, que c'était renvoyer ses espérances à une échéance « très-lointaine ». Tout cela ne laissait que trop voir l'impuissance et le découragement du moment. Aussi n'est-on pas surpris d'apprendre que Carrel eut alors une velléité de briser sa plume². Vers le même temps³, dans un banquet organisé par les « libéraux »

---

¹ Article du 21 mai 1834.
² Béranger écrit, le 16 août 1834 : « Carrel a été sur le point de quitter le *National*; il craint la prison, et peut-être aussi a-t-il quelques dégoûts. »
³ Septembre 1834.

de Rouen, M. Laffitte gémissait sur « la défection presque générale de la France électorale à la cause sainte de la révolution ». M. Dupont de l'Eure, invité, s'excusait par une lettre où il se déclarait convaincu de « l'inutilité des efforts de l'opposition constitutionnelle, mutilée par la non-réélection de la plupart des députés les plus énergiques » ; et il se disait « décidé à ne prendre aucune part aux opérations d'une Chambre qui s'était déjà montrée sous les plus fâcheux auspices ».

Le pays ne semblait aucunement s'associer au deuil du parti républicain. Il revenait à ses affaires, heureux d'en avoir fini avec les fauteurs de troubles. Une exposition de l'industrie, ouverte le 1er mai 1834, permit d'apprécier les immenses progrès du travail national, et laissa entrevoir ce qu'on pouvait attendre d'une sécurité enfin rétablie. Partout, comme un élan de prospérité matérielle, élan d'autant plus impétueux que les événements l'avaient plus longtemps comprimé.

CHAPITRE XI

LES CRISES MINISTÉRIELLES ET LE TIERS PARTI

(Avril 1834 — mars 1835)

I. Le traité des 25 millions avec les États-Unis. La Chambre rejette le crédit. Démission du duc de Broglie. Pourquoi le Roi accepte facilement cette démission. Reconstitution du cabinet. — II. Difficultés entre le maréchal Soult et ses collègues. Rupture à l'occasion de la question algérienne. Démission du maréchal. Il est remplacé par le maréchal Gérard. Faute commise. — III. Discrédit de la gauche parlementaire. Le tiers parti. Ce qu'il était. Rôle qu'y jouait M. Dupin. Le *Constitutionnel.* — IV. Première manœuvre du tiers parti dans l'Adresse de 1834. Il sort plus nombreux des élections de juin 1834. — V. Nouvelle manœuvre dans l'Adresse d'août 1834. Agitation pour l'amnistie. Le maréchal Gérard, poussé par le tiers parti, se prononce en faveur de l'amnistie. Il donne sa démission. — VI. Embarras pour trouver un président du conseil. Le Roi ne veut pas du duc de Broglie. Mauvais effet produit par la prolongation de la crise. M. Guizot et M. Thiers décident de céder la place au tiers parti. Démission des ministres. Le Roi essaye vainement de détacher M. Thiers de M. Guizot. Le ministère des trois jours. Reconstitution de l'ancien cabinet sous la présidence du maréchal Mortier.— VII. Le gouvernement oblige la Chambre à se prononcer. Vote d'un ordre du jour favorable. Débat sur la construction d'une salle d'audience pour la cour des pairs. Incertitudes de la majorité. Polémiques sur l'absence d'un vrai président du conseil. Nouveaux efforts pour séparer M. Thiers et M. Guizot. Divisions entre les ministres. Démission du maréchal Mortier. — VIII. M. Guizot est résolu à exiger la rentrée du duc du Broglie. Après avoir vainement essayé d'autres combinaisons, le Roi consent à cette rentrée. Résistance de M. Thiers, qui finit aussi par céder. Reconstitution du cabinet sous la présidence du duc de Broglie.

I

Le succès si complet remporté, d'abord dans la session de 1834 et ensuite dans les journées d'avril, sur la faction révolutionnaire, eût dû, semble-t-il, affermir et grandir le cabinet du 11 octobre; mais, au milieu même de ses victoires, ce cabinet commençait à être aux prises avec des embarras intérieurs, des difficultés parlementaires, qui le diminuaient et l'ébranlaient. Dès le 1ᵉʳ avril 1834, au lendemain du vote de la loi sur les associations, à la veille de l'insurrection qui se préparait presque ouvertement, un incident imprévu avait amené un premier démembrement du ministère, et lui avait ainsi porté un coup dont il devait longtemps et cruellement se ressentir.

Il existait, depuis l'Empire, une contestation entre les États-Unis et la France au sujet de navires américains, saisis irrégulièrement entre 1806 et 1812. Napoléon Iᵉʳ lui-même avait admis le principe de la réclamation et proposé une indemnité de 18 millions, refusée alors comme insuffisante. La Restauration, sans contester la dette, en avait éludé et ajourné l'examen. Le gouvernement de Juillet, à son avénement, trouva la question pendante et pressante. Dans l'isolement et le péril de sa situation extérieure, il avait besoin de se faire des amis et ne pouvait braver impunément aucune inimitié. D'ailleurs, les États-Unis lui semblaient pouvoir être attirés dans cette ligue des États libéraux qu'il cherchait à opposer à la Sainte-Alliance des puissances du continent. Ces considérations lui firent probablement envisager les vieilles réclamations américaines avec plus d'empressement et de complaisance que n'en avait montré le régime précédent. Les États-Unis demandaient 70 millions. Le 4 juillet 1831, sous le ministère de Casimir Périer, un traité régla l'indemnité à 25 millions : on prélevait sur cette somme 1,500,000 francs pour satisfaire à certaines réclamations françaises; en outre, des avantages de tarifs étaient concédés pour dix ans à nos vins et à nos soieries. Diverses circonstances retardèrent successivement l'examen de cette affaire par les Chambres. Rien ne faisait prévoir de difficultés : la commission parlementaire, chargée d'étudier le traité, l'avait approuvé à l'unanimité; de plus, on le savait appuyé par le général La Fayette et par une partie de la gauche. La discussion s'ouvrit le 28 mars 1834, et se prolongea dans les séances du 31 mars et du 1ᵉʳ avril. L'attaque, conduite par

MM. Bignon, Mauguin et Berryer, fut plus sérieuse et plus acharnée qu'on ne s'y attendait; mais il semblait que MM. Sébastiani, Duchâtel, Lamartine, et surtout le duc de Broglie, dans un puissant et magistral discours, eussent répondu victorieusement aux critiques; on n'avait donc guère d'inquiétude sur le résultat, quand, au dernier moment, le scrutin secret fut demandé, contrairement à l'usage, et, à la surprise de tous, l'article premier se trouva rejeté par 176 voix contre 168.

Qu'y avait-il là-dessous? Probablement un peu de ces hésitations de bonne foi qui sont naturelles dans des questions de droit et de chiffres aussi compliquées, si les députés ne prennent le seul parti raisonnable, qui est de s'en rapporter aux ministres ayant leur confiance; un peu de ce patriotisme méfiant, irritable, que nous retrouverons lors des querelles suscitées par le droit de visite et l'affaire Pritchard; un peu de cet esprit d'économie étroite et à courte vue qui, en trop d'occasions, semblait la marque de la politique bourgeoise. Mais surtout on devinait une sournoise intrigue, facilitée par l'inconsistance de la majorité, et vue même sans déplaisir — prétendait-on — par certains collègues du ministre des affaires étrangères. Le duc de Broglie était le plus facile à atteindre par une manœuvre de ce genre. Un de ses amis l'avertissait alors de prendre garde que « son attitude dégoûtée n'aidât les gens à le pousser dehors ». A défaut même de sa roideur de caractère, la hauteur de ses vertus n'était pas faite pour le rendre populaire, et le même correspondant lui écrivait : « Vous prêtez trop peu à la critique pour ne pas prêter beaucoup à l'envie [1]. »

En tout cas, si c'était en effet le duc de Broglie qu'on avait visé, il ne chercha pas à se dérober. Plus prompt à sortir du pouvoir qu'à y entrer, il donna aussitôt sa démission. Ce n'était pas lui qui avait négocié le traité, mais il l'avait fait sien en le défendant. Son départ était, d'ailleurs, une leçon dont il estimait que la majorité avait besoin. « Il faut, écrivait-il quelques

---

[1] Lettre de M. de Sainte-Aulaire, alors ambassadeur à Vienne. (*Documents inédits.*)

jours plus tard à M. de Talleyrand, que la parole d'un ministre des affaires étrangères soit non-seulement sincère, mais sérieuse; que l'on puisse y compter non-seulement comme franchise, mais comme réalité; qu'il ait non-seulement la volonté, mais le pouvoir de tenir ce qu'il a promis..... La Chambre croyait que j'étais une espèce de maréchal Soult, menaçant de m'en aller, et m'accommodant ensuite du sort qu'il lui plairait de me faire. Je ne pouvais pas hésiter à lui prouver le contraire, à lui faire savoir qu'il y a, en ce monde, des choses et des hommes qu'on ne peut traiter avec légèreté impunément. La leçon a été sévère et l'inquiétude bien grande dans le cabinet, pendant quelques jours. J'espère que cette inquiétude portera ses fruits [1]. »

Le Roi accepta facilement, plusieurs disaient même volontiers, la démission du duc de Broglie. Il éprouvait plus d'estime que d'attrait pour ce ministre fidèle mais indépendant, probe mais fier, respectueux mais roide. Impossible d'user avec lui de cette familiarité câline, expansive, par laquelle Louis-Philippe se plaisait à agir sur les hommes et se flattait de les conduire. Si la clairvoyance de l'un et de l'autre les amenait souvent à une même conclusion, on ne pouvait imaginer deux manières d'être, deux tournures d'esprit plus différentes. D'ailleurs, comme nous aurons à le constater en traitant bientôt de la politique extérieure, le prince et son conseiller n'étaient pas en parfait accord sur l'attitude à prendre en face des puissances continentales, et les ambassadeurs de Russie, d'Autriche et de Prusse n'étaient pas les moins empressés à désirer et même à conseiller un changement de ministre. Faut-il ajouter que le Roi n'avait admis qu'à contre-cœur, dans ses conseils, une trinité aussi imposante que celle de MM. de Broglie, Guizot et Thiers? « Quand ces trois messieurs sont d'accord, disait-il, je suis neutralisé, je ne puis plus faire prévaloir mon avis. C'est Casimir Périer en trois personnes [2]. » De là peut-être la tentation d'écarter le duc de Broglie, avec cette arrière-pensée que

---

[1] Lettre du 6 avril 1834. (*Documents inédits.*)
[2] *Mémoires d'Odilon Barrot*, t. I, p. 284.

les deux survivants seraient moins forts, et qu'étant donné leurs divergences d'origine et de tendance, il serait facile de les dominer en opposant l'un à l'autre.

Le calcul était singulièrement dangereux, mais il s'expliquait. Ce qui s'explique moins, c'est la facilité avec laquelle les autres ministres laissèrent partir le duc de Broglie. Que quelques-uns d'entre eux lui en voulussent et fussent pour quelque chose dans sa chute, comme on l'a dit de M. Humann et même du maréchal Soult, c'est possible. Mais comment M. Guizot et M. Thiers, pour ne parler que d'eux, permirent-ils ce démembrement? Comment ne comprirent-ils pas qu'un personnage aussi considérable par le talent et surtout par le caractère n'était pas, dans l'édifice ministériel, une pièce indifférente que l'on pût changer sans inconvénient? Comment ne devinèrent-ils pas qu'un tel départ diminuerait notablement leur force, auprès du Roi et de la Chambre, et que la brèche, une fois ouverte, aurait trop de chance de s'élargir? N'eût-il pas mieux valu prendre l'échec du 1er avril au compte du cabinet tout entier et passer la main à des successeurs que, d'ailleurs, on n'eût sans doute pu trouver, comme allait le prouver bientôt l'épisode du « ministère des trois jours » ? Il est impossible que ces idées n'aient pas au moins traversé l'esprit de MM. Guizot et Thiers. Crurent-ils que le péril de la situation intérieure, que l'imminence de l'émeute, ne permettaient pas d'agrandir et de prolonger la crise ministérielle, et qu'à la veille d'une tempête annoncée par tant de présages, tous les efforts devaient être concentrés à boucher, le plus vite possible, la voie d'eau qui venait se produire?

Le 4 avril, quatre jours après la démission du duc de Broglie, le ministère était reconstitué. L'amiral de Rigny passait aux affaires étrangères et était remplacé à la marine par l'amiral Roussin [1]. Par la même occasion, le cabinet subit d'autres remaniements qui, eux du moins, étaient plutôt de nature à le renforcer. M. d'Argout et M. Barthe se retirèrent,

---

[1] L'amiral Roussin, alors ambassadeur à Constantinople, n'ayant pas accepté, le portefeuille fut confié à l'amiral Jacob.

et reçurent, l'un le gouvernement de la Banque, l'autre la présidence de la Cour des comptes. M. Thiers prit le ministère de l'intérieur, tout en gardant les Travaux publics. M. Persil et M. Duchâtel entrèrent dans le cabinet, l'un comme garde des sceaux, l'autre comme ministre du commerce. Le duc de Broglie, avec un rare désintéressement, avait aidé ses anciens collègues à se reconstituer sans lui, et, dès le 6 avril, il écrivait à M. de Talleyrand, ambassadeur à Londres : « Grâce au ciel, tout est terminé et bien terminé. Le conseil s'est reformé ; il est plus uni, plus fort, meilleur ainsi que n'était le précédent. » Il écrivait le même jour à M. de Sainte-Aulaire, ambassadeur à Vienne : « Je suis resté sur le champ de bataille, mais la victoire nous est demeurée : le cabinet actuel est très-bon [1]. »

Quant au traité qui avait été l'occasion de cette crise, le gouvernement n'y renonça pas. Il fit savoir aux États-Unis que le vote émis devait être considéré seulement comme suspensif, et que la question serait de nouveau portée au Parlement, dans la session suivante.

II

Quelques mois à peine s'étaient écoulés depuis la démission du duc de Broglie, que d'eux-mêmes et sans que, cette fois, le Parlement y fût pour rien, les ministres altéraient, sur un autre point, la combinaison du 11 octobre. Le maréchal Soult était un président du conseil parfois un peu gênant. Assez mal vu des députés qui lui reprochaient d'être, dans les affaires de son département, dépensier, désordonné, d'en prendre trop à son aise avec les votes de la Chambre et de se montrer trop complaisant envers le Roi, il se défendait mal à la tribune, avec rudesse et confusion, et mettait souvent dans l'embarras ceux qui devaient venir à son secours. Dans l'intérieur même du cabinet,

---

[1] *Documents inédits.*

méfiant, exigeant, bourru, sans tact, il semblait, comme l'a écrit M. Guizot, « vouloir se venger, en se rendant incommode, de l'autorité qu'il n'avait pas sur ses collègues ». Il n'aimait pas les doctrinaires, avec lesquels, en effet, il n'avait rien de commun, et il laissait voir son antipathie. M. Thiers lui avait d'abord plu; mais les bons rapports durèrent peu, et bientôt le maréchal ne parla plus guère du jeune et brillant ministre, sans l'appeler d'un sobriquet grossier, plus fait pour les camps que pour la bonne société politique. Chaque jour, il devenait ainsi plus insupportable aux autres membres du cabinet. Bientôt même, l'agacement et l'impatience de ceux-ci furent tels que M. Guizot et M. Thiers convinrent à peu près de se débarrasser, à la première occasion, du président du conseil. C'était perdre de vue les qualités qui compensaient les défauts du maréchal, les ressources, l'activité, la vigueur et souvent le grand sens de cet esprit inculte et rude, le prestige de ce nom illustre, à l'intérieur, non-seulement dans l'armée, mais dans la population civile, et à l'extérieur, auprès des gouvernements européens. C'était oublier que le maréchal avait l'avantage de laisser aux deux véritables têtes du cabinet la réalité de la direction politique, tout en étant par lui-même assez considérable pour ne pas paraître un président de paille. C'était surtout méconnaître la difficulté de trouver un remplaçant qui ne présentât pas des inconvénients beaucoup plus graves. M. de Barante, de loin, jugeait mieux les choses, quand il écrivait à M. Guizot, le 5 juin 1834 : « Je prévois la chute du maréchal, et elle me fait peur [1]. »

M. Guizot et M. Thiers aggravèrent leur faute, en choisissant, pour faire échec au maréchal, une question où celui-ci avait raison contre eux. Au lendemain de la révolution de 1830, le gouvernement, absorbé par tant de difficultés intérieures et

---

[1] Voici un fragment plus étendu de cette lettre de M. de Barante : « Le maréchal sera prochainement un grand sujet d'embarras... Et pourtant pouvons-nous nous contenter d'un administrateur de l'armée? N'est-ce pas encore un chef de l'armée qui est indispensable? A l'étranger, où l'on ne comprend rien à la raison publique, à la force de l'opinion, le gouvernement paraît reposer sur le maréchal. Je prévois sa chute, et elle me fait peur. »

extérieures, obligé d'ailleurs de beaucoup ménager l'Angleterre [1], ne s'était guère occupé de cette Algérie où la Restauration venait de planter le drapeau de la France. L'armée d'occupation, loin d'avoir été augmentée, s'était trouvée réduite, et, pendant trois années, quatre commandants militaires, les généraux Clausel, Berthezène, de Rovigo et Voirol, s'étaient succédé, sans être dirigés ni soutenus par le pouvoir central, apportant chacun des idées différentes, et se heurtant, sur cette terre inconnue, à des difficultés qui furent souvent, pour notre politique et même pour nos armes, la cause de graves échecs [2]. En somme, nous n'avions fait presque aucun progrès; notre occupation était limitée à Alger et à quelques autres points ; encore pouvait-on se demander si un effort plus violent des Arabes ne réussirait pas à nous jeter à la mer, ou si, de nous-mêmes, nous ne serions pas amenés à nous rembarquer. Ce dernier parti était conseillé, au nom de l'économie, par quelques hommes politiques, notamment par M. Dupin, par M. Passy, et plus d'un symptôme indiquait qu'une partie notable de la Chambre n'y serait pas défavorable. En 1833, le gouvernement, se sentant enfin l'esprit plus libre, commença à regarder du côté de notre conquête africaine. Deux grandes commissions furent successivement chargées d'étudier cette question si grave et si neuve, l'une en Algérie, l'autre à Paris. Une conclusion se dégagea tout d'abord : la nécessité de maintenir notre établissement. Le ministère n'eut aucune hésitation, et fit une déclaration dans ce sens, en avril 1834, à propos du budget. En ce qui regardait, au contraire, le mode de gouvernement, les esprits furent divisés jusque dans le sein du cabinet : les uns, comme le maréchal Soult, demandant la continuation

---

[1] Aucun engagement cependant n'avait été pris envers l'Angleterre, relativement à l'Algérie, soit par la Restauration, soit par la monarchie de Juillet. M. de Broglie, pendant qu'il était ministre des affaires étrangères, fit faire des recherches sur ce point, et acquit ainsi la preuve que la France avait conservé son entière liberté. (Lettre inédite du duc de Broglie à M. de Talleyrand, du 18 mars 1833.)

[2] Plus tard, quand les événements militaires et politiques d'Algérie auront pris plus d'importance, nous aurons occasion de revenir sur les débuts de notre grande colonie.

du régime militaire; les autres, comme M. Guizot et M. Thiers, voulant essayer du régime civil. Le maréchal prit l'affaire très-vivement, et déclara avec humeur qu'il se retirerait du cabinet plutôt que de céder.

Loin d'être troublés par cette menace, les deux ministres politiques y virent l'occasion cherchée d'en finir avec le président du conseil. Ils s'étaient d'ailleurs entendus pour pousser à sa place le maréchal Gérard. Le Roi, auquel ils s'ouvrirent de leur dessein, fut plus clairvoyant, et leur fit beaucoup d'objections : « Prenez garde, leur disait-il, le maréchal Soult est un gros personnage; je connais, comme vous, ses inconvénients, mais c'est quelque chose de les connaître; avec son successeur, s'il accepte, vos embarras seront autres, mais plus graves peut-être; vous perdrez au change[1]. » Louis-Philippe ne se trompait pas. Le maréchal Gérard, vaillant soldat, mais esprit peu étendu, volonté molle, ayant la plupart de ses amis à gauche, n'avait guère, en politique, d'autre souci que celui de sa popularité, prêt à se laisser mener par ceux qui lui paraissaient en mesure de la dispenser. C'est sans doute à cette faiblesse que songeait le Roi, quand, vers la même époque, il disait à M. Pozzo di Borgo : « Je ne puis que regretter le maréchal Soult; il avait d'excellentes qualités, entre autres celle de ne jamais ambitionner la popularité[2]. » Mais rien n'y fit : M. Guizot et M. Thiers s'obstinèrent. La session approchait, et le ministère ne pouvait s'y présenter dans un pareil état de discorde. Force fut donc au Roi de céder. Le 18 juillet 1834, le *Moniteur* annonça que la démission du maréchal Soult était acceptée, et qu'il était remplacé, à la présidence du conseil comme au ministère de la guerre, par le maréchal Gérard. Quant à la question même qui avait amené cette crise, elle était si bien un prétexte que, quelques jours après, une ordonnance établissait que les « possessions françaises du nord de l'Afrique » seraient sous l'autorité d'un gouverneur général

---

[1] *Mémoires de M. Guizot*, t. III, p. 261.
[2] *Mémoires de M. de Metternich*, t. V, p. 583.

« relevant du ministère de la guerre », et appelait à ces fonctions le général Drouet d'Erlon.

M. Guizot a écrit plus tard, à ce propos, dans ses Mémoires : « Ce fut de notre part une faute, et une double faute. Nous avions tort, en 1834, de vouloir un gouverneur civil en Algérie; il s'en fallait bien que le jour en fût venu. Nous eûmes tort de saisir cette occasion pour rompre avec le maréchal Soult et l'écarter du cabinet; il nous causait des embarras parlementaires et des ennuis personnels; mais il ne contrariait jamais, et il servait bien quelquefois notre politique générale... La retraite du duc de Broglie avait déjà été un affaiblissement pour le cabinet; celle du duc de Dalmatie aggrava le mal, et nous ne tardâmes pas à nous apercevoir que la porte par laquelle il était sorti restait une brèche ouverte à l'ennemi que nous combattions. »

III

Le ministère était d'autant plus en faute de s'affaiblir, qu'en ce moment même il rencontrait de sérieuses difficultés dans l'intérieur de la Chambre. Ces difficultés, où se trouvaient-elles ? Si nombreuse, si acharnée que fût la gauche parlementaire, elle était alors trop mal conduite pour se faire bien redoutable. Elle n'avait pas renouvelé son bagage depuis 1830. Or M. Thiers était fondé à lui dire, du haut de la tribune, que, sur tous les points, au dedans et au dehors, les événements lui avaient donné tort[1]. Et puis, quelle figure faisait-elle à côté des républicains plus bruyants, plus audacieux, plus en possession de l'attention populaire? Elle niait sottement leur existence, pour s'excuser de ne pas oser les désavouer; s'exposait, pour les couvrir, alors qu'au fond elle les blâmait et les craignait; toujours à la remorque de ces factieux qui la compromettaient sans la consulter et en se moquant d'elle; n'ayant pas de poli-

[1] Dans la discussion de l'Adresse de 1834.

tique propre, ne faisant pas une campagne qui fût vraiment d'elle et pour elle. De là, un discrédit qui se manifesta par de nombreux échecs, aux élections de 1834. Lamartine, alors isolé et spectateur à peu près impartial, écrivait que l'opposition de gauche était « stupidement mauvaise » et tombait dans le « mépris général ».

Si donc le ministère n'avait eu, dans le Parlement, qu'à combattre cette opposition, la tâche aurait pu être ennuyeuse, fatigante; elle n'eût été ni difficile, ni périlleuse. Mais il rencontrait, tout près de lui, un danger plus réel. On a eu souvent occasion de constater, dans les majorités conservatrices des Assemblées françaises, une maladie singulière, analogue à ces décompositions internes qui se produisent parfois dans l'organisme humain. Le nom en a varié suivant les temps. Déjà, sous la Restauration, l'immense majorité de M. de Villèle n'avait-elle pas été peu à peu désagrégée par le groupe de la « Défection »? Une telle désagrégation était plus à craindre encore au lendemain de 1830, avec un parti régnant qui avait les habitudes et les préjugés d'une longue opposition, après une révolution qui avait diminué dans la politique la part des principes et des sentiments, pour n'y laisser guère subsister que celle des intérêts. Aussi, à mesure que s'affaiblissaient les craintes de guerre et de révolution dont le ministre du 13 mars s'était servi pour former sa majorité, n'était-il pas surprenant de voir apparaître et se développer les germes de ce qu'on a appelé le tiers parti. Périer lui-même, peu avant sa mort, avait pressenti le péril. « Le fardeau est déjà lourd, disait-il; il deviendrait intolérable, quand le danger serait dissipé. Mes meilleurs amis, qui déjà ne sont pas commodes, me joueraient, à tous propos, des tours pendables. » Les ministres du 11 octobre devaient avoir occasion de vérifier la justesse de ce pronostic.

Le tiers parti n'était pas un groupe distinct, se détachant ouvertement de la majorité : auquel cas on eût compté les voix perdues et su à quoi s'en tenir. Il prétendait demeurer dans cette majorité où il agissait comme un ferment de dissolution. Impossible de désigner sa place et de tracer sa frontière.

Son programme ne serait pas plus facile à définir. Il y avait là moins un corps de doctrines qu'un état d'esprit : état d'esprit fort complexe où se mêlaient d'honnêtes indécisions et d'ambitieuses intrigues ; des aspirations à l'impartialité, et des amours-propres susceptibles, prompts aux petites rancunes, jaloux de toute supériorité ; des prétentions à l'indépendance de jugement, et une vue aussi étroite que courte de toutes choses ; le désir de n'obéir à aucune consigne, et une recherche servile de la popularité ; en tout, et jusque dans la façon dont ces hommes comprenaient et traitaient la monarchie, des contradictions qui les faisaient qualifier, à juste titre, de « royalistes inconséquents [1] ».

Si le tiers parti se défendait de former un groupe, il avait un représentant, un porte-parole, dans lequel à certains jours il semblait se personnifier. C'était un personnage considérable par son talent, sa renommée et sa situation, le président même de la Chambre, M. Dupin. Nous avons déjà dit comment ce dernier avait commencé, après la mort de Périer, à s'éloigner des conservateurs avec lesquels il venait de faire campagne. Par plus d'un trait de son esprit et de son caractère, il était l'homme du tiers parti : indépendance fantasque, égoïste, envieuse, ne permettant jamais de prévoir de quel côté il allait se ranger ; humeur ombrageuse et taquine, prompte aux bouderies et aux boutades ; tempérament batailleur, mais aimant mieux tirailler en embuscades que combattre en rase campagne ; répugnance prudente à se proclamer l'ennemi des hommes au pouvoir, mais promptitude à jouer de mauvais tours à ceux dont il se disait l'ami ; inconséquence d'une vanité bourgeoise qui se flattait de supprimer toutes les aristocraties et d'abaisser la monarchie,

---

[1] En 1835, la *Revue des Deux Mondes,* alors fort à gauche, définissait ainsi le tiers parti : « Le tiers parti appelle une forte répression, l'unité gouvernementale, l'ordre public, la paix au dehors, et, avec cela, il proclame tout ce qui n'est ni l'ordre au dedans, ni la paix à l'extérieur ; il a un faible pour la propagande, un instinct pour la révolution ; il n'a point de systèmes, mais des peurs. Lui parlez-vous de république ? il s'indigne. Lui proposez-vous les garanties indispensables à tout système monarchique ? il les repousse souvent encore. Ce parti semble n'être ni en dehors ni en dedans du système établi : il proclame la dynastie comme une nécessité, et, sans le vouloir, il contribue à la miner sourdement. »

sans se livrer à la démocratie dont elle avait peur; impuissance de toute pensée haute, large, généreuse; ignorance des doctrines et haine des doctrinaires; adresse à courtiser à la fois le prince et l'opposition. Grande cependant eût été l'illusion des députés du tiers parti, s'ils avaient cru pouvoir compter sur M. Dupin. Celui-ci ne s'était pas repris aux conservateurs pour se donner à d'autres : c'eût été retrouver, sous une autre forme, les compromissions que fuyait sa prudence et les liens que ne pouvait supporter son caprice. Au lendemain du jour où il se laissait traiter et paraissait même se poser en chef de ce groupe, le moindre péril, le plus petit risque de responsabilité suffisait pour qu'il se dégageât et se dérobât par quelque mouvement brusque, empressé à jurer que le tiers parti n'existait pas ou qu'en tout cas il ne le connaissait pas. Une situation isolée, intermédiaire, équivoque, où nul ne pouvait venir exiger de lui un sacrifice ni même solliciter un service, où, d'aucun côté, on n'osait l'attaquer par crainte de décider son hostilité encore douteuse, où il se voyait ménagé par tous sans se croire obligé à ménager personne, voilà ce que préférait l'égoïsme de ce célibataire politique.

Le tiers parti se retrouvait aussi dans la presse. Son principal organe était le *Constitutionnel,* bien déchu, il est vrai, du succès qu'il avait eu, sous la Restauration, aux jours de sa campagne contre le « parti prêtre [1] ». Abandonné de la plus grande partie de sa clientèle [2], il servait de plastron à la presse satirique; la caricature, qui s'était emparée de lui, lui donnait pour symbole un bonnet de coton en forme d'éteignoir; son abonné était devenu le type du bourgeois ridicule et niais; quand les petits journaux voulaient parler de quelque bêtise, ils disaient : « C'est par trop *Constitutionnel.* » Malgré tout cependant, ce vieux nom avait encore quelque importance dans les polémiques. Plusieurs autres journaux, d'ailleurs, s'inspi-

---

[1] Voir, sur le *Constitutionnel* avant 1830, le *Parti libéral sous la Restauration,* p. 69 et suiv.

[2] De vingt-deux mille abonnés qu'il avait en 1830, le *Constitutionnel* était descendu à six mille. Il devait même bientôt tomber jusqu'à trois mille. M. Véron, devenu propriétaire de ce journal en 1844, le releva, en y publiant les *Mystères de Paris,* d'Eugène Sue.

raient à peu près du même esprit : le *Temps,* l'*Impartial,* le *Courrier français*. Le tiers parti était donc presque plus nombreux dans la presse qu'au Parlement; il s'y montrait surtout plus hardi et à visage plus découvert. Ces journaux faisaient une guerre mesquine, mais incessante, au ministère. Dans presque toutes les questions, ils suivaient ou tout au moins secondaient les feuilles de gauche.

IV

Pour trouver le début des manœuvres équivoques par lesquelles le tiers parti va mettre en péril et même un moment renverser le ministère, il faut revenir de quelques mois en arrière. C'est en effet au commencement de la session de 1834 qu'avait eu lieu le premier essai de ces manœuvres. Plusieurs députés, imbus de l'esprit de ce tiers parti, s'étaient alors glissés sans bruit dans la commission de l'Adresse, entre autres M. Étienne, rédacteur du *Constitutionnel,* qui, après avoir dirigé la police de la presse sous l'Empire, était devenu un libéral si exigeant sous la Restauration et la monarchie de Juillet. Écrivain « mou et terne, avec une clarté apparente et un agrément de mauvais aloi, fin sans distinction, habile à laisser entendre sans dire et à nuire sans frapper [1] », il avait été chargé de rédiger le projet d'Adresse et en avait profité pour faire adopter par la commission un morceau vague, à double sens, plein de déclarations générales en faveur de l'ordre, mais presque silencieux sur la politique du ministère; donnant des conseils qui, sans être un blâme formel, étaient encore moins une approbation; reportant les espérances sur l'avenir, comme si celui-ci ne devait pas être la continuation du présent; laissant deviner l'intention critique et méfiante, sans l'exprimer. Les ministres, fort embarrassés d'une attaque si détournée et

---

[1] Expressions de M. Guizot.

d'un adversaire si insaisissable, craignaient de paraître eux-mêmes provoquer l'opposition s'ils la dénonçaient, et ignoraient dans quelle mesure ils seraient suivis s'ils engageaient la bataille. Ils se résignèrent à ne pas voir ce qu'on n'osait pas leur montrer clairement, à ne pas entendre ce qu'on ne leur disait pas tout haut. Loin de brusquer la majorité à la façon de Périer, ils n'eurent souci que de ménager son amour-propre et ses prétentions d'indépendance. M. Thiers ne prononçait le mot de « majorité dévouée » qu'en ajoutant aussitôt : « dévouée au pays, non au ministère ». Et M. Guizot, sans repousser la rédaction proposée, croyait faire assez, en exposant, à côté, la politique ministérielle que d'ailleurs le tiers parti, de son côté, se gardait également de combattre de front. L'opposition assistait, narquoise, à ce spectacle, attentive à souligner, dans l'Adresse qu'elle acceptait, toutes les intentions hostiles au cabinet. Et afin de compléter l'équivoque, au vote, les partis les plus opposés se trouvèrent d'accord pour adopter un texte que chacun interprétait d'une façon différente.

Un tel débat n'avait été honorable pour personne, et le cabinet en était sorti diminué. Son principal organe, le *Journal des Débats,* était réduit à réfuter ceux qui cherchaient à « persuader à la Chambre qu'elle avait tué le ministère et au ministère qu'il était mort ». Peut-être le cabinet se rassura-t-il, quand, peu après, dans cette même session de 1834, il retrouva une majorité ferme et constante pour voter toutes les grandes lois de défense, notamment celle sur les associations. Il aurait eu tort cependant de croire le danger disparu. Le tiers parti, pour être un moment rentré dans l'ombre, subsistait toujours, guettant l'occasion favorable. Bien plus, c'est précisément à la fin de cette session qu'il se sentit en quelque sorte aidé par les démembrements successifs du cabinet, par la retraite du duc de Broglie en avril 1834, par celle du maréchal Soult en juillet. Au même moment, la victoire si complète remportée dans la rue sur l'émeute avait ce résultat, étrange, mais accoutumé, d'affaiblir la discipline des conservateurs en augmentant leur sécurité. On le vit aux élections générales de juin 1834. Sans doute, comme nous l'avons déjà dit, ces élections furent un désastre pour les républicains, une défaite pour la gauche dynastique; mais en même temps elles accrurent, dans la majorité, le nombre des indépendants, des flottants, des ombrageux, qui pouvaient, à un moment donné, par caprice, par indécision ou par froissement personnel, être entraînés dans une manœuvre de tiers parti[1]. Suivant les calculs, on en comptait quatre-vingts ou même cent vingt. Aussi M. Guizot écrivait-il à M. de Rémusat : « La victoire est grande ; mais la campagne prochaine sera très-difficile. L'impression évidente ici est une détente générale; chacun se croit et se croira libre de penser, de parler et d'agir comme il lui plaira ; chacun sera rendu à la pente de ses préjugés et de ses préventions personnelles. On répète de tous côtés, avec une complaisance visible, que la situation est bien changée, que les choses et les personnes prendront une face toute nouvelle, qu'il ne sera plus question d'émeutes, de dangers imminents, de nécessités impérieuses. » Et cependant, ajoutait tristement M. Guizot, « tenez pour certain que longtemps encore nous aurons sur les bras assez de périls, pour que la fermeté et la discipline soient indispensables à tout ce monde si pressé de se rassurer et de s'émanciper ».

V

Ainsi, au milieu de 1834, tout — démembrements successifs du cabinet, écrasement de l'émeute, résultat des élections —

---

[1] Un des amis du ministère écrivait alors, sur son journal personnel : « Il est positif que les opinions *juste milieu* proprement dites, en d'autres termes les doctrines gouvernementales sur lesquelles s'appuie le ministère, ont, même indépendamment du tiers parti, une immense majorité dans la Chambre; mais un grand nombre de ceux qui le professent sont animés, contre tel ou tel ministre, d'un sentiment d'envie, de défiance, de mépris, qui les jette, presque à leur insu, dans les rangs du tiers parti, bien qu'ils ne partagent pas ses préjugés ; d'autres, blessés de la suffisance et du ton tranchant et exclusif des jeunes doctrinaires, reportent sur leurs patrons le ressentiment qu'ils en éprouvent. » (*Documents inédits.*)

encourageait le tiers parti, non à déployer un drapeau, à se former ouvertement en corps d'attaque, — ce n'était pas dans ses habitudes, — mais à reprendre plus activement son travail souterrain de dissolution. Le 31 juillet, la nouvelle Chambre était réunie à l'effet de se constituer. Les premiers votes pour la nomination du bureau furent interprétés comme un succès pour le tiers parti et comme un échec pour le cabinet. Vint ensuite l'Adresse, où l'on recommença, en l'aggravant, la manœuvre de la session antérieure. Même rédaction équivoque et sournoise; pas d'attaque ouverte, mais une désapprobation indirecte et par insinuation. Le ministère allait-il donc, une seconde fois, se laisser jouer? Les journaux conservateurs le pressaient de se montrer ferme, de ne pas craindre d'arracher tous les masques, et, pour leur compte, ils lançaient défi sur défi au tiers parti, en lui donnant rendez-vous au jour de la discussion. Mais ce jour venu, les ministres embarrassés, inquiets, n'osèrent pas pousser les choses à fond. Ils se contentèrent d'une pacifique demande d'explication, à laquelle le rapporteur, M. Étienne, répondit en désavouant plus ou moins obscurément les intentions hostiles qu'on lui prêtait. La gauche se tut, comme l'en avaient priée les journaux du tiers parti. Si bien que ce débat, annoncé comme important, tourna court, et que tout fut bâclé en un jour. Le général Bugeaud et le colonel Lamy avaient présenté des amendements, dans le dessein de forcer la Chambre à se prononcer nettement pour ou contre le cabinet; ils ne furent pas soutenus. Au vote, même comédie que pour l'Adresse précédente : la rédaction de la commission fut admise à la presque unanimité, par 256 voix contre 39.

Dès le lendemain, les journaux du tiers parti donnèrent à l'Adresse le sens hostile qu'ils avaient prudemment dissimulé et même répudié pendant la discussion [1]. Ils raillèrent le

---

[1] C'est ce qui faisait dire au *Journal des Débats*, le 17 août : « L'Adresse de la Chambre des députés est une adresse *palimpseste*. Il y a au-dessus une première écriture faite pour le peuple : ce sont des phrases vagues, indécises, équivoques; mais sous cette écriture il y en a une autre, et c'est cette seconde que

silence du ministère, qu'ils dénonçaient comme un aveu d'impuissance, et triomphèrent du vote de la Chambre, où ils prétendaient voir la preuve que le cabinet n'avait plus la majorité. Vainement le ministère contesta-t-il cette interprétation, ses amis eux-mêmes étaient mécontents, humiliés, découragés. « On ne comprend pas, écrivait alors l'un deux, ce qui a pu déterminer le ministère, qui, la veille, était notoirement décidé à provoquer de franches explications, à ne pas offrir un combat dans lequel, s'il eût bien choisi son terrain, la disposition si connue du tiers parti lui assurait tant de chances favorables. L'opinion générale est qu'il s'est fort affaibli. » Le *Journal des Débats* exprimait tout haut des sentiments analogues. Les ministres s'apercevaient qu'ils n'avaient plus la force nécessaire pour remplir leur tâche [1]. Or nul moyen, pour le moment, de réparer la faute commise, car, dès le 16 août 1834, à peine l'Adresse votée, le Parlement, qui n'avait été réuni que pour se constituer, fut prorogé au 29 décembre.

La Chambre séparée, le tiers parti n'en continua pas moins ses menées. Il se sentait même plus à l'aise, sans tribune, sans risque d'explications face à face. Précisément à cette époque, l'agitation commencée pour l'amnistie vint lui fournir un moyen d'attaque assez efficace. On se rappelle que tous les individus poursuivis à raison des insurrections d'avril avaient été déférés à la Cour des pairs. Le gouvernement l'avait fait surtout pour soustraire cette affaire au jury, dont il craignait les défaillances. Mais, à l'œuvre, il s'aperçut vite des difficultés de l'entreprise où il s'était engagé. La réunion de tous les faits et de tous les

---

les initiés lisent et font lire. Le texte caché remplace le texte apparent. Le texte apparent était pour la Chambre que le texte caché eût rebutée. Une fois le vote obtenu, voilà tout le parti qui gratte à l'envi la première écriture et fait reparaître la seconde, en s'écriant que c'est là le véritable texte, le texte qui exprime la pensée de la Chambre et du pays. »

[1] Quelques mois plus tard, le 5 décembre 1834, M. Guizot, revenant, à la tribune, sur ces incidents, disait : « Après le sens qu'on s'est efforcé de donner à l'Adresse, après les conséquences qu'on a voulu en tirer, après les incidents que tout ce travail des partis avait amenés, après la retraite de quelques-uns des membres du cabinet, nous avons trouvé le pouvoir faible entre nos mains, nous ne nous sommes pas reconnu la force dont nous avions besoin pour remplir notre tâche. »

incriminés dans une seule poursuite donnait à celle-ci des proportions demesurées : deux mille personnes avaient été arrêtées ; quatre mille témoins étaient à entendre ; dix-sept mille pièces remplissaient le dossier. Et un tel procès devait être instruit et jugé par un tribunal de deux cents membres, sans procédure légalement fixée, sans précédents connus, au milieu des assauts démagogiques et des embuscades parlementaires. Aussi beaucoup, même parmi les amis du gouvernement, doutaient-ils que celui-ci pût se tirer d'une affaire aussi compliquée. La vue de ces difficultés fit croire aux adversaires du cabinet qu'il leur serait possible d'arracher une amnistie. Ils ne pouvaient cependant faire valoir le repentir de leurs clients. Le *National* déclarait arrogamment que « les prévenus d'avril n'avaient jamais demandé leur grâce, ni consenti à ce qu'on la demandât pour eux » ; qu'ils ne désiraient pas que « la monarchie se fît clémente en leur faveur, et que leur loyauté, si on l'interrogeait, donnerait raison peut-être à ceux qui affirmaient, pour repousser l'amnistie, que le repentir n'était pas entré dans ces âmes inflexibles ». Il ajoutait : « L'amnistie, s'il était possible qu'elle vînt, ne serait vue que comme le dernier soupir d'un système réduit aux plus tristes expédients pour se conserver. » Et encore : « Les détenus républicains ne se sentent peut-être pas, au fond du cœur, la disposition de rendre amnistie pour amnistie et de serrer la main ensanglantée qu'on aurait la très-grande confiance de leur tendre [1]. »

Ce langage ne découragea pas les hommes du tiers parti, et ils ne s'en joignirent pas moins à ceux qui réclamaient un pardon général. Ce n'était pas, de leur part, sympathie pour le parti républicain et révolutionnaire. Au fond, ils eussent autant que personne détesté son triomphe, et naguère ils avaient applaudi aux mesures de défense et de rigueur. Mais, pour le moment, le danger matériel et immédiat, le seul à leur portée, paraissait conjuré, et ils croyaient se rendre populaires, en se distinguant des conservateurs à outrance, en se posant en hommes de

---

[1] Voir articles des 16 et 25 octobre 1834.

conciliation. La campagne d'amnistie avait un autre avantage, décisif à leurs yeux, c'était d'aggraver singulièrement les divisions et les embarras du cabinet. A peine entré au ministère, le maréchal Gérard avait été fort courtisé, circonvenu par les habiles du tiers parti. Ceux-ci, en même temps qu'ils attaquaient les autres ministres, affectaient de compter sur le maréchal, lui prêtaient des mots heureux, citaient les moindres déplacements opérés dans ses bureaux, comme autant de réformes méritoires. Tout en l'enguirlandant, ils étaient parvenus facilement à lui persuader qu'il avait toujours désiré l'amnistie et qu'il se couvrirait de gloire en la faisant adopter. Ils jouaient à coup sûr et gagnaient dans toutes les hypothèses. Si le maréchal l'emportait dans le gouvernement, ils avaient notoirement leur part à cette victoire gagnée sur l'élément doctrinaire. S'il échouait, c'était un conflit dont ils comptaient bien faire sortir une nouvelle dislocation du cabinet.

Les collègues du maréchal Gérard n'eurent aucune hésitation. Ni la situation générale, ni l'état d'esprit du parti républicain ne leur parut permettre une amnistie qui eût été universellement interprétée comme un aveu de faiblesse. Sur ce point, M. Thiers était non moins décidé et plus ardent encore que M. Guizot. Le Roi les soutenait [1]. Le maréchal vit donc bientôt qu'il n'avait aucune chance de faire prévaloir son sentiment. Surveillé, pressé par le tiers parti, fort troublé

---

[1] Louis-Philippe sentait trop vivement tous les avantages qu'avaient déjà contre lui les révolutionnaires, pour vouloir niaisement les soustraire aux rigueurs de la loi. « Je joue, disait-il, la partie de l'État contre les anarchistes : voyons les enjeux. J'y mets ma vie, ma fortune, celle de mes enfants, et, ce qui est bien plus, j'y joue le repos et le bonheur de mon pays. Et qu'y mettent-ils? Rien qu'un peu d'audace. Ils essayent deux, trois, quatre fois de renverser le gouvernement. Le jour où ils réussissent, ils ont tout, et l'État perd tout. En attendant le succès, ils risquent la prison, où ils entrent à grand renfort de fanfares populaires. Ils ont l'appui des journaux, des partis, des hommes d'État de l'opposition, dont la politique consiste toujours à réclamer des amnisties, pour faire peur aux ministres pourvus de portefeuilles. Tel est le jeu des anarchistes contre l'État. On est toujours sûr d'y gagner, de leur côté, avec de la patience; on n'y engage que sa liberté; mais, même sans y gagner une révolution qui vous fera ministre, colonel de légion ou président de l'Assemblée nationale, on y gagne la célébrité surfaite que donne la fausse popularité, à défaut de gloire. »

du risque que courait sa popularité, s'il acceptait cet échec, il donna sa démission et ouvrit ainsi une nouvelle crise ministérielle (29 octobre 1834).

VI

L'ordonnance qui avait relevé le maréchal Gérard de ses fonctions s'était bornée à charger l'amiral de Rigny de diriger par intérim le ministère de la guerre, sans rien dire de la présidence du conseil : expédient tout provisoire qui dissimulait mal l'embarras que l'on éprouvait à raccommoder une machine si souvent détraquée depuis quelques mois. Où trouver en effet un président du conseil? Impossible d'appeler à ce poste M. Guizot, sans blesser M. Thiers, et réciproquement. Quelques-uns eussent désiré faire rentrer le duc de Broglie dans le cabinet et lui en donner la présidence. Cette combinaison, qui agréait fort à M. Guizot, ne déplaisait pas alors à M. Thiers, bien qu'elle fît belle part aux doctrinaires. Le ministre de l'intérieur était trop intelligent pour ne pas comprendre qu'il n'y avait pas de meilleur moyen de rétablir l'autorité du cabinet sur la Chambre et aussi auprès du Roi. D'ailleurs, entre ce grand seigneur et ce parvenu qui se ressemblaient si peu, s'étaient noués des rapports amicaux; le premier avait toujours témoigné d'une sympathie curieuse et indulgente pour les brillantes qualités de son jeune collègue, et celui-ci était flatté d'être bien vu par un homme si considéré et si considérable. Ce fut le Roi qui fit objection à M. de Broglie. Il craignait d'avoir de nouveau affaire à la trinité Broglie, Guizot, Thiers; et surtout, comme nous l'avons déjà donné à entendre, il avait alors, sur les affaires étrangères, des vues qu'il savait n'être pas pleinement partagées par le duc, et il désirait maintenir le ministère des affaires étrangères en des mains plus dociles. « Toutes les fois, écrivait alors un personnage bien informé, que le nom de M. de Broglie a été prononcé devant Louis-Philippe, soit par

M. Guizot, soit par M. de Rigny, soit par lord Granville, le Roi a déclaré, de son ton le plus positif, qu'il ne fallait pas y penser. « Je me ferai plutôt piler dans un mortier », a-t-il dit à M. de Rigny. M. de Broglie est vivement blessé de cette malveillance si hautement déclarée. Déjà, à son retour d'Allemagne, il avait été surpris de l'extrême froideur de l'accueil royal[1]. »

Cette solution repoussée, il fallut en chercher une autre. Mais le temps s'écoulait, et l'on ne trouvait rien. L'irritation gagnait peu à peu ceux qui prenaient part à ces pourparlers pénibles et stériles. Certaines gens d'ailleurs, par malice ou sottise, semblaient prendre plaisir à souffler la défiance et la discorde, rapportant, envenimant, dénaturant les propos que l'impatience avait fait tenir de part et d'autre. Les ministres en venaient à supposer que Louis-Philippe, grisé par les flagorneries des courtisans et des ambassadeurs, prolongeait volontairement la crise pour montrer qu'il était la seule pièce solide, l'unique ressource; que, par souci de son pouvoir personnel, il repoussait systématiquement tout ministère fort et ne rêvait que de dissoudre l'union des hommes du 11 octobre. Par contre, le Roi s'imaginait qu'il était en présence d'une intrigue, d'un complot formé pour forcer sa volonté et lui imposer une sorte de maire du palais. Troublés, humiliés, découragés, les conservateurs se lamentaient ou récriminaient. Les journaux opposants n'avaient pas assez de sarcasmes contre ce ministère décapité qui ne parvenait pas à se refaire une tête; racontant, amplifiant au besoin tout ce qui transpirait des conflits, des intrigues et des avortements, ils prétendaient y montrer la « déconsidération » et même l'« agonie » du régime. Pendant ce temps, le gros public tendait à vivre, de plus en plus, en dehors d'une politique qui devenait, pour lui, équivoque et sans intérêt : sorte d'indifférence ennuyée et un peu dégoûtée, dont les amis clairvoyants du gouvernement parlementaire n'eussent pas dû prendre facilement leur parti.

M. Guizot et M. Thiers comprirent qu'une telle situation ne

---

[1] *Documents inédits.*

pouvait se prolonger. Un seul moyen leur apparut d'échapper au ridicule de leur impuissance, de déjouer les manœuvres de leurs adversaires, et d'avoir raison de la mauvaise volonté qu'ils supposaient au Roi : c'était de céder la place au tiers parti et de le mettre en demeure de montrer ce dont il était capable. Cette tactique, dans laquelle il entrait beaucoup de dédain, plaisait à l'âme haute et même quelque peu hautaine de M. Guizot. Quant à M. Thiers, il sentait alors trop douloureusement les épines du pouvoir, pour répugner beaucoup à le quitter. Déjà, sous les précédents ministères, nous avons eu l'occasion de marquer le caractère des attaques dont cet homme d'État était l'objet, et qui mettaient en cause jusqu'à sa probité. Ces attaques ne s'étaient pas calmées, depuis que M. Thiers était devenu membre du gouuernement : bien au contraire. On l'accusait ouvertement de tripotages, de concussion, de vol [1]. C'était pure calomnie. Malheureusement, le défaut de tenue du jeune ministre, sa hâte de jouir, la promptitude de son luxe [2], un fond de gaminerie qui allait parfois jusqu'au scandale [3], aidaient à cette calomnie. Il n'avait pas su, par sa vie, forcer le respect, comme M. Guizot ou le duc de Broglie. Ajoutez les prétextes fournis aux adversaires par cet entourage, trop peu scrupuleusement accepté, qui devait être, jusqu'à la fin, la faiblesse

---

[1] Le journal *la Caricature* représentait M. Thiers en « Mercure dieu de l'éloquence et d'autre chose »; il publiait des notes de ce genre : « Le nouveau préfet de police se prépare à ordonner une grande battue afin de faire une rafle générale de tous les voleurs de Paris. M. Thiers est fort content d'être à Rome. » Ou encore : « Le petit Foutriquet court les grandes routes. En voyage comme en politique, il ne marche pas, il vole. » Le *Constitutionnel* lui-même, qui avait compté autrefois M. Thiers parmi ses collaborateurs, déclarait que, par ses antécédents, il n'avait pas une réputation de désintéressement et de probité assez bien établie, pour qu'on pût lui confier le maniement des fonds secrets.

[2] La *Revue des Deux Mondes*, à la suite d'un journal anglais, comparait M. Thiers « à ces matelots qui viennent de toucher leur part de prise et qui se promènent, dans les rues de Londres, avec une fille à chaque bras et suivis de deux violons ».

[3] Témoin ce qu'on appela alors « l'orgie de Grandvaux ». On sait comment les journaux racontèrent cette scène qui relève de la chronique scandaleuse plus que de la grave histoire, et dans quelle posture, au moins nouvelle pour un ministre, on prétendit que M. Thiers s'y était montré. Voir notamment l'article de la *Quotidienne*, du 19 octobre 1835.

de M. Thiers[1], et surtout par une famille résolue à exploiter sans pudeur l'avantage inattendu d'avoir un des siens au pouvoir[2]. En 1834, les attaques, favorisées par certaines circonstances fâcheuses, étaient devenues plus acharnées, plus méchantes que jamais. M. Thiers en avait été à la fois abattu et exaspéré. Au mois de septembre, ses amis avaient eu beaucoup de peine à l'empêcher de provoquer en duel M. Degouve-Denuncques, qui, dans une correspondance du *Journal de Rouen*, l'avait accusé de jouer à la Bourse, à l'aide des dépêches télégraphiques, et son découragement lui avait fait parler sérieusement de renoncer au pouvoir[3]. Dans cet état d'esprit, il devait accueillir volontiers l'idée de risquer une démission, pour mettre ses adversaires au pied du mur.

M. Guizot et M. Thiers s'entendirent donc pour proposer à leurs collègues de se retirer. MM. de Rigny, Humann et Duchâtel y consentirent. Deux seuls s'y refusèrent : M. Persil et l'amiral Jacob. Par suite, cinq démissions furent à la fois portées au Roi. Celui-ci les accepta facilement, soit qu'il comprît et approuvât la tactique de MM. Guizot et Thiers, soit que, mécontent des desseins qu'il supposait aux hommes du

---

[1] C'est ce qui fera écrire, un peu plus tard, à Henri Heine : « Que M. Thiers ait spéculé à la Bourse, c'est une calomnie aussi infâme que ridicule... Mais, par sa familiarité avec des chevaliers d'industrie sans convictions, il s'est lui-même attiré tous les bruits malicieux qui rongent sa bonne réputation... Pourquoi entretenait-il un commerce avec une semblable canaille? Qui se couche avec ses chiens se lève avec des puces. » (*Lutèce*, p. 130.) Le vicomte de Launay (madame de Girardin) disait de son côté, en 1836 : « La seule chose qui nuise à M. Thiers, c'est son entourage politique. Il mériterait de plus dignes flatteurs. » (*Lettres parisiennes*, t. I, p. 43.)

[2] Nous lisons dans le journal inédit d'un homme politique, à la date du 21 août 1834 : « Les feuilles de l'opposition se sont beaucoup amusées de l'arrivée à Paris de M. Thiers père, accouru tout exprès, dit-on, pour obliger encore une fois son fils à acheter son départ à prix d'argent. Une lettre adressée par le vieillard à la *Quotidienne* n'est pas de nature à faire tomber cette version. Il commence, il est vrai, par la démentir, mais il ajoute qu'ayant d'autres enfants et des nièces, *il est venu le rappeler à son fils le ministre*. On dit au surplus que tout est arrangé. » Le frère de M. Thiers ne valait pas mieux.

[3] Nous lisons, à la date du 5 septembre 1834, dans ce journal intime que nous avons déjà cité : « M. Thiers veut se retirer. Il paraît positif que les derniers esclandres de sa famille ont ébranlé très-fortement son crédit auprès du Roi, et qu'il ne se sent plus lui-même la force de surmonter ces dégoûts. »

11 octobre, il fût bien aise d'être mis en demeure d'essayer une autre combinaison. D'ailleurs, autour du trône, le tiers parti avait alors des avocats assez zélés, au nombre desquels était le duc d'Orléans. Dans tout l'éclat, mais aussi dans l'inexpérience de sa brillante jeunesse, l'héritier royal en voulait aux doctrinaires de leur impopularité auprès de la partie la plus bruyante de l'opinion, et affectait, au contraire, de bien traiter M. Dupin ou même des opposants plus marqués. Après tout, n'est-il pas dans la tradition des princes de Galles d'être un peu en coquetterie avec l'opposition?

Conduit ainsi à se rapprocher du tiers parti, le Roi essaya tout d'abord de détacher M. Thiers de ses anciens collègues, pour en faire le pivot de la combinaison nouvelle. Il s'était pris pour le jeune ministre d'un goût très-vif qui devait survivre à bien des dissidences et des griefs [1]. Il le préférait alors à ceux qu'il appelait « messieurs les doctrinaires », au duc de Broglie, même à M. Guizot, auquel il ne s'était pas encore attaché comme il l'a fait plus tard. Il estimait, respectait le grand seigneur, le professeur déjà illustre, mais se sentait plus à l'aise avec le journaliste parvenu de la veille [2]. Il se flattait de trouver celui-ci plus maniable, plus accessible à son influence, parce qu'il était plus mobile, moins scrupuleux, moins monté sur les échasses de ses principes. Cet esprit si vif, si fin, l'amusait, sans lui faire peur, parce qu'il se savait plus fin encore [3].

---

[1] Louis-Philippe a dit plus tard de M. Thiers : « Quand je ne l'aimais plus, toujours il me plaisait. » Ce mot a été raconté par M. Thiers à M. Senior. (*Conversations with M. Thiers, M. Guizot, and other distinguished persons,* by N. W. Senior.)

[2] Dans une de ses conversations avec M. Senior, M. Thiers a dit du Roi : « Nous avions du goût l'un pour l'autre... Peut-être ma pétulance ne lui déplaisait-elle pas. Avec moi, il était absolument à son aise; il n'en était pas de même avec M. Guizot. » Ce dernier a dit, de son côté, toujours au même M. Senior : « Parmi les ministres, ceux que le Roi flattait le plus, comme Laffitte et ensuite Thiers, n'étaient pas ceux auxquels il accordait le plus de confiance et d'attachement. Il avait l'habitude de les appeler par leurs simples noms; il n'en fit jamais autant à l'égard de Casimir Périer, du duc de Broglie ou de moi-même. Il n'était pas familier avec ceux qu'il respectait, ou plutôt il cessait de respecter ceux qui semblaient rechercher sa familiarité. »

[3] M. Thiers disait en souriant au Roi : « Sire, je suis bien fin. — Je le suis plus que vous, répondit Louis-Philippe, car je ne le dis pas. »

Il ne s'effarouchait pas de l'origine révolutionnaire de l'ancien rédacteur du *National,* il y voyait même plutôt un avantage : M. Thiers n'apparaissait-il pas, plus que tout autre, la créature du régime de Juillet, l'incarnation de la bourgeoisie de 1830, l'homme dont la fortune paraissait le plus étroitement liée à celle de la monarchie nouvelle, et sous le nom duquel la politique royale éveillerait le moins de préventions dans les partis de gauche? Autant de raisons qui faisaient désirer à Louis-Philippe de conserver M. Thiers, sans M. Guizot, dans le nouveau cabinet. Quant au malheur de rompre entre ces deux hommes d'État l'union formée sous les auspices de Casimir Périer, et d'y substituer une rivalité dont l'avenir devait montrer tout le péril, Louis-Philippe ne le voyait pas. Il se laissait séduire, au contraire, à l'idée de multiplier ainsi les relais ministériels et d'augmenter son autorité sur des conseillers qui sauraient avoir derrière eux des remplaçants tout prêts.

On eût pu supposer qu'il ne serait pas bien difficile de séparer M. Thiers d'un collègue si différent, si opposé d'origine, de caractère, d'esprit, d'opinion, d'habitudes de vie; d'éveiller sa jalousie contre un rival d'éloquence; de l'irriter contre le puritain dont la gravité austère, la respectabilité reconnue paraissaient faites exprès pour provoquer certaines comparaisons [1]. Cependant, l'heure n'était pas venue de cette néfaste rupture. M. Thiers n'était pas encore en disposition de se laisser tenter. Pleinement entré dans l'union du 11 octobre, flatté d'en faire partie, compromis dans ses entreprises, il croyait de son devoir et de son intérêt d'y demeurer fidèle. Cet esprit mobile a eu

---

[1] Cette opposition de M. Thiers et de M. Guizot frappait tous les esprits, et M. de Metternich écrivait, un peu plus tard, à M. d'Apponyi : « Il est possible que deux caractères comme ceux de Guizot et de Thiers puissent marcher ensemble; la fusion entre leurs natures me paraît cependant impossible. Guizot est un idéologue conservateur, et Thiers un révolutionnaire pratique. Leurs points de départ diffèrent ainsi essentiellement comme idéologues ou comme gens pratiques; s'ils étaient tous deux l'un ou l'autre, ils pourraient se rencontrer plus facilement que la chose n'est possible avec leurs points de départ différents. Tous deux veulent, sans aucun doute, *conserver* ce qui *existe.* Ils diffèrent et différeront toujours, soit aujourd'hui, soit demain, sur le choix des moyens pour arriver au même but. » (*Mémoires de Metternich,* t. VI, p. 146.)

comme des veines diverses ; il était alors au plus fort d'une veine conservatrice. On l'avait vu, dans ses récents discours, mettre son amour-propre à se poser en ministre énergique, chercher même à atténuer et presque à excuser ce qui, dans son passé, pouvait exciter la défiance des hommes d'ordre et le distinguer de tels de ses collègues[1]. Il se vantait de n'être pas révolutionnaire[2], comme, à d'autres époques, il s'est vanté de l'être. Ces contradictions ne l'ont jamais gêné, et il ne croyait pas en être diminué aux yeux du public français. Avait-il tort ? M. Doudan a écrit précisément de M. Thiers et de ses variations pour ou contre la Révolution : « Reste à savoir combien de fois, selon la loi des partis, le même homme peut avoir dit le *oui* et le *non* avec emportement et garder autorité sur les autres. Je crois qu'il le peut septante-sept fois, et cela suffit dans une longue vie publique. L'inconséquence peut être un prétexte aux taquineries, mais elle n'use pas beaucoup les hommes[3]. » Quoi qu'il en soit de cette réflexion d'un scepticisme un peu ironique, M. Thiers demeurait alors à ce point fidèle à M. Guizot, qu'il se plaisait à montrer, dans la différence de leurs deux natures, une raison et un avantage de leur union ; un jour que, dans un cercle de députés, on se préoccupait d'un prétendu dissentiment entre les deux ministres : « M. Guizot, dit M. Thiers, ne va pas souvent assez loin ; je le pousse. Je tends parfois à dépasser le but ; il me modère. Nous avons besoin l'un de l'autre ; nous nous complétons l'un par l'autre. Est-ce que nous pouvons nous séparer[4] ? » Dans ces

[1] Discours du 4 janvier 1834.
[2] Toujours dans le discours du 4 janvier 1834, M. Thiers disait : « Savez-vous de quoi nous sommes fiers ?... Nous sommes fiers de ne nous être pas faits les parodistes d'un autre époque, de n'avoir pas été révolutionnaires. »
[3] Lettre du 6 février 1848. — M. Doudan ajoutait : « Il y a toujours, entre une année et l'autre, assez de différence pour qu'en passant hardiment du blanc au noir, on puisse dire résolûment : *Aujourd'hui, c'est un autre jour !* Même, d'un peu loin et pour des gens bienveillants, cette succession de mouvements contraires donne un assez bon air de souplesse et d'entente de la variété infinie des choses humaines. »
[4] Plus tard, au contraire, que de traits M. Thiers se plaira à décocher contre M. Guizot : « M. Guizot, disait-il par exemple, est un grand orateur, mais, n'allez pas vous étonner ! en politique, M. Guizot est *bête*. » Il est vrai qu'en

sentiments, M. Thiers résista fermement à toutes les invitations du tiers parti, à toutes les offres du Roi, et chacun dut bientôt se convaincre que, pour le moment du moins, il ne se laisserait pas détacher de ses anciens collègues.

Ayant échoué de ce côté, Louis-Philippe fit appeler le comte Molé, personnage considérable, ancien ministre des affaires étrangères au lendemain de la révolution, ayant cet avantage de ne s'être pas prononcé sur les questions, ni engagé avec les personnes. M. Molé, au lieu de chercher à former un cabinet nouveau, voulut reconstituer le cabinet démissionnaire, allégé de M. Guizot et de quelques autres; mais lui aussi trouva les anciens ministres du 11 octobre résolus à ne pas se séparer, et il dut renoncer immédiatement à sa tentative.

Le Roi s'adressa alors au tiers parti lui-même; il le fit par l'intermédiaire assez imprévu de M. Persil, qui se mit en rapport avec M. Dupin. C'était pour ce dernier le moment de donner sa mesure et de montrer son courage; aussi s'empressa-t-il, une fois de plus, de se dérober. Trouvant l'aventure mauvaise, il refusa tout ministère pour lui; mais il consentit à exposer son frère et ses amis. Ainsi parvint-on à faire, de bric et de broc, un ministère dont le *Moniteur* du 10 novembre fit connaître la composition. Quelques-uns des ministres n'étaient pas sans valeur; mais leur assemblage ou plutôt leur juxtaposition n'en avait aucune. M. Passy prit les Finances; M. Charles Dupin, la Marine; le général Bernard, la Guerre; M. Teste, le Commerce; M. Persil garda la Justice; M. Bresson, ministre de France à Berlin, fut nommé aux Affaires étrangères sans avoir été consulté; l'Instruction publique fut réservée à M. Sauzet, absent. Enfin, ce qui n'était pas le moins étrange, pour trouver un président du conseil, on alla exhumer un vieux ministre de Napoléon, le duc de Bassano, connu surtout pour avoir été le plus docile instrument du despotisme impérial; il n'avait pris, depuis longtemps, aucune part active aux affaires publiques; quant à ses affaires privées, elles étaient alors en si

revanche M. Guizot dira à M. Thiers : « Mon cher, vous devinez et vous ne voyez pas. » (*Cahiers de Sainte-Beuve*, p. 20.)

mauvais état, qu'à peine nommé, une multitude de petits créanciers vint faire saisie-arrêt sur son traitement.

L'effet dans l'opinion fut singulièrement rapide : d'abord l'incrédulité, puis la stupéfaction, bientôt suivie d'un éclat de rire. On ne s'abordait qu'avec des exclamations ; sarcasmes et quolibets pleuvaient. Les journaux du tiers parti ne savaient comment faire tête à cette explosion ; n'osant louer les ministres, ils se bornaient à répéter qu'il fallait au moins se réjouir d'en avoir fini avec les doctrinaires. Chaque heure qui s'écoulait rendait la situation du cabinet plus ridicule et plus piteuse, quand on apprit, tout à coup, qu'à peine né, celui-ci était déjà mort. Cette fin si prompte lui a valu le nom de « ministère des trois jours ». Que s'était-il donc passé? Personne n'avait poussé ces ministres dehors; aucun accident extérieur ne leur était survenu; mais rien qu'en se regardant eux-mêmes, ils avaient compris l'impossibilité de rester. Aussi avaient-ils envoyé leur démission, en donnant comme motif l'état de fortune de M. de Bassano, et sans prendre la peine de prévenir ce dernier. Quelques heures plus tard, le vieux duc, arrivant au conseil chez le Roi, s'y était rencontré avec M. Persil et le général Bernard. Après un moment de silence : « Je pense, dit M. Persil, que Votre Majesté considère le ministère comme dissous. » Louis-Philippe fit un signe d'assentiment, et, comme M. de Bassano ne semblait pas encore se rendre bien compte de l'état des choses, il ajouta : « Je regrette, monsieur le duc, que nous ayons fait ensemble une si courte campagne[1]. » Les faiseurs de bons mots appelèrent cette mésaventure « la journée des Dupins ».

Après cet effondrement, force était bien de revenir aux hommes du 11 octobre. Le Roi s'y résigna sans mauvaise grâce,

[1] *Documents inédits.* — M. Doudan a écrit, peu de jours après, en parlant de M. de Bassano : « Quand il regardait derrière lui les jours de l'Empire, la différence devait lui sembler grande. Alors il courait de Vienne à Berlin, au milieu d'une escorte de cavalerie de la garde impériale, environné de courtisans empressés. L'autre jour, il est sorti de l'hôtel de l'Intérieur, dans un pauvre fiacre qui est venu le prendre à la brune, pour le conduire dans une maison dont il doit peut-être le loyer. C'est cruel de lui avoir offert le ministère, quand il n'était pour lui qu'une occasion de sentir plus durement les embarras de sa fortune. » (Lettre du 28 novembre 1834.)

faisant bon marché de ses conseillers d'un jour. Il s'adressa à M. Thiers, qui mit pour condition de s'entendre avec M. Guizot. Tous deux convinrent de rétablir l'ancien cabinet, sauf l'amiral Jacob, qui fut remplacé par l'amiral Duperré. Pour la présidence du conseil et le département de la guerre, ils prirent, faute de mieux et par hâte d'en finir, une autre « illustre épée », le maréchal Mortier (18 novembre 1834).

Cette crise se terminait donc, pour MM. Guizot et Thiers, par une pleine victoire : victoire dont les conséquences n'étaient pas cependant sans péril. Le tiers parti avait été plus que battu, il avait été ridiculisé : de là une mortification et une rancune qui ne devaient pas pardonner; hors d'état, pour le moment, d'entreprendre une attaque directe, il allait guetter sournoisement l'occasion de se venger. Ajoutons que, dans cet imbroglio, tout le monde avait été diminué; le Roi lui-même n'en sortait pas intact. Les journaux républicains, qui s'en étaient tout de suite aperçu, n'épargnaient pas leurs commentaires, dénonçaient le discrédit et l'impuissance de la monarchie parlementaire, et se flattaient de trouver ainsi la revanche des défaites d'avril.

VII

Aussitôt reconstitué, le ministère comprit que sa première œuvre devait être de mettre fin à l'équivoque née des deux dernières Adresses, et de contraindre la Chambre à dire nettement si elle était ou non avec lui. A lire le *Constitutionnel* et autres journaux de même couleur, à voir la violence rageuse de leurs attaques, et aussi leur ardeur à solliciter l'alliance de la gauche [1], on aurait pu croire que le tiers parti,

---

[1] Nous lisons, à la date du 22 novembre 1834, dans un journal intime que nous avons déjà plusieurs fois cité : « Le ton de la presse quotidienne atteste, de plus en plus, la coalition qui vient de se former, entre l'opposition et le tiers parti, contre le ministère. Il n'y a presque plus de différence entre les journaux de ces

lui aussi, aspirait et se préparait à la bataille; on se serait attendu à le voir non-seulement accepter, mais devancer le défi du ministère. Ni cette franchise, ni ce courage n'étaient dans ses habitudes. Quand la Chambre se réunit, le 1er décembre 1834, les opposants se tinrent cois. Bien plus, lorsque le ministère, impatient de n'être pas attaqué, les provoqua et, en quelque sorte, les interpella lui-même, leur premier mouvement fut de se dérober, et il fallut toute l'insistance du gouvernement pour les obliger à croiser le fer.

Le débat qui s'engagea, le 5 décembre, demeura circonscrit entre les ministres et le tiers parti. Les premiers, M. Thiers aussi vivement que M. Guizot, vinrent dire : « Le vrai courage n'est pas de fermer les yeux sur le péril révolutionnaire [1], mais de le regarder en face, de le dénoncer et de le combattre ouvertement; c'est pour cette œuvre de « résistance » que nous sommes au pouvoir. Êtes-vous de notre avis? alors dites-le et soutenez-nous. Êtes-vous d'un avis différent? alors prenez le pouvoir à notre place [2]. » Représenté par M. Étienne, l'équivoque rédacteur des Adresses récentes; par M. Sauzet, dont le jeune talent fut, un

---

deux nuances. A la violence frénétique de leurs attaques, on sent qu'ils veulent, pour ainsi dire, emporter la place d'assaut. »

[1] M. Guizot disait à ce propos : « Il y a des peurs viles et honteuses, et il y a des peurs sages, raisonnables, sans lesquelles on n'est pas digne, je ne dis pas de gouverner les affaires du pays, mais même de s'en mêler... Vous voudriez que nous adoptassions cette pratique pusillanime qui croit qu'en fermant les yeux sur les dangers, on les éloigne! Savez-vous pourquoi l'on ferme les yeux sur les dangers? C'est parce qu'on en a peur. On en a peur, lorsqu'on n'ose pas les déclarer tout haut, marcher droit à eux, faire ce qu'il faut pour les prévenir, pour leur résister. Savez-vous ce qu'on fait quand on a peur des passions populaires? On dit qu'elles n'existent pas, que cela passera. Et les passions populaires passent en effet, mais comme un torrent qui dévaste tout devant lui. » (Discours du 6 décembre.)

[2] « Messieurs, disait M. Thiers, je ne veux pas de surprise, je veux que la Chambre sache, ainsi que le pays, que je suis ministre du gouvernement de Juillet pour résister à la révolution quand elle s'égare... Je le dis bien haut, pour que tout le monde l'entende... Si je me trompe, que l'on imite ma franchise; que l'on vienne dire qu'il ne faut pas résister à la révolution victorieuse, qu'il ne faut pas chercher à arrêter le char lancé avec toute sa rapidité, qu'il faut le laisser se précipiter dans l'abime. Nous céderons la place à ceux qui soutiendront ces doctrines; nous la céderons, avec un sentiment de douleur pour le pays, à ceux qui diraient avec franchise qu'il faut céder, là où nous disons : Il faut résister. Je le répète, pour qu'il n'y ait pas de surprise, nous sommes des ministres de la résistance. » (Discours du 5 décembre.)

moment, sur le point d'entraîner la Chambre[1]; par M. Dupin, qui était enfin forcé de se découvrir, le tiers parti essaya moins une dénégation directe qu'une oblique fin de non-recevoir. « La Chambre, dirent ces orateurs, a déjà fait connaître son avis lors de l'Adresse. Elle n'a rien à ajouter. Prétendez-vous l'amener à se contredire et à s'amender? Ce serait vouloir l'humilier. Vous lui demandez en réalité de se lier à un cabinet, à un système imparfaitement défini, d'assumer toute la responsabilité d'un passé où il y a à prendre et à laisser, d'abdiquer pour un avenir qu'on ne connaît pas encore. Cette Chambre doit garder son indépendance, son libre examen; elle jugera le ministère suivant ses œuvres. Il ne faut pas plus de majorité systématique que d'opposition systématique. » La réplique du ministère fut facile : « Des doutes se sont élevés sur le sens de l'Adresse; le pays et le gouvernement en ont souffert : il est donc à la fois raisonnable et nécessaire de demander une explication. Nous ne désirons pas une majorité servile; mais, pour le bon fonctionnement du régime parlementaire, il faut que les ministres, issus de la majorité, puissent compter sur elle; et, s'ils ont des doutes, leur droit et leur devoir sont de l'interroger. » Cette argumentation parut décisive. 184 voix contre 117 adoptèrent un ordre du jour motivé qui donnait expressément au ministère l'adhésion demandée, tout en épargnant à l'amour-propre de la Chambre le désaveu de ses votes antérieurs : l'Assemblée déclarait qu'elle était « satisfaite des explications entendues sur la politique du gouvernement, et n'y trouvait rien que de conforme aux principes exposés dans son Adresse ».

La question aiguë du moment était celle du procès des accusés d'avril. Au milieu des récentes crises ministérielles, les pairs avaient continué, impassibles, l'instruction de ce colossal procès. Mais plus ils avançaient dans leur œuvre, plus la presse

---

[1] M. Henry Greville, secrétaire de l'ambassade anglaise, qui avait assisté à la séance, écrivait sur son journal : « J'ai été très-frappé du discours de M. Sauzet. Il a une belle tête, une bonne voix et une grande facilité d'élocution. On dit que sa manière ressemble à celle de Martignac. » (*Leaves from the Diary of Henry Greville*, p. 43.)

de gauche redoublait de violence et d'audace. Pour exciter la compassion et l'indignation du public, il n'était pas de récits impudemment mensongers qu'elle n'inventât sur les tortures infligées aux prisonniers. Pendant ce temps, ces étranges martyrs, abusant de la liberté grande qu'on leur laissait, passaient leur temps en manifestations tapageuses, se révoltaient contre les règlements de la prison, brisaient les guichets, défiaient et maltraitaient les gardiens, ou, quand ils avaient reçu quelque argent, le dépensaient à festoyer. En même temps qu'elle tâchait d'entourer les accusés d'une auréole qui ne leur seyait guère, cette même presse outrageait grossièrement les pairs, avec l'intention évidente de les intimider ou de les dégoûter. Elle n'y réussit pas. Le plus important de ces journaux, le *National,* se vit même citer à la barre de la haute Assemblée et frapper d'une condamnation sévère [1]. Le tiers parti, qui comptait toujours que le ministère ne pourrait pas mener à fin cette redoutable entreprise, et qui se flattait de trouver dans cet échec la satisfaction de son ambition ou tout au moins de sa rancune, s'appliquait honnêtement à grossir toutes les difficultés; ses journaux conseillaient aux pairs de s'abstenir; ils tâchaient de produire une sorte de panique, en racontant que la population riche, effrayée, se disposait à quitter Paris aux approches du procès, que le commerce était paralysé, que les loyers baissaient. Ce fut encore par un débat au grand jour que le ministère voulut avoir raison de cette manœuvre : il mit la Chambre en demeure de se prononcer sur la question même du procès, en déposant une demande de crédit de 360,000 francs pour construire la

---

[1] 16 décembre 1834. Ce procès fut marqué par un incident qui produisit alors une assez vive émotion. Carrel, qui défendait le prévenu, avait dans sa plaidoirie évoqué le souvenir de la condamnation du maréchal Ney et l'avait qualifié d' « abominable assassinat ». Comme le chancelier Pasquier l'arrêtait, l'un des pairs, le général Exelmans, se leva et cria : « Je partage l'opinion du défenseur. » On put même craindre un épilogue plus grave. Le jeune duc d'Orléans, poussé, dit-on, par M. de Flahaut, eut, un moment, le projet de venir à la séance suivante et de demander la parole à propos du procès-verbal, pour adhérer à la protestation du général Exelmans. Il fallut l'intervention du Roi et même la menace de nombreuses démissions de pairs, pour faire renoncer le jeune prince à ce coup de tête. (*Documents inédits.*)

salle d'audience de la cour des pairs. La discussion, ouverte le 29 décembre, se prolongea pendant cinq jours. Tout fut dit en faveur de l'amnistie et contre le procès; mais le ministère finit, cette fois encore, par l'emporter, et le crédit fut voté par 209 voix contre 181.

Après ce double succès, le ministère ne pouvait-il pas se croire sûr du concours de la Chambre, et considérer le tiers parti comme définitivement réduit à l'impuissance? Cependant, à peine les votes étaient-ils émis que les commentaires cherchaient à en atténuer la portée : on faisait remarquer que la majorité, de 67 voix au premier vote, n'était plus que de 28 au second, et l'on en concluait qu'elle était déjà en voie de dissolution. La Chambre semblait d'ailleurs prendre à tâche de justifier ce pronostic. Dans des discussions d'affaires où la question de confiance n'était plus expressément posée, elle se montrait raisonneuse, récalcitrante, sournoise, disposée à inquiéter le cabinet, prompte même à voter contre lui, comme si elle eût voulu se consoler ainsi d'avoir été obligée de lui donner son adhésion dans les grands débats politiques. Étrange état d'esprit de ces députés qui ne voulaient pas renverser le ministère parce qu'ils se sentaient impuissants à le remplacer, mais qui le jalousaient et étaient bien aises de l'affaiblir.

Malheureusement, la composition du cabinet n'était pas sans fournir prise aux attaques du tiers parti. L'un des griefs les plus exploités était l'absence d'un vrai président du conseil. Le maréchal Mortier occupait, avec une modestie loyale, le poste qu'il avait accepté par dévouement; mais nul ne pouvait dire qu'il en exerçât l'autorité ni qu'il en eût le prestige. Brave soldat, il était plus à son aise sur un champ de bataille qu'à la tribune. L'interpellait-on à la Chambre, il se dressait de toute la hauteur de sa grande taille, promenait sur l'assemblée des regards anxieux, ouvrait la bouche et ne pouvait que balbutier.

« En passant, dans l'espace de six mois, a écrit M. Guizot, ou maréchal Soult au maréchal Gérard, et du maréchal Gérard au maréchal Mortier, la présidence du conseil avait été prise, de plus en plus, pour une fiction, et plus la fiction devenait apparente, plus l'opposition y trouvait une arme et nos amis un embarras. » M. Dupin avait dénoncé cette incorrection à la tribune, et il la critiquait plus vivement encore dans les salons de la présidence. Un tel grief dépassait le ministère pour atteindre le Roi, soupçonné, accusé même, de repousser systématiquement tout président réel par désir de se réserver un « pouvoir personnel ». Les journaux ressuscitaient contre lui la maxime équivoque dont M. Thiers s'était déjà servi contre Charles X : « Le Roi règne et ne gouverne pas. » Précisément à cette époque, sous ce titre : *Adresse d'un constitutionnel aux constitutionnels*, parut une brochure qui fournit aliment à ces polémiques et prétexte à ces soupçons; d'abord anonyme, elle fut bientôt avouée par un vieux fonctionnaire du premier Empire, le comte Rœderer; l'auteur, exagérant la doctrine opposée à celle des parlementaires, prétendait établir non-seulement que le Roi devait gouverner, mais qu'à lui seul il appartenait d'avoir un système, qu'il pouvait prendre d'autres conseils que ceux de ses ministres et suivre, à leur insu, des négociations avec les cours étrangères; le tout mêlé d'attaques contre les doctrinaires. Quelques familiers de la cour commirent l'imprudence de paraître s'intéresser à la diffusion de cette brochure; il n'en fallait pas tant pour que le tiers parti accusât le « château » de l'avoir inspirée. Cette accusation prit tant de consistance et causa tant d'émotion qu'on dut faire insérer un démenti dans le *Moniteur*.

A défaut d'un président réel, le ministère avait-il au moins une homogénéité forte et incontestée? On sait avec quel éclat s'était manifestée, dans la dernière crise, l'entente de M. Guizot et de M. Thiers; au cours du débat qui avait suivi la reconstitution du cabinet, on avait entendu le jeune ministre de l'intérieur proclamer son accord absolu avec ses collègues et repousser comme une insulte toute pensée de se séparer du ministre de l'instruction publique. Le tiers parti ne renonçait pas cependant à l'espoir d'ébranler cette union si gênante : c'était, à ses yeux, l'un des points les plus vulnérables du cabinet, et il résolut de diriger de ce côté ses principales manœuvres. Il se mit à cajoler M. Thiers, naguère tant injurié; dans le dessein perfide d'allumer son ambition en flattant sa vanité, on lui attribua tous les succès de tribune, tandis qu'on rabaissait M. Guizot. En outre, par l'effet d'un véritable mot d'ordre, dans la presse et même à la Chambre, on s'attacha à présenter le ministre de l'instruction publique comme l'homme de la Restauration; c'était à qui rappellerait son séjour auprès de Louis XVIII pendant les Cent-Jours, l'accuserait d'avoir alors rédigé le *Moniteur de Gand* [1], le qualifierait d' « émigré », de « complice de Wellington ». M. Dupin, auquel ne répugnaient aucune petitesse et aucune inconvenance, étalait sur sa table, un soir où il recevait à la présidence, un exemplaire de ce *Moniteur de Gand*. En insistant sur cette accusation, le tiers parti n'avait pas seulement l'avantage de rendre M. Guizot suspect à l'opinion régnante, il inquiétait aussi M. Thiers, ennemi acharné de la branche aînée, par origine, par passion et par tactique; il éveillait en lui la préoccupation de ne pas se laisser compromettre personnellement par le passé royaliste de son collègue. A ce point de vue, la manœuvre ne fut pas sans quelque succès. Dans le débat sur les crédits de la salle des pairs, alors que M. Guizot, aux prises avec ceux qui lui reprochaient son rôle sous la Restauration, refusait fièrement de le désavouer, on vit M. Thiers proclamer, avec affectation, qu'il devait tout à la révolution de Juillet, qu'il ne datait et ne s'inspirait que d'elle; il fit une sortie violente contre la vieille monarchie, une apologie sans réserve de l'opposition qui avait mené contre elle une guerre si implacable; puis, une fois sur ce terrain, il tendit la main à la gauche et dit à M. Odilon Barrot, qui semblait accueillir ces avances : « Soyons toujours unis contre l'ennemi commun [2] ! » Impossible de ne pas reconnaître là une velléité de se dégager ou tout au moins de se distinguer de M. Guizot, et les journaux du tiers parti eurent beau jeu à mettre en relief et en lumière

---

[1] Une note insérée au *Moniteur*, le 6 janvier 1835, déclara que M. Guizot n'avait jamais participé à la rédaction du *Moniteur de Gand*.
[2] Séances du 31 décembre 1834 et du 2 janvier 1835.

ce qu'ils appelaient le « désaccord » des deux ministres.

La tentation avait pénétré aussi, par un autre point, l'âme de M. Thiers. Le jeune ministre était alors dans tout le succès de son heureuse ambition, très-curieux de toutes les jouissances que lui apportait le pouvoir [1], mais mobile, vite rassasié et toujours impatient de monter plus haut, ou au moins de voir du nouveau. Ainsi avait-il souvent changé de portefeuille ; d'abord ministre de l'intérieur ou plutôt de la police, tout ardent à jouer les Fouché en pourchassant la duchesse de Berry ; au bout de quelques mois, dépouillant brusquement ce personnage pour se poser en Colbert au ministère du commerce, pour s'amuser aux grandes bâtisses et aux grands travaux publics ; un an après, revenant à l'Intérieur, où il imitait Périer dans la répression des émeutes d'avril, faisait des plans, donnait des ordres pour la bataille des rues, montait à cheval à côté des généraux, saisissant ainsi l'occasion, trop passagère, d'un rôle militaire qui l'enchantait. Maintenant, il sentait le besoin d'un nouveau changement et rêvait des affaires étrangères. Toutes les fois que celles-ci étaient traitées au conseil des ministres, il prenait une part active à la délibération ; il s'était même fait, en ces matières, par exemple sur l'intervention en Espagne, des idées à lui que ne partageait pas la majorité de ses collègues. L'amiral de Rigny, qui avait remplacé le duc de Broglie, n'était pas en état de soutenir à la tribune les débats sur les questions extérieures. Le ministre de l'intérieur

---

[1] La *Revue des Deux Mondes*, alors assez à gauche et malveillante pour M. Thiers, disait de lui : « M. Thiers a joui, de toutes les façons possibles, du bonheur de l'autorité ; il a parlé longuement dans les Chambres, il a parlé longuement dans les conseils ; il s'est fait écouter des généraux, il leur a enseigné la guerre et la stratégie ; il a donné des leçons de plastique et il a révélé les secrets de l'art aux sculpteurs et aux peintres ; il a dominé dans les ateliers, dans les académies ; il a inscrit son nom sur la colonne de la place Vendôme, au faîte du temple de la Madeleine, sur des ponts, sur des arcs de triomphe ; il a joui en maître des lions et des tigres du Jardin des Plantes, il a mandé dans son hôtel les autruches et les gazelles ; M. Thiers s'est montré en public, à la cour, sous des habits chamarrés d'or et de croix ; il a figuré sur un cheval blanc dans les revues. Assurément ce n'est pas pour s'instruire que M. Thiers se met en voyage. M. Thiers ne regarde et ne voit pas ; il ne questionne jamais, il enseigne, et sa vive intelligence supplée à tout ce qu'il ignore et à tout ce qu'il n'apprend pas. »

fut ainsi conduit plusieurs fois à le suppléer. Il le fit avec plaisir. Ses flatteurs ne manquaient pas de lui dire que celui qui parlait bien sur la diplomatie était naturellement désigné pour la diriger. Le Roi semblait presque encourager ces visées, et, quand il causait avec M. Thiers de ces sujets : « Au moins, vous, disait-il, vous savez votre carte de géographie. » Comment d'ailleurs un parvenu n'eût-il pas été séduit à la pensée d'avoir affaire, non plus à des députés ou à des préfets ayant la plupart même origine que lui, mais à la haute aristocratie diplomatique de l'Europe et même aux têtes couronnées? N'était-ce pas gravir un échelon de plus? Cette séduction devint si forte, qu'en février 1835, M. Thiers fit des démarches ouvertes pour mettre la main sur le portefeuille si convoité; il se heurta aussitôt à la résistance de M. Guizot, qui entendait réserver ce poste à son ami le duc de Broglie. Le conflit et la rupture purent paraître un moment imminents. Mais, cette fois, on parvint à faire entendre raison à M. Thiers, qui abandonna sa prétention. L'incident n'en laissa pas moins, entre les deux ministres, un certain froissement et un germe nouveau de division.

Pour avoir échappé à la dislocation, le cabinet ne se retrouva pas bien solide. Son malaise, sa lassitude et son découragement étaient visibles pour tous. Quelques semaines seulement s'étaient écoulées, et rien ne lui restait plus des victoires parlementaires, remportées au lendemain de sa reconstitution; la majorité semblait être redevenue plus incertaine que jamais. L'effet de ce malaise se faisait sentir jusque dans les rapports des ministres entre eux : quelques-uns ne se parlaient plus. Ces misères n'échappaient pas à la presse opposante. « Pour nous résumer en deux mots, disait le *Constitutionnel*, dans le ministère, que voyons-nous? intrigue et discorde; dans la Chambre, décousu et incertitude; dans le pays, inquiétude et crainte vague d'un avenir qui s'annonçait si beau, il y a six mois encore [1]. » Les amis du cabinet ne

---

[1] Article du 25 janvier 1835.

regardaient pas les choses sous un jour plus favorable, et, quelques semaines plus tard, au milieu de février, l'un d'eux écrivait dans ses notes intimes : « La désorganisation du ministère, la dislocation et l'impuissance de la Chambre deviennent, de jour en jour, plus évidentes. » Et encore : « La crise est à son comble ; elle est hautement avouée par les intéressés. Il est temps que tout cela finisse. Nous tombons dans une véritable anarchie. Les ministres, absorbés par leurs divisions et leurs préoccupations personnelles, n'ont plus de temps à donner aux affaires de leurs départements ni même à la Chambre. Les députés, négligés, livrés à eux-mêmes, s'en irritent et se désaffectionnent de plus en plus. L'administration se dissout, pour ainsi dire. A Lyon, à Amiens, dans d'autres lieux encore, les maires et adjoints donnent leur démission, et l'on ne parvient pas à les remplacer. Tout devient difficulté [1]. » A l'étranger, les plus clairvoyants de nos diplomates constataient « le déplorable effet » de cet ébranlement ministériel sur la considération extérieure de la France. « Notre position, écrivait l'un d'eux, est des plus délicates et souvent des plus pénibles. Il n'y a ni confiance, ni garantie d'avenir, pour le système ou pour les hommes. Il est à peu près inutile d'entamer sérieusement une affaire ou une négociation [2]. »

Le gouvernement était donc en souffrance, au dedans et au dehors. Chacun avait le sentiment qu'un tel état ne pouvait se prolonger. Aussi, quand, le 20 février 1835, le maréchal Mortier, gêné de son insuffisance et inquiet de sa responsabilité, offrit sa démission, en alléguant l'état de sa santé, ni le Roi, ni ses collègues ne songèrent à le retenir, et l'on se retrouva de nouveau en pleine crise ministérielle.

---

[1] *Documents inédits.*
[2] Lettre de M. Bresson au duc de Broglie. (*Documents inédits.*)

VIII

Instruits par l'expérience, M. Guizot et ses amis résolurent de ne plus se prêter à un « replâtrage » du genre de ceux qu'on avait tentés successivement avec le maréchal Gérard ou le maréchal Mortier; ils ne resteraient au ministère, déclarèrent-ils, que s'il était reconstitué dans des conditions lui donnant autorité auprès de la Couronne et de la Chambre. Or, pour obtenir ce résultat, il leur paraissait nécessaire de rappeler le duc de Broglie aux affaires étrangères et de l'élever à la présidence du conseil. Une telle exigence n'était pas faite pour plaire à Louis-Philippe. Celui-ci avait tâché de se persuader qu'un cabinet pouvait se passer de chef : « Qu'avez-vous besoin d'un président du conseil? avait-il l'habitude de dire à M. Thiers et à M. Guizot. Est-ce que vous n'êtes pas d'accord entre vous? Est-ce que je ne suis pas d'accord avec vous? Pourquoi s'inquiéter d'autre chose? » On sait, d'ailleurs, quelles étaient, contre le duc de Broglie, ses préventions et celles de son entourage. Les doctrinaires ne se conduisaient pas de façon à diminuer ces préventions. Ils posaient leurs conditions avec une roideur impérieuse, et les propos qu'ils tenaient ou qu'on tenait autour d'eux, sur le Roi, et qui étaient aussitôt rapportés, manquaient pour le moins de prudence. D'autre part, « au château », on ne s'exprimait pas avec plus de réserve, sur M. de Broglie et M. Guizot; Louis-Philippe lui-même ne savait pas toujours se contenir [1]. Ainsi, l'irritation croissait des deux côtés; un

---

[1] Louis-Philippe était alors si animé contre les doctrinaires qu'il dénonçait leurs mauvais desseins à M. Dupin, qui n'avait pas cependant besoin d'être excité contre eux. Le président de la Chambre raconte dans ses *Mémoires* qu'à cette époque le Roi « avait eu la bonté de lui dévoiler lui-même le manége » de M. Guizot et de ses amis. « Ils veulent vous déloger de la présidence, lui avait-il dit, et comme ministre vous user, c'est leur expression. Nous en aurons pour trois mois, déclarent-ils, et nous en serons débarrassés. » Le Roi ajoutait qu'il « avait jugé indigne de lui de se prêter à cette machination dirigée contre le président de la Chambre ». (*Mémoires de M. Dupin*, t. III, p. 148-149.) Il est vrai que le témoignage de M. Dupin ne doit être accepté qu'avec réserve.

observateur impartial se demandait « si les doctrinaires ne finiraient pas par être jetés dans l'opposition », et il ajoutait, en faisant allusion à un souvenir de la Restauration : « Puissent-ils ne pas devenir la *défection* de la royauté nouvelle [1] ! » Ce qui devait se passer, quelques années plus tard, lors de la coalition, semble prouver que cette inquiétude n'était pas absolument sans fondement.

Pour éviter le duc de Broglie, le Roi frappa à toutes les portes : il s'adressa successivement au comte Molé, à M. Dupin, au maréchal Soult, au général Sébastiani, au maréchal Gérard; mais ces pourparlers se prolongeaient, les journées, les semaines s'écoulaient sans qu'on aboutît à rien. L'opinion prenait mal ces retards. Les lettres de province signalaient la surprise, le mécontentement croissant des esprits [2]. Les journaux opposants avaient soin d'étaler toutes ces misères et d'envenimer tous ces désaccords. Quant aux feuilles amies, elles laissaient voir leur découragement; le *Journal des Débats* rappelait tristement que « les empires ne périssent pas toujours par les révolutions violentes [3] ».

Le Roi était trop clairvoyant pour ne pas se rendre compte de cet état de l'opinion, et trop sage pour n'en pas tenir compte. Une fois bien assuré de l'impossibilité de toute autre solution, il se résigna à revenir aux doctrinaires. Il le fit avec une bonne grâce souriante qui ne parvenait pas cependant à cacher complétement un fond d'humeur et d'amertume. Il avoua à M. Guizot l'échec de ses tentatives, se réservant seulement d'en faire encore une auprès du maréchal Soult : « Si j'échoue, ajouta-t-il, il faudra bien subir votre joug. — Ah! Sire, répondit M. Guizot, que le Roi me permette de protester contre ce mot; nous disons franchement au Roi ce qui nous paraît bon pour son service; nous ne pouvons bien le servir que selon notre avis. — Allons, allons, reprit Louis-Philippe en riant, quand nous ne sommes pas du même avis et qu'il faut que

---

[1] *Documents inédits.*
[2] *Ibid.*
[3] 6 mars 1835.

j'adopte le vôtre, cela ressemble bien à ce que je vous dis là. »
Quelques jours plus tard, voulant « en finir », le Roi manda
le duc de Broglie, causa amicalement avec lui, ne fit d'objection à aucune de ses propositions, pas même à ce que le
conseil se réunît hors de sa présence, quand les ministres le
jugeraient à propos. Il avait fait entièrement son sacrifice.
Mais il laissait voir que c'en était un, surtout quand il causait
avec des personnes qu'il savait en rapport avec le tiers parti,
comme le maréchal Gérard [1], ou avec les représentants des
puissances continentales qu'il supposait un peu alarmées de la
rentrée du duc de Broglie. Ainsi déclarait-il au comte Apponyi,
ambassadeur d'Autriche, que « Broglie était une nécessité qu'il
avait dû avaler pour ne pas tomber dans le radicalisme [2] », et
répétait-il au chargé d'affaires de Russie : « On m'a forcé à
prendre M. de Broglie [3]. »

Le Roi cédant, tous les obstacles n'étaient pas encore levés.
M. Thiers, en effet, dont le concours était justement regardé
comme indispensable, ne se montrait plus aussi bien disposé
qu'il avait paru l'être, l'année précédente, à accepter la présidence du duc de Broglie. Il craignait que les doctrinaires n'eussent ainsi une prépondérance trop marquée dans le cabinet,
que sa position personnelle ne fût et surtout ne parût aux autres
diminuée. On lui offrait bien, pour rétablir l'équilibre, de donner un portefeuille à son ami M. Mignet; mais celui-ci refusait
absolument de quitter ses études pour les agitations de la vie
publique. Cette résistance de M. Thiers tenait tout en suspens :
l'opinion s'impatientait. M. Guizot, se sentant soutenu, engagea alors les députés de la majorité à intervenir. Ceux-ci, après
s'être concertés, firent connaître à M. Thiers leur désir d'en
finir, et l'assurèrent qu'un cabinet présidé par M. de Broglie
serait bien accueilli de la Chambre. Cette démarche fut décisive : M. Thiers céda.

[1] *Documents inédits.*
[2] Dépêche de Pralormo, 10 avril 1835, citée par Hillebrand, *Geschichte Frankreichs*, t. I, p. 461.
[3] *Documents inédits.*

Dès lors, tout devenait facile, et le *Moniteur* put annoncer, le 12 mars, la fin d'un interrègne ministériel qui durait depuis trois semaines. Le duc de Broglie prit les Affaires étrangères, avec la présidence du conseil; le maréchal Maison remplaça le maréchal Mortier au ministère de la guerre ; l'amiral de Rigny fut nommé ministre sans portefeuille. Les autres ministres conservèrent leurs portefeuilles : M. Thiers, l'Intérieur; M. Guizot, l'Instruction publique; M. Humann, les Finances; M. Persil, la Justice; M. Duchâtel, le Commerce; l'amiral Duperré, la Marine. Le ministère était ainsi reconstitué dans des conditions analogues à celles où il avait été établi, le 11 octobre 1832, dans des conditions meilleures même, car la présidence du duc de Broglie était plus réelle et, par suite, plus correcte que celle du maréchal Soult. Mais que de temps et de forces on avait perdus dans cette année de crise, commencée à la démission de M. de Broglie, le 1ᵉʳ avril 1834, et terminée seulement par sa rentrée, le 12 mars 1835 ! Que de bien avait été ainsi empêché ! Que de mal avait été fait ! Et qui oserait même affirmer que, dans ce mal, il n'y eût pas de l'irréparable ?

CHAPITRE XII

LE PROCÈS D'AVRIL ET LES LOIS DE SEPTEMBRE

(Mars — décembre 1835)

I. Succès parlementaires du ministère. Le traité des 25 millions approuvé par la Chambre. Discussion sur les fonds secrets. Accord de M. Guizot et de M. Thiers. Bons rapports du duc de Broglie et du Roi. — II. Procès des insurgés d'avril. L'affaire des défenseurs. La révolte à l'audience. M. Pasquier. Attitude du parti républicain. La prétendue lettre des défenseurs. Discrédit des accusés. La cour parvient à dominer toutes les tentatives d'obstruction. Condamnation des accusés lyonnais. Le dernier arrêt est rendu le 28 janvier 1836. Tort que se sont fait les républicains. — III. La machine infernale du boulevard du Temple. Fieschi, Morey et Pépin. Leur procès. Responsabilité du parti républicain dans ce crime. — IV. Effet produit par l'attentat. Lois proposées sur le jury, sur les actes de rébellion et sur la presse. Accueil fait par l'opinion. La discussion. Discours de Royer-Collard et du duc de Broglie. Résultat des lois de septembre. — V. Le parti républicain est pleinement vaincu. État d'esprit de Carrel. Son duel avec M. de Girardin et sa mort.

I

A peine reconstitué sous la présidence du duc de Broglie, le cabinet fut interpellé sur les circonstances dans lesquelles il s'était dissous et reformé. Pendant deux jours, M. Guizot, M. Thiers et le duc de Broglie repoussèrent les attaques de MM. Mauguin, Garnier-Pagès, Sauzet et Odilon Barrot[1]. La Chambre fut particulièrement frappée de l'accent d'autorité fière et de netteté loyale avec lequel le nouveau président du conseil proclama la correction constitutionnelle du cabinet, définit la politique de résistance qu'il entendait suivre ou plutôt

[1] Séances des 14 et 16 mars 1835.

continuer, et se déclara prêt à toutes les explications, à tous les combats[1].

Le ministère avait fait bonne figure dans cette première discusion ; mais aucun vote ne l'ayant suivie, l'opposition pouvait en contester le résultat. Il n'en fut pas de même du débat sur le traité réglant à vingt-cinq millions la somme à payer aux créanciers américains. On se rappelle comment, l'année précédente, la Chambre avait refusé ce crédit et amené ainsi la retraite du duc de Broglie. Le gouvernement n'avait pas accepté ce vote comme définitif, et il avait annoncé l'intention d'en appeler de nouveau au Parlement. L'heure était venue de le faire, et la rentrée du duc rendait l'épreuve plus solennelle et plus décisive. Des incidents fâcheux étaient venus, de la part des États-Unis, compliquer et irriter la question. Le président Jackson, dans son message au congrès, du 1er décembre 1834, avait raconté, en termes arrogants, toute l'histoire du traité, et demandé, pour le cas où l'indemnité ne serait pas payée, l'autorisation de confisquer, jusqu'à concurrence de vingt-cinq millions, les propriétés des nationaux français dans les États de l'Union ; autorisation qui lui fut, à la vérité, refusée par les deux Chambres. Le gouvernement français répondit aussitôt à cette offense, en rompant les relations diplomatiques avec Washington. Mais il borna là ses représailles, et ne renonça pas, pour cela, à exécuter une convention signée et à payer une dette reconnue. La presse opposante s'était emparée du mauvais procédé du général Jackson pour soulever, contre le traité, les susceptibilités nationales. Républicains et légitimistes essayèrent même de s'en prendre personnellement au Roi : c'était lui, disaient-ils, qui, pour arracher le vote de la Chambre, avait secrètement conseillé les menaces du président américain, puis l'avait averti de ne pas prendre au sérieux la rupture des relations diplomatiques, de n'y voir

[1] « Plusieurs votes politiques, disait le duc de Broglie, vont se présenter avant peu. Ils se succéderont presque sans interruption. L'épreuve sera tentée plusieurs fois. Si toutefois nos adversaires désiraient que l'épreuve fût plus prochaine, à eux permis ; c'est un défi que nous ne leur portons pas, mais que nous accepterons de leur part. »

qu'une comédie destinée à duper le public français [1]. Quelques-uns allaient plus loin encore et accusaient Louis-Philippe d'avoir acquis à vil prix les créances qu'il voulait maintenant faire payer à la France. On conçoit l'effet d'une telle polémique sur une opinion déjà mal disposée. Il y avait longtemps qu'un projet s'était présenté aux Chambres, couvert d'un nuage aussi épais de préventions et d'impopularité.

La discussion dura neuf jours, du 9 au 18 avril : ce fut l'une des grandes batailles de tribune de cette époque. « Pour retrouver, écrivait alors un témoin, des débats aussi retentissants et qui aient autant passionné le public, il faut remonter jusqu'à la loi électorale de 1820. » Au premier rang des assaillants, se distingua Berryer, qui prononça, à cette occasion, un de ses plus éloquents et plus puissants discours. Le ministère, par l'organe de M. Thiers et du duc de Broglie, fit tête, sans faiblir, à cette redoutable attaque. Le vote fut, pour lui, un éclatant succès : son projet fut approuvé par 289 voix contre 137. Il avait accepté, à la vérité, un amendement portant qu'aucun payement ne serait fait avant d'avoir reçu des explications satisfaisantes sur le message du président Jackson. Diplomatiquement, l'affaire devait traîner encore quelque temps : elle ne se termina qu'en février 1836, par la médiation de l'Angleterre, et après une déclaration du président Jackson qui désavouait toute interprétation blessante du premier message. Mais, au point de vue parlementaire et ministériel, le résultat fut acquis tout de suite, et il était d'autant plus décisif que l'opinion avait été plus échauffée contre le traité.

Peu de jours après, la question de confiance se trouva encore une fois posée, à propos d'une demande de fonds secrets. Le *Constitutionnel* avait engagé ses amis à tenter un suprême effort. « Une occasion, leur disait-il, la seule, la dernière de la session, s'offre à la Chambre, pour rompre son ban avec le ministère et se réhabiliter aux yeux du pays. Cette occasion, cette pierre de touche, pour ainsi dire, de sa valeur morale, c'est la loi des

---

[1] Cette insinuation ne se rencontra pas seulement dans la presse; elle devait être bientôt portée à la tribune, le 9 avril 1835, par le duc de Fitz-James.

fonds secrets. Si elle ne proteste pas, par une réduction quelconque,... si elle scelle, au prix de l'or de la France, le bail à long terme qu'elle vient de renouveler avec le ministère, *tout sera dit alors.* » Le débat dura trois jours, les 27, 28 et 29 avril. On y entendit le tiers parti se plaindre piteusement de ce ministère « qui ne laissait pas écouler une semaine sans se faire mettre aux voix, et semblait s'ingénier à fatiguer les consciences par ses perpétuelles mises en demeure ». C'est, répondait M. Thiers, que « nous ne voulons pas exposer la Chambre à voir renaître la situation déplorable qu'elle a vue quelques mois auparavant ». Il ajoutait : « Il faut un ministère fort, ou bien il faut le renverser et lui en substituer un autre. C'est peut-être plus difficile, j'en conviens, de venir dire ouvertement : Nous voulons renverser le ministère. Mais il me semble que nous nous devons de la franchise les uns aux autres. » Au vote, l'amendement du tiers parti, proposant une réduction d'un million, fut rejeté à une majorité de 58 voix, et l'ensemble du projet adopté par 256 voix contre 129.

La pression de la nécessité, la leçon des fautes naguère commises, la force de la nouvelle combinaison ministérielle étaient-elles donc enfin parvenues à constituer une majorité compacte et stable? A lire les journaux opposants, on pourrait le croire : ces journaux confessaient leur défaite, avec un singulier mélange de colère et de découragement; ils déclaraient ne plus fonder aucun espoir sur une Chambre « acquise aux doctrinaires ». C'est surtout au tiers parti qu'ils s'en prenaient de leurs déboires, l'accablant de leurs reproches ou de leurs dédains, et ne l'appelant plus guère que le « défunt tiers parti ». Ils ne pouvaient d'ailleurs se faire illusion sur l'indifférence fatiguée avec laquelle le public considérait leurs tentatives d'agitation.

En même temps que la consistance de la majorité, on avait éprouvé l'union du ministère. Que n'avait pas fait l'opposition depuis la reconstitution du cabinet, pour réveiller la division, un moment aperçue, entre M. Guizot et M. Thiers! Que d'efforts pour enfoncer le coin dans cette fissure imparfaitement masquée! Les journaux racontaient, par le menu, les conflits qui, à les entendre, éclataient chaque jour entre les deux rivaux ; ils essayaient surtout de piquer le ministre de l'intérieur, en le présentant comme humilié, écrasé, annulé, par la prépondérance des doctrinaires. A la Chambre, les orateurs rappelaient, avec une habileté perfide, tout ce qui pouvait séparer les deux rivaux. Dans la première discussion, n'avait-on pas entendu M. Odilon Barrot s'écrier : « Est-il étonnant qu'un de ces deux hommes, M. Guizot, qui a passé sa vie à exalter la légitimité et à maudire les douloureuses nécessités de notre révolution, placé tout à coup, en 1830, en face d'une révolution populaire et démocratique, en ait eu peur et ait voulu l'arrêter, la refouler et aller jusqu'à nier son existence ; que l'autre, M. Thiers, qui doit tout à cette révolution et qui a employé un vrai génie à en exalter les gloires, à en pallier les fautes, démocrate par origine, par opinion, par essence pour ainsi dire, n'ait pas éprouvé les mêmes sentiments de défiance et de répulsion? L'homogénéité n'existe pas dans le pouvoir ; car il se balance entre des positions toutes différentes. Je dirais presque que la Révolution et la Restauration y sont en présence. » Les deux ministres, ainsi mis en cause, avaient répondu en protestant de leur union, et M. Guizot avait ajouté ces nobles paroles : « Nous offrons en vérité, messieurs, un singulier spectacle. Vous voyez devant vous, sur ces bancs, des hommes qui n'ont pas tous la même origine, qui n'ont pas eu toujours absolument les mêmes idées, les mêmes habitudes ; vous les voyez travailler à rester constamment unis, à défendre ensemble la même cause, les mêmes principes, à repousser soigneusement de leur sein tout principe de dissentiment, toute cause de division ; et voilà qu'autour d'eux se dresse et s'agite un effort continuel pour porter entre eux la cognée, pour désunir cette alliance qui a fait une des forces, oui, messieurs, une des forces de notre cause et de notre système. Je ne m'étonne pas que nos adversaires se conduisent ainsi ; je le trouve tout simple : c'est le cours commun des choses. Mais, en vérité, il n'y a pas là de quoi se vanter ; il n'y a rien là qui soit si éminemment moral ; il n'y a rien là qui donne le droit de venir nous dire que nous voulons abaisser la politique. Non, messieurs, ceux qui abaissent la politique, ce sont ceux qui combattent, au lieu de le seconder, cet effort visible, parmi nous et dans toutes les opinions modérées, pour se rallier, pour former un ensemble, pour agir en commun, au profit des intérêts publics. » Protester ainsi de l'union ministérielle, c'était bien ; la montrer en acte, c'était mieux encore, et le cabinet le faisait chaque jour. Sur nulle question, on n'avait pu surprendre une dissidence entre M. Thiers et les doctrinaires. Ceux-ci d'ailleurs ne négligeaient aucun bon procédé pour effacer le déplaisir que l'élévation du duc de Broglie avait pu causer à leur jeune collègue. La politesse bienveillante témoignée par la duchesse de Broglie à madame Thiers n'avait pas été le moins efficace de ces bons procédés. Aussi un observateur clairvoyant pouvait-il noter, en avril 1835, « l'accord parfait de M. Thiers avec ses collègues », et le duc de Broglie écrivait au général Sébastiani, ambassadeur à Londres : « Le conseil est très-uni jusqu'ici. Je ne vois aucun germe de dissentiment dans l'avenir [1]. »

Le ministère n'avait pas moins heureusement résolu le problème de ses rapports avec le Roi : on se rappelle que l'absence d'un vrai président du conseil était l'un des principaux griefs de l'opposition contre les précédentes administrations; on se rappelle aussi que la crainte de se voir annulé avait prévenu Louis-Philippe contre la combinaison qui avait fini par triompher. En prenant la parole pour la première fois, le duc de Broglie avait cru devoir marquer, avec discrétion et fermeté, les conditions dans lesquelles il entendait exercer réellement son rôle de président [2]. Mais, cette satisfaction donnée au Parlement, il s'était efforcé, par sa déférence loyale, d'écarter les

---

[1] Lettre du 14 avril 1835. (*Documents inédits.*)
[2] « J'ai reçu du Roi, disait le duc de Broglie, j'ai reçu de la confiance et de l'amitié de mes collègues l'honorable mission d'imprimer au cabinet, autant qu'il dépendrait de moi, cet ensemble, cette unité de vues, de principes et de conduite, cette régularité dans l'ordre des travaux, dans la distribution des affaires, sans laquelle la vraie responsabilité ministérielle, la responsabilité collective, ne devient qu'un vain mot, et qui fait la force et la dignité des gouvernements. »

préventions de la couronne. « M. de Broglie, écrivait, le 24 mars, un de ses amis, a adopté un système très-sage dans ses rapports avec le Roi. Imposé à la volonté royale par la force des circonstances et bien décidé à ne pas transiger dans les choses essentielles..., il s'attache d'ailleurs à restreindre ses exigences dans le cercle de la nécessité, à laisser prévaloir l'opinion ou même les caprices du Roi dans les choses indifférentes ou secondaires, à couvrir enfin par la forme ce qu'il peut y avoir d'austère et de rigoureux dans l'accomplissement de ses devoirs tels qu'il les entend. Le Roi, qui ne s'attendait pas à ces ménagements, s'en montre aussi satisfait que surpris[1]. »

Ces obstacles écartés, ces problèmes résolus, n'allait-on pas pouvoir rattraper le temps perdu pendant cette longue crise d'une année, et reprendre les affaires du pays, demeurées en souffrance? On vit en effet les Chambres, sous l'impulsion des ministres, examiner et voter le budget, entreprendre la discussion ou tout au moins l'étude de projets importants et d'un grand intérêt pratique, sur les attributions municipales, les chemins vicinaux, les premières concessions de chemin de fer, l'établissement de lignes de bateaux à vapeur dans la Méditerranée, la création de nouveaux canaux. Mais malheureusement le ministère ne pouvait pas se consacrer exclusivement à ces affaires : il devait employer le principal des forces qu'il avait recouvrées à soutenir la lutte contre la faction révolutionnaire, et tout d'abord à faire juger le colossal et redoutable procès des « accusés d'avril ».

II

Vainement l'opposition avait-elle tout fait pour entraver ou intimider la Cour des pairs, celle-ci n'en avait pas moins mené à fin l'instruction de cet immense procès. Résolue à faire

---

[1] *Documents inédits.*

sentir la force de la justice aux principaux coupables, sans refuser son indulgence aux comparses, elle n'avait, sur les deux mille individus arrêtés, retenu que cent soixante-quatre accusés, dont quarante-trois contumaces. Les plus en vue étaient Godefroy Cavaignac, Armand Marrast, Baune, Berryer-Fontaine, Guinard, de Kersausie, de Ludre, Recurt, Landolphe, Lebon, Vignerte, Caussidière. La construction de la salle, votée en janvier, avait été conduite, sous l'impulsion de M. Thiers, avec une prodigieuse activité. Tout était prêt pour l'ouverture des débats, qui fut fixée au 5 mai. Le public était attentif, anxieux, et les journaux ministériels eux-mêmes ne dissimulaient pas leur préoccupation [1].

N'ayant pu empêcher l'instruction d'aboutir, le parti républicain, fidèle à la tactique suivie par lui depuis 1830, résolut de transformer la sellette des prévenus en tribune, d'y accuser le gouvernement, d'y prêcher la république et le socialisme. L'appareil exceptionnel de ce procès, la solennité de la juridiction, lui paraissaient un moyen de donner plus de retentissement au scandale. Seulement parmi les accusés, à côté de quelques rares fanatiques austères ou chevaleresques, se trouvaient beaucoup d'aventuriers vulgaires, dévoyés de toutes provenance, braillards, hâbleurs, buveurs de sang et surtout de vin, sans éducation comme sans prestige, souvent même sans honorabilité, peu propres à jouer le rôle que le parti voulait leur imposer. On eut alors l'idée de convoquer à Paris, de tous les points de la France, cent cinquante républicains notables qui, sous le titre de défenseurs, devaient être les orateurs de cette grande manifestation : singulier assemblage où l'on voyait, côte à côte, MM. Voyer d'Argenson, Audry de Puyraveau, Garnier-Pagès, Carrel, Barbès, Blanqui, Martin Bernard, Bastide, Carnot, Auguste Comte, Buonarotti, Flocon, Fortoul, Ledru-Rollin, Pierre Leroux, Marie, Michel de Bourges, Jules Favre, Raspail, Jean Reynaud, le général Tarrayre, Antony

---

[1] Le *Journal des Débats* disait le 5 avril 1835 : « Nous n'avons pas cherché à dissimuler les vives préoccupations que cause au pays le grave procès que la Cour des pairs va bientôt juger. »

Touret, Trélat, etc., et enfin l'abbé de Lamennais, qui venait de publier les *Paroles d'un croyant*. Il était bien convenu qu'il ne s'agissait pas de plaider pour des accusés, mais de réunir un « congrès républicain », de « tenir de solennelles assises républicaines », de « répandre les idées du parti et de frapper au front ses ennemis ». C'était moins, disait-on, un « procès judiciaire » à soutenir, qu'une « lutte » politique ou, pour mieux parler, une insurrection à continuer[1]. Toutes les théories devaient être exposées, tous les faits discutés. Les comités de défense avaient tracé d'avance le cadre et réparti la tâche. Ces délibérations préliminaires, souvent fort orageuses, avaient trahi les divisions du parti, la confusion de ses idées; mais, comme toujours, les plus extravagants l'avaient emporté sur les modérés qui avaient eu la faiblesse d'accepter un rôle dans cette manifestation.

Le gouvernement eût été quelque peu naïf de se prêter à une comédie qui n'avait rien de commun avec la libre défense des accusés[2]. Le président de la Cour des pairs, M. Pasquier, usant des pouvoirs que lui donnait l'article 295 du Code d'instruction criminelle, décida qu'il n'admettrait comme défenseurs que des avocats en titre. C'était empêcher l'exécution de la mise en scène préparée. Aussi, grande fureur du parti républicain.

« Vous nous refusez, disent les accusés, les défenseurs que nous avons choisis; eh bien, nous n'en voulons pas d'autres, et, puisque la liberté de la défense n'est pas respectée, nous ne

[1] Le comité chargé de diriger cette prétendue défense avait adressé à chaque orateur choisi une lettre où l'on lisait : « Citoyen, les prévenus d'avril, convaincus que les plus graves questions d'avenir doivent s'agiter dans le procès qui va s'ouvrir devant la Cour des pairs, ont pensé qu'ils devaient faire appel au dévouement et aux lumières de tous les hommes de notre parti que leur moralité, leur capacité et leur influence désignent pour ce congrès républicain. Nous nous servons de ce mot pour bien caractériser la manière dont nous envisageons notre position vis-à-vis de nos accusateurs. Ce procès n'a rien de judiciaire. C'est une suite de la lutte que nous soutenons depuis cinq ans... »

[2] Le duc de Broglie dira, un peu plus tard, à la tribune de la Chambre, en parlant des accusés d'avril : « Ils ont demandé que le sanctuaire de la justice devînt une arène où ils pussent soutenir leurs dogmes, établir, non point qu'ils n'avaient pas attaqué le gouvernement, mais qu'ils en avaient eu le droit; que ce droit, ils l'avaient encore aujourd'hui... Et ils se sont sérieusement étonnés que nous n'ayons pas permis ce tournoi entre le crime et la justice, que nous n'ayons pas permis à la révolte de combattre à armes égales contre le gouvernement. »

nous laisserons pas juger. » En effet, à peine les débats sont-ils ouverts, qu'éclate le parti pris de révolte tumultueuse de ces cent vingt et un énergumènes. Ils refusent de répondre quand on les interroge, parlent ou plutôt hurlent quand on leur dit de se taire, étouffent par leurs cris la parole des magistrats ou des avocats, multiplient les protestations, les défis, les menaces, offrent à tout moment leurs têtes qu'ils savent bien n'être demandées par personne, injurient les juges, se collettent avec les gendarmes : scandale sans précédent devant aucun tribunal ; émeute d'un nouveau genre, singulièrement grossière, mais que le grand nombre des prévenus rend embarrassante à réprimer. Par ces scènes qui se reproduisaient, chaque jour plus violentes, on se flattait de lasser les pairs, pour la plupart vieux, fatigués, parfois même souffrants. Mais ceux-ci tinrent bon. Cent soixante-quatre avaient assisté à la première audience : quelques-uns se retirèrent au cours des débats, par maladie, scrupule ou défaillance[1] ; mais, après neuf mois, il s'en trouva encore cent dix-huit pour signer l'arrêt définitif.

La plus lourde part de travail et de responsabilité incombait au président de la haute Assemblée. Par bonheur, ce poste était occupé par un homme dont l'habileté ne devait être inégale à aucune difficulté. Déjà avant la Révolution, le vieil abbé Morellet louait M. Pasquier d'avoir l'esprit sagace. Depuis lors, le très-jeune conseiller au parlement de Paris était devenu successivement préfet de police de Napoléon Ier, garde des sceaux de Louis XVIII, et enfin président de la Chambre des pairs après 1830 ; il avait loyalement servi, sagement conseillé chacun de ces gouvernements, sans jamais engager la liberté de son esprit et de son cœur, passant de l'un à l'autre avec une souplesse qui empêchait qu'on ne fût surpris et choqué de ces évolutions. La pratique d'affaires, d'hommes et de régimes si divers avait singulièrement aiguisé, chez le vieillard, la sagacité autrefois louée chez le jeune homme, et en même temps l'âge n'avait rien diminué de la verdeur ni de l'entrain de son intelligence.

---

[1] M. Molé fut de ceux qui se retirèrent.

Il avait su tout voir, tout comprendre et ne rien oublier. Peu dévoué, légèrement sceptique, assez désabusé, mais indulgent, tolérant, se plaisant au rôle de conciliateur; sans illusion ni chimère, sans enthousiasme même, presque sans idéal, mais ayant appris à voir vite et sûrement le vrai et surtout le possible; homme de pratique plus que de doctrine et de système, habile aux expédients, mais étant, comme le disait le duc de Broglie, de ceux qui en trouvent et non de ceux qui en cherchent, il s'était acquis, dans cette dernière partie de sa carrière, le renom et le crédit d'un esprit judicieux et lucide, étendu et fécond, tempéré et équilibré. Il avait même usé les critiques, à force de durer et de réussir, et tous avaient fini par lui reconnaître une autorité morale que naguère ses adversaires et ses rivaux eussent osé davantage discuter.

Ce fut surtout dans le rôle judiciaire, dont les grands procès politiques lui fournirent l'occasion [1], que les qualités de M. Pasquier se montrèrent dans tout leur jour et que sa réputation grandit. N'avait-il pas reçu, avec le sang, les traditions du magistrat? Sans doute, au premier abord, il parut surpris. « On voit, écrivait alors M. Doudan, qu'il n'est pas accoutumé à vivre avec des gens dont la parole est si téméraire, si en dehors de toutes les convenances de ce monde et de tous les mondes possibles. » Mais il n'était pas homme à rester longtemps embarrassé. Se gardant des défaillances et des impatiences qui eussent été également dangereuses, toujours maître de lui-même, d'un sang-froid que rien n'altérait, il eut bientôt fixé, d'accord avec le gouvernement, la conduite à suivre en face de cette véritable rébellion. Impossible d'admettre que des accusés arrêtassent le cours de la justice. Après des avertissements comminatoires vainement répétés, la cour décida que le président, usant de son pouvoir discrétionnaire, aurait le droit de faire ramener en prison ceux qui, par leur parti pris de vio-

---

[1] Ces procès lui donnaient une connaissance particulière de toute une partie du personnel politique : « Je suis, disait-il en 1850, l'homme de France qui ai le plus connu les divers gouvernements qui se succèdent chez nous depuis 1848; je leur ai fait à tous leur procès. »

lence, empêcheraient la continuation des débats : le procès se poursuivrait en leur absence, sauf à ramener à l'audience chaque accusé, pour entendre les témoins qui le concernaient et pour présenter ses moyens de défense. Sans doute il était regrettable d'en venir là. Mais à qui la faute?

Du dehors, le parti républicain, loin de répudier ces violences, les encourageait et tâchait de les seconder. Pendant plusieurs jours, il essaya de soulever l'émeute dans la rue; l'énergie et la promptitude de la répression le contraignirent d'y renoncer. Le ton de ses journaux était monté à un degré inouï d'insulte et de menace. Le pire de tous, la *Tribune*, succomba à cette époque sous le poids des condamnations [1]; mais à sa place pullulèrent de petites feuilles qui héritèrent de sa passion, sinon de son influence; telles le *Populaire* et le *Réformateur* de Raspail. Ce dernier déclarait que « le peuple français méprisait la pairie comme la boue de ses souliers »; il ouvrait un registre sur lequel il invitait tous ceux qui estimaient la haute Chambre à venir s'inscrire, affirmant que le registre resterait vide. La caricature se mettait de la partie, plus sinistre que gaie. Daumier dessinait la galerie des *Juges des accusés d'avril*. Sous son crayon brutal, chaque pair devient un vieillard édenté, imbécile, infirme, hideux; ce n'est, dans tous ses dessins, que masques de bourreaux et scènes de supplice. Voyez cette composition : *Accusé, parlez, la défense est libre;* le président, avec un sourire féroce, invite un prévenu à s'expliquer; celui-ci, bâillonné, se débat vainement sous les mains de trois juges dont la robe est chargée de décorations; un autre juge tient une hache et s'avance près d'un condamné qui, lié, a déjà la tête appuyée sur un billot. Par contre, la lithographie répandait à profusion les portraits des accusés, représentés tous jeunes, beaux, héroïques. Leur biographie était partout distribuée. On partageait entre eux vingt mille francs, produit d'une souscription.

[1] Ce fut le 12 mai 1835 que la *Tribune* cessa de paraître. Elle n'avait vécu que quatre ans; elle avait été saisie et poursuivie cent onze fois, condamnée vingt fois le total des peines qu'elle avait encourues s'élevait à 157,630 francs d'amendes et quarante-neuf ans de prison.

Carrel, qui au fond, n'avait pas d'illusion sur leur valeur politique et morale, célébrait dans le *National* leur « généreuse résistance », la « puissance de leur courage et de leur caractère [1] ». En même temps, il n'y avait pas assez de sévérités contre ceux des accusés qui, rebelles au mot d'ordre de violence, se montraient disposés à se laisser juger régulièrement; ils étaient déclarés solennellement déchus du titre de « camarades » et « exclus de la fraternité républicaine ». Les feuilles de gauche n'étaient pas les seules à faire campagne contre la Cour des pairs; le *Constitutionnel* et autres journaux de même nuance prenaient parti pour les accusés, sur la question du choix des défenseurs; M. Dupin lui-même affectait de se servir, pour ses invitations à dîner, d'un cachet portant cette devise : *Libre défense des accusés*. C'est que le tiers parti se flattait toujours que le procès ne pourrait aboutir, et que l'avortement en serait mortel au cabinet.

Dans cette agitation, l'opposition apportait une passion sans scrupule qui ne tourna pas toujours à son avantage. Un jour, le président Pasquier recevait une déclaration de gardes nationaux de la neuvième légion, qui refusaient de faire le service du Luxembourg; mais à peine cette déclaration était-elle connue que les prétendus signataires la désavouaient : elle était l'œuvre de faussaires. Un autre jour, le *Réformateur*, condamné en cour d'assises, publiait une lettre qu'il disait avoir reçue de l'un des jurés : celui-ci affirmait n'avoir voté la culpabilité que pour se soustraire aux persécutions dont on le menaçait; les douze jurés réclamèrent, niant tous la lettre, qui, elle aussi, était une supercherie.

Cet usage des faux était devenue alors une sorte de manie dans le parti républicain. Le 11 mai, les journaux révolutionnaires publièrent un manifeste par lequel le comité de défense félicitait et encourageait les accusés : « C'est pour nous un devoir de conscience, leur disait-on, et nous le remplissons avec une orgueilleuse satisfaction, de déclarer à la face du monde

---

[1] Article du 11 mai 1835.

que, jusqu'à ce moment, vous vous êtes montrés dignes de la cause sainte à laquelle vous avez dévoué votre liberté et votre vie... Persévérez, citoyens... L'infamie du juge fait la gloire de l'accusé. » Suivaient les signatures des défenseurs au nombre de cent dix. Le scandale de cet outrage était tel que la Cour des pairs, passant par-dessus le risque de greffer un autre procès non moins considérable sur celui qui lui donnait déjà tant de mal, décida de traduire à sa barre les gérants des journaux qui avaient publié le manifeste et tous les défenseurs qui l'avaient signé. Parmi ces derniers se trouvaient deux députés, MM. de Cormenin et Audry de Puyraveau, qui ne pouvaient être poursuivis qu'avec l'autorisation de la Chambre. N'était-il pas à craindre que celle-ci, par susceptibilité à l'égard de l'autre Assemblée, ne refusât de lui livrer un de ses membres? En effet, lors de la discussion, M. Dupin, descendant de son fauteuil de président pour combattre la demande d'autorisation, ne manqua pas de faire appel à cette sorte de jalousie ombrageuse. M. Duvergier de Hauranne répondit qu'il fallait avant tout « prouver à la pairie qu'elle avait de son côté cette Chambre, dans la lutte qu'elle soutenait contre les factieux ». L'argument parut décisif à la majorité, qui abandonna M. Audry de Puyraveau à la justice des pairs. M. de Cormenin, ayant déclaré n'avoir pas signé le manifeste, avait été mis hors de cause. Ce fut, pour les républicains, le commencement d'une défaite qui ne tarda pas à se transformer en déroute. M. de Cormenin n'était pas le seul dont on avait supposé la signature. La pièce avait été rédigée par quelques-uns des défenseurs qui, pour la rendre plus imposante, avaient, sans aucune autorisation, disposé des noms de leurs collègues. Ceux-ci prirent peur, quand ils virent les risques judiciaires auxquels ils se trouvaient ainsi exposés : des récriminations irritées s'échangèrent entre les républicains, qui s'accusaient mutuellement, les uns de tromperie, les autres de lâcheté ; bientôt, ce fut à qui se dégagerait, par un désaveu public, d'une aventure devenue périlleuse; si bien que, pour mettre fin à ce sauve qui peut, deux des coupables, MM. Trélat et Michel de Bourges, déclarèrent assumer seuls la responsabilité de la rédaction du manifeste et de l'apposition des signatures. Ils furent condamnés par la Cour des pairs, le premier à quatre ans de prison, le second à un mois, tous deux à dix mille francs d'amende; avec eux, furent frappés les gérants des journaux qui avaient publié le document, et cinq défenseurs qui s'étaient refusés à désavouer leur signature. Telle fut la fin pitoyable d'un incident qui avait paru un moment si grave. Cette impudeur et cette maladresse dans la supercherie, cette fuite précipitée après une attaque si audacieuse, furent d'un effet désastreux pour les accusés et leurs amis. Devenus ridicules, ils cessaient d'être redoutables, sans cesser d'être odieux. Les badauds, qui avaient, un moment, regardé ce nouveau genre de révolte avec quelque curiosité, ne s'en occupaient plus. Un autre procès, nullement politique, était alors survenu qui les absorbait et les passionnait bien davantage, c'était celui du jeune La Roncière [1].

En somme, les républicains étaient arrivés à ce résultat étrange d'avoir lassé le public, sans lasser les juges. Il devenait donc chaque jour plus évident que la Cour des pairs, grâce à sa fermeté calme et patiente, finirait par avoir raison de toutes les révoltes. Le procès n'allait pas vite, mais il avançait. Une petite partie des accusés, vingt-neuf, presque tous de Lyon, résistant aux objurgations et aux anathèmes de leur parti, s'étaient résignés à accepter le débat. Quant aux autres, à chaque nouveau moyen d'obstruction qu'ils imaginaient, à chaque violence qu'ils tentaient, la cour répondait en ordonnant à regret des mesures qui lui permettaient de se passer de la présence des accusés; ce n'était pas, à la vérité, sans porter quelque atteinte au principe du débat contradictoire et aboutir presque au jugement sur pièces; la voie était dangereuse; la cour s'y engageait le moins possible, autant seulement qu'il était indispensable, pour ne pas laisser la justice impuissante et la société sans défense.

Le 10 juillet, on avait terminé les dépositions relatives aux

---

[1] On sait ce que fut cette mystérieuse et dramatique affaire. La Roncière, lieutenant de cavalerie, était accusé de tentative de viol sur la fille du général commandant l'école de Saumur. Il fut condamné le 29 juin 1835.

accusés lyonnais. Une question se posa alors. La cour allait-elle passer aux interrogatoires et dépositions concernant toutes les autres catégories de prévenus, et ne procéderait-elle que plus tard et d'ensemble aux plaidoiries et au jugement? Ou bien allait-elle en finir avec les Lyonnais, entendre leur défense et statuer sur leur culpabilité? Ce dernier parti, en permettant tout de suite une solution partielle, déconcertait ceux qui n'avaient pas renoncé à tout espoir de faire avorter le procès : aussi protestèrent-ils avec une extrême violence ; la disjonction n'en fut pas moins prononcée. Dès lors, il fut encore plus évident que force resterait aux juges. Les accusés eux-mêmes montrèrent qu'ils ne se faisaient plus d'illusion : les principaux d'entre eux, au nombre de vingt-huit, parmi lesquels Godefroy Cavaignac, Marrast, Guinard, Landolphe, Berryer-Fontaine, s'évadèrent, le 13 juillet, par un souterrain qu'ils avaient creusé et qui avait mis la prison en communication avec une maison voisine. Les comparses, qui restaient, derrière eux, sous les verrous, avec le sentiment de soldats abandonnés par leurs chefs, ne pouvaient soutenir une lutte bien redoutable. A la fin de juillet, les débats étaient terminés, en ce qui concernait les Lyonnais, et le 13 août, après plusieurs jours de délibéré, la cour rendit son arrêt : quelques-uns étaient condamnés à la déportation, d'autres à une détention variant de vingt à cinq ans, le plus grand nombre à un emprisonnement d'une durée moindre.

Bien qu'une seule catégorie d'accusés eût été jugée, le procès était fini, le problème résolu, l'épreuve surmontée. Tous les moyens de résistance étaient usés ; les juges se sentaient armés pour triompher de tous les obstacles. Aussi, quand, après une suspension de plusieurs mois, la Cour des pairs reprit, en novembre, ces laborieux débats et se mit à juger, l'une après l'autre, les autres catégories, le public n'y fit presque plus attention. Le dernier arrêt fut rendu le 28 janvier 1836. Le parti républicain sortit de ce procès plus que vaincu, déconsidéré. Ni les hommes qui l'avaient personnifié, ni les principes qu'il avait manifestés, ni la tactique qu'il avait suivie, ne lui avaient fait honneur. Ses amis eux-mêmes en avaient conscience ; Béranger se plaignait alors, dans ses lettres intimes, des « sottises auxquelles avait donné lieu ce procès », et il ajoutait : « On regarde la république de Sainte-Pélagie comme fort délabrée [1]. »

III

Au moment même où se terminait la première partie du procès, un attentat sans précédent était venu y faire une effroyable diversion. C'était le 28 juillet : Paris, en fête, célébrait l'anniversaire de la victoire des barricades. Par un soleil magnifique, le Roi, suivi de ses fils et d'un brillant état-major, passait en revue quarante mille gardes nationaux, rangés en haie, depuis la Madeleine jusqu'à la Bastille. Il venait de s'engager sur le boulevard du Temple, quand, regardant par hasard à gauche, il vit un jet de fumée sortir d'une fenêtre du troisième étage. « Joinville, cria-t-il vivement à celui de ses fils qui était le plus rapproché de lui, ceci me regarde. » Au même instant, semblable à un feu de peloton mal dirigé, éclate une détonation prolongée à laquelle répond, de la foule, un cri d'horreur et d'effroi. Les balles ont balayé le sol tout autour du Roi. Quarante et une victimes, généraux, officiers, gardes nationaux, bourgeois, gisent sur le pavé sanglant ; dix-huit sont mortellement frappées : parmi elles, le maréchal Mortier

[1] *Correspondance*, lettres du 3 mai et du 25 juin 1835. — Quelques années après, M. Louis Blanc avouait que le parti républicain sortait de là dissous, dispersé et discrédité. (*Histoire de dix ans*, t. IV, p. 422-423.) Plus tard, M. Lanfrey a écrit : « Ce procès déplorable n'eut d'autre résultat que de dévoiler à tous les yeux les profondes dissidences qui divisaient le parti républicain. Après avoir commencé par le tragique, il eût fini par le ridicule, sans l'évasion qui lui apporta un dénoûment. » Puis il parle de l'impossibilité où avait été Carrel « de mettre un peu de sérieux, de dignité, de discipline et de raison dans ce chaos de résolutions contradictoires, d'emportements sans frein et de déclamations prescrites, dont le spectacle servit puissamment à discréditer la cause vaincue ». (Notice sur Armand Carrel. *Revue nationale*, t. XII.) Lamartine écrivait à un de ses amis, pendant le procès d'avril : « On a vu que les républicains étaient des jacobins, c'est ce qui les perd. »

et une jeune fille inconnue. Par miracle, Louis-Philippe n'a pas été atteint. Il s'arrête un moment, s'assure que ses fils sont sains et saufs, promène ses regards sur les mourants, donne quelques ordres avec un rare sang-froid, puis montrant du doigt, au duc de Broglie, l'oreille de son cheval percée d'une balle : « Il faut continuer, mon cher duc; marchons, marchons. » Il poursuit en effet la revue, au milieu des acclamations des gardes nationaux et du peuple.

Pendant ce temps, des agents, dirigés par M. Thiers, se sont précipités sur la maison d'où est partie l'explosion; ils y ont vite découvert l'instrument du crime : vingt-quatre canons de fusil, disposés comme des tuyaux d'orgue sur une forte charpente et mis en communication par une traînée de poudre : cinq de ces canons, trop chargés, ont crevé près du tonnerre. D'autres agents ont arrêté l'assassin qui cherchait à se sauver, au moyen d'une corde suspendue à l'une des fenêtres du troisième étage. Il était couvert de sang, la figure et la main affreusement mutilées par suite de l'explosion de sa machine.

Qui était-ce? On ne le sut pas tout de suite : il fallut quelques jours pour découvrir que c'était un Corse nommé Fieschi, âgé de quarante-cinq ans, astucieux et hardi, impudent et avili, condamné autrefois comme voleur et faussaire, de mœurs ignobles, ayant traîné dans les lieux les plus divers sa vie vagabonde et vicieuse, mêlé aux sociétés secrètes tout en vendant ses services à la police. Dans les derniers temps, tout lui avait mal tourné; chassé ignominieusement de son atelier, menacé d'arrestation, obligé de se cacher sous de faux noms, il était réduit à cette détresse qui donne souvent aux gens de cette sorte la tentation des plus mauvais coups [1]. Ajoutez une vanité montrueuse, digne d'un Érostrate, craignant moins le châtiment du crime qu'elle n'était attirée par son atroce retentissement. Il n'avait pas eu, de lui-même, l'idée de l'attentat. Parmi les individus avec lesquels il entretenait des relations, était un

---

[1] Au moment même de son arrestation, comme on lui demandait s'il avait été poussé par une passion politique : « Je n'ai pas d'opinion, répondit-il, je suis seulement un homme dérouté. »

bourrelier nommé Morey, membre actif de la société des Droits de l'homme. Agé de soixante ans, et en paraissant plus encore, malade, d'humeur sombre et taciturne, Morey renfermait dans son corps usé une âme implacable, toute brûlante des haines de 1793 ; c'était le type du vieux jacobin. Un jour, Fieschi lui avait montré le plan d'une machine de son invention qui poutuer plusieurs personnes à la fois : « Voilà, dit-il, ce qui vous aurait été bon sur les barricades. — Ce serait bien meilleur encore pour Louis-Philippe », avait répondu Morey. Fieschi accueillit facilement cette ouverture, alléché, dans sa vanité et sa convoitise, par la célébrité horrible et la riche récompense que le vieux tentateur avait fait miroiter devant ses yeux. Mais pour construire la machine, louer l'appartement, il fallait de l'argent. Morey l'avait demandé à un autre membre de la société des Droits de l'homme, chef de la section à laquelle il appartenait : ce troisième criminel s'appelait Pépin, épicier du faubourg Saint-Antoine, envieux et intrigant, d'esprit court et de cœur bas, toujours mêlé, quoique craintif et irrésolu, aux conspirations révolutionnaires, et naguère compromis dans les insurrections de juin 1832. Les trois complices, assistés d'un ouvrier nommé Boireau, qui n'eut qu'un rôle secondaire, avaient longuement et froidement préparé leur crime. Morey s'était réservé de charger lui-même les canons de fusil ; et, par une infernale prévoyance, il les avait bourrés de façon à les faire éclater, se flattant de se débarrasser en même temps de Louis-Philippe et de Fieschi.

Après une instruction qui dura plusieurs mois, les assassins comparurent devant la Cour des pairs [1]. Leur attitude fut diverse. Fieschi s'agitait, gesticulait, pérorait, avec une impudente jactance ; familier et bouffon avec les juges, posant pour le public, cet atroce histrion jouissait de l'importance infâme de son rôle et disait avec orgueil, au sortir d'une audience : « Comme on parle de moi ! » Morey, malade, enveloppé dans sa longue redingote, la tête couverte de son bonnet de soie

---

[1] L'affaire ne fut jugée qu'à la fin de janvier 1836.

noire, demeurait impassible, muet, sombre, le regard fixe, tout entier à la passion qui le brûlait intérieurement. Pépin, livide, décomposé, misérable d'épeurement, balbutiait des négations insoutenables et se contredisait à chaque phrase. Tous trois furent condamnés à mort et exécutés. Boireau en fut quitte pour vingt ans de détention. Le surlendemain de l'exécution, la foule se pressait, place de la Bourse, devant un café au comptoir duquel trônait une fille borgne, toute fière, elle aussi, de son ignoble célébrité : c'était Nina Lassalve, la concubine de Fieschi, dont un industriel avait imaginé de se faire une sorte d'enseigne.

A ces quatre coupables ne faudrait-il pas en adjoindre un autre que la justice n'avait pu atteindre? C'est le parti républicain lui-même. L'attentat de Fieschi est la conséquence extrême, mais naturelle, des sophismes, des passions, des haines que les sociétés secrètes et les journaux ont fomentés, échauffés, exaspérés, depuis cinq ans. Par une sorte de progression logique ou fatale, des violences de tribune et de presse on a passé à l'émeute, de l'émeute à la conspiration, de la conspiration au meurtre, du meurtre au massacre, couronnement dernier de ce qu'on a osé appeler les temps héroïques de l'histoire républicaine. La presse n'en était-elle pas alors arrivée à excuser, parfois à exalter et à prêcher le meurtre des rois? Ne venait-on pas de célébrer, par des banquets, l'anniversaire du meurtre de Louis XVI et de l'assassinat du duc de Berry? Grâce à ces excitations, l'idée du régicide s'était à ce point répandue dans l'air que, pendant les huit ou neuf mois antérieurs au crime de Fieschi, la police avait découvert et déjoué sept projets d'attentat contre Louis-Philippe. Pourrait-on discerner, à la charge du parti républicain, trace d'une complicité plus précise? Il est établi que Morey et Pépin ont eu, pendant qu'ils préparaient leur crime, des conférences secrètes avec leurs collègues de la société des Droits de l'homme. Dans quelle mesure leur avaient-ils fait confidence de leur dessein? Pépin a déclaré en avoir parlé à Godefroy Cavaignac, à Recurt, à Blanqui et à d'autres; sa déclaration a été contredite. La vérité est malaisée à découvrir.

Ce qui est certain, c'est qu'avant l'attentat, on a eu, dans une fraction du parti, la notion plus ou moins vague de ce qui allait être tenté. Les prévenus d'avril, évadés de Sainte-Pélagie, étaient restés tous cachés à Paris, sur l'avis qu'il se préparait un grand coup [1]. Dans plusieurs villes de province, des hommes connus pour faire partie des sociétés secrètes avaient pris des mesures, comme en vue d'un événement prochain. Des journaux révolutionnaires ou légitimistes s'étaient fait l'écho des bruits menaçants qui circulaient partout et annonçaient, plus ou moins explicitement, la mort du Roi pour le 28 juillet. Mêmes rumeurs à l'étranger; à Rome, un ordre du jour de la *Jeune Italie* avait recommandé de se tenir prêt, Louis-Philippe devant être tué pendant les fêtes de juillet [2].

Une fois l'attentat consommé, nouveaux indices qui chargent le parti républicain. S'il désavoue Fieschi, auquel Carrel refuse le « titre d'assassin politique », il tâche de protéger ses deux complices; il aide Pépin à déjouer, pendant quelques jours, les recherches de la justice; l'épicier régicide demande les conseils de Carrel et de Garnier-Pagès, et ce sont deux rédacteurs du *National* qui lui procurent un passe-port. Le lendemain du crime, une feuille radicale de Paris, le *Réformateur*, ose publier ces lignes : « Toutes les classes semblent céder à l'attrait d'une belle soirée, partagées entre une parfaite indifférence pour l'accident de la veille et la curiosité. » En province, le *Patriote du Puy-de-Dôme* déclare Fieschi moins coupable que les généraux qui ont réprimé l'insurrection d'avril, et il ajoute : « Nous trouvons que les journaux monarchiques sont très-mal fondés à donner le nom de lâche assassinat à la tentative individuelle qui vient d'être faite. S'il est vrai de dire que, sans Louis-Philippe et ses trois fils, la monarchie fût devenue impossible en France, il faut bien reconnaître que,

---

[1] *Les Conspirateurs, extraits des Mémoires d'un montagnard*, par A. Chenu, 2ᵉ partie, p. 53.
[2] Cf. sur tous ces indices l'*Attentat Fieschi*, par M. Maxime du Camp, p. 235 à 258.

cette fois, la république n'a manqué son avénement que d'une demi-seconde. Une cause si puissante, qui ne se trouve en retard que de si peu, ne nous paraît pas être en situation bien désespérée. La république est chose si bienfaisante et si sainte qu'elle peut accepter son triomphe de quelque événement que ce soit. » Aussi le duc de Broglie, quelques jours après, est-il fondé à dire, du haut de la tribune : « Lisez les journaux révolutionnaires de Paris et des départements, voyez avec quel soin, avec quelle insistance, ils se complaisent à faire remarquer de quelle profondeur de haine il a fallu être animé pour en arriver là ; voyez-les supputer, avec une joie qui fait frémir, de combien de pouces et de combien de lignes il s'en est fallu que la monarchie ne fût renversée ; voyez avec quelle confiance ils déclarent qu'après un tel exemple la république doit avoir bon courage et qu'elle acceptera volontiers l'héritage de l'assassinat ! »

Après que la tête des criminels a roulé sous la guillotine, la police est obligée d'interdire les pèlerinages faits à leur tombe. Morey surtout, « l'héroïque vieillard », est l'objet d'une sorte de culte ; on se dispute ses dernières reliques. Encore se trouve-t-il des fanatiques pour se plaindre que l'apothéose ne soit pas plus complète. En 1836, on saisit au domicile d'un sieur Gay, membre d'une société secrète, une note qu'il déclare tenir de son ami M. Marc Dufraisse. Dans cette note, écrite peu après l'exécution de Fieschi et de ses complices, on se plaint que la presse révolutionnaire ait été trop timide dans la justification de « l'acte » du 28 juillet, et l'on ajoute : « Ne pouvait-on pas dire : Le but de ce que vous appelez attentat était de détruire Louis-Philippe et les trois aînés de sa race ; Louis-Philippe et les aînés de sa race sont des contre-révolutionnaires ; le premier devoir de l'homme est d'anéantir ce qui s'oppose au progrès, c'est-à-dire à la révolution ; donc le fait du 28 juillet avait une fin révolutionnaire ; donc il était moral. » Le rédacteur de cette note déplore surtout qu'on n'ait pas exalté davantage le principal coupable. « Morey ! s'écrie-t-il, Morey a été sublime d'un bout à l'autre du drame. Ce vieux prolétaire, concevant l'idée du régicide, faisant le plan de la machine qui doit exécuter son dessein, chargeant les canons, les ajustant; ce vieux travailleur, passant de son atelier où il gagne son pain au lieu où doit s'accomplir son projet, toujours calme, toujours de sang-froid..... » Et il finit par comparer Morey au Christ sur la croix. Comment s'étonner d'ailleurs que les violents tiennent ce langage, quand, vers cette même époque, Carrel plaide les circonstances atténuantes de l'assassinat politique et soutient que ce genre d'assassinat peut être un crime, mais n'est pas un déshonneur [1]? Enfin, faut-il rappeler que sur la liste des récompenses nationales, proposée à l'Assemblée constituante, en novembre 1848, figuraient les « enfants de Pépin » ? Morey n'avait pas laissé de descendants.

IV

L'indignation et la terreur causées par l'attentat Fieschi avaient eu pour résultat au moins momentané de réchauffer le sentiment monarchique, singulièrement attiédi dans ces dernières années. Le ton général changea tout à coup. Les mêmes badauds qui naguère avaient fait un succès de curiosité aux caricatures meurtrières contre le Roi, s'attendrirent sur le péril qu'il venait de courir et sur le courage dont il avait fait preuve. Pour la première fois depuis longtemps, on fut à son aise pour le louer, et l'on put le faire sans être soupçonné de flagornerie menteuse et déplacée. Les journaux du centre gauche et même certains de la gauche se sentirent obligés de protester de leur loyauté dynastique. Des personnes qui, depuis 1830, s'étaient tenues à l'écart, à cause de leurs attaches légitimistes, se rapprochèrent de la nouvelle cour. Mais ce ne fut pas tout.

[1] Cet article, le dernier de Carrel, fut écrit le 15 juillet 1836, à l'occasion d'un nouvel attentat contre le Roi, celui d'Alibaud; Carrel y rappelait formellement Morey et Pépin. Cet article, poursuivi comme contenant l'apologie d'un fait qualifié crime, valut au *National* une condamnation à trois mois de prison et à 1,000 francs d'amende, condamnation prononcée après la mort de Carrel.

Parmi les gens honnêtes et tranquilles, un cri universel s'éleva pour demander qu'on en finît avec cette agitation révolutionnaire qui, après avoir prolongé l'émeute pendant quatre ans, aboutissait maintenant à d'horribles forfaits. Cette disposition des esprits n'échappa point au gouvernement, qui résolut aussitôt d'en profiter pour compléter les lois de défense sociale. Les travaux parlementaires étaient interrompus, mais la session n'avait pas été close officiellement. Les deux Chambres furent convoquées d'urgence par leurs présidents pour le 4 août, et le ministère leur apporta, avec une solennité inaccoutumée, les trois projets qui devaient s'appeler bientôt les « lois de septembre ».

Tout en les déposant, le président du conseil prit la parole afin d'en marquer le caractère. « Inquiète, disait-il, pour son Roi, pour ses institutions, la France élève la voix et réclame du pouvoir la protection qu'elle a droit d'en attendre. » Après avoir évoqué le souvenir de la lutte soutenue contre les partis, depuis cinq ans, le ministre ajoutait : « Les partis sont vaincus; ils ne nous défient plus, mais ils subsistent, et chaque jour révèle le mal qu'ils font et surtout qu'ils ont fait. Partout se retrouvent les traces désastreuses de leur passage. Ils ont jeté dans les esprits un venin qui n'est pas prêt à s'amortir. Les préjugés qu'ils ont allumés, les vices qu'ils ont couvés, fermentent; et si, dans ce moment, le règne de l'émeute a cessé, la révolte morale dure encore. Une exaltation sans but et sans frein, une haine mortelle pour l'ordre social, un désir acharné de le bouleverser à tout prix, une espérance opiniâtre d'y réussir, l'irritation du mauvais succès, l'humiliation implacable de la vanité déçue, la honte de céder, la soif de la vengeance, voilà ce qui reste dans les rangs de ces minorités séditieuses que la sociétés a vaincues, mais qu'elle n'a pas soumises. » Puis, rappelant la politique de résistance que le ministère avait toujours suivie, le duc de Broglie concluait ainsi : « Tant que la confiance du Roi nous maintiendra au poste où nous sommes, tant que la vôtre nous rendra possible l'exercice de l'autorité, nous resterons inébranlablement fidèles à des principes tant de fois éprouvés, et nous porterons dans l'accomplissement de nos devoirs toute la fermeté, toute la sévérité que la situation réclame. En effet, messieurs, au milieu de ce grand désordre d'idées, contre l'audace et le cynisme des partis, il faut non pas des lois terribles, mais des lois fortes, pleinement exécutées. La mollesse, la complaisance du moins, sont permises peut-être au pouvoir absolu; il peut toujours les compenser par l'arbitraire. Mais le pouvoir constitutionnel doit imiter l'impassibilité de la loi. Plus la liberté est grande, moins l'autorité doit fléchir. Le gouvernement avait à cœur de prendre devant vous l'engagement de déployer toute la force que la constitution lui donne. Il ne faut pas que de timides ménagements enhardissent les mauvais citoyens. Le temps est venu de leur rappeler qu'ils sont une minorité malfaisante et faible que la générosité de nos institutions protége, à la condition qu'ils s'arrêtent devant elles. »

Ces trois projets, qui portaient, l'un sur le jury, l'autre sur le jugement des actes de rébellion, le troisième, de beaucoup le plus considérable, sur la presse, avaient pour but hautement proclamé, non-seulement de gêner ou même de punir, mais de rendre impossible l'attaque contre la personne du Roi et contre le principe du gouvernement, « de supprimer », comme le disaient les ministres, « la presse carliste et la presse républicaine ». Dans ce dessein, on proposait de créer quelques délits nouveaux, de préciser les anciens, de rendre la répression plus assurée et plus sévère. La condamnation pouvait dans certains cas entraîner la suppression du journal. En même temps, des précautions étaient prises contre les défaillances du jury : telle avait été déjà la préoccupation du législateur, dans les lois de défense, votées en 1833 et 1834. Les nouveaux projets réduisaient de huit à sept, sur douze, le nombre de voix nécessaires pour le verdict de condamnation, prescrivaient le secret du vote des jurés, punissaient la publication de leurs noms ou le compte rendu de leurs délibérations. En outre, afin d'échapper, en certains cas, à cette juridiction si incertaine, sans cependant violer la Charte qui l'avait établie pour les délits de presse, on érigeait en « attentats » certains de ces délits, notamment l'excitation à la haine ou au mépris du Roi et la provocation à la révolte par la voie de la presse : or, d'après cette même Charte, les « attentats » pouvaient être déférés à la Cour des pairs [1]. On proposait en outre quelques mesures préventives : aggravation du cautionnement, prescriptions relatives aux gérants des journaux, rétablissement de la censure des pièces de théâtre et des caricatures.

A peine les projets connus, la presse opposante les attaqua avec une véhémence désespérée. M. de Polignac avait été moins malmené, moins accusé d'attentat liberticide, que ne l'étaient alors le duc de Broglie, M. Guizot et M. Thiers. Une feuille radicale intitulait son article : *La Terreur est mise à l'ordre du jour*, et résumait ainsi sa pensée : « La Terreur de 93 fut révolutionnaire et provisoire ; la Terreur de 1835 est légale et permanente. » Comme il est arrivé dans d'autres occasions analogues, l'opposition était aidée par la presse anglaise, toujours peu intelligente de nos nécessités conservatrices, alors même qu'elle est le plus intéressée à ne pas nous voir verser dans la révolution. Le duc de Broglie, dans une lettre intime au général Sébastiani, ambassadeur à Londres, parlait, non sans quelque tristesse, de « tout ce qui lui était venu d'injures de l'autre côté de la Manche [2] ». Ce tapage ne fut pas, au premier moment, sans troubler quelque peu les ministériels, et les journaux conservateurs commencèrent par ne donner aux projets qu'une adhésion timide. Mais ce n'était pas dans la presse, c'était à la tribune, en présence et sous l'action des ministres, que la bataille allait se décider.

La discussion commença le 13 août et se prolongea jusqu'au 29, pendant quatorze séances, avec grande dépense de passion oratoire. L'opposition n'épargna aucune des exagéra-

---

[1] « Nous vous demandons, disait encore le duc de Broglie, de placer la personne du Roi sous la garantie d'un grand corps politique, voyant d'assez haut pour ne pas se méprendre sur la nature et la portée du crime; d'un tribunal permanent dont la jurisprudence invariable ne laisse pas au second crime plus de chances qu'au premier. »

[2] *Documents inédits*.

tions habituelles en pareil cas. Comment ne pas sourire aujourd'hui, en relisant les discours où elle dénonçait la loi sur la presse, comme « la plus oppressive qui ait été votée contre l'esprit humain [1] »? La gauche fut secondée par des orateurs qui ne venaient pas de ses rangs, comme M. Dupin, M. Dufaure, M. de Lamartine, et surtout M. Royer-Collard, dont l'intervention inattendue fit grande sensation. Agé alors de soixante-douze ans, l'illustre vieillard n'avait pas paru à la tribune depuis son discours de 1831, en faveur de l'hérédité de la pairie. Il était demeuré, en face de la monarchie de Juillet, dans cette même attitude de spectateur chagrin, découragé, un peu méprisant, que nous avions déjà observée au lendemain de la révolution. Un moment, cette défiance malveillante s'était atténuée, à la vue de l'héroïque énergie déployée par Casimir Périer. Elle avait repris plus forte que jamais, sous le ministère du 11 octobre, quoique ses amis les doctrinaires en fissent partie. Était-ce même quoique ou parce que? Le maître ne souffrait-il pas, à son insu, de ce que la révolution, qui avait mis fin à son rôle politique, se trouvait être, pour ses disciples, notamment pour M. Guizot, le point de départ d'une éclatante fortune? Comme l'a écrit ce dernier, « c'est pour les hommes, même les meilleurs, une épreuve difficile de voir grandir, sans leur concours et dans une complète indépendance, des renommées et des fortunes qu'ils ont vues naître et longtemps soutenues ». Ajoutons que le philosophe cachait, derrière la dignité austère de son attitude, un fond très-passionné, et que sa grande confiance en soi ne le portait pas à se maîtriser. Entre lui et M. Guizot, il y eut même, à cette époque, plus qu'un refroidissement politique ; il y eut brouille privée, à l'occasion d'une vétille, d'une recommandation dont le ministre n'avait pu ou voulu tenir compte [2]. Dès lors, le terrible railleur ménagea moins encore les hommes du 11 octobre, dans les boutades de sa conversation : « Guizot un homme d'État!

[1] Discours de M. Janvier.
[2] Au moment de mourir, en 1845, M. Royer-Collard s'est réconcilié avec M. Guizot. Ce fut pour lui une vive et douce émotion.

disait-il; c'est une surface d'homme d'État. » Et encore : « Ses gestes excèdent sa parole, et sa parole sa pensée. S'il fait, par hasard, de la grande politique à la tribune, soyez sûr qu'il n'en fait que de la petite dans le cabinet. » On le vit, par hostilité contre les ministres, se rapprocher des hommes qui lui ressemblaient le moins, de M. Molé, de M. Dupin, qui affectait de prendre ses conseils. Jusqu'alors cependant, cette hostilité n'avait pas dépassé les couloirs. La loi sur la presse lui fut une occasion de se manifester à la tribune. Ce n'était pas la première fois que M. Royer-Collard, par préoccupation trop absolue de la doctrine, par souci surtout de sa réputation et de sa popularité libérales, se séparait de ses amis au pouvoir, se refusait à tenir compte des nécessités et des périls qui s'imposaient à eux. Ainsi, sous la Restauration, avait-il rompu avec le duc de Richelieu et M. de Serre; seulement, alors, le duc de Broglie et M. Guizot étaient de son côté. Ce rôle de théoricien, sans compromis avec les faits, le gênait d'autant moins que, personnellement, il se dérobait soigneusement à toute action, se bornant à critiquer et à dogmatiser. Quant aux embarras qu'il pouvait ainsi causer aux autres, il n'en avait cure. « J'ai parlé pour moi, écrivait-il un jour; je me suis satisfait [1]. »

Dans la loi proposée, M. Royer-Collard s'attaqua surtout aux dispositions qui, en qualifiant certains délits d'attentats, les enlevaient au jury pour les déférer à la Cour des pairs. Cela lui paraissait un « subterfuge », et il accusait la loi de n'être pas « franche ». « Je repousse, disait-il, ces inventions législatives où la ruse respire; la ruse est sœur de la force et une autre école d'immoralité. » C'était dur et injuste. Mieux valait entendre l'orateur exposer, avec son habituelle élévation, d'où venait le désordre des idées que l'on prétendait réprimer par la loi sur la presse : « Le mal est grand, il est infini; mais est-il d'hier? Enhardi par l'âge, je dirai ce que je pense, ce que j'ai

---

[1] Lettre à M. de Tocqueville, du 21 novembre 1837. Il écrivait un peu plus tard, toujours à M. de Tocqueville : « Désintéressez-vous des autres, mais ne vous désintéressez pas de vous-même; là sont vos meilleures et plus vives jouissances. Pensez, écrivez, comme si vous étiez seul, uniquement occupé de bien faire. » (Œuvres de Tocqueville, t. VII, p. 161, 169.)

vu. Il y a une grande école d'immoralité, ouverte depuis cinquante ans, dont les enseignements, bien plus puissants que les journaux, retentissent dans le monde entier. Cette école, ce sont les événements qui se sont accomplis, presque sans relâche, sous nos yeux. Regardez-les : le 6 octobre, le 10 août, le 21 janvier, le 31 mai, le 18 fructidor, le 18 brumaire; je m'arrête là. Que voyons-nous dans cette suite de révolutions? La victoire de la force sur l'ordre établi, quel qu'il fût, et, à l'appui, des doctrines pour la légitimer... Le respect est éteint, dit-on : rien ne m'afflige, ne m'attriste davantage, car je n'estime rien plus que le respect; mais qu'a-t-on respecté depuis cinquante ans? Les croyances sont détruites! mais elles se sont détruites, elles se sont battues et ruinées les unes sur les autres. Cette épreuve est trop forte pour l'humanité, elle y succombe. Est-ce à dire que tout soit perdu? Non, tout n'est pas perdu; Dieu n'a pas retiré sa main, il n'a pas dégradé la créature faite à son image; le sentiment moral qu'il lui a donné pour guide, et qui fait sa grandeur, ne s'est pas retiré du cœur. Le remède que vous cherchez est là et n'est que là. » M. Royer-Collard avait raison de rappeler à ses auditeurs d'alors que tous ceux qui avaient participé ou applaudi à une révolution étaient pour une part responsables du désordre des idées; il avait raison aussi de leur rappeler qu'il était un autre remède que des lois répressives. Mais, en attendant ce remède supérieur et lointain, n'y avait-il pas, dans une région moins haute, à prendre des précautions qui, pour n'être pas suffisantes, pour ne pas s'attaquer à la racine du mal, ne laissaient point que d'être urgentes et indispensables? Rien de mieux que de ne pas borner la politique à des expédients terre à terre et au jour le jour, de l'élever à des vues plus hautes et plus profondes de l'état moral de la société. Mais il serait vraiment trop commode de prétendre, en philosophant ainsi, se soustraire aux nécessités pratiques et quotidiennes du gouvernement.

Quelque éclat que l'intervention de M. Royer-Collard eût donné à l'attaque, la défense ne fut ni moins forte ni moins brillante. Les principaux orateurs de la majorité, MM. Duvergier de Hauranne, de Salvandy, Hébert, Martin (du Nord), et avec eux M. Sauzet, qui naguère inclinait vers le tiers parti, vinrent soutenir les projets et revendiquer, à côté du gouvernement, leur part de responsabilité. A leur tête, combattaient, avec l'autorité de leur talent, de leur union, les trois principaux ministres, MM. Guizot, Thiers et le duc de Broglie. L'impression produite par ce dernier fut des plus profondes. Habitué aux débats sages et un peu froids de la Chambre des pairs, M. de Broglie avait été jusqu'alors orateur de discussion plus que de passion, dédaignant l'appareil oratoire, d'une argumentation serrée, méthodique et probe, d'une pensée forte, haute et originale, d'une forme distinguée, mais apportant plus de lumière que de chaleur, élevant les esprits plus qu'il ne touchait les cœurs. Cette fois, sa parole s'échappa, toute vibrante d'une émotion qui fit d'autant plus d'effet qu'elle était chez lui moins habituelle et plus sincère. Chez cet « homme de bien irrité », comme l'appela M. Royer-Collard, on sentit l'horreur des forfaits que la révolution venait de commettre, l'effroi des périls qu'elle faisait courir à la monarchie et à la société, le mépris indigné pour la sottise et la lâcheté de l'opposition qui niait les périls et cherchait à couvrir ces forfaits. On y sentit aussi quelque chose de plus personnel et de plus poignant encore. Le duc de Broglie avait partagé les illusions optimistes de l'opposition libérale sous la Restauration : plus que tout autre, il avait cru et professé que le règne de la force ferait place à celui de la raison, que la liberté, à elle seule, résoudrait tous les problèmes, qu'elle corrigerait ses propres excès, et qu'il fallait avoir confiance dans l'esprit humain délivré de tout frein et de toute tutelle. Pour venir à son tour proposer, contre les désordres de la presse, de la caricature et du théâtre, des lois de restriction, de répression et même de censure, il devait faire violence à ses théories premières, humilier sa raison, confesser l'erreur de ses espérances ; ce ne fut pas sans une souffrance qui se trahit dans ses paroles et leur donna un accent particulier. Mais ce droit esprit avait vu, par l'expérience du pouvoir, combien la réalité différait de l'idéal longtemps caressé, et son patriotisme n'avait pas hésité. Il trouvait même une sorte de jouissance âpre, fière, mêlée d'ironie dédaigneuse, à assumer sur soi toute la responsabilité, à s'offrir comme le « bouc émissaire de la société ». « Certes, disait-il encore, si nous n'avions pensé qu'à traverser commodément le pouvoir, oh ! mon Dieu, cela nous eût été bien aisé. Il ne fallait pas un grand effort de courage pour suivre la pente des esprits, pour nous placer en quelque sorte au fil de l'eau, pour marchander avec tous les partis, pour transiger avec toutes les factions, pour se donner les airs de les gouverner par des concessions ou des compliments, par des promesses ou des caresses ; tout cela était très-facile : nous aurions traversé le pouvoir au bruit des applaudissements populaires ; mais nous aurions perdu le pays et nous l'aurions précipité dans l'abîme. » (*Sensation.*) Après ces paroles, dont on comprend mieux encore la portée, quand on a vu à l'œuvre la politique de laisser-aller, l'orateur rappelait comment « le gouvernement de Juillet avait pris naissance au sein d'une révolution populaire », et il terminait par cette magnifique péroraison qu'on nous permettra de citer en entier : « La révolte, c'est là l'ennemi que la révolution portait dans son sein et devait rencontrer dans son berceau ; la révolte, nous l'avons combattue sous toutes les formes, sur tous les champs de bataille. Elle a commencé par vouloir élever, en face de cette tribune, des tribunes rivales. Nous avons démoli ces tribunes factieuses, nous avons fermé les clubs, nous avons, pour la première fois, muselé le monstre. (*Très-bien ! très-bien !*) Elle est alors descendue dans la rue, vous l'avez vue heurter aux portes du palais du Roi, aux portes de ce palais, les bras nus, déguenillée, hurlant, vociférant des injures et des menaces, et pensant tout entraîner par la peur. Nous l'avons regardée en face ; la loi à la main, nous avons dispersé les attroupements, nous l'avons fait rentrer dans sa tanière. (*Bravo !*) Elle s'est alors organisée en sociétés anarchiques, en complots vivants, en conspirations permanentes. La loi à la main, nous avons dissous les sociétés anarchiques ; nous avons arrêté les chefs, éparpillé les soldats. Enfin, après nous avoir plusieurs fois menacés de la bataille, plusieurs fois elle est venue nous la livrer, plusieurs fois nous l'avons vaincue, plusieurs fois nous l'avons traînée, malgré ses clameurs, aux pieds de la justice, pour recevoir son châtiment. (*Bravo! bravo!*) Elle est maintenant à son dernier asile; elle se réfugie dans la presse factieuse; elle se réfugie derrière le droit sacré de discussion que la Charte garantit à tous les Français. C'est de là que, semblable à ce scélérat dont l'histoire a flétri la mémoire, et qui avait empoisonné les fontaines d'une cité populeuse, elle empoisonne chaque jour les sources de l'intelligence humaine... Nous l'attaquons dans son dernier asile; nous lui arrachons son dernier masque; après avoir dompté la révolte matérielle, sans porter atteinte à la liberté légitime des personnes, nous entreprenons de dompter la révolte du langage, sans porter atteinte à la liberté légitime de la discussion. (*Nouvelles et vives acclamations.*) Si nous y réussissons, messieurs,... advienne ensuite de nous ce que pourra; nous aurons rempli notre tâche, nous aurons droit au repos. Que le Roi, dans sa sagesse, appelle, dans d'autres circonstances, d'autres hommes au maniement des affaires; que, par des motifs que nous respecterons toujours, vous nous retiriez l'appui généreux que vous nous avez accordé jusqu'ici; que nous succombions par notre faute ou sans notre faute, peu importe; quand l'heure de la retraite sonnera pour nous, nous emporterons la conscience de n'avoir rien fait pour nous-mêmes et d'avoir bien mérité de vous. » (*Bravos prolongés et vifs applaudissements.*) Jamais le duc de Broglie ne s'était élevé plus haut, et rarement assemblée avait entendu un langage d'une éloquence plus sincère, plus honnête et plus profonde. L'effet fut immense. Les conservateurs étaient fiers et rassurés, les hésitants convaincus et entraînés. « Quant à la gauche, a dit un témoin, elle demeurait silencieuse, immobile et comme accablée, au milieu de l'émotion universelle. »

Au vote, le gouvernement eut un succès complet; la loi sur les cours d'assises fut votée par 212 voix contre 72, celle sur le jury par 224 contre 149, celle sur la presse par 226 voix contre 153.

Aussitôt promulguées, l'effet de ces lois se fit sentir. Il y eut tout de suite un changement notable dans l'état de la presse. Une trentaine de journaux démagogiques, en province ou à Paris, disparurent. Les survivants furent obligés de se modérer [1]. La caricature factieuse fut supprimée. Les jurys condamnèrent [2], et les procès de presse cessèrent d'offrir le scandale de l'impudence des accusés comme de la défaillance des juges [3]. En même temps, il fut visible que la liberté de la presse n'était à aucun degré atteinte. Pour être contraints de s'interdire certains outrages grossiers ou certaines manifestations inconstitutionnelles, les journaux n'en conservèrent pas moins leur plein droit de contrôle, de discussion, d'attaque violente et injuste. Les lois n'avaient même pas tué la presse carliste ou républicaine : elles l'avaient seulement contrainte à voiler un peu son drapeau. Dès lors, qu'est-il resté, à l'épreuve des faits, de toutes les déclamations de l'opposition?

Ce n'est pas à dire que ces lois fussent autre chose qu'un expédient, ni qu'elles aient résolu, d'une façon définitive, le

[1] Carrel disait, peu après, dans le *National* : « On a mis les journaux dans la nécessité de se censurer eux-mêmes. Ils s'y résignent; mais on n'écrit pas tout ce qu'on pense, et l'on ne publie pas même tout ce qu'on écrit. Pour avoir l'idée de la violence que se fait la presse à elle-même, en se présentant avec ces apparences de modération que le *Journal des Débats* célèbre comme le résultat des lois de septembre, il faudrait se faire apporter les épreuves et les manuscrits qui passent chaque soir sous les yeux des directeurs des feuilles opposantes... Imaginez les lois de septembre suspendues pendant deux fois vingt-quatre heures! Combien de choses qu'on croit oubliées recommenceraient à se dire !... » (1er juillet 1836.)

[2] Dès le 30 novembre 1835, Carrel se plaint que « le jury n'ait pas su se préserver d'un entraînement trop général », et que, par suite, « cette partie de la presse, qui n'a point abdiqué toute mission révolutionnaire, n'ait pu, en s'appuyant sur le jury, soutenir le combat contre des adversaires armés de la terrible législation du 9 septembre ». Il ajoutait : « Nous attendons une situation de l'esprit public qui nous présente des juges calmes, des juges rassurés. »

[3] Un magistrat, M. de Marnay, écrivait, le 30 novembre 1835 : « Quant aux procès politiques, tout leur intérêt est fini, et on les juge dans la solitude... La république laisse mourir le *Réformateur* après la *Tribune*, dans un abandon qui fait mal au cœur. Et si vous entendiez le ton obséquieux, patelin, des prévenus, des avocats : supplications qui ne les sauvent pas des condamnations impitoyables du jury maintenant rassuré. Jamais je n'aurais espéré, des lois d'intimidation du 9 septembre, un effet aussi radical. J'ignore s'il se relèvera, mais, pour le moment du moins, l'ennemi paraît bien abattu. »

problème que soulève la liberté de la presse dans notre société à la fois si excitée et si désemparée. Où est d'ailleurs la solution de ce problème? Qui a trouvé le secret d'ouvrir les portes à la liberté, sans que la licence en profite pour se glisser par quelque endroit? Quel mode de répression qui ne puisse, à un moment donné, entre les mains d'un gouvernement sans scrupule, devenir un instrument d'oppression? A ces deux périls, le remède est plutôt dans les mœurs que dans les lois. Mais que deviennent les mœurs dans notre État chaque jour plus démocratique et toujours révolutionnaire? Et quand donc pourrons-nous nous flatter d'avoir fermé cette grande école d'immoralité dont parlait M. Royer-Collard?

V

Le vote des lois de septembre, coïncidant avec la fin du procès d'avril, marque le terme de la lutte que Casimir Périer avait commencée et dont nous avons suivi toutes les vicissitudes, dans la presse, dans le Parlement, dans la rue et jusque devant la justice. La défaite du parti républicain était complète, défaite matérielle et morale. Dispersé, désarmé, abattu, il se sentait réduit, pour longtemps, à l'impuissance[1]. Béranger constatait, dans ses lettres, à quel point le pays était « dégoûté » de ce parti. Quant à Carrel, suivant l'expression d'un de ses apologistes[2], « il avait prévu la déroute, mais il devait s'avouer combien, dans son découragement, il était resté au-dessous de la vérité ». Lui-même proclamait, dans le *National*, et la « pleine victoire des doctrinaires », et l'éloignement croissant de « la masse » pour la république[3]. Il ne se dissimulait pas

---

[1] Un écrivain républicain, M. Lanfrey, a écrit de l'état de son parti à cette époque : « Les défaites matérielles et plus encore les défaites morales du parti, le vague, l'incohérence ou la folie de ses doctrines, le désaccord de ses chefs, l'exaltation aveugle ou l'indisciplinable orgueil de ses adhérents le condamnaient à l'impuissance... Il fallait renoncer à toute action immédiate ou même prochaine. »

[2] M. Lanfrey.

[3] *National* du 30 novembre 1835 et du 11 janvier 1836.

que c'était le fruit des fautes commises par les républicains, et n'avait plus, sur ceux-ci, aucune illusion. « Les hommes que je parais diriger, disait-il à Berryer, ne sont pas mûrs pour la république; aucun esprit politique, aucune discipline. Nous commettons faute sur faute. Je suis réduit au rôle de marteau : on se sert de moi pour frapper. Marteau pour briser, je ne puis rien édifier... L'avenir, il est trop lointain pour que je l'atteigne [1]. » Un jour même, — était-ce sous la pression du remords? — il confessait, dans le *National*, le tort que ses amis et lui s'étaient fait par la violence de leur langage et de leurs doctrines, et la responsabilité qu'ils avaient ainsi assumée dans les crimes révolutionnaires [2]. Ce qui ne l'empêchait pas, il est vrai, de se faire le lendemain le prophète, presque le champion du socialisme [3], de plaider les circonstances atténuantes du régicide [4], et de prendre son parti du triomphe du jacobinisme sur les idées de liberté qu'il avait d'abord caressées [5]. Tout cela, — le dégoût qu'il ressentait de ses amis, comme la honte de ses propres faiblesses, —

[1] *Mémoires de M. d'Alton-Shée*, t. I, p. 163. — Un autre jour, Carrel disait, en parlant de ses amis : « Vous ne les connaissez pas : des fous, des brouillons, des envieux, des impuissants! » Ou encore : « Leurs qualités ne servent que dans les cas tout à fait extraordinaires, leurs inconvénients sont de tous les jours. »

[2] 8 janvier 1836.

[3] Voir notamment un article du 23 juin 1836, où, à propos d'un écrit de M. de Chateaubriand, Carrel annonce et salue la prochaine « révolution sociale ». M. Littré, qui a été l'éditeur des œuvres du rédacteur du *National*, a noté religieusement tous les indices qui révèlent le « progrès » de cet écrivain vers le socialisme. « Au début de sa carrière, dit-il, Carrel n'avait point d'engagement avec la république; au milieu, il se rangea sous le drapeau républicain; à la fin, il s'approchait du socialisme... » (*Œuvres de Carrel*, t. IV, p. 510.)

[4] Nous avons déjà eu occasion de mentionner cet article du 15 juillet 1836, écrit à propos des attentats d'Alibaud; c'est, comme nous l'avons dit, le dernier qui soit sorti de la plume de Carrel.

[5] Carrel appelait cette idée de la liberté américaine, de la liberté pour tous, la « théorie du droit commun ». « Nous eûmes à ce sujet, lui et moi, raconte M. Nisard, une longue conversation, quelques mois avant sa mort, dans une promenade au bois de Boulogne. Je vis qu'il avait presque renoncé à cette théorie du droit commun, comme principe de politique applicable; tout au plus y tenait-il encore comme théorie... Ses doutes, sur ce point, furent une dernière défaite... Dans les derniers jours de sa vie, il n'en parlait plus que comme d'un progrès qu'il ne lui serait pas donné de voir de son vivant, et auquel ne doivent peut-être jamais arriver les sociétés humaines. »

n'était pas fait pour diminuer, chez lui, le malaise, la tristesse que nous avons déjà eu occasion de noter, les années précédentes. Il comprenait maintenant et probablement regrettait la faute qu'il avait commise en se proclamant républicain, en passant de l'opposition légale à l'opposition révolutionnaire, à la fois intransigeante et désespérée. Aussi dissuadait-il tous ceux qui voulaient l'imiter et venir à la république[1]. Mais il se regardait lui-même comme trop engagé pour revenir sur ses pas. Comment donc se tirer de là[2]? La mort, qu'on n'attendait pas, allait résoudre, ou pour mieux dire, supprimer la question.

Quelques mois plus tard[3], en effet, Carrel était blessé mortellement, dans un duel avec un personnage encore obscur, et à l'occasion d'une polémique qui semblait n'être qu'une querelle de boutique sur le prix comparé de deux journaux concurrents. Son adversaire s'appelait Émile de Girardin. Agé de trente ans, il était en train de se faire de vive force, dans la société, la place que l'irrégularité de sa naissance l'avait empêché de trouver toute faite. D'une intelligence alerte et prompte, d'une activité fiévreuse, courageux, plein de sang-froid, audacieux, même jusqu'à l'impudence, ne s'embarrassant pas de convictions, de sentiments ou de scrupules, écrivain médiocre, vulgaire, de peu de culture, mais ayant le mouvement et une sorte d'instinct de charlatan pour imaginer ce qui pouvait amuser, réveiller ou entraîner la foule, beaucoup plus homme d'affaires qu'homme de lettres, il devait être l'un des plus étonnants entrepreneurs de publicité politique que ce temps ait connus. En 1836, il venait de créer, en face du vieux journal à 80 francs, à clientèle restreinte, à opinion définie et fixe, représentant un parti et vivant des sacrifices de ce parti, le nouveau journal à 40 francs, cherchant avant tout

---

[1] Victor Hugo a écrit à M. d'Alton-Shée qui racontait avoir été détourné par Carrel de se faire républicain : « J'ai connu Carrel tel que vous le dépeignez. Il a fait aussi ce qu'il a pu pour m'éloigner de la république. »

[2] On a raconté que Carrel disait lui-même, dans l'angoisse de ses derniers moments : « Ils m'ont enfermé dans une impasse. »

[3] 22 juillet 1836.

une clientèle nombreuse, la sollicitant par des appâts inférieurs ou suspects, prêt à la suivre dans tous ses caprices, vivant principalement du produit de ses annonces et de ses réclames, s'intéressant plus à la Bourse qu'au Parlement, poursuivant moins le succès d'une opinion que celui d'une affaire, et abaissant la presse politique à n'être plus qu'une entreprise industrielle, une spéculation financière. C'était toute une révolution dans le journalisme, révolution dont nous n'avons pas encore vu le dernier mot; peut-être était-elle inévitable et en harmonie avec notre démocratie, mais on ne peut dire qu'elle ait profité à l'autorité et à la moralité des journaux. A son apparition, la nouvelle presse fut très-attaquée par l'ancienne qu'elle froissait dans sa dignité et menaçait dans ses intérêts. M. de Girardin fit tête à ces attaques; il eut plusieurs duels, dont celui qui fut fatal à Carrel. Celui-ci ne survécut que deux jours à sa blessure. Sa fin fut triste et sans consolation. « Point d'église, pas de prêtre ! » tel avait été son premier mot, en entrant dans la maison où il avait été transporté [1]. Le public fut saisi de ce qu'avait de lugubrement prématuré ce coup obscur qui frappait un homme de trente-six ans, dans toute la vigueur de sa santé, de son talent, et encore au début d'une brillante carrière; il remarqua surtout la coïncidence tragique entre cette mort qui enlevait à l'armée républicaine le seul homme y faisant figure, et la déroute de cette même armée. M. Quinet écrivit alors à un de ses amis : « Le parti républicain est avec Carrel dans le cercueil; il ressuscitera, mais il lui faudra du temps [2]. »

---

[1] M. de Chateaubriand, qui suivit le convoi civil de Carrel, a cherché à atténuer le scandale de cette mort sans religion. Il a raconté que M. Carrel père lui avait dit, à l'enterrement de son fils : « Armand aurait été chrétien comme son père, sa mère, ses frères et sœurs : l'aiguille n'avait plus que quelques heures à parcourir pour arriver au même point du cadran. » M. de Chateaubriand ajoutait : « Carrel n'était pas aussi antireligieux qu'on l'a supposé : il avait des doutes. Peu de jours avant sa mort, il disait : Je donnerais toute cette vie pour croire à l'autre. »

[2] Lettre du 6 août 1836. (*Correspondance d'Edgar Quinet.*)

CHAPITRE XIII

LA QUESTION RELIGIEUSE SOUS LE MINISTÈRE DU 11 OCTOBRE

(Octobre 1832 — février 1836)

I. Les préventions irréligieuses, non complétement dissipées, sont cependant moins fortes. Dispositions de la Chambre. Amendement excluant les prêtres des conseils généraux et leur refusant la présence de droit dans les comités de surveillance des écoles. Votes émis relativement à la réduction du nombre des évêchés. L'intolérance a diminué dans les conseils électifs et dans les administrations. Témoignage de M. de Tocqueville. — II. Conduite du ministère dans les affaires religieuses. Malgré quelques incertitudes, il y a amélioration. Faits à l'appui. Les congrégations tolérées. Les nominations d'évêques. M. Guizot et la loi de l'enseignement primaire. La religion dans l'école publique. Le curé dans le comité de surveillance. Circulaires pour l'exécution de cette partie de la loi. La liberté de l'enseignement. M. Guizot et les congrégations enseignantes. Projet sur l'instruction secondaire. Le gouvernement accusé de réaction religieuse. — III. La religion regagne ce qu'elle avait perdu dans les âmes. Déception douloureuse du rationalisme. Aveux et gémissements des contemporains. Retour à la religion, surtout dans la jeunesse. Affluence dans les églises. Élan dans le sein du catholicisme. Ozanam et la jeunesse catholique. La Société de Saint-Vincent de Paul. Les conférences de Notre-Dame.

I

C'était beaucoup d'avoir vaincu les factieux dans la rue, dans les sociétés secrètes, dans la presse et dans le Parlement : ce n'était pas tout. La révolution, nous l'avons vu, avait troublé les âmes en même temps que renversé les institutions, et l'une de ses premières conséquences avait paru être le triomphe d'une sorte d'impiété publique. Il fallait aussi réagir contre cette autre forme du désordre. Cette réaction avait déjà commencé, non sans tâtonnement, avec Casimir Périer. Elle se continua sous le ministère du 11 octobre.

Sans doute, les préventions et les haines irréligieuses n'avaient pas entièrement désarmé. On s'en apercevait à plus d'un signe. A la Chambre, il était tels députés, M. Isambert par exemple, chez qui le besoin de « manger du prêtre » était devenu une sorte de monomanie. Sous couleur de gallicanisme, M. Dupin faisait parfois campagne avec eux. De temps à autre, les préventions auxquelles les pourfendeurs du « parti prêtre » faisaient appel, trouvaient assez d'écho dans l'Assemblée pour obtenir une majorité. Mais, le plus souvent, ces victoires n'étaient que passagères. L'esprit de justice et de tolérance, sans toujours prévaloir, était en progrès [1].

En janvier 1833, la Chambre discutait la loi des conseils généraux : un député demanda que les ministres du culte ne pussent faire partie de ces conseils ; cet amendement paraissait avoir peu de succès, même à gauche, et allait être rejeté [2], quand M. Dupin descendit du fauteuil pour le soutenir. Après avoir évoqué les souvenirs de la Restauration : « Si vous laissez au clergé, s'écria-t-il, la possibilité de rentrer par un coin quelconque dans vos affaires, il envahira tout bientôt, et il perdra encore une fois l'État, en se perdant lui-même. » Cet argument suffit pour faire adopter l'amendement, il est vrai, à une faible majorité. Les ministres s'étaient tus dans le débat et abstenus au vote. Mais, en dehors de la Chambre, cette exclusion peu libérale ne fut pas favorablement accueillie. La presse ne se gêna pas pour la critiquer [3]. A la Chambre des pairs, l'amendement,

---

[1] La Chambre n'affectait plus, comme au lendemain de 1830, d'ignorer l'existence même des fêtes du christianisme. En 1833, pour la première fois depuis la révolution de Juillet, elle suspendait ses séances le jour de l'Ascension. Le fait fut remarqué.

[2] C'est M. Dupin lui-même qui le constate. (*Mémoires*, t. III, p. 22.)

[3] « A ce compte, disait le *Journal des Débats*, la prêtrise serait une mise hors la loi. Sous la première race, quand on voulait dégrader un prince, on le tonsurait et on le faisait prêtre. Dès ce moment, il ne comptait plus : ce serait la même chose aujourd'hui. La tonsure ecclésiastique serait aussi une dégradation civile et politique. Ce n'est pas ainsi que nous entendons la liberté. Point de priviléges pour le clergé, c'est tout naturel, mais point d'exclusion non plus. Que le prêtre puisse être élu si ses concitoyens le trouvent digne de leurs suffrages. » Et ce même journal ajoutait, à l'adresse de M. Dupin : « Nous ne sommes plus en 1827. Les Jésuites de Saint-Acheul ne font plus de procession ; le monogramme de la

soutenu par M. de Montlosier, avec une véhémence qui excita des rires et des murmures, combattu par M. de Sacy et par le ministère, fut repoussé à la presque unanimité. La Chambre des députés, peu fière de son premier vote, n'insista pas. Le vieux M. de Montlosier, tout ébahi qu'on ne prît plus ses terreurs au sérieux, comme en 1826, lors de sa fameuse dénonciation [1], épancha ses doléances dans une lettre publique à M. Dupin et dans d'autres écrits [2]. Il y déclarait que « le parti ecclésiastique dominait le gouvernement » et se plaignait que « la révolution de Juillet eût fait entrer le prêtre dans notre instruction et dans nos affaires ». Tout cela ne parut que ridicule.

Un incident analogue se produisit, dans cette même année 1833, à propos de la loi de l'instruction primaire sur laquelle nous aurons bientôt à revenir. La majorité, après avoir refusé d'admettre le curé comme membre de droit des comités de surveillance des écoles, finit par céder devant le vote contraire de la Chambre des pairs et l'insistance du gouvernement.

C'était surtout dans la discussion annuelle du budget des cultes que les censeurs du clergé le mettaient sur la sellette. Chacun d'eux apportait ses dénonciations et ses reproches. Puis, c'étaient des demandes de réductions à la fois mesquines et vexatoires, du genre de celles qui s'étaient déjà produites sous Casimir Périer. Ainsi, en 1833, pour punir sans doute l'archevêque de Paris de ses libéralités envers les victimes du choléra, la majorité, malgré le gouvernement, réduisit son traitement de 15,000 francs. Mais ce fut l'un des derniers votes de ce

Société de Jésus et l'emblème du Sacré-Cœur ne sont plus étalés au front des reposoirs de la Chambre des députés; l'Église ne paraît pas prête à envahir l'Etat. Nous pouvons donc, ce nous semble, à l'heure qu'il est, être, les uns moins gallicans, les autres moins voltairiens que nous n'avons été, et appliquer, sans crainte et sans danger, les principes de la tolérance religieuse. » Le *Journal du Commerce*, quoique inféodé aux partis de gauche, n'était pas moins vif contre la thèse de M. Dupin et lui ripostait plaisamment : « Quand un avocat vient signaler, à la tribune, les habitudes envahissantes du parti prêtre, un prêtre pourrait, avec raison, lui opposer l'ubiquité des avocats dans les fonctions administratives. »

[1] Cf. mon étude sur le *Parti libéral sous la Restauration*, p. 386 et suiv.
[2] Juin à décembre 1833.

genre. Bientôt même, on commmença à rétablir quelques-uns des crédits supprimés après 1830. Le budget des cultes de 1836, discuté en juin 1835, présentait sur le précédent une augmentation de près de 700,000 francs, dont 330,000 francs au chapitre des curés et desservants, et, ce qui était plus significatif encore, 20,000 pour accroître le traitement de deux archevêques-cardinaux. La Chambre accorda ces crédits sans difficulté. M. Isambert en fut réduit à déclarer ce vote « antinational ». « C'est, ajouta-t-il, le démenti le plus solennel donné à la révolution de Juillet et à tout ce qui a été fait depuis 1830. »

Une question plus grave et qui touchait à l'organisation même de l'Église de France, se trouva soulevée dans ces discussions budgétaires. Dans le Concordat, il n'était question pour la France que de soixante évêchés. D'accord avec le Saint-Siége, et après autorisation des Chambres, le gouvernement de la Restauration avait porté ce nombre à quatre-vingts. L'opposition « libérale » avait alors vivement attaqué cette mesure dont elle contestait même, à tort, la légalité. Aussi, après 1830, les commissions du budget exprimèrent-elles le vœu que l'on revînt au chiffre du Concordat. Le gouvernement, ainsi pressé, saisit diplomatiquement le Saint-Siége de la question. Son intention n'était pas de supprimer vingt évêchés, mais il demandait au Pape d'en sacrifier six ou sept pour sauver le reste. Les choses en étaient là, quand, le 29 mai 1833, à propos de la loi de finances, la Chambre vota, malgré le ministère, un amendement, plus comminatoire du reste qu'immédiatement efficace, qui avait été présenté par M. Eschassériaux. Par cet amendement, elle exprimait sa volonté de ne plus doter, dans l'avenir, ceux des siéges épiscopaux, créés postérieurement au Concordat de 1801, qui viendraient à vaquer jusqu'à la conclusion des négociations entamées avec la cour de Rome. Il n'entrait pas dans la pensée du gouvernement de se laisser pousser si vite et si loin. Il déclara donc, à la tribune de la Chambre haute, ne voir dans ce vote qu'une invitation plus pressante de négocier avec le Saint-Père ; mais, jusqu'à l'issue de ces négociations, il se réservait le droit de nommer aux évêchés qui deviendraient vacants : et en fait, l'occasion s'étant présentée par suite de la mort de l'évêque de Nevers, il usa de ce droit. M. Eschassériaux et ses amis crièrent, mais sans résultat. Rome, de son côté, ne paraissait pas disposée à faire le sacrifice qu'on lui demandait : au contraire. Sur l'initiative de Mgr Mathieu, alors évêque de Langres, et d'accord avec la nonciature, les prélats titulaires des sièges menacés avaient tous signé et secrètement adressé au Pape une lettre, par laquelle ils se déclaraient prêts, si besoin était, à renoncer à leur traitement, tout en demeurant, avec le pouvoir civil, dans les rapports réglés par le Concordat. Le gouvernement n'avait eu aucun vent de cette démarche : grands furent son étonnement et son embarras, quand, insistant à Rome et invoquant la menace, faite par la Chambre, de refuser toute dotation, il reçut pour réponse communication de la renonciation éventuelle des évêques. Cette renonciation ôtait toute force au seul argument qu'il pût employer, et d'autre part il ne désirait pas mettre à l'épreuve un désintéressement qui ne lui eût pas laissé le beau rôle [1]. Chaque jour d'ailleurs, à la vive surprise des promoteurs de la réduction, il devenait plus visible que cette mesure n'était rien moins que populaire. Le monde ecclésiastique n'était pas seul à s'en émouvoir. Dans tous les diocèses menacés, on rédigeait des pétitions pour protester contre les suppressions annoncées : elles se couvraient, en peu de temps, de plus de trois cent mille signatures. Les députés étaient ainsi avertis qu'à persister dans cette voie ils risquaient leur fortune électorale. Lors de la discussion du budget de 1835, en avril 1834, M. Eschassériaux n'osa pas reproduire son amendement, et les crédits furent votés, sans difficulté, pour les quatre-vingts sièges épiscopaux. Peu après, la question se trouva posée plus nettement encore, à l'occasion des pétitions : le gouvernement, enhardi par le mouvement de l'opinion, se montra, dans le débat, plus favorable aux vœux des catholiques qu'il ne l'avait été jusqu'alors, et le renvoi des pétitions au ministre parut justement à tous le désaveu du vote

---

[1] *Vie du cardinal Mathieu*, par Mgr Besson, t. I, p. 140 à 143.

de l'année précédente. Dès lors, tout danger de réduction des siéges était écarté.

La même détente se produisait dans tous les conseils électifs et dans les administrations locales. Certes il serait facile de signaler encore des conseils généraux refusant au clergé les allocations les plus justifiées, des maires tourmentant leurs curés, des conseils municipaux faisant la guerre à quelque école de Frères ou de Sœurs, témoin celui de Beauvais qui enjoignait au bureau de bienfaisance de « refuser tout secours aux parents pauvres dont les enfants seraient envoyés à l'école des Frères [1] ». Mais, chaque année, ces faits devenaient plus rares et surtout étaient plus mal vus de l'opinion. Désormais les ecclésiastiques pouvaient sortir, sans crainte d'être outragés dans les rues. Il n'était plus de bon ton d'affecter l'irréligion; la prétrophobie avait quelque chose de vieillot et de démodé. Les communes commençaient à rappeler dans leurs écoles les congréganistes chassés en 1830. On laissait replanter les croix détruites. Dans beaucoup de villes, les processions, naguère interdites, reparaissaient dans les rues, et c'est à peine si, parfois, elles étaient encore l'occasion de quelques scandales. Dès juillet 1833, le *Constitutionnel* dénonçait « cette réaction fatale », et, deux ans après, il s'écriait désespéré : « Les plantations de croix se multiplient sur plusieurs points; les processions publiques reprennent vigueur dans un grand nombre de localités; enfin le mouvement ecclésiastique est en progression [2]. »

Aussi, en 1835, M. de Tocqueville, examinant l'état des esprits et des mœurs, constatait, sinon la disparition, du moins « l'attiédissement visible » des haines antichrétiennes, et il ajoutait : « Les publications irréligieuses sont devenues extrêmement rares; je n'en connais même pas une seule. La religion et les prêtres ont entièrement disparu des caricatures. Il est très-rare, dans les lieux publics, d'entendre tenir des discours hostiles au clergé ou à ses doctrines. Ce n'est pas que tous ceux qui se taisent ainsi aient conçu un grand amour pour la religion;

---

[1] *Journal des Débats* du 23 octobre 1833.
[2] Janvier 1835.

mais il est évident qu'au moins ils n'ont plus de haine contre
elle. C'est déjà un grand pas. La plupart des libéraux que les
passions irréligieuses avaient jadis poussés à la tête de l'opposition, tiennent maintenant un langage tout différent de celui
qu'ils tenaient alors. Tous reconnaissent l'utilité politique d'une
religion et déplorent la faiblesse de l'esprit religieux dans la
population [1]. »

II

Ce que nous avons dit de certains débats parlementaires,
notamment au sujet de la réduction des évêchés, a permis
d'entrevoir quelles étaient les dispositions du ministère dans
les questions religieuses. Souvent trop timide pour braver de
front ce qu'il restait de préventions dans l'opinion et dans la
Chambre, il ne les partageait pas pour son compte, les servait
sans entrain et cherchait plutôt à en limiter l'effet; il avait le
désir de se montrer tolérant, juste, bienveillant même, mais
n'en avait pas toujours la volonté assez résolue. De là, dans sa
conduite, des incertitudes, voire même quelques contradictions.
Malgré tout cependant, on pouvait constater, chaque année,
une amélioration notable dans les rapports du gouvernement
avec la religion et le clergé.

Si l'on n'osait pas encore rétablir le crucifix arraché des salles
de justice en 1830, si même, en 1834, on installait dans la cour
d'assises de Paris, à la place où avait été la divine image, une
allégorie de la Justice avec le glaive et la balance, l'année suivante, M. Persil, garde des sceaux, engageait les compagnies
judiciaires à se rendre aux cérémonies religieuses qu'elles avaient
généralement désertées depuis la révolution. Chrétiens et libres
penseurs notaient, comme une nouveauté significative, les termes
de la lettre par laquelle le Roi demandait des prières, après
l'attentat Fieschi; ce n'était plus le langage d'un gouvernement

---

[1] Lettre écrite en mai 1835. (*Correspondance inédite*, t. II, p. 48.)

craignant de faire acte public de christianisme. A cette époque, et pour la première fois depuis 1830, le parquet relevait, dans des publications impies et licencieuses, le délit d'outrage à la religion et demandait l'application de la loi de 1822. Au début du ministère, on avait encore vu, dans l'Ouest, un préfet suspendre le traitement d'un curé compromis dans les affaires de la duchesse de Berry, mais ce fut la dernière de ces confiscations inaugurées dans le désordre d'un lendemain de révolution. Depuis lors, la préoccupation du pouvoir parut être, au contraire, d'augmenter le budget du clergé; et, au risque d'être dénoncé avec colère par le *Constitutionnel*[1], il recommanda aux conseils généraux de rétablir les allocations destinées à subvenir aux dépenses du culte et à accroître les traitements ecclésiastiques. Parfois le gouvernement paraissait céder à quelques velléités de taquinerie « gallicane » : appel comme d'abus contre l'évêque de Moulins, petites difficultés soulevées pour l'agrément des curés, circulaire quelque peu ridicule pour interdire l'annonce et la célébration des fêtes « supprimées » par le concordat. Mais tout cela, sans volonté de pousser loin les choses. Ainsi laissait-il tomber les prescriptions de cette dernière circulaire, devant les objections des autorités religieuses. Des questions mixtes, comme celle de l'usage des cloches, étaient réglées dans un esprit conciliant et large.

Le ministère eût bien voulu donner satisfaction aux pétitions des habitants du quartier du Louvre, qui demandaient la réouverture de l'église de Saint-Germain l'Auxerrois, fermée depuis l'atroce journée du 14 février 1831. Mais les passions sacrilèges montaient une garde vigilante autour du temple qu'elles avaient violé[2]. Au moindre indice de velléité réparatrice, elles grondaient si menaçantes que l'administration intimidée n'osait les

---

[1] Voir les attaques du *Constitutionnel* du 9 août 1833 et du 12 octobre 1835.

[2] Le *Constitutionnel* se distinguait parmi ceux qui s'opposaient à la réouverture de l'église. Il semblait n'avoir même pas l'intelligence de l'atteinte portée ainsi à la liberté religieuse. « L'église est debout, disait-il en septembre 1833, et rien n'y manque, sinon une croix ornée de trois fleurs de lys; *rien n'y est changé, sinon que les portes n'en sont plus ouvertes*. A quoi bon tant de clameurs, si ce n'est qu'on est charmé de crier? »

affronter. Rien de pareil cependant à ce qu'on avait vu sous le ministère Casimir Périer, quand la police s'était emparée de l'Abbaye-au-Bois pour y faire célébrer le service funèbre de l'évêque schismatique Grégoire. Le gouvernement réprimait au contraire, avec une énergie remarquée, les actes de certaines municipalités qui avaient prétendu introduire des prêtres schismatiques dans l'église de leur commune. Il saisissait même cette occasion pour publier, dans le *Moniteur,* un article où les droits du clergé catholique sur les bâtiments affectés au culte étaient reconnus de la façon la plus nette et la plus satisfaisante [1].

Rien de pareil non plus à l'acte de violence par lequel, en 1831, avaient été dispersés les trappistes de la Meilleraye. Les congrégations étaient tolérées et respectées. En juillet 1833, celui qui devait être Dom Guéranger ressuscitait à Solesmes l'antique Ordre des Bénédictins. Tout se passait au grand jour, sans que le gouvernement y fît obstacle; M. Guizot devait même bientôt donner aux nouveaux moines une allocation annuelle pour la continuation de la *Gallia christiana*. Les Jésuites, maltraités par l'émeute en 1830, revenaient, sans bruit, mais sans se gêner, à leurs pieux travaux; ils remplissaient les chaires et les confessionnaux; les ministres les laissaient faire, avec un sentiment où se mêlaient étrangement l'indifférence et l'estime. « La Restauration est tombée, et avec elle les Jésuites, disait le *National* [2]; on le croit du moins : cependant toute la France a vu la famille des Bourbons faire route de Paris à Cherbourg et s'embarquer tristement pour l'Angleterre. Quant aux Jésuites, on ne dit pas par quelle porte ils ont fait retraite; personne n'a plus songé à eux, le lendemain de la révolution de Juillet, ni pour les attaquer ni pour les défendre. Y a-t-il, n'y a-t-il pas encore des congrégations non autorisées par les lois? Il n'est pas aujourd'hui de si petit esprit qui ne se croie, avec raison, au-dessus d'une pareille inquiétude. » En 1833, quelque émotion s'étant pro-

---

[1] *Moniteur* de janvier et de mai 1833.
[2] 18 octobre 1832.

duite parce que deux Jésuites avaient été mandés, comme précepteurs, auprès du duc de Bordeaux, M. Thiers fut le premier à rassurer le Père provincial de Paris, dans les conférences qu'il avait avec lui à ce sujet; après comme avant ces incidents, aucune entrave n'était apportée aux œuvres de la Compagnie de Jésus.

Rien de pareil enfin aux choix peu heureux par lesquels, aux débuts de la monarchie, des prêtres tels que MM. Guillon, Rey ou d'Humières avaient été désignés pour l'épiscopat. Le gouvernement apportait dans l'usage de cette importante prérogative une droiture consciencieuse. Ses nominations étaient excellentes. En 1834, le ministre des cultes, M. Persil, écrivait aux évêques pour leur demander de lui faire connaître les prêtres dignes de devenir leurs collègues. Bien loin de se roidir contre les observations de l'autorité religieuse, le pouvoir civil s'y rendait avec bonne grâce et bonne foi. Ainsi fit-il, en renonçant à proposer le successeur qu'il avait d'abord songé à donner à Mgr Mathieu, sur le siége de Langres, et en lui substituant Mgr Parisis. Le chargé d'affaires du Saint-Père, Mgr Garibaldi, disait, à ce propos : « Nous obtenons du roi Louis-Philippe ce que tout autre gouvernement nous aurait refusé [1]. »

Parmi les ministres, M. Guizot était un de ceux qui comprenaient le mieux les devoirs du gouvernement envers la religion : on n'a pas oublié avec quelle élévation il en avait parlé sous le ministère Périer, alors qu'il était simple député; devenu ministre de l'instruction publique, les occasions ne lui manquèrent pas de mettre ses principes en pratique. Sa grande œuvre fut alors la loi organique de l'instruction primaire, présentée et votée en 1833. L'article premier déclarait tout d'abord que « l'instruction primaire comprenait nécessairement l'instruction morale et religieuse ». Et le ministre commentait ainsi, à la tribune, cette disposition de la loi : « L'instruction morale et religieuse n'est pas, comme le calcul, la géométrie, l'orthographe, une leçon qui se donne en passant, à une heure

---

[1] *Vie du cardinal Mathieu*, par Mgr Besson, t. I, p. 146.

déterminée, après laquelle il n'en est plus question. La partie scientifique est la moindre de toutes, dans l'instruction morale et religieuse. Ce qu'il faut, c'est que l'atmosphère générale de l'école soit morale et religieuse... Il arrive un âge où l'instruction religieuse devient l'objet d'un enseignement scientifique qui est donné spécialement; mais, pour la première enfance, dans les écoles primaires, si l'instruction morale et religieuse ne plane pas sur l'enseignement tout entier, vous n'atteindrez pas le but que vous vous êtes proposé, quand vous l'avez mise en tête de l'instruction primaire... Prenez garde à un fait qui n'a jamais éclaté peut-être avec autant d'évidence que de notre temps; le développement intellectuel, quand il est uni au développement moral et religieux, est excellent... mais le développement intellectuel tout seul, séparé du développement moral et religieux, devient un principe d'orgueil, d'insubordination, d'égoïsme et par conséquent de danger pour la société. » Les rapporteurs de la Chambre des députés et de la Chambre des pairs, M. Renouard et M. Cousin, faisaient écho à ce langage du ministre.

M. Guizot était en outre convaincu que l'État avait besoin du concours de l'Église pour l'œuvre de l'instruction populaire, et qu'il devait, par suite, partager avec elle l'action et le contrôle. Se demandant, à la tribune, « quels étaient les pays où l'instruction primaire avait véritablement prospéré » : « Ce sont, répondait-il, les pays où le clergé a exercé une surveillance, une influence continuelle, sur l'instruction primaire »; et il ajoutait, avec une courageuse loyauté, que, « depuis quinze ans, le clergé avait beaucoup fait pour l'instruction primaire en France ». En conséquence, il proposa que le curé fût de droit membre du comité chargé, dans chaque commune, de surveiller l'école, comité qui était l'un des rouages importants de la nouvelle organisation. Mais, comme nous avons eu occasion de le dire, il se heurta, cette fois, aux préventions de la Chambre contre le clergé. La commission demanda que cette présence de droit fût supprimée, et la majorité lui donna raison, malgré l'éloquente défense du ministre. Celui-ci ne se tint pas pour battu : il en appela à la Chambre des pairs, et, appuyé par M. Cousin, il obtint d'elle le rétablissement du droit du curé. Les députés finirent par céder, mais non sans diminuer les attributions du comité qui leur était devenu suspect, du moment qu'un prêtre y siégeait. Le ministre consentit à cette altération grave de son projet; il crut nécessaire de faire ce sacrifice aux préjugés régnants.

La loi votée, avec des lacunes qu'il était le premier à reconnaître, M. Guizot s'efforça sincèrement, dans l'application, de faire à la religion la part la plus large : œuvre difficile, étant donné le personnel d'instituteurs qu'il trouvait en possession des écoles. M. Lorain, chargé, en 1833, par le ministre, de dépouiller les rapports des inspecteurs et d'en tirer un tableau de l'instruction primaire avant la loi nouvelle, avait constaté des faits tels que ceux-ci : un inspecteur demandait à l'instituteur : « Monsieur, où en êtes-vous de l'instruction morale et religieuse? — Je n'enseigne pas ces bêtises-là », lui répondait-on. Ailleurs, les écoliers se promenaient, avec leur maître, dans la ville, tambour en tête et chantant la *Marseillaise;* ils s'interrompaient, en passant devant le presbytère, pour crier à tue-tête : « A bas les Jésuites! A bas les calotins! » Dès sa première circulaire, M. Guizot essaya de tourner et d'élever vers la religion les âmes de ces instituteurs. Il les engagea à « n'attendre leur récompense que de Dieu ». « Partout, leur dit-il, où l'enseignement primaire a prospéré, une pensée religieuse s'est unie, dans ceux qui le répandent, au goût des lumières et de l'instruction. Puissiez-vous trouver, dans de telles espérances, dans ces croyances dignes d'un esprit sain et d'un cœur pur, une satisfaction et une constance que peut-être la raison seule et le seul patriotisme ne vous donneraient pas. » Plus loin, il recommandait à l'instituteur de « s'attacher à développer », chez l'enfant, « la foi à la Providence », de « respecter » le curé ou le pasteur « dont le ministère répond à ce qu'il y a de plus élevé dans la nature humaine ». Et il ajoutait : « Rien n'est plus désirable que l'accord du prêtre et de l'instituteur... Un tel accord vaut bien qu'on fasse, pour l'obtenir, quelques sacrifices[1]. » Cette partie des devoirs du maître d'école était la préoccupation constante du ministre. L'année suivante, il écrivait aux directeurs des écoles primaires une circulaire où il leur signalait l'importance de l'instruction religieuse à donner aux futurs instituteurs : « Ne vous contentez point, disait-il, de la régularité des formes et des apparences ; il ne suffit pas que de certaines observances soient maintenues, que certaines heures soient consacrées à l'instruction religieuse : il faut pouvoir compter sur sa réalité et son efficacité... Prenez un soin constant pour qu'aucune des préventions, malheureusement trop communes encore, ne s'élève entre vous et ceux qui sont plus spécialement chargés de la dispensation des choses saintes. Vous assurerez ainsi à nos établissements cette bienveillance des familles qui nous est si nécessaire, et vous inspirerez à un grand nombre de gens de bien cette sécurité sur notre avenir moral que les événements ont quelquefois ébranlée, même chez les hommes les plus éclairés[2]. » En 1835, M. Guizot écrivait encore aux inspecteurs des écoles primaires : « Appliquez-vous à bien persuader aux curés et aux pasteurs que ce n'est pas par pure convenance et pour étaler un vain respect, que la loi du 28 juin 1833 a inscrit l'instruction morale et religieuse en tête des objets de l'instruction primaire. C'est sérieusement et sincèrement que nous poursuivrons le but indiqué par ces paroles, et que nous travaillerons, dans les limites de notre pouvoir, à établir, dans l'âme des enfants, l'autorité de la religion. Croyez bien qu'en donnant à ces ministres cette confiance et en la confirmant par toutes les habitudes de votre conduite et de votre langage, vous vous assurerez, presque partout, pour les progrès de l'éducation populaire, le plus utile appui[3]. »

M. Guizot atteignit-il pleinement le but qu'il poursuivait avec sincérité et persistance? Malgré ses efforts, il y eut des instituteurs qui demeurèrent, d'une façon plus ou moins cachée,

---

[1] Circulaire du 18 juillet 1833.
[2] Circulaire du 11 octobre 1834.
[3] Circulaire du 13 août 1835.

ce qu'on a appelé des « anticurés[1] ». La loi de 1833 leur avait donné trop d'indépendance; elle avait aussi trop étroitement limité l'influence du clergé. Tant que l'autorité d'un gouvernement régulier prévint les scandales extérieurs, le mal demeura souvent à l'état latent; mais il devait éclater à tous les yeux, en 1848 : alors beaucoup de maîtres d'école se sont trouvés préparés à se faire, dans chaque village, des agents de révolte et des prédicateurs de socialisme. Le désordre fut tel que les défenseurs de la société poussèrent un long cri d'effroi, et M. Thiers, avec l'impétueuse mobilité de son esprit, demanda, non plus seulement que le clergé eût la surveillance de l'enseignement primaire, mais qu'il en prît la direction exclusive[2]. Plus tard, du reste, en rédigeant ses Mémoires, M. Guizot a reconnu que la loi de 1833 n'avait pas, sur ce point, réalisé toutes ses espérances, et il a déploré les sacrifices qu'il s'était cru obligé de faire à l'irréligion du temps[3].

La loi de 1833 n'avait pas seulement organisé l'enseignement public, elle avait aussi ouvert la porte toute grande à l'enseignement libre, c'est-à-dire, en fait, aux écoles de Frères et de Sœurs. Dans la discussion, M. Vatout ayant proposé des mesures restrictives contre les congrégations religieuses, le ministre les combattit et les fit écarter. Il a même raconté, plus tard, qu'il eût désiré donner à ces congrégations « une marque publique de confiance et de respect », en leur permettant de suppléer, par la lettre d'obédience, au brevet de capacité; mais il n'osa pas, en présence des dispositions de la Chambre. M. Guizot tenait à bien établir qu'il ne se « méfiait » aucunement du zèle libre et surtout du zèle chrétien, qu'il regardait au contraire son concours comme heureux et nécessaire. « Je pris grand soin, a-t-il dit dans ses Mémoires, de défendre les associations religieuses contre les préventions et le mauvais vouloir dont elles étaient souvent l'objet; non-seulement je les protégeai dans leur liberté, mais je leur vins

---

[1] Expression de M. Thiers dans les débats de la commission de 1849.
[2] *Les Débats de la Commission de* 1849, par H. DE LACOMBE, p. 35, et 81 à 94.
[3] *Mémoires de M. Guizot*, t. III, p. 70, 71 et 85.

en aide dans leurs besoins, les considérant comme les plus honorables concurrents et les plus sûrs auxiliaires que, dans ses efforts pour l'éducation populaire, le pouvoir civil pût rencontrer. » Pendant la discussion même de la loi de 1833, il offrit la croix d'honneur au supérieur général des Frères de la Doctrine chrétienne. Plus tard, il félicita publiquement ces religieux du zèle et de l'intelligence qu'ils montraient dans l'organisation des écoles d'adultes. Apprenait-il quelques vexations des municipalités ou des agents universitaires contre l'enseignement libre, il les blâmait, et, s'il le pouvait, les réprimait. Les Frères, chassés des écoles publiques de Beauvais, fondaient-ils une école privée, il leur allouait une subvention de mille francs [1]. L'*Ami de la Religion*, peu sympathique au gouvernement de Juillet, ne pouvait cependant s'empêcher de louer « l'impartialité haute et intelligente » avec laquelle M. Guizot avait « singulièrement favorisé les congrégations enseignantes [2] ». En 1833, le supérieur général des Frères de la Doctrine chrétienne écrivait au ministre : « Nous conserverons, tant que nous vivrons, le souvenir et la reconnaissance de vos inappréciables bontés, et nous publierons hautement, comme nous le faisons tous les jours, les marques de bienveillance et de protection que nous recevons, à chaque instant, du gouvernement du Roi et en particulier de M. le ministre de l'instruction publique. » L'année suivante, les membres principaux de l'ordre, réunis en « comité triennal » à Paris, renouvelaient l'expression de leur « reconnaissance » envers le ministre.

En janvier 1836, à la veille de la dissolution du cabinet, M. Guizot déposa un projet de loi sur l'instruction secondaire. Ce projet ne devait être discuté que plus tard, sous un autre ministère, sans du reste jamais aboutir. Pour le moment, bor-

---

[1] *Journal des Débats* du 23 octobre 1833. — Ce journal exprimait d'ailleurs le sentiment de M. Guizot, quand il jugeait ainsi la conduite du conseil municipal de Beauvais : « C'est là ce que quelques gens, en petit nombre, il est vrai, appellent encore du libéralisme. Le vrai libéralisme, c'est de mettre à la portée du peuple tous les moyens d'instruction possibles,... c'est d'ouvrir des écoles pour toutes les croyances, j'allais presque dire pour tous les préjugés... Le reste n'est que de l'intolérance, de la tyrannie. »
[2] *Ami de la Religion* du 25 novembre 1834.

nons-nous à noter que s'il contenait la trace de quelques concessions faites à regret aux préventions du temps, il organisait loyalement la liberté d'enseignement et ne prononçait aucune exclusion contre les associations religieuses, notamment contre les Jésuites. En somme, il était plus libéral que tous les projets qui devaient être ultérieurement déposés, de 1840 à 1848, et donner lieu à de si ardentes controverses.

Cette justice et cette bienveillance croissantes à l'égard de la religion méritaient d'être dénoncées par ceux qui, comme le *Constitutionnel,* faisaient profession de combattre le « parti prêtre ». Dès 1833, ce journal reprochait à « l'association doctrinaire de vouloir relever le clergé catholique de l'impuissance dont l'avait frappé la révolution de Juillet », et signalait « un système suivi de réaction ministérielle en faveur du clergé [1] ». C'est surtout en 1835 que cette accusation se produisit avec fracas : toute la presse de gauche s'y associa. Le *National* raillait l' « orthodoxie » de ce gouvernement qui « reprenait les traditions de la Congrégation »; le *Courrier* déclarait, d'un ton menaçant, que l'opinion allait repartir en guerre contre le catholicisme, et qu'il fallait « multiplier, de nouveau, les éditions de Rousseau, de Voltaire, de Diderot, de Dupuis, de Courier [2] ». *Le Constitutionnel* dénonçait « la tendance du gouvernement à faire entrer l'Eglise dans l'État », et il ajoutait : « Nous ne savons quel vent de dévotion a soufflé de la cour; mais, depuis quelque temps, on est tout aux petits soins auprès du clergé, on se pique d'une si scrupuleuse déférence pour tout ce qui tient à l'Église, on voit des choses et l'on entend des paroles si étranges, ne serait-ce que M. Thiers invoquant à mains jointes la Providence, qu'il ne faut pas s'étonner si les préventions d'une autre époque sont revenues contre le clergé, et si beaucoup de gens croient, de très-bonne foi, que nous approchons du temps où, avec un billet de confession, on arrive à tout. »

Ces accusations firent si grand bruit que le *Journal des Débats* se crut obligé de publier plusieurs articles pour protester que le

---

[1] 22 mai et 12 décembre 1833.
[2] Novembre 1835.

gouvernement ne voulait pas se faire « le grand prévôt d'une réaction religieuse ». La feuille ministérielle ne s'en tenait pas à cette apologie. Elle prenait l'offensive et raillait avec esprit les terreurs de ses contradicteurs : « Quand il n'y aurait plus de Jésuites dans le monde, disait-elle, l'opposition en referait, pour avoir le plaisir de dire que le gouvernement de Juillet favorise les Jésuites... Le tour des Jésuites et de la Congrégation devait venir ; il est venu ; c'est tout simple. La raison de ceci est facile à donner. Tout le monde n'entend pas de même le mot de liberté religieuse. Selon nous, la liberté religieuse doit profiter à l'Église tout aussi bien qu'à l'État. Au nom de la liberté religieuse, il faut interdire au prêtre d'inquiéter la conscience des citoyens et de porter la main sur ce qui tient au domaine de la politique ; mais, au nom de la même liberté, il faut laisser le prêtre administrer les sacrements, prêcher le dogme et maintenir la discipline, selon les règles qui lui sont prescrites par sa foi. Ce n'est pas tout : comme la séparation absolue de l'Église et de l'État n'est qu'une chimère, comme il y a des rapports nécessaires entre la puissance publique et les hommes qui, par leur ministère, sont appelés à exercer une si grande influence sur la direction morale de la société, la raison veut également que, dans ces rapports, le clergé trouve, auprès du gouvernement protection, bienveillance, honneur... Les peuples les plus libres du monde ont su respecter la religion et honorer ses ministres. » Le *Journal des Débats* faisait ensuite vivement justice de « ces gens qui, en défendant à l'Église d'intervenir dans l'État, prétendraient intervenir tous les jours dans l'Église, au nom de l'État ». « Surtout, ajoutait-il, on humilierait le clergé ; on l'abaisserait par tous les moyens imaginables ; on ne lui jetterait son salaire qu'à regret et avec des paroles de mépris ; on aurait bien soin de lui faire entendre qu'on espère, le plus tôt possible, se passer de lui, qu'on est fort au-dessus de toutes les superstitions : et si le clergé s'avisait de se plaindre, on le traiterait en révolté [1]. » Cette politique, que l'organe auto-

---

[1] *Journal des Débats* du 10 octobre 1835.

risé de la monarchie de Juillet repoussait ainsi avec mépris et dégoût, n'a-t-elle pas été ramassée, depuis, par un autre gouvernement?

III

A ce régime de tolérance, de liberté et de paix relatives, la religion regagnait peu à peu ce qu'elle avait perdu dans les âmes. Ce qui pouvait même lui manquer encore, comme protection et faveur du pouvoir, lui était, dans l'état des esprits, plutôt profitable que nuisible. Elle venait de souffrir, sous la Restauration, pour avoir été trop bien en cour; un peu de disgrâce temporelle effaçait ce passé compromettant et lui refaisait une popularité. De ce retour vers le christianisme, il y avait d'ailleurs d'autres causes, moins extérieures, plus profondes, plus efficaces. La raison humaine, un moment exaltée de sa pleine victoire, en devenait, chaque jour, plus embarrassée. Chaque jour, elle était plus effrayée du vide qu'avaient fait ses destructions, plus humiliée et troublée de son impuissance à ne rien construire pour remplir ce vide. Que de déceptions douloureuses et salutaires venaient, dans tous les ordres de faits et d'idées, punir et éclairer l'orgueil de cette raison révoltée! En même temps, la lassitude des agitations révolutionnaires, l'habitude reprise d'un gouvernement régulier faisaient sentir davantage aux âmes le besoin de la paix et de la stabilité intérieures.

Les contemporains ont souvent laissé échapper des aveux et des gémissements qui permettent d'entrevoir et de suivre, au plus intime de leur être, cette crise décisive. Théodore Jouffroy avait été, à la fin de la Restauration, l'un des guides de cette jeunesse, si confiante dans ses propres forces et si dédaigneuse du catholicisme : plus que tout autre, par son talent, par l'élévation de son esprit et de sa doctrine, par sa sincérité même, il avait contribué à éloigner de la foi l'élite de sa génération. C'est lui qui avait écrit, dans le *Globe*, le trop fameux article : *Comment les dogmes finissent.* Maintenant, quelle était la secrète souffrance qui marquait son front d'une tristesse inconsolable et donnait à sa parole un accent singulièrement poignant? C'était l'impuissance douloureuse et découragée du rationalisme. Étudiant, à propos de la loi des associations, les causes du mal social contre lequel le législateur essayait de lutter, il disait à la tribune de la Chambre des députés : « Le christianisme avait jeté dans la société, fondé dans notre Europe, un ordre moral, c'est-à-dire un ensemble de vérités sur tous les points qui intéressent le plus l'homme et la société, vivant de ces vérités... » Puis, après avoir rappelé comment cet ordre moral avait été miné, ébranlé, renversé, dans les âmes, l'orateur ajoutait : « Le vide laissé par cette immense destruction, ce vide est partout, il est dans tous les cœurs, il est obscurément senti par les masses, comme il est plus clairement senti par les esprits distingués. Ce vide, il faut le remplir; tant qu'il ne sera pas rempli, je prétends que la société ne sera pas calmée... Telle est la profonde, la véritable cause de l'inquiétude sociale [1]! »

M. de Sacy, qui avait été, sous la Restauration, « libéral » et « voltairien », — lui-même en a fait la confession, dans ses vieux jours [2], — écrivait, en 1835, sous le titre : *De la réaction religieuse,* cette page, expression éloquente du malaise ressenti par les esprits nobles de ce temps : « Le dix-huitième siècle a eu le plaisir de l'incrédulité; nous en avons la peine; nous en sentons le vide. En philosophie comme en politique, c'est un beau temps que celui où tout le monde est de l'opposition. On se laisse aller au torrent... Oui, mais gare le réveil! C'est le moment où il n'y a plus rien à attaquer, rien à détruire,... le moment où il faut compter avec soi-même et voir un peu où l'on en est avec ses idées, ce que l'on ne croit plus et ce que l'on croit encore, et où l'on s'aperçoit, trop souvent, non sans surprise, que l'on a fait le vide en soi-même et autour de soi, et que, dans le temps où l'on croyait acquérir des idées nouvelles, on chassait tout bonnement des idées acquises. Le jour du

---

[1] Discours du 18 mars 1834.
[2] *Notice sur M. Doudan.*

réveil, c'est notre époque!... Le sentiment vrai, c'est le sentiment du vide; c'est un besoin inquiet de croyance; c'est une sorte d'étonnement et d'effroi, à la vue de l'isolement où la philosophie du dix-huitième siècle a laissé l'homme et la société : l'homme, aux prises avec ses passions, sans règle qui les domine; aux prises avec les chances de la vie, sans appui qui le soutienne, sans flambeau qui l'éclaire; la société, aux prises avec les révolutions, sans une foi publique qui les tempère et les ramène du moins à quelques principes immuables. Nous sentons notre cœur errer comme un char vide qui se précipite. Cette incrédulité, avec laquelle le dix-huitième siècle marchait si légèrement, plein de confiance et de folle gaieté, est un poids accablant pour nous; nous levons les yeux en haut, nous y cherchons une lumière éteinte, nous gémissons de ne plus la voir briller [1]. »

Faut-il citer encore le *Journal des Débats,* disant, le 13 juillet 1835 : « Tous aujourd'hui, nous en sommes arrivés à nous sentir profondément saisis et attristés par le spectacle de la désorganisation intellectuelle, par l'absence de tout lien moral, par l'insubordination, l'indépendance presque sauvage des esprits, le délire, le dévergondage, l'inconséquence et la contradiction des idées, par l'abâtardissement, l'avortement des systèmes. » Et il qualifiait cet état moral d' « effroyable anarchie ».

Qu'y avait-il au fond de tous ces cris de désarroi et de désespérance, sinon le besoin d'une religion? Or cette religion, il ne pouvait être question, surtout après la faillite du messie saint-simonien, de la chercher ailleurs que dans le christianisme. Ceux même qui ne pouvaient retrouver pleinement, pour leur compte, la foi perdue, disaient du moins avec Jouffroy : « Je ne suis pas de ceux qui pensent que les sociétés modernes peuvent se passer du christianisme; je ne l'écrirais plus aujourd'hui. » Ou encore : « Tout ces systèmes ne mènent à rien; mieux vaut, mille et mille fois, un bon acte de foi chrétienne [2]. » Mais, chez beaucoup d'autres, chez les jeunes gens surtout, il y avait plus que cet aveu et que cet hommage. Un prêtre, alors au

---

[1] *De la réaction religieuse.* (*Variétés*, t. II.)
[2] Propos rapportés par M. A. de Margerie. (*Correspondant* du 25 juillet 1876.)

début d'une brillante et féconde carrière, l'abbé Dupanloup, observant, à la fin de 1835, ce retour des âmes vers Dieu, écrivait : « Il se passe et s'accomplit, depuis un certain temps, quelque chose d'admirable parmi nous... Les influences religieuses ont repris leur empire, et, au moment même où les plus sages crurent que la vérité, la justice et l'honneur avaient succombé avec la religion et avec la croix, un jour plus favorable, plus pur et plus vrai, s'élevait pour elle... Les préventions se dissipent, les mensonges se taisent, les calomnies sont plus rares. Vainement l'impiété a-t-elle récemment essayé de faire entendre de nouveau ses plus honteux cris de guerre; elle n'a fait par là que trahir son extrémité et revéler sa détresse : elle n'a même pu réussir à créer l'agitation irréligieuse à la surface, et, au fond, il y a toujours un mouvement religieux, vague pour plusieurs, mais irrésistible, et de plus un retour certain et sérieux pour un grand nombre. » L'abbé Dupanloup constatait que ce mouvement se produisait surtout chez les hommes du monde, dans les classes élevées et studieuses. Puis il ajoutait : « Dans les plus hautes régions sociales, n'a-t-on pas entendu parler, à la face de la France, par les hommes qui la représentent, un langage grave et élevé qui promettait un meilleur avenir, et où les grandes leçons de la Providence semblaient avoir été comprises? Mais c'est surtout la jeunesse, nous le disons avec un profond attendrissement et une ferme espérance, qui se livre à ce noble mouvement... Tous ceux à qui il a été donné de faire entendre leur voix à la jeunesse, pour lui parler le langage de la vérité, ont trouvé tout à coup, dans ces jeunes cœurs, un écho profond. On ne peut plus lui parler aujourd'hui d'incrédulité; c'est dans les rangs de la jeunesse que la Foi et l'Espérance chrétiennes ont fait les plus glorieuses et les plus brillantes conquêtes... N'avez-vous pas entendu les vieillards eux-mêmes, élevés, par le malheur des temps, à l'école de l'impiété, applaudir avec bonheur au mouvement religieux qui entraîne leurs jeunes fils [1]? »

---

[1] *Le Christianisme présenté aux hommes du monde, Discours préliminaire*, par M. l'abbé Dupanloup.

Croit-on que le prêtre exagérait et prenait trop facilement ses désirs pour une réalité? Voici qu'à la même époque un témoin, impartial entre tous et d'une clairvoyance incontestée, M. de Tocqueville, notait aussi « le mouvement général de réaction qui entraînait les esprits vers les idées religieuses ». Et il ajoutait, confirmant encore l'une des observations de l'abbé Dupanloup : « Le changement le plus grand se remarque dans la jeunesse. Depuis que la religion est placée en dehors de la politique, un sentiment religieux, vague dans son objet, mais très-puissant déjà dans ses effets, se découvre parmi les jeunes gens. Le besoin d'une religion est un texte fréquent de leurs discours. Plusieurs croient; tous voudraient croire [1]. » M. Saint-Marc Girardin, bien placé pour observer les étudiants, disait aussi, vers la même époque : « Je vois la jeunesse cherchant, au milieu des désordres du siècle, où se prendre et se retenir, et demandant aux croyances de ses pères si elles ont un peu de vie et de salut à lui donner. »

Nous pourrions multiplier ces témoignages. Tout le monde parlait alors du « mouvement religieux », de la « réaction chrétienne ». On en discutait l'origine et la portée; nul n'en contestait la réalité. Aussi bien, pour s'en convaincre, suffisait-il de voir la foule inaccoutumée qui, depuis quelques années, se pressait au pied des autels. « Depuis dix-sept ans que je connais Paris, écrivait madame Swetchine, le 11 avril 1833, je n'y avais encore jamais vu ni une telle affluence dans les églises, ni un tel zèle. » Et elle ajoutait, en dépit de ses préférences royalistes : « Combien la Restauration, avec ses impulsions religieuses, avec les exemples de ses princes, a été loin d'obtenir de tels résultats! » Cette affluence augmentait encore, les années suivantes. Le *Constitutionnel* constatait, d'un ton boudeur et inquiet, ce phénomène auquel il ne comprenait rien. « Qu'est-ce que cela veut dire? lui répondait en raillant le *Journal des Débats*. Le sentiment religieux n'est donc pas détruit? Le catholicisme n'est donc pas mort? L'esprit de Voltaire n'est donc

---

[1] Lettre de mai 1835. (*Correspondance inédite*, t. II, p. 48.)

plus l'esprit dominant? On commence donc à songer à la religion? L'opposition ne comprend rien à tout cela. Pétrifiée dans ses rancunes irréligieuses, l'esprit de notre temps et ses vicissitudes ne font rien sur l'opposition; elle n'a rien oublié, elle non plus n'a rien appris. C'est un émigré qui revient de Ferney, un Épiménide qui se lève du fauteuil du baron d'Holbach et qui croit que tout est demeuré comme il l'a laissé. L'opposition a peut-être bien entendu dire, depuis quelque temps, que la jeunesse recommençait à s'inquiéter de la religion, que, dans les jours saints, les églises étaient pleines, qu'il y a eu, ce carême, des prédicateurs plus suivis et plus écoutés que nos avocats, que, dans ces auditoires d'église, il y avait des hommes de toutes les sortes et de toutes les opinions, qui venaient pour s'instruire : elle a pris tout cela pour des caquets de sacristie, ne pouvant pas s'imaginer que le peuple ose penser autrement qu'elle, et que les jeunes gens soient libéraux sans être impies. Il faut pourtant, quoique tout cela soit étrange, que l'opposition s'y habitue, car c'est là l'état des esprits. Nous ne voulons pas dire que la popularité du clergé commence et que celle de l'opposition finit. Nous voulons dire seulement que, pour être populaire, il ne suffit plus de frapper fort sur le clergé, mais qu'il faut aussi frapper juste [1]. »

En même temps, dans le sein du catholicisme se produisait comme un généreux élan pour aller au-devant de ces générations désabusées. Prêtres et fidèles, ceux du moins qui n'avaient pas pris part à l'aventure isolée et promptement désavouée de l'*Avenir*, s'étaient d'abord renfermés, sous le coup de 1830, dans une attitude discrète et un peu effacée. Cette réserve, en son temps, n'avait pas été sans avantage; elle avait contribué à faire tomber bien des préventions [2]; M. Dupin, se plaignant, à la

---

[1] *Journal des Débats* du 28 avril 1834.
[2] M. l'abbé Meignan, depuis évêque, a écrit, en rappelant les souvenirs de cette époque : « Le clergé triompha, par ce mélange de fermeté et de conciliation, de force et de douceur, par ce désintéressement, cette humilité, cette abnégation que la religion seule inspire. Il n'arracha point les armes à ses ennemis, mais ceux-ci les déposèrent eux-mêmes. On ne saurait dire combien le prêtre grandit promptement dans l'estime des populations calmées, par la décla-

tribune, de la réaction qui s'opérait en faveur du clergé, l'avait attribuée à l'habileté avec laquelle, au lendemain de la révolution, celui-ci avait « fait le mort ». Mais l'heure était venue, pour ce même clergé, de se montrer vivant. Et en effet, la vie circulait et fermentait dans toutes les parties du corps de l'Église. Les catholiques, sortant hardiment de leur réserve, ne bornaient plus leur ambition à obtenir de leurs vainqueurs un peu de paix pour panser leurs blessures; ils voulaient prendre une éclatante et généreuse revanche.

Signe consolant entre tous, cette vie apparaissait d'abord dans la nouvelle génération. Dans le monde des écoles, naguère si mêlé à toutes les agitations révolutionnaires, s'était formé un petit groupe de jeunes apôtres, peu nombreux sans doute au milieu de la foule des indifférents ou des hostiles, mais représentant le ferment sacré qui devait faire lever toute la pâte. Ils reconnaissaient alors pour chef un étudiant lyonnais, à l'âme haute et modeste, ardente et pure, tendre et vaillante, qui faisait déjà aimer et qui devait bientôt illustrer le nom de Frédéric Ozanam. Arrivé, à vingt ans, dans ce Paris de 1831, où il trouvait sa foi universellement répudiée, Ozanam avait tout de suite conçu et inspiré à ses amis un grand et généreux dessein. S'il sentait vivement les misères de son siècle, il l'aimait et n'en désespérait pas, mais croyait que la religion seule le sauverait. « La terre s'est refroidie, écrivait-il le 22 février 1835; c'est à nous, catholiques, de ranimer la chaleur vitale qui s'éteint. » Avec l'entrain, la foi, l'enthousiasme, le dévouement, ces jeunes gens faisaient preuve d'une sagesse modeste qui avait manqué aux hommes de l'*Avenir* : « Nous autres, écrivait Ozanam, le 21 juillet 1833, nous sommes trop jeunes pour intervenir dans la lutte sociale. Resterons-nous donc inertes au milieu du monde qui souffre et qui gémit? Non, il nous est ouvert une

ration qu'il fit de rester étranger à toute préoccupation politique, par le devoir qu'il s'imposa de pratiquer une franche neutralité, par l'activité, l'intelligence, la discrétion dont il fit preuve, en organisant, partout où il pouvait, des œuvres de charité, en ouvrant des asiles, des ateliers, des écoles, par le zèle qu'il déploya à instruire, à consoler, en un mot par le simple exercice de son pieux ministère. » (*D'un mouvement antireligieux en France. Correspondant* du 25 février 1860.)

voie préparatoire; avant de faire le bien public, nous pouvons essayer de faire le bien de quelques-uns; avant de régénérer la France spirituelle, nous pouvons soulager quelques-uns de ses pauvres; aussi, je voudrais que tous les jeunes gens de tête et de cœur s'unissent pour quelque œuvre charitable. » C'est sous cette inspiration si pure que, dans cette même année 1833, Ozanam et ses amis se réunirent en « conférence » pour visiter quelques familles pauvres, et fondèrent ainsi, presque sans s'en douter, cette Société de Saint-Vincent de Paul dont les ramifications s'étendent aujourd'hui dans le monde entier. Ils n'avaient cru faire qu'une bonne œuvre pour leur édification personnelle; ils avaient fait, à leur insu, une grande œuvre, qui devait, plus que bien des événements bruyants, contribuer à « christianiser » les nouvelles générations.

L'initiative d'Ozanam et de ses amis se retrouve aussi dans le fait religieux le plus éclatant de cette époque. Ce fut sur leur demande, réitérée deux années de suite, que Mgr de Quélen se décida, en 1835, à inaugurer les conférences de Notre-Dame. Libres penseurs et chrétiens, également stupéfaits, virent alors, sous les voûtes, naguère presque désertes, de la vieille basilique, six mille hommes, jeunes pour la plupart, représentant toute la vie intellectuelle du temps et toutes les espérances de l'avenir, se presser pour entendre la parole d'un prêtre. A considérer leur tenue pendant les longues heures d'attente, à les regarder causant, déployant des journaux, tournant le dos à l'autel, on reconnaissait bien qu'ils n'étaient pas des habitués d'église. C'était la société nouvelle, celle d'où venaient de sortir tant de gémissements et d'aveux d'impuissance. On s'en aperçut bien au frémissement de l'auditoire, quand, dès le premier jour, l'orateur lui jeta brusquement ce cri : « Assemblée, assemblée, que me demandez-vous? que voulez-vous de moi? La vérité? Vous ne l'avez donc pas en vous-même, puisque vous la cherchez ici! » Cet orateur dont le nom avait attiré la foule, dont la saisissante parole la retenait et en faisait un auditoire si fixe, si indestructible, qu'il subsiste encore aujourd'hui, était ce jeune prêtre qui naguère s'échappait, meurtri, suspect et découragé, des ruines de l'*Avenir* : c'était l'abbé Lacordaire. Depuis lors, dans l'obscurité solitaire d'une vie de travail, de mortification et de prière, il avait attendu patiemment l'heure de Dieu. Fils du siècle, en ayant partagé les généreux espoirs, les illusions et même, dans une certaine mesure, les erreurs, « tout jusqu'à ses fautes, comme il le disait lui-même, lui avait préparé accès dans le cœur de son pays et de son temps ». Il faut chercher là, presque autant que dans sa merveilleuse éloquence, la cause d'un succès qui fut immense, à la fois retentissant et profond, subit et durable. N'est-ce pas de cette époque que date le retour des anciennes classes dirigeantes au christianisme? Et, pour que tout fût extraordinaire et imprévu dans cet événement, le prélat qui présidait à cette assemblée et sous la bénédiction duquel elle s'inclinait respectueuse, était ce même archevêque, chassé quelques années auparavant de son palais saccagé et réduit à se cacher dans sa ville épiscopale. Ne semblait-il pas que l'inauguration de ces conférences de Notre-Dame marquât, après une longue rupture, comme une solennelle reprise des relations entre l'élite de la société moderne et l'Église? Le catholicisme, naguère proscrit ou, ce qui était pis, oublié, y apparaissait tout d'un coup avec un incomparable éclat et même avec une popularité telle qu'il n'en avait pas connu depuis des siècles : transition rapide du mépris à l'honneur, dont les chrétiens de ce temps n'ont pu se rappeler, plus tard, l'émotion et la surprise, sans sentir leurs yeux « se mouiller de larmes involontaires » et sans « tomber en actions de grâces devant Celui qui est inénarrable dans ses dons [1] ».

---

[1] Lacordaire, *Notice sur Ozanam*.

CHAPITRE XIV

LA POLITIQUE ÉTRANGÈRE SOUS LE MINISTÈRE DU 11 OCTOBRE

(Octobre 1832 — février 1836)

I. La question de paix ou de guerre, débattue depuis 1830, est maintenant résolue. État des affaires de Belgique, d'Italie et de Pologne. — II. Guerre entre l'Égypte et la Turquie. Méhémet-Ali. Le sultan vaincu fait appel aux puissances. Accueil fait à cet appel. La Porte demande le secours de la Russie. Le ministère du 11 octobre cherche à écarter cette puissance. L'amiral Roussin à Constantinople. Paix entre le sultan et le pacha. Traité d'Unkiar-Skelessi. Son effet en Europe. — III. Le Czar voudrait pousser à une croisade contre la France. Dispositions qu'il rencontre en Autriche et en Prusse. Entrevue de Münchengraetz. Froideur du gouvernement de Berlin. Les trois notes adressées à la France. Réponse haute et roide du duc de Broglie. Inefficacité de la manifestation des puissances. Entrevues de Kalisch et de Tœplitz. — IV. Entente de la France et de l'Angleterre. Efforts faits par M. de Talleyrand pour la transformer en une alliance formelle et générale. Traité de la Quadruple Alliance. — V. Origine et portée de la Quadruple Alliance. Question de la succession royale en Espagne et en Portugal. Effet du traité en Portugal. Mauvais état des affaires d'Isabelle. Le gouvernement espagnol demande l'intervention de la France. Discussion au sein du ministère français. M. Thiers et le Roi. On décide de refuser l'intervention. — VI. Les désagréments de l'alliance anglaise. Le duc de Broglie veut cependant y demeurer fidèle. M. de Talleyrand et Louis-Philippe désirent la relâcher et se rapprocher des puissances continentales. Sentiment du duc de Broglie sur ces dernières. Relations du Roi avec les ambassadeurs et les ministres étrangers. Sur certains points, cependant, mauvaise volonté persistante des puissances. En quoi le Roi se trompait et en quoi le duc de Broglie était trop roide. — VII. Plan du duc de Broglie, dans la question d'Orient, pour rapprocher l'Autriche des deux puissances occidentales. Dans quelle mesure l'Angleterre et l'Autriche étaient disposées à y concourir. Combien il est malheureux que ce plan n'ait pu être réalisé.

I

Lorsque le ministère du 11 octobre prend le pouvoir, la grande question de paix ou de guerre, qui, depuis deux ans, s'était débattue si souvent à la tribune française, est définitivement tranchée dans le sens de la paix. Les belliqueux de la gauche sentent que les événements leur ont donné tort, et les conservateurs ne se privent pas de le leur rappeler. Le général Lamarque n'est plus, et, si M. Mauguin essaye encore parfois ses vieilles déclamations, elles demeurent sans écho : la thèse et l'homme sont usés et discrédités. Il ne faut donc plus s'attendre à voir reprendre, à la Chambre, ce retentissant et tragique débat sur la politique extérieure, commencé après 1830, continué sous Casimir Périer, et où, chaque fois, avait été mis en jeu le repos du monde. A l'époque où nous sommes arrivés, ce n'est pas sur les affaires étrangères que se livrent les grandes batailles de tribune entre l'opposition et le gouvernement. A peine faut-il faire exception pour la discussion sur la créance américaine, discussion qui, on le sait, amena, en avril 1834, la démission du duc de Broglie [1].

Que reste-t-il d'ailleurs des trois questions qui, au dehors, de 1830 à 1832, avaient presque seules fixé l'attention du public français, éveillé ses passions et alimenté ses controverses ? Quelle raison, quel prétexte aurait-on désormais de refaire, à la tribune, ce que M. Dupin appelait naguère « les trois voyages obligés » en Belgique, en Italie et en Pologne ? Ce triple foyer, allumé à la flamme de Juillet et d'où l'on avait pu craindre de voir sortir l'embrasement général de l'Europe, est à peu près éteint. Dès l'avénement du ministère, l'expédition d'Anvers a, sinon mis un terme, du moins fait faire un pas décisif à l'affaire belge ; de ce côté, le succès de notre politique est assuré. En Italie, tout semble apaisé, ou en tout cas suspendu dans l'espèce d'équilibre que l'occupation d'Ancône a établi entre les influences française et autrichienne ; les deux puissances rivales s'observent, se contiennent, luttent même sourdement, mais aucun éclat ne se produit qui attire les regards. Un moment, on peut craindre qu'une expédition révolutionnaire, préparée par Mazzini en Suisse, plus ou moins d'accord avec les républicains français, et dirigée sur le Pié-

[1] Voir plus haut, p. 247 et suiv.

mont, ne vienne rouvrir la question et ranimer le conflit, dans des conditions favorables pour l'Autriche et compromettantes pour la France. Mais cette expédition avorte misérablement dès le début [1]. Le cabinet de Vienne n'y trouve qu'un argument de plus pour se plaindre de la propagande révolutionnaire dont la France est le centre, et pour obliger, malgré nous, la Suisse à restreindre le droit d'asile qu'elle accordait aux réfugiés.

Reste l'infortunée Pologne. Là, ce ne sont, hélas! ni le succès, ni l'apaisement qui ont amené notre silence : c'est l'impuissance constatée de nos efforts. Tout a été noyé et éteint dans le sang des insurgés vaincus. Chaque année, sans doute, malgré les sages conseils du ministère, la Chambre s'obstine à insérer, dans son Adresse, des phrases de sympathie et de protestation en faveur de la Pologne : elle entend, en ces occasions, des discours où le sentiment a plus de part que la raison. Le seul résultat de ces manifestations est d'irriter l'orgueil du Czar et de rendre sa main plus dure. Pendant ce temps, notre gouvernement se borne à marquer diplomatiquement ses réserves, à mesure que Nicolas détruit les derniers restes du royaume de Pologne et de l'organisation établie par les traités de Vienne. Lorsque la chancellerie russe fait publier, en 1833, dans la *Gazette officielle* de Saint-Pétersbourg, un article contestant aux puissances autres que l'Autriche et la Prusse le droit d'invoquer les stipulations du traité de Vienne, et déclarant que la Russie en est déliée par l'effet de l'insurrection, le cabinet de Paris fait aussitôt soutenir la thèse contraire dans le *Moniteur*. Mais on sent bien qu'il agit sans espoir, sans entrain, par acquit de conscience, pour satisfaire les exigences de l'opinion, et avec la pleine connaissance de l'inefficacité de ses démarches.

C'est ailleurs que se porte l'activité de notre diplomatie. Des questions nouvelles sont nées, qui, pour occuper moins les Chambres françaises, pour être négligées, quelquefois ignorées d'elles, n'en ont pas moins une réelle importance : il convient donc de les examiner de près, d'autant plus que le duc de

---

[1] Janvier 1834.

Broglie, alors chargé de diriger nos affaires étrangères, apportait, dans l'accomplissement de cette tâche, des idées et des procédés à lui.

II

Au moment où le ministère du 11 octobre prenait la direction des affaires, la guerre sévissait, à l'extrémité de la Méditerranée, entre le sultan et le pacha d'Égypte. Quoique lointaine, cette guerre touchait, par plus d'un point, aux intérêts français et mettait en cause tout l'équilibre européen. C'était, en effet, l'une des phases de cette éternelle et redoutable question d'Orient, sans cesse posée, jamais résolue, encore aujourd'hui l'un des plus périlleux problèmes de la politique européenne. Étrange destinée de cet empire ottoman, de mettre toujours en danger le repos de la chrétienté, autrefois par sa puissance, aujourd'hui par sa faiblesse ! Cette guerre avait éclaté en 1831, sans que la France, distraite et absorbée par d'autres affaires, s'en fût presque aperçue. Le prétexte avait été une querelle sans importance entre le pacha d'Égypte et celui de Saint-Jean d'Acre. La cause réelle était l'ambition du premier, le célèbre Méhémet-Ali, qui voulait à la fois étendre sa domination en Asie et conquérir son indépendance.

Ce soldat parvenu, qui s'était appris à lire à cinquante ans, possédait quelques-unes des qualités du grand homme et était adroit à feindre les autres. Sous sa volonté de fer qui faisait tout plier et trembler, l'Égypte avait paru se transformer. Il en avait tiré, de force, une armée nombreuse, disciplinée à l'européenne, et prétendait y acclimater l'industrie, en faisant venir d'Occident des ingénieurs et des contre-maîtres. Sans doute, il y avait là plus d'un trompe-l'œil. Comme on l'a dit, le pacha « tapissait sur la rue, du côté de l'Europe ». Sur beaucoup de points, l'œuvre était factice, superficielle et stérile. Pression passagère d'un tyran, et non pas impulsion durable d'un réformateur. Les populations étaient violentées plutôt que changées. Cet étalage de puissance cachait mal la ruine d'un pays épuisé d'hommes et d'argent. Derrière une devanture de civilisation moderne, subsistait le vieux fond de barbarie musulmane et de despotisme oriental.

En France, cependant, les esprits étaient séduits et éblouis. L'Égypte était restée chère à notre imagination, depuis l'expédition, si vite légendaire, de Bonaparte. Très-artificieux et comédien, sous son masque de rudesse sauvage, le vieux pacha soignait adroitement sa popularité occidentale, se proclamant « enfant de la France », nous empruntant ses instructeurs militaires et industriels, professant le culte de Bonaparte, et faisant écorcher par ses soldats le chant de la *Marseillaise*. Aussi la *Revue des Deux Mondes* le louait-elle, en termes enthousiastes, d'avoir « francisé l'Égypte » et « épousé la pensée de Napoléon » sur ce pays. Engouement universel et irrésistible, tel qu'il s'en produit parfois dans notre pays. On s'échauffait pour l'Égypte de Méhémet-Ali, comme naguère pour la Grèce de Canaris. Il n'était pas jusqu'aux démocrates qui ne saluassent, dans ce tyran oriental, « un homme nouveau, un fils de ses œuvres, un élu des révolutions modernes[1] ». Quant aux politiques, ils rêvaient vaguement d'une sorte « d'empire arabe », créé sous le patronage de la France, assurant sa prépondérance dans la Méditerranée et faisant contre-poids à l'empire ottoman que dominait la Russie[2].

Pendant que l'Égypte semblait revivre, la Turquie était plus moribonde que jamais. L'effort fait, en 1828 et 1829, pour soutenir la guerre contre la Russie, l'avait épuisée. Quant au sultan, le farouche Mahmoud, s'il avait massacré les janissaires, comme Méhémet-Ali les mameluks, il n'était pas pour cela de la taille du pacha. Usé par la débauche, capable d'un accès de violence, non d'une volonté persistante, il avait désorganisé la

---

[1] Louis BLANC, *Histoire de dix ans*, t. V, p. 397.
[2] M. de Polignac paraît avoir caressé le projet de cet empire africain qu'il voulait étendre jusqu'à Alger; il avait eu l'idée de faire châtier le dey par Méhémet-Ali.

vieille féodalité turque, sans rien mettre à la place. Il n'avait donc pour résister à l'attaque, ni force matérielle ni force morale. A peine les hostilités ouvertes, les Égyptiens, commandés par Ibrahim, fils de Méhémet-Ali, s'étaient emparés, en courant, de la Palestine, de la Syrie, et avaient mis en déroute les armées successivement envoyées par le sultan pour les arrêter. Dès le milieu de 1832, Mahmoud, effrayé, à bout de ressources, s'était tourné vers les quatre grandes puissances, Russie, France, Angleterre et Autriche, implorant leur intervention contre son vassal rebelle.

L'avantage de la Russie sur le reste de l'Europe était d'avoir, dans la question d'Orient, une idée simple et nette, mieux encore, une idée fixe. Quelle n'est pas, en politique, la force de l'idée fixe! Pendant que les autres puissances se laissaient souvent distraire, quelquefois dévoyer, par des préoccupations diverses, le gouvernement du Czar allait droit son chemin, les yeux toujours dirigés vers le Bosphore, résolu à profiter de tous les événements, de tous les accidents, pour s'en rapprocher. Aussi l'appel de la Porte ne le trouva-t-il ni inattentif ni hésitant. Il s'empressa d'offrir le secours, non-seulement de sa diplomatie, mais de ses armées, trop heureux de s'ouvrir, à titre de protecteur, cette ville de Constantinople, où il n'avait pu entrer encore comme conquérant.

Arrivée à Paris, dans l'espèce d'interrègne ministériel qui avait séparé la mort de Périer de la constitution du cabinet du 11 octobre, la demande de la Turquie avait pris le gouvernement français un peu au dépourvu. Celui-ci n'avait même pas d'ambassadeur auprès du divan et n'y était représenté que par un chargé d'affaires. Savait-il, d'ailleurs, aussi bien que la Russie, ce qu'il voulait en Orient? La vieille tradition qui, depuis François Ier, avait lié la France à la Turquie, s'était trouvée, comme tant d'autres, singulièrement dérangée et brouillée depuis quarante ans. L'expédition de Bonaparte en Égypte, l'engouement philhellénique qui nous avait conduits, pendant la Restauration, à anéantir, dans les eaux de Navarin, la flotte turque, au plus grand profit de la Russie; enfin, le concours moral donné en 1828 et 1829 au Czar en guerre contre la Porte, dans l'espoir que l'alliance russe nous vaudrait des compensations en Belgique ou sur le Rhin, n'étaient-ce pas autant d'infidélités à cette tradition? La révolution de Juillet, en rendant désormais impossible toute partie liée avec Saint-Pétersbourg, aurait pu nous ramener à notre ancienne politique. Mais alors s'était présentée, comme un obstacle ou tout au moins comme une complication, la sympathie pour Méhémet-Ali. De là, des incertitudes et parfois des contradictions dans notre action.

Malgré ces difficultés, notre chargé d'affaires à Constantinople, M. de Varennes, s'employa activement à contrecarrer les desseins du Czar, détournant la Porte d'accepter ses offres, excitant le sentiment turc contre la Russie, tentant une sorte de médiation entre le sultan et le pacha, conseillant au premier de ne pas refuser des concessions nécessaires, au second de modérer ses exigences : œuvre singulièrement ardue que ne rendaient pas plus aisée les intrigues de la Russie, l'enivrement du pacha et la haine furieuse que lui portait Mahmoud[1]. M. de Varennes ne rencontrait pas, d'ailleurs, chez les représentants de l'Autriche et de l'Angleterre, le concours qu'il avait probablement espéré. La peur qu'inspirait à M. de Metternich la France révolutionnaire lui faisait fermer les yeux sur les dangers de la Russie conquérante; il s'employait à rassurer les autres puissances sur les desseins du Czar à Constantinople et à les inquiéter sur nos visées en Égypte[2]. Rien de plus facile que d'éveiller, sur ce dernier point, les ombrages de l'Angleterre : même avec un ministre moins jaloux et moins méfiant que lord Palmerston, nos voisins d'outre-Manche n'eussent pu voir avec indifférence Suez et l'Euphrate, c'est-à-dire les deux routes de l'Inde, aux mains d'un client de la France. D'ailleurs, le chef du *Foreign Office* n'avait pas eu jusqu'ici l'occasion de beau-

---

[1] « Que m'importe l'empire? disait un jour Mahmoud à un conseiller qui cherchait à l'effrayer sur les desseins des Russes; que m'importe Constantinople? Je donnerais Constantinople et l'empire à celui qui m'apporterait la tête de Méhémet-Ali. »

[2] *Mémoires de M. de Metternich*, t. V, p. 490 à 500.

coup s'occuper des relations de la Russie et de la Turquie; il connaissait mal ce côté de la politique européenne; l'ambassade anglaise à Constantinople était sans titulaire, et il n'avait pas envoyé, depuis un an, d'instructions à son chargé d'affaires. Par ces causes diverses, la première réponse du ministre anglais à la demande de secours de la Turquie fut un refus formel. Ce refus arriva à Constantinople en même temps que la nouvelle d'une seconde défaite subie par l'armée ottomane, à Koniah, le 21 décembre 1832. Le sultan, épouvanté, ne tenant plus compte des objections de notre représentant, se jeta dans les bras de la Russie, accepta ses offres de secours et lui demanda formellement d'envoyer une flotte dans le Bosphore et une armée à Constantinople.

A ce moment, le ministère du 11 octobre était aux affaires. Le duc de Broglie comprit, dès le premier jour, le danger de l'intervention russe et voulut s'y opposer. Se tournant vers l'Angleterre, il la pressa vivement de s'entendre avec lui pour une action commune, mais sans parvenir à secouer son indifférence ou à vaincre ses méfiances[1]. En même temps, pour fortifier notre influence à Constantinople, il y envoyait, comme ambassadeur, l'amiral Roussin. Ses instructions étaient « de faire en sorte, par tous les moyens utiles et raisonnables, que les Russes n'occupassent pas Constantinople du consentement de la Porte, bien sûr que s'ils l'occupaient contre le gré de la

---

[1] « Je crois, — écrivait confidentiellement le duc de Broglie à Talleyrand, le 21 janvier 1833, — que les intérêts du gouvernement anglais, sur ce point, sont identiques aux nôtres et que le temps presse. J'ai tout lieu de croire que, si nos deux gouvernements s'entendent bien, l'Autriche finira par se réunir à nous contre l'agrandissement éventuel de la Russie. C'est là l'œuvre que vous avez tentée au congrès de Vienne et que les Cent-Jours sont venus déranger. C'est à vous qu'il appartient de l'achever. » Un peu plus tard, le duc de Broglie se plaignait de « l'extrême froideur avec laquelle le gouvernement anglais avait accueilli, depuis trois mois, ses diverses ouvertures relativement à l'Orient ». Et il ajoutait : « En vérité, ce n'est pas ma faute. Depuis mon entrée au ministère, je n'ai cessé de solliciter l'Angleterre d'envoyer un ambassadeur à Constantinople. J'ai communiqué, presque jour par jour, à lord Granville, toutes les dépêches que je recevais et que j'écrivais à ce sujet. Je l'ai averti, prié, pressé... Tout serait fini à Alexandrie et à Constantinople, si le cabinet anglais avait voulu. » (Correspondance confidentielle du duc de Broglie et de M. de Talleyrand, *Documents inédits*.)

Porte, cela deviendrait tout de suite une affaire européenne, et que nous aurions plus d'alliés qu'il ne nous en faudrait pour les en faire déguerpir[1] ». L'amiral était un homme considérable dont la parole devait avoir une autorité particulière ; sa conduite dans le récent conflit avec le Portugal lui avait valu un renom d'énergie et de décision ; mais son esprit hardi, entier, impérieux, toujours dominé par une seule idée, n'avait pas toutes les qualités qui convenaient à un diplomate, surtout dans une négociation si complexe. A son arrivée à Constantinople, en février 1833, il trouva la flotte russe entrant dans le Bosphore et s'apprêtant à débarquer des troupes. L'éloigner à tout prix fut aussitôt sa seule pensée. Il parla haut et ferme au divan ; et, comme celui-ci arguait de l'impossibilité où il était de se défendre autrement contre les prétentions de son vassal, l'ambassadeur français, pour couper court à cette objection, se porta fort de faire accepter les conditions turques par Méhémet-Ali, si les Russes étaient congédiés. La Porte, surprise de nous voir ainsi prendre son parti contre les Égyptiens, se hâta de nous saisir au mot et invita les Russes à s'éloigner. Cela parut d'abord un échec pour le gouvernement de Saint-Pétersbourg, un succès pour la politique française : mais, quand l'amiral Roussin signifia au pacha l'engagement pris en son nom, celui-ci, qui avait entendu, jusqu'alors, un tout autre langage de nos agents à Alexandrie[2], répondit par un refus très-net. Quel moyen de le faire céder? La situation de l'ambassadeur devenait fausse et mortifiante. La Porte, se fondant sur l'impuissance où il était de lui faire avoir ce qu'il lui avait promis, rappela de nouveau les Russes, qui, par mer et par

---

[1] Lettre confidentielle du duc de Broglie à Talleyrand, du 22 mars 1833. (*Documents inédits*.)

[2] Méhémet-Ali, dans ses conversations avec les consuls étrangers, se disait « étonné que le gouvernement français, qui, depuis deux ans, n'avait cessé de faire des démarches auprès de lui pour l'engager à déclarer la guerre à la Porte, osât maintenant lui proposer la paix à des conditions si peu avantageuses ». (HILLEBRAND, *Geschichte Frankreichs*, 1830-1870, t. I, p. 531.) Le pacha dénaturait évidemment les faits, pour exciter les autres puissances ; néanmoins il est certain que le langage de notre consul à Alexandrie n'avait pu le préparer à la communication de l'amiral Roussin.

terre, reprirent avec empressement le chemin de Constantinople. Le 5 avril 1833, la flotte du Czar jetait l'ancre dans le Bosphore, et cinq mille hommes de troupes de débarquement campaient sur le rivage asiatique.

Cependant le cabinet de Londres se réveillait enfin de son sommeil. Il n'avait pu voir sans alarme l'escadre russe dans le Bosphore, ni peut-être sans quelque jalousie le représentant de la France jouer le rôle principal à Constantinople[1]. Lord Posomby fut envoyé comme ambassadeur auprès de la Porte, avec mission d'agir aussi contre la Russie[2]. L'Autriche elle-même, bien que toujours en méfiance contre le gouvernement de Paris[3] et en ménagement avec celui de Saint-Pétersbourg, proposait, au vif déplaisir de ce dernier, une conférence pour traiter de l'avenir de la Turquie[4]. Nous étions donc moins isolés pour reprendre les négociations primitivement engagées par M. de Varennes et pour chercher de nouveau une transaction entre le sultan et le pacha. Notre chargé d'affaires, toujours actif, se rendit, dans ce dessein, au camp d'Ibrahim. Les négociations furent laborieuses. Mahmoud, excité par les Russes, repoussait les exigences de Méhémet-Ali. A la fin, cependant, pressé par les ambassadeurs, effrayé des révoltes qui se produisaient sur d'autres points, il céda. Un firman, en date du 5 mai 1833, accorda à Méhémet-Ali le gouvernement de la Syrie dans les conditions qu'il avait demandées. Par contre, l'armée égyptienne se retirait des États du sultan.

[1] Quand lord Palmerston apprit à l'ambassadeur de la Porte à Londres comment l'amiral Roussin avait obtenu l'éloignement de la flotte russe, le Turc l'écouta en silence, puis lui demanda : « Et où est l'Angleterre dans tout ceci? » Ce mot fut-il une révélation pour le ministre anglais? (*Mémoires de Greville*, t. II, p. 367.)

[2] M. de Talleyrand écrivait au duc de Broglie, le 25 avril 1833 : « Ici, d'une longue léthargie, on passe à une sorte d'épouvante; cette alarme n'a cependant produit aucun expédient. Chacun alors est venu me parler et me demander mon avis. » Le ministre répondait : « J'espère que nous allons reprendre l'affaire d'Orient sur de nouveaux frais, et je vous conjure de ne pas laisser le gouvernement anglais s'endormir encore une fois. » (Correspondance confidentielle, *Documents inédits*.)

[3] M. de Metternich se plaignait, avec une extrême amertume, de « l'intolérable jalousie de l'amiral Roussin ». (*Mémoires*, t. V, p. 502 à 508.)

[4] Hillebrand, *Geschichte Frankreichs*, 1830-1870, t. I, p. 534.

L'un des résultats de cette paix, et non le moins important, fut le départ des troupes et de la flotte russes : ce départ eut lieu le 10 juillet. C'était une revanche, promptement obtenue, de la récente mésaventure de l'amiral Roussin. La presse ministérielle française fit quelque bruit de ce succès[1]. Mais il fut bientôt trop visible que ce n'était pas une affaire finie. On apprit, en effet, que, le 8 juillet 1833, deux jours avant le départ des Russes, le comte Orloff, ambassadeur extraordinaire du Czar, avait conclu avec la Porte une convention de défense réciproque. Par ce pacte, connu sous le nom de traité d'Unkiar-Skelessi, la Russie s'obligeait à fournir à son alliée toutes les forces de terre et de mer dont elle aurait besoin « pour la tranquillité et la sûreté de ses États », expressions qui, dans l'état de l'empire ottoman, pouvaient servir de prétexte à une intervention permanente. La Porte s'obligeait, par contre, « à fermer le détroit des Dardanelles, c'est-à-dire à ne permettre à aucun bâtiment de guerre étranger d'y entrer, sous un prétexte quelconque »; par suite, des travaux considérables étaient entrepris sur les deux rives du détroit, sous la direction d'ingénieurs russes. A cette révélation, l'émotion fut grande en Europe. Le gouvernement anglais, naguère si inattentif, était le plus irrité : il ne proposait rien moins à la France que de forcer les Dardanelles pour aller brûler la flotte moscovite. Le duc de Broglie, tout hostile qu'il fût aux desseins de la Russie, ne croyait pas que l'on pût autant brusquer les choses. A son avis, il fallait protester, refuser d'accepter ce qui s'était fait, mais prendre garde de s'engager dans un conflit prématuré et de réveiller la question d'Orient qui semblait s'assoupir[2]. En réalité, le duc sentait la France encore trop près de la révolution

[1] Le *Journal des Débats* disait, le 1er août 1833, après avoir annoncé le départ de la flotte russe et la retraite de l'armée égyptienne : « L'influence française a été si efficace dans tout le cours de cette négociation, elle a été si activement mêlée aux événements de l'Asie Mineure et à leur heureux dénoûment, que nous pouvons nous féliciter hautement du rôle que la France a joué dans cette mémorable circonstance. »

[2] Au premier abord, M. de Talleyrand eût été assez disposé à se laisser emporter à la suite du gouvernement anglais. (Correspondance confidentielle du duc de Broglie et de M. de Talleyrand. *Documents inédits.*)

de 1830, des troubles que cette révolution avait produits au dedans, des méfiances qu'elle avait suscitées au dehors, pour risquer déjà une grande guerre. On se borna donc à quelques manifestations des flottes anglaises et françaises sur les côtes de Turquie, et à des protestations diplomatiques que les deux puissances occidentales firent à Constantinople et à Saint-Pétersbourg. Le gouvernement du Czar répondit sur un tel ton qu'on put croire une rupture imminente. M. de Metternich s'interposa. Au fond, le traité d'Unkiar-Skelessi déplaisait fort au gouvernement de Vienne; mais la peur de la révolution ne lui permettait pas de se séparer de la Russie; il accepta donc le traité, se bornant à donner en même temps au Czar des conseils de modération; à la suite de ces pourparlers, il crut pouvoir se porter fort, à Paris et à Londres, que l'intention du gouvernement russe était de laisser le traité à l'état de lettre morte. La Prusse suivit en tous points l'Autriche. Cette intervention calmante de M. de Metternich, aidée de la prudente résolution du duc de Broglie, amena, à la fin de 1833 et au commencement de 1834, une certaine détente et une sorte d'accalmie; toutefois, bien que le chancelier autrichien se flattât que « la question russo-turque » fût, grâce à lui, « dissipée en fumée [1] », les difficultés n'étaient pas résolues, elles étaient seulement ajournées.

III

L'opposition faite à la politique russe en Orient n'était pas de nature à diminuer la haine passionnée que l'empereur Nicolas avait, dès le premier jour, vouée à la monarchie de Juillet. Aussi l'avait-on vu, en 1833, au moment même où nous faisions retirer ses troupes du Bosphore, s'agiter une fois de plus pour déterminer une sorte de croisade de l'Europe continentale contre la France révolutionnaire. Dans sa pensée, il s'agissait

---

[1] *Mémoires de M. de Metternich*, t. V, p. 596.

bien de nous déclarer la guerre. L'envoyé prussien à Saint-Pétersbourg écrivait le 11/23 juin 1833 : « La Russie veut et désire la guerre; elle la tient pour aussi inévitable que nécessaire [1]. » Pour y déterminer la vieille Europe, elle comptait sur l'impression qu'y avait produite notre révolution. Malheureusement cette impression n'avait pas la netteté qu'eût souhaitée la passion du Czar. Dans les diverses cours, on attendait, on prédisait, on désirait la chute du gouvernement de 1830, mais, en même temps, on la redoutait. Quand ce gouvernement prenait le dessus sur les partis de désordre, il était malaisé de savoir ce qui l'emportait, dans les chancelleries étrangères, du plaisir d'être tranquillisé ou du déplaisir d'être déçu. « On voudrait toutes sortes de maux à la révolution de Juillet, écrivait de Turin M. de Barante, le 19 octobre 1832, si l'on ne devait pas en souffrir soi-même, et l'on se trouve à la fois rassuré et contrarié, quand elle se montre honorable et sensée [2]. » De là, un état d'esprit bizarre, compliqué : beaucoup de méchante humeur et de mauvaise volonté, sans rien de précis ni d'efficace. Pour déterminer une hostilité plus vive, le Czar faisait valoir contre nous des griefs plus spéciaux et plus récents : il rappelait comment, dans les affaires belges, le cabinet de Paris, se faisant suivre de celui de Londres, avait passé outre aux résistances des puissances continentales; il montrait l'effort fait d'abord par Louis-Philippe, après la mort de Périer, et continué par le duc de Broglie, pour reprendre en Allemagne l'ancienne tradition française, s'immiscer dans les affaires de la Confédération germanique, se faire, contre l'Autriche et la Prusse, le protecteur des petits États, et, dans ce dessein, y favoriser le mouvement constitutionnel [3]; il n'avait garde enfin de passer sous

---

[1] Cf. les dépêches citées par Hillebrand. (*Geschichte Frankreichs*, 1830-1870, t. I, p. 542.)

[2] Lettre à M. le duc de Broglie. (*Documents inédits.*)

[3] HILLEBRAND, *Geschichte Frankreichs*, 1830-1870, t. I, p. 543 à 545 et p. 558. — Le 8 juillet 1833, le *Journal des Débats* publiait, sur la situation de l'Allemagne, un article où il combattait la prétention de l'Autriche et de la Prusse d'annuler les petits États de la Confédération, et où il rappelait que le traité de Vienne avait consacré l'indépendance de ces États. Le gouvernement français observait aussi, avec une vigilance particulière, ce qui se passait en Luxembourg,

silence les tentatives d'émeutes ou de conspirations qui venaient de se produire à Francfort et à Turin, et derrière lesquelles on découvrait sans peine la propagande partie de Paris, l'action des réfugiés, si nombreux dans cette ville, depuis les journées de Juillet, et si étroitement liés avec les révolutionnaires français.

Était-ce assez pour que l'Autriche et la Prusse entendissent l'appel belliqueux du Czar? A Vienne, si l'on nous témoignait presque autant d'antipathie et de dédain qu'au lendemain de 1830, moins encore qu'à cette époque, on était disposé à se jeter dans les grosses aventures. Le nouvel ambassadeur de France en cette ville, M. de Sainte-Aulaire, homme d'esprit droit et prompt, écrivait au duc de Broglie, le 20 mars 1833, à peine arrivé à son poste : « Ce que j'ai déjà bien vu, c'est qu'on nous déteste, personnes et choses; ne nous flattons pas à cet égard. » Mais il ajoutait aussitôt ce correctif : « La cour et les ministres sont généralement sans passion... Ils cherchent bonnement leurs intérêts, aiment le repos et la paix, et se coucheront près de nous, si nous ne les empêchons pas de dormir. » Tout en se plaisant à dogmatiser sur les vices du régime de Juillet, à prophétiser sa ruine, à le dénoncer comme un péril européen, M. de Metternich se défendait de vouloir l'attaquer. « Attendre le développement des événements », se « réduire à une attitude pour ainsi dire passive », tel était, à son avis, « la vérité pratique, la seule applicable aux positions du jour ». Il ajoutait : « Dans la situation morale où se trouve la France, la plus grande faute que pourraient commettre les puissances serait de l'attaquer... La guerre défensive est la seule qui leur offrirait des chances de succès... C'est cette chance que nous ne cessons d'avoir en vue [1]. » En attendant, tous les efforts du chancelier se bornaient à poursuivre le rétablissement au moins partiel de cette Sainte-Alliance qu'il avait tant

et déclarait très-haut qu'il ne laisserait pas la diète allemande y mettre le pied, en cas de soulèvement populaire. Cette politique était plus prévoyante que celle qui devait plus tard laisser faire et même seconder l'unité allemande.

[1] Dépêche confidentielle de M. de Metternich à M. de Bombelles, ministre d'Autriche à Turin, en date du 27 décembre 1832. (*Mémoires*, t. V, p. 420 à 423.)

gémi de voir se relâcher et se dissoudre pendant la Restauration. Tel avait été, nous l'avons vu, sa première préoccupation, à la nouvelle des journées de Juillet. Depuis lors, il avait sans cesse prêché la nécessité de former et surtout de proclamer, en face de l'entente franco-anglaise, l'union étroite et, pour parler son langage, « l'unité compacte et indissoluble » des trois cours continentales. Mais, derrière ce zèle pour les généralités conservatrices et les démonstrations diplomatiques, fort peu de disposition à agir : peut-être même n'aurait-il pas été difficile de discerner une certaine méfiance des incartades possibles du Czar et un désir d'amener adroitement ce dernier à se contenter de démarches inoffensives.

La Prusse, au moins en la personne de son roi, répugnait encore plus à toute action violente. On n'a pas oublié la prudence, doublée d'un peu de fatigue, qui avait marqué, après 1830, l'attitude du vieux Frédéric-Guillaume III. Depuis lors, la conduite de la monarchie nouvelle, les gages, chaque jour plus décisifs, qu'elle donnait de sa volonté pacifique et conservatrice, avaient confirmé ce prince dans sa modération. Sans cesser d'être un tenant de la Sainte-Alliance, sans oser rompre l'habitude de fidélité un peu subalterne qui le liait à l'Autriche et à la Russie, et tout en se défendant, comme d'une injure, du seul soupçon d'accueillir les avances de la France [1], il s'était presque pris de goût pour Louis-Philippe et s'intéressait à son succès. Il était d'ailleurs encouragé dans ces sentiments par l'habile et entreprenant diplomate que le gouvernement français avait accrédité auprès de lui, M. Bresson. Vainement le prince royal, la jeune cour, les officiers, plus impatients, plus ambitieux, rêvaient-ils des batailles où les poussait la Russie, le Roi ne se laissait pas entraîner; ainsi que disait de lui son

---

[1] Un peu plus tard, vers la fin de 1834, le ministre dirigeant de Prusse, M. Ancillon, dénonçait, dans une dépêche, le dessein conçu par le duc de Broglie et le roi Louis-Philippe de séparer la Prusse de l'Autriche et de la Russie. « Mais, disait-il, nous ne sommes pas dupes des cajoleries et des douceurs que la France nous prodigue dans toutes les occasions. Son seul but est de séparer ce qui est fortement uni. » (HILLEBRAND, *Geschichte Frankreichs*, 1830-1870, t. I, p. 555.)

conseiller, le prince Wittgenstein, « il n'était pas comme les sous-lieutenants, n'avait pas de grades à gagner, et tout ce qui conduisait à la paix lui faisait plaisir [1] ». Le Czar se plaignait, avec une amertume irritée, de la résistance inerte qu'il rencontrait chez son beau-père, le roi de Prusse [2]. M. de Metternich lui-même déplorait, non sans quelque dédain, les faiblesses du gouvernement de Berlin [3].

En présence de ces dispositions, Nicolas dut renoncer à tout espoir d'entraîner l'Europe dans une agression armée contre la France. Force lui fut de se rabattre sur une démonstration plus platonique et moins dangereuse, dont l'idée paraît lui avoir été suggérée de Vienne. Presque chaque année, les souverains du Nord avaient l'habitude de se rencontrer dans quelque petite ville d'Allemagne et de s'y entretenir de leurs affaires. L'attitude à prendre en face de la révolution et de la France, qui en paraissait le foyer, était le sujet principal de ces augustes entretiens. Ce fut une réunion de ce genre, plus solennelle dans son appareil, plus précise et plus comminatoire dans ses résultats, que proposa M. de Metternich et que le Czar accepta faute de mieux. Le prudent chancelier, tout en se flattant d'en faire sortir enfin cette résurrection de la Sainte-Alliance, cette manifestation de « l'union des trois cours », qu'il poursuivait depuis 1830, se sentait garanti contre le danger d'être entraîné trop loin, par la froideur de la Prusse [4].

Dès le début, cette froideur se manifesta d'une façon assez piquante. L'entrevue officielle, les conférences importantes devaient avoir lieu le 9 septembre, à Münchengraetz, petite ville de Bohême. Frédéric-Guillaume se hâta, le 14 août,

---

[1] Lettre de M. Bresson au duc de Broglie, en date du 17 janvier 1834. (*Documents inédits.*)

[2] HILLEBRAND, *Geschichte Frankreichs*, 1830-1870, t. I, p. 545.

[3] *Mémoires de M. de Metternich*, t. V, p. 537-538.

[4] M. de Pralormo, ministre de Sardaigne à Vienne, observait que la tiédeur de la Prusse « permettait au chancelier Metternich un peu d'énergie, sans qu'il craignît d'être pris au mot ». Dépêche confidentielle du 15 janvier 1833. (HILLEBRAND, *Geschichte Frankreichs*, 1830-1870, p. 544.)

avant l'arrivée de Nicolas, de rendre visite à l'empereur d'Autriche, en son château de Theresienstadt, près de Tœplitz. Puis il se porta au-devant du Czar, qui se dirigeait rapidement vers Münchengraetz, et le rencontra seul à Schwedt sur l'Oder, le 5 septembre. Quatre jours plus tard, quand les deux empereurs furent, avec leurs chanceliers, au rendez-vous de Münchengraetz, ni le roi de Prusse ni son ministre dirigeant ne s'y trouvaient. La cour de Berlin n'était représentée que par le prince royal, et celui-ci n'avait pas le pouvoir d'engager son père. Si vif que fût le désappointement des monarques russe et autrichien, ils le dissimulèrent, pour ne pas révéler au public la mauvaise volonté de leur alliée. Réduits à conférer à deux, ils traitèrent de la Pologne, de l'Orient, de la Belgique, des troubles d'Allemagne ou d'Italie, de l'appui que les réfugiés trouvaient en France. De plus, sur la demande de M. de Metternich, ils convinrent d'un acte qui manifestât l'union des trois puissances et fût la contradiction du principe français de non-intervention. On sait combien cette question tenait à cœur au chancelier d'Autriche. Mais rien n'était fait, tant qu'on n'avait pas l'adhésion du roi de Prusse. Il fallut négocier à Berlin pour l'obtenir. Sans opposer de refus absolu, Frédéric-Guillaume ne dissimulait pas sa répugnance pour un acte qui, disait-il, « entreprenait tant sur l'avenir [1] ». Sa résistance tint tout en suspens, pendant plusieurs semaines, et ce seul retard contraria singulièrement l'effet qu'avaient espéré produire les organisateurs de la réunion de Münchengraetz. On s'en rendait compte à Vienne, et c'était un sujet de plaintes amères [2]. Enfin, le 10 octobre, après de laborieux pourparlers, le gouvernement de Berlin, pressé par ses alliés, consentit à signer un traité : l'article 1ᵉʳ proclamait le droit de tout souverain indépendant d'appeler à son secours un autre souverain, et le droit

---

[1] HILLEBRAND, *Geschichte Frankreichs*, 1830-1870, t. V, p. 548.
[2] La princesse de Metternich écrivait, dans son Journal, à la date du 10 octobre : « On ne sait pas encore si Ancillon a signé les conventions arrêtées à Münchengraetz. Dans l'intervalle, il a perdu un temps irréparable, un temps qui prouve aux Français et aux Anglais que les trois puissances ne sont pas entièrement d'accord. » (*Mémoires de M. de Metternich*, t. V, p. 453.)

de ce dernier de donner ce secours, sans que personne fût fondé à l'en empêcher; l'article II portait : « Dans le cas où l'assistance matérielle de l'une des trois cours d'Autriche, de Prusse et de Russie aurait été réclamée, et qu'une puissance quelconque voulût s'y opposer par la force des armes, les trois cours considéreraient comme dirigé contre chacune d'elles tout acte d'hostilité entrepris dans ce but [1]. » La Russie et l'Autriche eussent désiré que les trois cours signifiassent ce traité à la France par une note identique. La Prusse exigea, pour rendre la démarche moins provocante, que l'existence du traité restât cachée : on lui céda « pour en finir », comme le disait avec dépit M. de Metternich. Par le même motif, il fallut se contenter de notes séparées, adressées à la France par chaque puissance et rédigées dans des esprits fort différents : celle du cabinet de Berlin, par exemple, était pleine de témoignages d'estime pour le gouvernement du roi Louis-Philippe; il fut convenu seulement de terminer les trois notes par une conclusion identique, où, sans faire aucune mention du traité, était à peu près textuellement reproduite la déclaration de l'article II.

Ces pourparlers avec la Prusse avaient pris du temps; ce ne fut que dans les premiers jours de novembre que les ambassadeurs des trois puissances vinrent successivement, l'Autrichien en tête, donner lecture au duc de Broglie des notes de leurs gouvernements. M. de Metternich avait compté sur cette démarche pour embarrasser et intimider le ministre français; il raillait d'avance cet embarras : « J'ai quelque peine à croire, écrivait-il à son ambassadeur en lui donnant ses instructions, que M. de Broglie oppose à vos communications autre chose qu'un auguste silence, silence que la Doctrine commande aux adeptes quand ils ne savent que dire [2]. » Le chancelier autrichien se flattait. Sans connaître tout ce qui s'était passé à Münchengraetz, le duc de Broglie en savait assez pour avoir pu

---

[1] Voir le texte du traité, dans les *Mémoires de M. de Metternich*, t. V, p. 542 à 544.
[2] Lettre du 22 octobre 1833. (*Ibid.*, p. 541, 542.)

préparer son attitude. Son sentiment était celui de M. de Bresson, qui lui écrivait de Berlin : « Il n'y a aucune alarme à concevoir de cette bravade de trois cours dont deux au moins ne peuvent vouloir la guerre... Mais si nous leur permettons un moment de nous supposer de la timidité ou de l'inquiétude, elles feront tant de sottises et se donneront de si grands airs, que nécessité sera d'y mettre ordre... Ne les laissons pas se croire forts [1]. » Le duc de Broglie avait donc résolu d'être « roide et haut [2] ». Il l'était parfois sans le vouloir, à plus forte raison quand il le voulait. Ce fut le diplomate autrichien qui essuya son premier feu, et qu'à dessein d'ailleurs il traita le plus mal. Dans toute cette machine, il devinait la main de M. de Metternich qui avait particulièrement le don de l'agacer. Il releva donc sévèrement les insinuations que la note du cabinet de Vienne paraissait diriger contre le gouvernement français, au sujet de la propagande révolutionnaire; puis, arrivant à l'« espèce d'intimidation » qu'il découvrait dans la conclusion de cette note, il l'écarta dédaigneusement et y opposa cette déclaration : « Il est des pays où, comme nous l'avons dit pour la Belgique, pour la Suisse, le Piémont, la France ne souffrirait à aucun prix une intervention des forces étrangères. Il en est d'autres à l'égard desquels, sans approuver cette intervention, elle peut ne pas s'y opposer, dans une circonstance donnée, d'une manière aussi absolue. Dans ces cas, nous nous croirons en droit de suivre la ligne de conduite que nos intérêts exigeront. » Avec l'ambassadeur prussien, dont la note était bienveillante, le duc de Broglie se montra plus amical. Avec le russe, les explications furent sommaires. Mais aux trois il fit voir avec fermeté « que nous étions décidés à ne tolérer l'expression d'aucun doute injurieux sur nos intentions, que les insinuations et les reproches seraient également impuissants à nous faire dévier d'une ligne de conduite avouée par la politique et

---

[1] Lettre confidentielle du 1er décembre 1833. (*Documents inédits.*)

[2] L'irritation méprisante du duc de Broglie, à l'endroit de la manifestation de Münchengraetz, se manifestait dans sa correspondance confidentielle de cette époque. (*Documents inédits.*)

la loyauté, et qu'en dépit de menaces plus ou moins déguisées, nous ferions, en toute occurrence, ce que nous croirions conforme à nos intérêts ». Le ministre ne se contenta pas d'avoir ainsi reçu la démarche des ambassadeurs; il envoya à tous ses agents une circulaire où il rapportait, sans l'atténuer, et dans les termes mêmes que nous venons de reproduire, la réponse qu'il avait faite; il se vantait même d'avoir tenu au chargé d'affaires d'Autriche « un langage roide et haut », d'avoir été « un peu dédaigneux envers le cabinet de Saint-Pétersbourg », et autorisait ses agents « à faire part du contenu de cette dépêche au ministre du gouvernement auprès duquel ils étaient accrédités [1] »*. Quelques-uns de ces agents trouvèrent la dépêche si « roide », qu'ils n'osèrent la communiquer intégralement.

Les puissances furent quelque peu abasourdies d'une riposte qui trompait si étrangement les prévisions de M. de Metternich. Dans son dépit, celui-ci feignit d'abord d'avoir mal entendu la réponse qui lui était faite et de croire que, dans l'énumération des pays où il ne tolérerait pas une intervention étrangère, le duc de Broglie avait nommé la Belgique et la Suisse, mais non le Piémont, qui intéressait de beaucoup plus près la politique autrichienne. Le ministre français ne laissa pas un seul instant subsister cette équivoque; il affirma très-nettement que sa déclaration s'appliquait au Piémont et qu'il avait désigné cet État, dès le premier jour, dans son entretien avec le chargé d'affaires d'Autriche. Une étrange querelle s'ensuivit. Dans des dépêches communiquées à toutes les autres puissances et qu'appuyaient la Russie avec aigreur, la Prusse avec mollesse [2], la chancellerie autrichienne insinuait qu'en affirmant avoir

---

[1] Cf. le texte de cette dépêche, *Histoire de la politique extérieure du gouvernement français*, 1830-1848, par M. D'HAUSSONVILLE, t. I, p. 47 à 51.

[2] Dans une lettre confidentielle du 17 décembre 1833, M. Bresson rapportait que M. Ancillon, tout en n'osant se séparer de Vienne et de Saint-Pétersbourg, était au fond très-mécontent de la mauvaise affaire où l'avait engagé M. de Metternich. Notre ambassadeur ajoutait : « Les entours du Roi, que votre énergie a intimidés, prodiguent des explications et des excuses qui équivalent à un désaveu... Tout cet entourage se compose d'excellentes gens, très-pacifiques, qui ne demandent qu'à finir leurs jours dans le calme. » (*Documents inédits.*)

parlé du Piémont, le ministre français faisait une sorte de faux diplomatique, pour se donner, après coup, une fermeté d'attitude qu'il n'avait pas eue tout d'abord. De cette guerre de dépêches, de cet échange de démentis, résultait entre la France et les autres puissances beaucoup de tension et d'aigreur. Encore était-il heureux que tout cela ne fût pas connu ailleurs que dans les chancelleries : à la place du duc de Broglie, un homme d'État d'un patriotisme moins désintéressé eût-il résisté à la tentation de faire montre de sa fermeté et de sa roideur, d'y chercher un titre de popularité auprès de ce public français, alors si disposé à accuser ses gouvernants d'être trop humbles et trop timides en face de l'étranger?

On cherche vainement quel intérêt l'Autriche trouvait à engager cette controverse. Que la déclaration relative au Piémont eût été faite à un moment ou à un autre, elle avait une égale portée, et le gouvernement de Turin, qui s'en était fort ému, ne s'y trompait pas [1]. D'ailleurs, qui peut sérieusement avoir un doute en présence des affirmations réitérées et formelles d'un homme tel que le duc de Broglie [2]? N'était-ce pas, depuis 1830, l'habitude de notre diplomatie de comprendre le Piémont parmi les pays où nous ne pouvions permettre une intervention étrangère? Déjà M. Laffitte l'avait proclamé à la tribune, en 1831 [3], et le *Journal des Débats* le répétait, quelques semaines avant que le duc de Broglie eût à s'expliquer sur ce point avec l'ambassadeur d'Autriche [4]. L'invraisemblable eût donc été,

---

[1] Voir la correspondance de M. de Barante, alors ambassadeur à Turin. M. D'HAUSSONVILLE, *Histoire de la politique extérieure*, t. I, p. 247 à 251.

[2] Le duc de Broglie écrivait notamment à M. Bresson, en parlant du récit qu'il avait fait, dans sa dépêche circulaire, de l'entretien avec le chargé d'affaires autrichien : « Je serais prêt à prêter serment de l'exactitude de ce récit, et je porte défi à qui que ce soit de le contredire en ma présence. » (*Documents inédits*.)

[3] M. Laffitte avait dit : « Il y a *possibilité* de guerre si l'on occupe Modène, *probabilité* si l'on entre dans les États romains, *certitude* si l'on envahit le Piémont. »

[4] Le *Journal des Débats* disait, le 9 septembre 1833 : « Nous louons la France d'avoir porté d'abord sa sollicitude à ses frontières et d'avoir dit : « Il ne s'y « fera rien sans moi. » La Belgique, la Suisse et le Piémont, question d'indépendance. La Pologne, l'Italie, l'Allemagne, question d'influence. Dans le premier cas, les armes ; dans le second, les négociations. »

non pas que le duc de Broglie nommât le Piémont, mais qu'il l'omît [1].

Quoi qu'il en soit, ce n'était pas en soulevant cette mauvaise querelle que les puissances pouvaient dissimuler l'inefficacité de leur manifestation de Münchengraetz. Bien loin d'avoir intimidé le gouvernement français, comme elles s'en étaient flattées, elles s'étaient attiré de sa part une très-verte répartie; et il leur fallait s'en tenir là, à moins de pousser jusqu'à la guerre dont elles ne voulaient pas. Piteuse sortie après une entrée en scène si fastueuse. Les trois cours étaient au fond obligées de reconnaître « qu'elles avaient jeté un trait dans l'eau [2] ». A Vienne et à Saint-Pétersbourg, on s'en prenait au roi de Prusse, dont on déplorait plus amèrement que jamais la faiblesse et la tiédeur. Frédéric-Guillaume concluait au contraire que, malgré tous ses tempéraments, il était encore allé trop loin. Le premier promoteur de tout ce mouvement, le Czar, se rendait si bien compte de l'échec, qu'il en venait à faire des coquetteries au gouvernement français [3]. Quant à celui-ci, il se sentait tout animé et enhardi d'avoir pu le prendre de si haut avec la vieille Europe; nos agents diplomatiques étaient fiers de l'attitude qu'on leur faisait prendre; l'un des plus intelligents, M. Bresson, écrivait au duc de Broglie, le 17 décembre 1833 : « Je vous remercie de m'avoir rendu l'organe d'une politique si nette, si loyale et si nationale. »

Les puissances ne devaient pas se sentir encouragées à recommencer. Deux ans plus tard, en août et septembre 1835, le Czar

---

[1] M. Hillebrand, dans l'ouvrage allemand que nous avons plusieurs fois eu l'occasion de citer, et où il se montre fort hostile à la France, sans doute pour la remercier de l'hospitalité et des faveurs qu'il en a longtemps reçues, tâche de reprendre l'accusation portée autrefois contre le duc de Broglie et lui reproche formellement d'avoir forgé, après coup, un faux récit de son entretien avec le chargé d'affaires autrichien. Ce que nous avons dit suffit à réfuter l'historien prussien. D'ailleurs, cette querelle, qui avait déjà peu d'intérêt sur le moment même, en a moins encore dans l'histoire : elle était vraiment indigne d'y être transportée.

[2] Hillebrand, *Geschichte Frankreichs*, 1830-1870, t. I, p. 562.

[3] Le duc de Broglie écrivait, à la fin de 1833, à M. de Sainte-Aulaire : « En attendant, il n'y a sorte de coquetterie que le gouvernement russe ne cherche à nous faire. » (*Documents inédits.*)

invitait de nouveau l'empereur d'Autriche et le roi de Prusse à se réunir, avec lui, à Kalisch, en Pologne, pour assister à des parades militaires, et à Tœplitz, en Bohême, pour conférer sur la situation de l'Europe[1]. Le sujet des conversations fut le même qu'à Münchengraetz. Pas plus que la première fois, Nicolas ne parvint à entraîner ses deux alliés dans une croisade contre la France. Si l'on convint de quelques mesures intérieures contre la propagande révolutionnaire, on se garda bien de faire une démarche diplomatique pareille à celle de 1833 et de s'exposer à une seconde rebuffade du duc de Broglie : on avait assez de la première. Pour déguiser cette inaction et ce silence, M. de Metternich écrivait pompeusement au comte Apponyi, ambassadeur d'Autriche à Paris : « Les trois cabinets sont maintenant tombés d'accord de ne point adresser, à la suite de leur réunion, un manifeste ni même des circulaires à leurs missions. Ce que veulent les trois cours est généralement connu ; le redire est inutile et ne pourrait avoir d'autre résultat que d'affaiblir leur situation inexpugnable. Les vagues viennent se briser contre le rocher, le rocher ne s'avance pas pour briser la lame... Opposez à des questions indiscrètes une sérieuse impassibilité... Que tous sachent que les monarques se sont séparés comme ils se sont rencontrés, animés des mêmes sentiments, et décidés au maintien de leur attitude immuable. » Dans une lettre confidentielle au même agent, le chancelier cherchait à se persuader que « le silence serait plus imposant que tout ce qu'on aurait pu dire[2] ». C'était, en tout cas, avouer qu'on ne se félicitait pas d'avoir rompu ce silence après Münchengraetz. M. Bresson pouvait écrire au duc de Broglie, le 2 novembre 1835, que l'entrevue provoquée par le Czar avait été qualifiée partout en Allemagne de « pur enfantillage » et de « sottise pompeuse ». Et le ministre, répondant à l'ambassadeur, parlait dédaigneusement des « farces de Kalisch » et de « la peine que

---

[1] A cette époque, Ferdinand venait de succéder, à Vienne, à l'empereur François. Du reste, M. de Metternich continuait à gouverner la diplomatie autrichienne.

[2] *Mémoires de M. de Metternich*, t. VI, p. 51, 52 et 92.

la Russie se donnait, à chaque instant, pour entretenir un feu qui s'éteignait et pour ranimer des passions qui s'amortissaient[1] ».

IV

Si, en 1833, les puissances continentales n'avaient pas mieux réussi à intimider le gouvernement de Juillet, si celui-ci avait pu répondre de si haut, il le devait à son entente avec l'Angleterre; entente qui, au lendemain de l'avènement du ministère du 11 octobre, s'était manifestée, avec éclat et efficacité, dans les affaires belges. Dans la démarche tentée par les trois cours, à la suite de l'entrevue de Münchengraetz, lord Palmerston avait vu tout de suite « une levée de boucliers contre les États constitutionnels »; d'ailleurs, fort échauffé à ce moment contre le traité d'Unkiar-Skelessi et ne pensant guère à autre chose, il soupçonnait le Czar d'avoir surtout cherché, dans cette résurrection de la Sainte-Alliance, un appui pour sa politique en Turquie. A Saint-Pétersbourg, à Vienne, à Berlin, on se sentait singulièrement empêché par cette union des deux Etats occidentaux. Aussi que d'efforts pour détacher l'Angleterre[2]; et, quand on y avait échoué, quelle colère contre le cabinet de Londres, dénoncé comme étant plus révolutionnaire encore que celui de Paris[3] !

Parmi les hommes d'État français, nul plus que M. de Talleyrand à cette époque ne prisait l'avantage et ne proclamait la nécessité de l'accord avec l'Angleterre. A peine les ministres du 11 octobre avaient-il pris les affaires en main, que l'ambassadeur écrivait de Londres, le 19 novembre 1832, au duc de Broglie : « N'oubliez jamais, je vous en prie, que notre union

---

[1] *Documents inédits.*
[2] *Mémoires de M. de Metternich*, t. V, p. 590, 622, 643 à 646.
[3] « Les ministres anglais, écrivait M. de Metternich, le 6 avril 1833, sont mille fois pires que le juste milieu pris en masse et en détail. » (*Mémoires*, t. V, p. 462.) Cf. aussi *ibid.*, p. 481.

avec l'Angleterre est la seule qui, dans les circonstances actuelles, puisse être sincère : il est donc dans l'intérêt de notre gouvernement de ne laisser s'établir, entre nos deux gouvernements, ni aigreur ni défiance, de même qu'il est dans l'intérêt des autres puissances que cette union effraye, de la troubler par de mauvaises et fausses insinuations. » Un an plus tard, le 10 décembre 1833, au plus fort des discussions soulevées par la démonstration du Münchengraetz, il écrivait encore au duc de Broglie : « Notre liaison avec l'Angleterre est si nouvelle, si fort opposée à toutes les traditions, que sans cesse les anciennes habitudes reparaissent sous une forme ou sous une autre. Les exigences parlementaires des deux pays sont souvent aussi en opposition entre elles, et les nécessités que vous impose la Chambre de Paris sont habituellement en raison inverse de celles auxquelles le cabinet anglais est obligé de se soumettre. Mais, enfin, il faut prendre les choses comme elles sont, diminuer le plus possible ce qu'elles ont de désagréable, et passer franchement l'éponge sur tout ce qui, dans les questions actuelles, n'a pas été aussi simple que nous devions nous y attendre. »

M. de Talleyrand attachait tant de prix à cette bonne entente des deux monarchies constitutionnelles, qu'il essaya, à la fin de 1833, de la sceller par une alliance écrite et formelle. Un tel acte lui eût paru particulièrement opportun, au lendemain de Münchengraetz. Il s'en ouvrit au Roi et au duc de Broglie, qui entrèrent dans son idée, mais la tinrent secrète et n'en parlèrent pas aux autres membres du cabinet. Le ministre des affaires étrangères rédigea même un projet de traité qu'il envoya à M. de Talleyrand[1]. Dans la longue dépêche qu'il lui adressa à cette occasion et où il développait toute une série d'arguments

---

[1] Le préambule de ce projet de traité disait : « Voulant, dans un esprit de conciliation et de paix, resserrer les liens étroits qui unissent déjà les deux peuples, et offrir à l'Europe, par cette alliance fondée sur la foi des traités, la justice et les principes conservateurs de l'indépendance des États et du repos des nations, un nouveau gage de sécurité et de confiance...... » L'article premier stipulait une « alliance défensive ». L'article 2 disait que les deux parties « s'engageaient à se concerter, dans toutes les occasions où le repos de l'Europe et l'indépendance des États qui la composent leur paraîtraient compromis ». (Dépêche confidentielle du 16 décembre 1833. *Documents inédits.*)

à l'adresse de l'Angleterre, il présentait cette alliance comme un moyen d'arrêter la Russie en Turquie, l'Autriche en Italie, la Prusse en Allemagne. « Elle deviendra, ajoutait-il, le noyau d'un nouveau groupe d'intérêts, le point d'appui naturel de tous les souverains qui se sentiront une velléité de résistance; du roi de Naples, en Italie, contre la domination autrichienne; du duché de Bade, de la ville de Francfort, du duché de Nassau, contre les douanes prussiennes; de tous les petits princes allemands, contre la prépotence de la diète [1]. » Dans quelle mesure la négociation fut-elle engagée avec le gouvernement anglais? Il ne paraît guère y avoir eu que des conversations. Accueillie favorablement par lord Granville, ambassadeur à Paris, l'idée fut moins bien vue de lord Palmerston, plus méfiant; celui-ci répugnait « à se gêner par des engagements qui n'avaient pas un but spécial et déterminé [2] ». Tout fut, du reste, interrompu par l'incident parlementaire qui, comme nous l'avons vu, amena, en avril 1834, la démission du duc de Broglie et l'éloigna pour une année du ministère.

Mais à peine, par l'effet de cette démission, le portefeuille des affaires étrangères eut-il passé aux mains de l'amiral de Rigny, qu'éclata la nouvelle d'un traité de quadruple alliance, conclu, le 22 avril 1834, entre la France, l'Angleterre, l'Espagne et le Portugal. L'objet spécifié était l'assistance à donner aux gouvernements de Madrid et de Lisbonne contre don Carlos et don Miguel. Personne ne crut que le traité eût seulement cet objet restreint. Chacun, ami ou ennemi, y vit une réponse à Münchengraetz, l'union des puissances constitutionnelles se constituant en face de celle des cours absolutistes. L'effet en fut immense, aussi bien chez ceux qui y cherchaient un encourage-

[1] *Documents inédits.* — M. Guizot, dans ses *Mémoires* (t. III, p. 284 à 287), présente le duc de Broglie, comme étant opposé à ce projet d'alliance; M. Hillebrand (*Geschichte Frankreichs*, t. I, p. 561) prétend, de son côté, que M. de Talleyrand avait proposé cette alliance à l'Angleterre, sans avoir consulté le duc de Broglie. Ces deux assertions ne paraissent pas conciliables avec les faits que nous révèle la correspondance confidentielle du duc de Broglie et de M. de Talleyrand.
[2] Lettre de M. de Talleyrand au duc de Broglie, en date du 3 janvier 1834. (*Documents inédits.*)

ment pour les causes libérales, que chez ceux qui s'en inquiétaient pour les intérêts conservateurs. Cette émotion du public reposait sur une méprise. La vérité, qui ne fut pleinement dévoilée que longtemps après, était plus modeste. Le traité ne réglait réellement que les affaires d'Espagne et de Portugal. De plus, les conditions dans lesquelles il avait été conclu, loin de marquer l'intimité croissante que l'on supposait entre la France et l'Angleterre, eussent révélé au public, s'il les avait connues, un trop réel refroidissement. Mais pour bien comprendre ces faits, il convient de revenir un peu en arrière et d'exposer brièvement ce qui s'était passé dans la péninsule Ibérique.

V

Ferdinand VII, roi d'Espagne, était mort le 20 septembre 1833, léguant sa couronne à sa fille Isabelle, âgée de trois ans et placée sous la tutelle de la reine mère Marie-Christine. Don Carlos, frère de Ferdinand, contestant la légitimité d'une succession féminine, s'était aussitôt porté le compétiteur de sa nièce et avait été proclamé en Biscaye. Le vieux droit espagnol admettait les femmes au trône. La dynastie bourbonienne y avait substitué, en 1714, sinon la loi salique, du moins une pragmatique qui restreignait la succession des femmes au cas où il n'y aurait aucun héritier mâle. En 1789, Charles IV, révoquant cette pragmatique, avait rétabli l'ancien droit espagnol, et Ferdinand VII avait, en 1830, solennellement confirmé et publié cette révocation. Il semblait donc que la question de droit fût tranchée au profit des femmes ; mais il s'y mêlait une lutte de parti. Les absolutistes comptaient sur don Carlos, tandis que Marie-Christine était favorable aux libéraux. Les premiers étaient dès lors intéressés à la succession masculine, les autres à la féminine. Un combat d'influence et d'intrigues se livra entre les deux partis, pendant les dernières années de Ferdinand, chacun d'eux cherchant à obtenir un acte royal en faveur de sa thèse. Le Roi oscillait entre son affection pour sa fille et ses sympathies pour le parti absolutiste; un moment, celui-ci crut l'avoir emporté; son triomphe fut de courte durée : Ferdinand rétracta tout ce que lui avaient arraché les partisans de la succession masculine, et mourut en proclamant le droit de sa fille.

Loin d'avoir un parti pris contre la succession masculine, Louis-Philippe et ses ministres l'eussent préférée. Avec une reine, en effet, un mariage pouvait mettre sur le trône d'Espagne un prince étranger à la maison de Bourbon, hostile même, et détruire ainsi l'œuvre de Louis XIV [1]. Mais, en droit comme en fait, le gouvernement de Juillet ne jugea pas que les titres de la fille de Ferdinand pussent être contestés. Il savait d'ailleurs mauvais gré à don Carlos de représenter les idées absolutistes et de faire cause commune avec les légitimistes français. Il se prononça donc nettement, avec l'Angleterre, en faveur d'Isabelle, envoya M. Mignet en ambassade extraordinaire pour donner à la jeune reine un témoignage solennel de son appui, et réunit une armée d'observation au pied des Pyrénées. Il commençait ainsi, à l'égard de la monarchie libérale d'Espagne, un rôle de protection qui augmentait sans doute la clientèle de la France, mais où les difficultés ne devaient pas lui manquer. Celles-ci apparurent dès le premier jour. C'était d'abord l'insurrection carliste, aussitôt éclatée dans les provinces basques, et contre laquelle le gouvernement de Madrid paraissait croire que nous nous étions obligés à lui donner un secours armé. C'était surtout, dans la partie même de l'Espagne qui se disait constitutionnelle, l'embarras de faire fonctionner les

---

[1] Le duc de Broglie écrivait à lord Brougham, le 25 octobre 1833 : « Quant à nous, nous eussions fort préféré que don Carlos eût succédé naturellement à son frère, selon la loi de 1713. Cela était infiniment plus dans l'intérêt de la France. La succession féminine, qui menace de nous donner un jour pour voisin je ne sais qui, nous est au fond défavorable. » (*Documents inédits.*) Louis-Philippe développait la même idée dans une conversation qu'il avait avec le prince Esterhazy, le 23 mai 1834. (*Mémoires de M. de Metternich*, t. V, p. 606.) Cf. aussi, sur les sentiments de Louis-Philippe, relativement à don Carlos, BULWER, *Life of Palmerston*, t. III, p. 24; et HILLEBRAND, *Geschichte Frankreichs*, 1830-1870, t. I, p. 597.

institutions de la liberté avec une nation qui n'en avait pas les mœurs ; la timidité des uns, l'imprudence des autres, la maladresse de tous ; les incertitudes, les faux pas et les exigences de ministres sans expérience ; les exigences impatientes de l'opinion qui se croyait victorieuse ; la part de passion révolutionnaire ou irréligieuse qui se mêlait trop souvent à ce libéralisme d'importation étrangère ; par suite, un état de malaise et de désordre, où il était aussi difficile, aussi compromettant pour nous d'intervenir que de nous abstenir, d'approuver que de contredire, et où, si grande que pût être notre influence, notre responsabilité paraissait l'être encore davantage.

La crise de l'Espagne était encore compliquée par le voisinage de la guerre civile qui, depuis plusieurs années, déchirait le Portugal. Là aussi, une jeune reine, dona Maria, soutenue par les « libéraux », se voyait disputer la couronne par son oncle, don Miguel, qui s'appuyait sur les absolutistes et avait partie liée avec les carlistes espagnols comme avec les légitimistes français [1]. Le gouvernement de Madrid, estimant que la pacification du Portugal importait à celle de l'Espagne, résolut, au commencement de 1834, d'apporter son concours armé à dona Maria. Il s'en ouvrit au cabinet anglais, toujours sur l'œil quand il s'agissait du Portugal, et lui demanda de l'aider dans cette entreprise. Cette démarche aboutit, presque subitement, à la négociation d'un traité de triple alliance, offert par l'Angleterre aux deux puissances ibériques. Tout marcha très-vite ; le

[1] Que les légitimistes français affectassent de mettre sur le même rang le duc de Bordeaux, dont le titre héréditaire était incontestable, et don Carlos, dont le droit était au moins douteux, on peut en être surpris. Mais on comprend encore plus mal comment ils solidarisaient la cause de leurs princes avec celle de don Miguel, le moins « légitime » des prétendants. Jean VI, mort en 1826, avait laissé la couronne à son fils aîné don Pedro. Celui-ci, déjà empereur du Brésil, abdiqua la couronne du Portugal en faveur de sa fille encore mineure, dona Maria. Il confia la régence à son frère cadet don Miguel, et lui promit la main de la Reine. Mais, à peine était-il retourné au Brésil, que don Miguel usurpa la couronne de celle qui était à la fois sa nièce, sa pupille et sa fiancée (1827). En 1831, don Pedro, ayant cédé l'empire du Brésil à son fils, vint, en personne et les armes à la main, revendiquer les droits de sa fille. Après une guerre acharnée, il s'empara de Lisbonne, se trouva maître de presque tout le Portugal et put installer sa fille (1833). Don Miguel continuait cependant à tenir la campagne à la fin de 1833 et au commencement de 1834.

15 avril, les représentants de trois gouvernements étaient d'accord sur les stipulations du traité. De la France, il n'avait pas été question. Bien plus, on s'était caché d'elle si soigneusement, que son ambassadeur à Londres n'eut vent de l'affaire qu'au moment où il ne restait plus qu'à donner les signatures. Ce mystère ne cachait pas d'intentions mauvaises de la part du gouvernement de Madrid qui s'était trouvé entraîné, presque sans avoir eu le temps de la réflexion, là où il ne s'attendait nullement à aller. Tout était l'œuvre de lord Palmerston et, du reste, portait sa marque. Celui-ci avait cru de l'intérêt britannique de ne pas nous admettre à partager la protection du Portugal; et quant à l'Espagne, n'était-il pas dans la tradition anglaise, — qu'on remontât à Louis XIV, à Napoléon ou seulement à Louis XVIII, — d'y combattre, tout au moins d'y jalouser l'influence française? Nous étions cependant fondés à trouver étrange la conduite de la diplomatie britannique, d'autant plus que c'était le duc de Broglie qui avait conçu, le premier, le plan d'une intervention simultanée pour la délivrance du Portugal, et qui l'avait communiqué à l'ambassadeur d'Angleterre à Madrid [1]. Aux réclamations de l'ambassadeur français, le chef du *Foreign office* répondit en lui offrant d'accéder, après coup, au traité qui avait été délibéré et conclu sans lui. Cette situation secondaire ne pouvait nous convenir. De Paris, on proposa un traité nouveau, où la France figurait sur le même pied que l'Angleterre; pendant que celle-ci y promettait, contre don Miguel et don Carlos, le concours d'une force navale, celle-là, dans le cas où sa coopération armée serait jugée nécessaire, s'engageait « à faire, à cet égard, ce qui serait arrêté, d'un commun accord, entre elle et ses trois alliés ». Lord Palmerston,

---

[1] Un peu plus tard, le duc de Broglie disait dans une lettre confidentielle à M. Bresson : « Je ne saurais oublier que mon excellent ami Villiers (qui devait être lord Clarendon), passant par Paris pour se rendre en Espagne, et emportant, écrit de ma main, le plan d'une intervention simultanée entre la France, l'Angleterre et l'Espagne, pour la délivrance du Portugal, plan qui n'entrait pas dans ses instructions, mais qui lui a paru bon à mettre en œuvre, n'a rien eu de plus pressé, tout en l'adoptant, que de travailler à en exclure le gouvernement français qui l'avait suggéré. » (Lettre du 12 octobre 1835. *Documents inédits.*)

de fort mauvaise humeur; eût bien voulu ne pas accepter notre contre-projet; mais ses collègues, plus fidèles à l' « entente cordiale », l'y contraignirent. Cette négociation fut, du reste, enlevée très-lestement par M. de Talleyrand. Le 22 avril, les signatures étaient données. Ainsi fut conclu ce traité de la Quadruple Alliance où l'opinion et les chancelleries croyaient découvrir l'expression et le couronnement, habilement prémédités, de l'intimité franco-anglaise.

Le traité eut tout d'abord un résultat. Don Miguel vaincu, découragé, fut obligé de capituler à Evora, le 26 mai 1834, et s'engagea, moyennant une pension de 375,000 francs, à ne jamais rentrer en Portugal. Don Carlos, qui était avec lui, dut aussi se réfugier en Angleterre. Mais à peine s'y trouvait-il depuis quelques jours, qu'il s'embarquait secrètement, traversait la France, sans que notre police y vît rien, et pénétrait en Espagne, le 10 juillet. Sa présence donna un nouvel élan à la guerre civile. Fort incapable par lui-même, il avait cette chance que son principal lieutenant, Zumalacarreguy, réunissait, à un rare degré, les qualités de l'homme de guerre, du chef de parti et du héros populaire. Sous ce commandement, les bandes carlistes gagnaient du terrain. Vainement les généraux se succédaient-ils à la tête des troupes libérales, aucun d'eux ne parvenait à relever leur fortune. Des deux parts, la lutte prenait un caractère de sanglante férocité. En même temps, les affaires intérieures du gouvernement de Madrid étaient loin de s'améliorer. Le ministère, sans force ou sans volonté pour dominer l'opposition radicale dans les Chambres, se laissait souvent battre par elle ou, ce qui était pis, lui cédait. Il ne se montrait pas plus capable de maintenir l'ordre matériel dans le pays que la fidélité de l'armée; sur plusieurs points éclataient des séditions populaires avec massacres de prêtres, ou des tentatives de *pronunciamientos* militaires. L'Autriche, la Prusse et la Russie, qui avaient d'abord gardé une attitude expectante, se décidaient à rompre avec le gouvernement d'Isabelle et rappelaient leurs représentants de Madrid. Prenant de plus en plus ouvertement parti pour don Carlos, ils recevaient ses envoyés, lui fournissaient des subsides et des encouragements [1]. Les trois cours se décidaient moins par une raison de droit que par une considération de sympathie politique. Elles détestaient dans la fille de Marie-Christine une reine constitutionnelle, cliente des puissances occidentales; elles goûtaient au contraire dans son compétiteur le représentant de leurs propres idées [2]. Ainsi pressée, d'une part par les carlistes, de l'autre par les révolutionnaires, mise au ban d'une partie de l'Europe, embarrassée et discréditée par sa propre impuissance, la monarchie de la jeune Isabelle semblait en proche péril de mort.

Dans cette extrémité, le gouvernement de Madrid se tourna vers la France, et lui demanda officiellement, le 17 mai 1835, la « coopération » prévue par le traité du 22 avril 1834. C'était pour notre gouvernement une question singulièrement délicate, qu'il prévoyait depuis longtemps, qu'il redoutait même, et qui avait été souvent examinée, à l'avance, dans ses conseils. Il était très-disposé à fournir largement son concours moral, à y joindre tous les secours indirects, surveillance de la frontière, envois de munitions, facilités d'enrôlement; il offrait même de prêter une partie de la légion étrangère qui servait en Algérie. Mais devait-il faire plus, intervenir directement sous le nom et avec le drapeau de la France? Le traité de la Qua-

---

[1] *Mémoires de M. de Metternich*, t. V, p. 466, 467, 551 à 554, 611, 639 à 642.

[2] « La reine Isabelle, écrivait M. de Metternich, le 17 septembre 1834, est la Révolution incarnée dans la forme la plus dangereuse; don Carlos représente le principe monarchique aux prises avec la Révolution pure. La question ainsi posée est claire, et les vues comme les vœux des puissances conservatrices ne sauraient former l'objet d'un doute. » (*Mémoires*, t. V, p. 640.) — M. Ancillon, ministre dirigeant de la Prusse, avait dit, de son côté, le 27 octobre 1833 : « On ne saurait se déguiser que sous la question de la succession se cache une question bien autrement importante et vitale pour la politique européenne, savoir : l'Espagne restera-t-elle attachée au système conservateur et purement monarchique, et, dans le cas d'une guerre générale, sera-t-elle pour les défenseurs de ce système, au besoin, une alliée utile? ou bien l'Espagne entrera-t-elle dans le système révolutionnaire et constitutionnel, et s'attachera-t-elle au char de la France?... La première alternative aurait lieu si don Carlos montait sur le trône; la seconde se réaliserait infailliblement, tôt ou tard, par le triomphe de la cause de la Reine. » (Hillebrand, *Geschichte Frankreichs*, 1830-1870, t. Ier, p. 573-574.) — Le czar Nicolas était peut-être plus chaud encore pour don Carlos.

druple Alliance lui laissait toute liberté d'appréciation; comme nous l'avons vu en effet, le roi des Français s'était engagé seulement, pour le cas où sa coopération serait jugée nécessaire, « à faire, à cet égard, ce qui serait arrêté d'un commun accord entre lui et ses trois alliés ».

L'intervention trouva tout de suite, au sein du gouvernement, un partisan très-ardent : c'était M. Thiers. Qu'elle fût la négation du principe posé par nous, après Juillet, à propos des affaires de Belgique, il s'en inquiétait peu. A l'entendre, — et il s'appuyait sur les dépêches de notre ambassadeur M. de Rayneval, — repousser la demande qui nous était faite, c'était manquer de parole à nos clients libéraux d'Espagne, ruiner le prestige et l'influence de la France au delà des Pyrénées, vouer à une chute prochaine et inévitable la royauté d'Isabelle. Encore n'était-ce pas la question espagnole en elle-même qui occupait le plus M. Thiers. Ce qui le séduisait en cette affaire, c'était un prétexte pour faire, au dehors, quelque acte retentissant, remuer des troupes, faire parler la poudre et rédiger des bulletins de victoire. Déjà blasé sur la politique intérieure, sa curiosité commençait à se porter sur les affaires étrangères. Or sa vive et mobile imagination ne pouvait longtemps se contenter de la sagesse prudente et parfois modeste qui avait été imposée, depuis 1830, à notre diplomatie. En écrivant l'histoire de la Révolution et en préparant celle du Consulat, son esprit ne s'était-il pas habitué à d'autres coups de théâtre? Une nouvelle expédition d'Espagne lui paraissait d'un succès facile et de risques limités. Sans doute, elle eût été très-mal vue par les puissances continentales; mais M. Thiers était persuadé que, de ce côté, tout se passerait en colère diplomatique [1]. Il ne lui déplaisait pas, du reste, que la monarchie de Juillet eût ainsi l'occasion de braver ces puissances sans trop s'exposer, de leur montrer son armée, de prouver qu'elle avait la force et la hardiesse de s'en servir, sinon contre elles, du moins malgré elles.

---

[1] Les dépêches des ambassades ou des chancelleries étrangères montrent bien en effet qu'au moins, au premier moment, il n'y aurait eu aucun acte de guerre. (HILLEBRAND, *Geschichte Frankreichs*, 1830-1870, t. Ier, p. 582-583.)

Autant M. Thiers était ardent pour l'intervention, autant le Roi y était opposé. Louis-Philippe n'admettait pas que la monarchie espagnole fût incapable de se sauver elle-même, et, après tout, les faits lui ont donné raison. L'intervention lui paraissait pleine de périls. Les Espagnols ne nous résisteraient pas au premier moment, mais ils seraient prêts à se soulever, aussitôt après notre départ. Nous serions condamnés à prolonger indéfiniment notre occupation et à prendre la tutelle du gouvernement. Or, Louis XVIII, ayant 80,000 hommes en Espagne, n'avait-il pas été réduit à rappeler son ambassadeur, parce qu'il ne pouvait faire écouter ses conseils? « Je connais les Espagnols, disait le Roi, ils sont indomptables et ingouvernables pour des étrangers ; ils nous appellent aujourd'hui ; à peine y serons-nous, qu'ils nous détesteront et nous entraveront de tous leurs moyens. Ne nous mettons pas ce boulet aux pieds. Si les Espagnols peuvent être sauvés, il faut qu'ils se sauvent eux-mêmes ; eux seuls le peuvent. Si nous nous chargeons du fardeau, ils nous le mettront tout entier sur les épaules, et puis ils nous rendront impossible de le porter. » A un point de vue plus général, le Roi ne prenait pas aussi facilement que M. Thiers son parti du mécontentement des puissances continentales : ce ne serait sans doute qu'une mauvaise humeur peu efficace, si l'expédition devait être courte ; mais ce pouvait devenir un grave embarras ou même un péril sérieux, avec une occupation destinée à se prolonger plusieurs années. D'ailleurs, comme nous le verrons plus loin, Louis-Philippe, à cette époque, croyait possible de se rapprocher des cours de l'Est ; il cherchait personnellement à se les concilier, et l'un de ses moyens, pour y parvenir, était précisément de leur donner, par-dessus la tête de ses ministres, l'assurance que jamais il ne permettrait une intervention en Espagne [1] ; l'ambassadeur de Prusse se croyait fondé à rapporter à son gouvernement ce mot du duc d'Orléans : « Le Roi casserait douze Chambres et prendrait son

---

[1] *Mémoires de M. de Metternich*, t. V, p. 606. — Hillebrand, *Geschichte Frankreichs*, 1830-1870, t. Ier, p. 578-588.

valet de chambre pour ministre, plutôt que d'intervenir [1]. »

Louis-Philippe était vivement encouragé, dans sa résistance, par M. de Talleyrand, qui, lui aussi, à cette époque, rêvait d'un rapprochement avec les puissances continentales : « C'est l'intérêt de votre dynastie, disait-il au Roi, de ne pas vous engager en Espagne [2]. » Le maréchal Soult pensait de même : comme on lui parlait d'une expédition ne comprenant que dix mille hommes : « Ni dix mille, ni cinq mille, ni cent, répondait-il; j'ai été trop longtemps en Espagne pour donner ce conseil au Roi. » Le maréchal Gérard, au contraire, un moment président du conseil après la retraite du maréchal Soult, et le maréchal Maison, qui entra plus tard dans le cabinet, étaient conquis par M. Thiers à l'intervention. Quant à MM. de Broglie et Guizot, ils paraissent avoir hésité quelque temps entre M. Thiers et le Roi, également frappés des difficultés d'une action militaire et de l'inconvénient de la refuser, souhaitant surtout que le gouvernement de la reine Isabelle renonçât à la demander. Le duc écrivait à M. de Rayneval, ambassadeur à Madrid, de longues lettres, où, sans conclure formellement, il développait toutes les objections contre l'intervention, tâchait de rendre courage au cabinet espagnol, et l'engageait à faire ses affaires lui même [3].

Le public français attendait avec émotion le parti qui serait pris. Bien que la question n'eût pas été débattue au Parlement, elle occupait beaucoup les esprits. La presse la discutait avec vivacité. La Bourse, l'oreille au guet, descendait ou montait suivant que le vent lui paraissait ou non souffler du côté de l'intervention. L'idée d'une nouvelle expédition d'Espagne était fort impopulaire. Presque tous les journaux la combattaient, et ceux des ministres qui hésitaient, ayant voulu sonder les députés, n'en trouvèrent pas vingt qui y fussent favorables [4].

Cet état de l'opinion, joint à la résolution si arrêtée du Roi,

---

[1] HILLEBRAND, *Geschichte Frankreichs*, t. I, p. 588.
[2] HILLEBRAND, *ibid.*, p. 588.
[3] *Documents inédits.*
[4] Correspondance du duc de Broglie. (*Documents inédits.*)

ne pouvait pas ne pas agir sur M. Guizot et le duc de Broglie. Ce dernier émit l'avis, aussitôt adopté, que, d'après les stipulations mêmes de la Quadruple Alliance, l'Angleterre devait d'abord être consultée sur le point de savoir s'il convenait de venir militairement au secours du gouvernement espagnol. Cette démarche se trouva fournir un argument décisif aux adversaires de l'intervention. Était-ce crainte jalouse de voir de nouveau une armée française au delà des Pyrénées? le cabinet de Londres déclara qu'à son avis, le moment n'était pas venu de donner à la reine d'Espagne l'assistance prévue par le traité du 22 avril 1834, et que, si la France agissait, il « ne voulait en aucune manière se rendre solidaire d'une pareille mesure qui pourrait compromettre le repos général de l'Europe ». Devant cette réponse, M. Thiers lui-même dut, au moins pour le moment, renoncer à tout projet d'intervention.

Il fallut donc avertir le gouvernement espagnol que sa demande ne pouvait être accueillie.[1] Bien que le gouvernement français offrit en même temps tous les témoignages de sa bienveillance et tous les secours indirects en son pouvoir, la déception fut grande à Madrid. Au premier abord, les événements parurent donner raison à ceux qui avaient prophétisé des désastres, au cas où nous refuserions d'agir. Les carlistes, enhardis, infligèrent de nouveaux échecs à l'armée constitutionnelle et la forcèrent à repasser l'Èbre; sauf quelques villes, ils occupaient la Biscaye, la Navarre, la Catalogne et l'Aragon. Dans le reste de la Péninsule, redoublement d'agitation révolutionnaire, d'émeutes et de massacres de moines. Les ministres relativement modérés et clients de la France, MM. Martinez de la Rosa et de Toreno, découragés, débordés, furent contraints de céder la place à M. Mendizabal, chef du parti radical et se réclamant du patronage anglais (février 1836). C'était un échec pour notre influence, un péril pour la monarchie espagnole. Plus que jamais donc, les affaires de la Péninsule devaient occuper le gouvernement français; elles

[1] Dépêche du 8 juin 1835.

fixeront, en effet, d'une façon particulière, l'attention du cabinet qui succédera, le 22 février 1836, au ministère du 11 octobre.

VI

L'affaire de la Quadruple Alliance a bien montré quelles étaient alors les difficultés de nos relations avec l'Angleterre. Sur beaucoup d'autres théâtres, notamment à Bruxelles, à Constantinople, à Athènes, nous rencontrions, sournoise ou patente, la jalousie qui s'était manifestée à propos du Portugal et de l'Espagne. Dans presque toutes les capitales, on eût dit que les ambassades ou les légations britanniques avaient pour tâche de se créer une influence rivale, souvent ennemie de la nôtre. Certains agents diplomatiques y apportaient d'autant plus de passion, qu'ils avaient été, en quelque sorte, dressés à combattre la France [1]. On eût dit que, dans le gouvernement comme dans l'opinion d'outre-Manche, la tradition d'une inimitié de plusieurs siècles l'emportait sur les devoirs, encore mal compris ou mal acceptés, d'une alliance toute récente. Avec une telle disposition, le rapprochement même des deux nations, la multiplicité de leurs points de contact, la communauté de leurs intérêts, ne devenaient qu'une occasion de froissements et de chocs plus fréquents; c'était à se demander si l'harmonie n'eût pas été moins malaisée à maintenir entre deux États ayant des préoccupations plus différentes, des théâtres d'action plus éloignés l'un de l'autre. En même temps que les accidents désagréables se multipliaient, les signes extérieurs

[1] Dans une lettre écrite de Berlin, le 2 novembre 1835, M. Bresson disait de sir R. Adair, ministre anglais en Prusse, chez lequel il avait constaté peu de bienveillance envers la France. « Pendant cinquante ans, il a vu la lutte de l'Angleterre et de la France : il y a joué un rôle. Ses habitudes sont prises, ses inclinations formées. Il n'accepte qu'avec restriction l'alliance actuelle des deux pays. » Il indiquait comme « n'ayant pas d'autre manière de faire », lord Posomby, ambassadeur à Constantinople; sir Frédéric Lamb, ambassadeur à Vienne; M. Villiers, ambassadeur à Madrid. (*Documents inédits.*)

d'entente se faisaient plus rares et plus incertains. Le traité du 22 avril 1834, où amis et ennemis avaient cru voir la consolidation définitive et solennelle de l'alliance des deux puissances occidentales, semblait au contraire devoir être la dernière manifestation de cette alliance et le point de départ, sinon d'une rupture, du moins d'un refroidissement chaque jour plus visible.

Par ce qu'on peut déjà connaître du caractère et des sentiments de lord Palmerston, — de ce patriotisme égoïste, intolérant, âpre, hargneux, incapable de comprendre qu'il y ait, dans le monde, un autre droit que l'intérêt de l'Angleterre ; de ce sans gêne que n'arrêtait aucun scrupule de principe, de générosité, de loyauté ou seulement de politesse ; de ce tempérament querelleur qui transformait aussitôt la moindre dissidence en aigre conflit [1], — on devine que la présence d'un tel homme à la tête du *Foreign Office* n'était pas faite pour diminuer, entre les deux puissances occidentales, les causes naturelles de froissement ; elle eût suffi, au contraire, à en créer. Cet homme d'État mettait son ambition à mériter le nom de « bouledogue de l'Angleterre », et c'était surtout contre la France que son instinct le portait à aboyer et à montrer les dents. Tout ce que la vieille politique britannique avait eu de passion gallophobe survivait dans son âme. Aussi le trouvait-on absolument réfractaire à l' « entente cordiale » ; vainement le cabinet whig l'avait-il inscrite en tête de son programme et voulait-il sincèrement la pratiquer, le ministre des affaires étrangères cherchait, en dépit

---

[1] C'est en faisant allusion à cette diplomatie querelleuse que Robert Peel, à la veille même de sa mort, disait à lord Palmerston, en pleine Chambre des communes : « Si votre diplomatie n'est employée qu'à aviver chaque blessure, à envenimer les ressentiments au lieu de les amortir ; si vous placez dans chaque cour de l'Europe un ministre, non point dans le dessein de prévenir des querelles ou d'y mettre un terme, mais afin d'entretenir d'irritantes correspondances, ou afin, dans tel intérêt supposé de l'Angleterre, de fomenter des dissensions avec les représentants des puissances étrangères, alors, non-seulement cette institution est maintenue à grands frais, par les peuples, en pure perte, mais une organisation adoptée par les sociétés civilisées pour assurer les bienfaits de la paix, est pervertie en une cause nouvelle de troubles et d'hostilités. »

de ses collègues, tous les moyens de se passer de la France, ou même toutes les occasions de la mortifier et de lui nuire.

L'Angleterre nous marchandait donc chaque jour davantage les profits de son alliance et nous épargnait moins les désagréments de sa rivalité. Les autres gouvernements s'en apercevaient. M. de Metternich ne se refusait pas le plaisir de révéler, de temps à autre, à notre ambassadeur, les mauvais tours que lord Palmerston cherchait à nous jouer. Il se défendait cependant de nous pousser à une rupture : « Vous brouiller avec l'Angleterre, s'écriait-il, ce serait comme si nous nous brouillions, nous, avec la Russie. » Mais il ajoutait malicieusement : « Prenez-y garde, rien n'est plus utile que l'alliance de l'homme avec le cheval; seulement il faut être l'homme et non le cheval [1]. »

Le duc de Broglie ne contestait pas les mauvais procédés du gouvernement anglais : il n'en regardait pas moins comme nécessaire de rester fidèle à cette alliance, en « l'acceptant avec ses conditions inévitables et ses vicissitudes naturelles, avec ses hauts et ses bas ». Il s'est expliqué sur ce sujet, dans une longue et très-remarquable lettre, écrite, en 1835, à l'un de ses agents [2]. Après y avoir rappelé comment l'alliance anglaise était née, après 1830, et l'immense service qu'elle nous avait rendu, il observait, avec finesse, les conditions particulières qui faisaient de nos voisins des alliés si incommodes : « L'Angleterre, disait-il, est une île; l'Angleterre est une grande puissance maritime; l'Angleterre n'entretient point de grandes armées de terre. Comme île, comme grande puissance maritime, elle ne court aucun risque d'invasion; elle joue en quelque sorte sur le velours, lorsqu'elle se mêle des affaires du continent; elle peut dès lors avoir, sans trop d'inconvénient, une politique brusque, violente, téméraire, agissant par secousses et par saccades; elle n'a point trop à redouter les conséquences de ses incartades. Comme puissance qui n'entretient pas de grandes armées de terre, assez peu lui importe de s'engager par

[1] Dépêche de M. de Sainte-Aulaire du 7 décembre 1835.
[2] Lettre du 12 octobre 1835 à M. Bresson. (*Documents inédits*.)

ses paroles, ou même par ses actes; on trouve tout naturel qu'elle ne soutienne pas ses menaces, qu'elle se renferme chez elle, et se croise les bras tranquillement après avoir jeté feu et flamme..... Cette même position de l'Angleterre qui lui épargne tout ce qu'il peut y avoir de grave dans les conséquences d'une politique hasardeuse, tout ce qu'il peut y avoir d'irrémédiable dans les partis pris à la légère, nous explique également pourquoi sa manière d'agir est souvent bizarre et inconséquente. C'est un enfant gâté qui ne résiste guère à ses premiers mouvements et qui se passe souvent ses fantaisies du jour et du quart d'heure..... Enfin, lorsque nous nous sommes alliés à l'Angleterre, nous avons dû compter que partout où l'intérêt bien évident de l'alliance ne serait pas en saillie, nous retrouverions l'esprit jaloux, inquiet, soupçonneux, de l'ancienne politique anglaise vis-à-vis de la France, cette envie de briller aux dépens d'autrui, de primer, de faire parade d'influence uniquement pour prouver qu'on en a. » Le duc de Broglie citait de nombreux exemples des incartades et de la malveillance anglaises. Puis il ajoutait : « Que conclure de tout cela? Rien autre chose, sinon que la situation actuelle ne diffère pas essentiellement de ce qu'elle était il y a deux ans, qu'il ne nous arrive rien, en ce moment, qui ne nous soit arrivé chaque jour, depuis 1831, rien à quoi nous n'ayons dû nous attendre, rien dont nous devions nous effaroucher bien fort..... L'alliance de la Russie coûte assurément plus cher, depuis cinq ans, à M. de Metternich, que l'alliance anglaise ne nous a coûté, et, si nous sommes forcés de passer bien des choses au ministre anglais, nous lui avons fait avaler, il faut en convenir, de notre côté, quelques pilules assez amères, témoin l'expédition d'Ancône et nos déclarations publiques sur la possession d'Alger. » Après avoir recommandé de dissimuler nos dissentiments avec l'Angleterre, pour que les cabinets étrangers ne s'en emparassent pas, le ministre terminait ainsi : « Il faut que le plus sage des deux cabinets couvre les fautes de l'autre, ne regarde pas de trop près à de légers torts, cède même, au besoin, tous les avantages qui seraient véritablement sans importance. C'est par une politique calme et réfléchie, persévérante et conséquente, raisonnée et régulière, qu'un gouvernement s'honore et s'affermit. C'est par là qu'il acquiert à la longue un ascendant durable, et cet ascendant-là est le seul dont il doive faire cas. Tout le reste, toutes les petites irritations, toutes les petites susceptibilités, toutes les petites envies de briller, de primer, de faire preuve d'influence, ne sont, si je puis ainsi parler, que de la fatuité diplomatique. Il faut laisser cela à ceux qui ne sont pas obligés comme nous de prendre les choses au sérieux et qui n'ont pas à jouer une aussi grosse partie que la nôtre. »

Tout le monde ne voyait pas les choses d'aussi haut et avec autant de sérénité que le duc de Broglie. On conçoit que d'autres esprits, plus accessibles à l'impatience et à l'agacement, fussent conduits à se demander si la France ne pouvait pas trouver sur le continent des alliés plus aimables et plus profitables. De ce nombre fut M. de Talleyrand, l'homme même qui avait, après 1830, inventé et pratiqué l'entente cordiale avec l'Angleterre, qui, en 1832 et en 1833, recommandait au duc de Broglie d'y demeurer quand même fidèle et tâchait de la transformer en alliance formelle et générale [1]. Le vieux diplomate se décidait-il par des considérations de haute politique? Cédait-il au ressentiment des impertinences que ne lui avait pas épargnées lord Palmerston et auxquelles la déférence universelle des diplomates européens ne l'avait pas préparé [2]? Ou bien encore subissait-il l'influence russe de la princesse de Liéven qu'il avait beaucoup vue à Londres? Toujours est-il que, vers la fin de 1834, il disait au Roi : « Qu'est-ce que Votre Majesté a encore à attendre de l'Angleterre? Nous avons exploité son alliance et nous n'avons plus aucun avantage à en retirer. C'est à notre alliance avec l'Angleterre que nous devons la conservation de

---

[1] A la fin de 1834, M. de Talleyrand, en alléguant son âge et sa santé, donna sa démission d'ambassadeur à Londres.
[2] Lord Palmerston, comme le dit son biographe anglais, Bulwer, « n'avait pas la bosse de la vénération » ; et puis il avait été fort mortifié des caricatures nombreuses qui, en Angleterre, le représentaient comme étant l'instrument et le jouet de M. de Talleyrand. (Lettre de M. de Talleyrand à M. de Broglie, du 17 décembre 1832. *Documents inédits*.)

la paix ; maintenant elle n'a que des révolutions à vous offrir. L'intérêt de Votre Majesté exige donc qu'elle se rapproche des puissances orientales... Les grandes cours ne vous aiment pas, mais elles commencent à vous estimer [1]. »

Le Roi avait toujours tenu grand compte des avis de M. de Talleyrand. Cette fois, il était d'autant plus disposé à les suivre qu'ils répondaient à son sentiment personnel. Peut-être même, dans cette voie, avait-il devancé son ambassadeur. Dès la fin de 1833, et surtout à partir de 1834, on eût pu noter chez Louis-Philippe une tendance nouvelle à se mettre en bons termes avec les gouvernements du continent. Divers symptômes lui donnaient à penser que ces gouvernements, surtout ceux de Berlin et de Vienne, étaient au fond un peu las et découragés de leur hostilité contre la monarchie de Juillet, à demi désarmés par la bonne tenue de cette dernière, et par suite moins opposés à un rapprochement. Aussi croyait-il le moment venu de leur faire des avances et de leur donner des gages. Sans la bien connaître, le public soupçonnait cette évolution de la politique personnelle du Roi, et ce fut une occasion d'attaques très-vives. La presse de gauche affectait de ne voir là que la couardise d'un prince trop pacifique qui tremblait devant les menaces de la Sainte-Alliance, ou l'empressement d'un parvenu qui mendiait son admission parmi les vieilles monarchies, cherchait à se faire pardonner son origine, et sacrifiait, pour cela, l'intérêt et l'honneur de la France libérale. En présentant ainsi les choses, l'opposition, suivant son habitude, ne montrait ni largeur d'esprit, ni justice. Que le prince fût personnellement flatté à la pensée de se voir enfin traité avec politesse et même recherché par les gouvernements qui, jusqu'alors, avaient le plus suspecté et dédaigné sa provenance révolutionnaire, c'est possible, et, après tout, rien de plus naturel, ni de plus légitime; en cette circonstance, comme presque toujours d'ailleurs, l'intérêt de la France et celui de la dynastie se confondaient. Mais cette con-

---

[1] Ce langage est rapporté dans une dépêche de M. de Werther, ambassadeur de Prusse à Paris, en date du 1er juin 1835. (HILLEBRAND, *Geschichte Frankreichs*, 1830-1870, t. I, p. 587-588.)

duite ne pouvait-elle pas s'expliquer par une autre raison, raison de haute politique qui regardait la nation elle-même? Jamais une puissance n'est une alliée facile et obligeante, quand elle sait être une alliée unique et nécessaire. Tel était, par le malheur de 1830, la situation de l'Angleterre à notre égard. Du jour où l'on aurait appris, à Londres, que rien ne nous empêchait plus de choisir nos amis parmi les États du continent, lord Palmerston lui-même ne serait-il pas devenu plus souple et plus bienveillant? Dût-on donc, en fin de compte, demeurer fidèle à l'alliance anglaise, il importait cependant de faire disparaître l'espèce d'incompatibilité que la révolution avait semblé créer entre notre monarchie et celles de la vieille Europe. Nous ne nous demandons pas, pour le moment, si le Roi avait bien choisi l'heure et les moyens. Mais au moins ne faut-il pas rapetisser ni dénaturer le motif qui le déterminait et le but auquel il visait.

Sans méconnaître de quel avantage il eût été de reconquérir le libre choix de nos alliances, le duc de Broglie croyait que les puissances continentales gardaient contre nous trop de préventions et de dédains, pour qu'un rapprochement avec elles pût être dignement et utilement tenté, pour qu'il y eût lieu même d'accueillir leurs avances. « Au fond de l'âme, écrivait-il à M. de Sainte-Aulaire, notre ambassadeur à Vienne[1], M. de Metternich nous hait et nous méprise comme des bourgeois que nous sommes, mais il se figure que la moindre cajolerie d'un grand seigneur européen comme lui doit nous tourner la tête, et que, dans notre isolement continental, la moindre avance de l'Autriche doit nous paraître une bonne fortune inopinée. Je suis bien aise qu'il sache, une fois pour toutes, que nous nous trouvons de taille à le regarder de haut en bas. » Et encore : « Toutes les fois que je vois M. de Metternich se tourner de notre côté, il me semble voir un homme qui pose sa main pour s'appuyer sur un fagot d'épines, et qui la retire à l'instant même... La haine du gouvernement de Juillet, en tant que tel,

---

[1] Cette citation et celles qui vont suivre sont tirées de la correspondance confidentielle du duc de Broglie avec ses ambassadeurs. (*Documents inédits.*)

n'est pas moindre aujourd'hui qu'il y a trois ans. Je me règle là-dessus. » Il se défendait d'avoir, au fond, beaucoup plus de confiance dans le gouvernement prussien. Tout au plus notait-il qu'à Berlin on était « moins grand seigneur », qu'on avait « moins de morgue », et qu'il y avait, par suite, plus de possibilité d'entente. Sur la Russie, il s'exprimait ainsi : « Si nous voulions essayer de nous rapprocher de la Russie, de lui promettre toute liberté dans ses desseins sur Constantinople, à la condition d'avoir son appui pour envahir la Belgique et prendre la rive gauche du Rhin, outre que ce serait, de notre part, un manque de foi odieux et méprisable, ce serait une entreprise dont nous n'aurions que la honte. La haine de l'empereur de Russie pour nous est encore la plus forte de toutes ses passions; il ne nous a jamais fait aucune ouverture dont nous puissions nous prévaloir pour changer de ligne de conduite et de drapeau, et s'il en accueillait de notre part, ce ne pourrait être qu'un stratagème, ce ne pourrait être que pour nous trahir ensuite et nous déconsidérer : nous l'aurions bien mérité. »

Aussi le duc de Broglie précisait-il en ces termes l'attitude qu'il conseillait à ses agents, en face des gouvernements du continent : « Vous avez vu quelquefois un homme de mérite, mais sans naissance, qu'un événement, glorieux pour lui, introduit dans la haute société. Quel doit être le principe de conduite d'un pareil homme en pareille situation? Je n'hésite point à dire que son principe de conduite doit être la réserve, une dignité polie, mais un peu froide. Il doit se tenir à distance des grands personnages dont le sort l'a rapproché, et les tenir en même temps à distance de lui-même, attendre les avances et n'en point faire le premier, de crainte de les voir repoussées ou de les voir tournées en ridicule ; lorsqu'il en reçoit, il doit les recevoir sans affectation, sans empressement, comme une chose toute simple ; lorsqu'il n'en reçoit pas, il doit trouver la chose plus simple encore, témoigner, en un mot, qu'il sait ce qu'il vaut, qu'il n'a besoin de personne et ne demande rien, sauf ce qu'il est rigoureusement en droit d'exiger. Supposez enfin que l'occasion se présente de régler quelques affaires, quelques intérêts, il doit prendre soin que les arrangements dans lesquels il entre portent sur des données précises, limitées, positives; il doit éviter de se compromettre dans des relations vagues et générales qui ne peuvent s'entretenir que par l'intimité et la confiance, par une certaine identité de vues, d'habitude et de sentiments. Eh bien, cet homme-là, c'est le gouvernement de Juillet. Considéré dans ses rapports avec les autres gouvernements, c'est un parvenu. Son moyen de parvenir a été légitime, glorieux, mais, je le repète, c'est un parvenu. Il ne doit point en rougir; il doit au contraire s'en faire honneur et se conduire en conséquence. Tel est le caractère que je m'applique, pour mon propre compte, à imprimer à nos relations diplomatiques. Le gouvernement français est isolé sur le continent de l'Europe, c'est un fait qu'il faut reconnaître, et c'est une situation dont il ne faut pas se montrer empressé de sortir. Ce gouvernement-ci s'affermit, cette nation se calme et se rassure, ce pays-ci prospère et s'enrichit. Ce qui nous manque, c'est ce qu'aucune combinaison politique ne saurait nous donner tout à coup, le temps, la durée, cette confiance dans le lendemain qui naît de ce qu'on a un passé, de ce que le jour présent ressemble à la veille. Mon unique ambition, c'est d'assurer à ce gouvernement-ci du temps, de la durée; c'est de le maintenir en paix avec tout le monde, en prévenant, autant qu'il se peut, tout accroissement de prépondérance qui serait de nature à tourner contre nous; c'est de lui procurer le genre de considération que mérite un gouvernement sérieux, sensé, fidèle à sa parole et disposant d'une puissance grande et réelle. » Comme conclusion, le duc de Broglie engageait ses agents à « entretenir avec les cours du continent des relations polies, aisées, bienveillantes, telles, en un mot, qu'il en existe entre gens bien élevés, mais sans jamais donner à croire que nous prétendions à transformer ces relations en intimité véritable, en amitié bon argent, en confiance réelle ».

Cette attitude différait, sur plus d'un point, de celle qu'eût désirée Louis-Philippe. Il y avait donc divergence grave entre le Roi et son ministre. On comprend mieux maintenant pourquoi le premier accepta si facilement la démission du second, à la suite du débat sur l'indemnité américaine, et pourquoi aussi il se montra si longtemps opposé à sa rentrée. En effet, pendant l'année où le portefeuille des affaires étrangères fut aux mains de l'amiral de Rigny, d'avril 1834 en mars 1835, le Roi fut plus à l'aise pour essayer de faire prévaloir ses vues. Mais il n'y renonçait pas, même avec le duc de Broglie dans son conseil. On ne saurait s'en étonner. Le souverain, même constitutionnel, a le droit et le devoir d'exercer une action, le plus souvent prépondérante, dans la direction des affaires étrangères. Combien avait-il été heureux pour la France que Louis-Philippe l'exerçât après 1830 [1]! Seulement, avec le duc de Broglie, ce prince a-t-il toujours recouru aux meilleurs procédés? Quand il se prononçait ouvertement contre l'intervention en Espagne et pesait sur son conseil pour faire prévaloir son opinion, rien de plus correct. Mais il ne s'en tenait pas là : il semblait parfois vouloir neutraliser ou corriger l'action de ses ministres, par-dessus leur tête et plus ou moins à leur insu. Il profitait des relations amicales, presque familières, où il avait admis les ambassadeurs étrangers, notamment ceux de Russie, d'Autriche et de Prusse, des longues conversations auxquelles il les avait

[1] La reine Victoria, quelle que fût sa correction parlementaire, a exercé cette action, et elle en a révélé elle-même l'étendue dans le livre qu'elle vient de faire écrire sur le prince Albert. L'auteur de ce livre, M. Théodore Martin, a résumé ainsi, sur ce sujet, la doctrine conservée par l'usage anglais : « Nos relations extérieures comprenant les questions vitales de paix et de guerre ont toujours été considérées comme exigeant, d'une manière spéciale, l'attention du souverain. Si quelqu'un doit tenir plus sérieusement que personne à rehausser la dignité, la puissance et le prestige de ce pays, on peut le présumer à bon droit, c'est le souverain qui préside à ses destinées et en qui sa majesté se personnifie. Si quelqu'un doit, plus que personne, aimer la paix et tous les biens qu'elle dispense, c'est le souverain. Aucun ministre, quel que soit son patriotisme, quelle que soit sa conscience, n'est homme à surveiller ce qui se passe sur le continent, à s'inquiéter de la constante prospérité du pays, avec plus de vigilance et plus de pénétration que le souverain, puisque, de toutes les personnes du royaume, il est le plus étroitement identifié avec ses intérêts et son honneur... C'est pour ce motif que la couronne a toujours eu l'éminente fonction de veiller exactement, continuellement sur l'état de nos relations extérieures, par conséquent de se tenir pleinement informée de la politique du gouvernement et de tout détail essentiel de cette politique pouvant influer sur les relations du dehors. » (Théodore MARTIN, *The Life of the Prince-Consort*, t. II, p. 300-301.)

habitués [1], pour leur tenir un langage sensiblement différent de celui de M. de Broglie. Il leur faisait confidence de son désir de se rapprocher des puissances continentales, de ses griefs contre l'Angleterre [2], ou même de ses désaccords avec ses propres ministres. Y avait-il, dans les actes de ces derniers, quelque chose qui pût contrarier les trois cours, il cherchait à l'atténuer. Ainsi, après le traité d'Unkiar-Skelessi, donnait-il l'assurance qu'il ne suivrait pas lord Palmerston dans sa campagne contre la Russie [3]; après Münchengraetz, désavouait-il à demi la roideur du duc de Broglie [4], et, après le traité de la Quadruple Alliance, s'empressait-il de diminuer la portée de cet acte, affirmant que, malgré l'opinion contraire d'une partie de son conseil, il ne permettrait jamais une intervention en Espagne [5]. A plusieurs reprises, M. de Broglie, d'accord avec l'Angleterre, avait refusé de s'associer aux démarches des puissances continentales, pour imposer à la Suisse des mesures contre les réfugiés politiques; il avait même protégé la résistance de ce petit État; Louis-Philippe laissait voir aux ambassadeurs qu'il eût voulu, au contraire, se ranger du côté des puissances, se plaignait à eux de la « marotte suisse » de son ministre, profitait de l'intervalle où celui-ci n'était plus au pouvoir pour imprimer, sur ce point, une direction différente à notre diplomatie, et telle était son insistance, qu'à la fin de 1835, après la

---

[1] C'est ce qui faisait dire à M. de Metternich : « Louis-Philippe est causeur; il faudrait lui envoyer un sourd-muet pour empêcher qu'on lui répondît. » (*Mémoires*, t. VI, p. 31.)

[2] Le Roi déclarait à M. de Werther, au commencement de 1834, « n'avoir à essuyer, de la part de l'Angleterre, que méfiance et exigence ». (HILLEBRAND, *Geschichte Frankreichs*, t. I, p. 564.)

[3] Dépêches diverses des ambassadeurs ou des ministres étrangers, à la fin de 1833 ou au commencement de 1834. (HILLEBRAND, *ibid.*, p. 562 à 564.) L'ambassadeur de Prusse prétend même qu'en janvier 1834, le Roi avait écrit, dans ce sens, au Czar, une lettre autographe que le duc de Broglie prit sur lui de supprimer. Le Roi n'aurait connu cette suppression qu'en avril, après la démission du duc, et aurait alors envoyé une copie de sa lettre au maréchal Maison, son ambassadeur à Saint-Pétersbourg.

[4] Après avoir écouté, en cette occasion, les plaintes des ambassadeurs sur la « roideur » du duc de Broglie, Louis-Philippe ajoutait : « Mais vous savez : le Roi règne et ne gouverne pas. Cependant, au besoin, je saurai bien empêcher qu'on aille trop loin. » (HILLEBRAND, *ibid.*, p. 556, 563.)

[5] HILLEBRAND, *ibid.*, p. 578; *Mémoires de Metternich*, t. V, p. 606, 607.

rentrée du duc, il finissait par l'amener en partie aux mesures qu'il voulait [1]. Les ambassadeurs se prêtaient avec empressement à ces épanchements, transmettaient à leur gouvernement ce qui leur était ainsi révélé, notant surtout avec soin, peut-être même exagérant les boutades ou les blâmes qui avaient pu échapper au Roi contre son propre ministre [2]. L'écho de ces conversations revenait souvent à ce dernier, soit par ses agents du dehors, soit par les diplomates étrangers. De là, entre la couronne et ses conseillers, une tension de rapports qui fut pour beaucoup dans les déplorables crises ministérielles de 1834 et de 1835, et bientôt dans la chute, plus déplorable encore, du cabinet du 11 octobre.

Pour encourager ces dispositions du Roi, les gouvernements du continent ne tarissaient pas en éloges sur sa modération, sur sa sagesse, qu'ils opposaient au mauvais esprit de ses ministres, particulièrement du duc de Broglie [3]; ils lui faisaient parvenir des témoignages de confiance, de reconnaissance et d'estime, auxquels il était très-sensible. M. Ancillon et le prince de Metternich proclamaient la tenue de Louis-Philippe « plus correcte encore et meilleure que celle de lord Wellington » [4]. Il n'était pas jusqu'au Czar qui ne le fît remercier de ses efforts pour contenir lord Palmerston [5]. Les ambassadeurs trouvaient, plus d'une fois, leur intérêt à traiter ainsi directement avec le Roi, par-dessus la tête de ses ministres [6]. Ils avaient cru d'ailleurs observer que sa volonté personnelle finissait toujours par

---

[1] Cf. diverses dépêches des ambassadeurs étrangers, citées par Hillebrand (*Geschichte Frankreichs*, t. I, p. 612), notamment dépêches de Werther, des 25 mars, 1er et 21 avril 1835. Ces affaires de Suisse prendront beaucoup plus d'importance sous les ministères suivants : nous y reviendrons à ce moment.

[2] Cf. les nombreuses dépêches des ambassadeurs étrangers, citeés par Hillebrand dans les passages visés ci-dessus.

[3] *Mémoires de M. de Metternich*, t. V, p. 667.

[4] Plus on allait, plus les puissances continentales ressentaient d'animosité contre le duc de Broglie. Leur irritation fut vive, quand, en mars 1835, elles le virent rentrer au ministère. « Nous aurons du fil à retordre avec cet homme », écrivait M. de Metternich. (*Mémoires*, t. VI, p. 32.)

[5] Dépêches de janvier 1835. (Hillebrand, *Geschichte Frankreichs*, t. I, p. 583.)

[6] *Ibid.*, p. 564.

l'emporter, quand elle était nettement exprimée. C'est ce qu'avait cherché à établir, dès novembre 1833, l'ambassadeur de Russie, Pozzo di Borgo, dans un *Memorandum* communiqué à ceux des membres du corps diplomatique qui faisaient cause commune avec lui [1]. Ceux-ci furent confirmés encore dans ce sentiment, quand ils virent Louis-Philippe faire prévaloir dans les affaires espagnoles la politique de non-intervention qui leur tenait tant à cœur [2]. M. de Sales, ambassadeur de Sardaigne, en concluait que « le Roi était bien le maître et le directeur du ministère [3] ».

Les choses en vinrent à ce point qu'à partir de 1834 et surtout de 1835, des communications secrètes s'établirent entre M. de Metternich et Louis-Philippe [4]. Tout se passait en dehors et même, dans une certaine mesure, à l'insu des ministres. Dans des lettres adressées à l'ambassadeur d'Autriche, mais, en réalité, destinées à être mises sous les yeux du Roi, ou tout au moins à lui être lues en partie, le chancelier, répondant à l'invitation qui paraît lui avoir été faite [5], indiquait ses vues, donnait ses conseils, professait ses doctrines, non-seulement sur les affaires étrangères, mais aussi sur la politique intérieure, sur la nécessité de combattre la révolution et de répudier « l'utopie libérale »; il y mêlait des compliments à l'adresse du prince qu'il proclamait la seule force et la seule lumière de son gouvernement, et des attaques contre les ministres, spécialement contre

[1] Dépêche de Werther, du 14 novembre 1833. (*Geschichte Frankreichs*, t. I, p. 563.)
[2] « Le fait de la non-intervention, écrivait M. de Metternich le 18 juin 1835, est d'une importance bien grande et bien générale. J'ai anticipé nos félicitations au roi Louis-Philippe, et, en effet, on ne peut que lui adresser des félicitations. » (*Mémoires*, t. VI, p. 36.)
[3] Dépêche du 20 juin 1835. (HILLEBRAND, *Geschichte Frankreichs*, t. I, p. 585.)
[4] Plusieurs de ces lettres se trouvent publiées dans les *Mémoires de M. de Metternich*, au début du tome VI.
[5] M. de Metternich disait, dans une de ses lettres : « *Les explications confidentielles dans lesquelles le roi Louis-Philippe me permet d'entrer avec lui, la facilité que ce prince met à nous rendre compte de sa propre pensée*, offrent, dans une situation qui généralement est difficile, de bien grands avantages à ce que je qualifie, sans hésitation, de cause générale et commune. » (*Mémoires*, t. VI, p. 33.) Plus tard, M. de Metternich faisait allusion au « désir qu'avait le Roi de connaître le sentiment » du chancelier d'Autriche. (*Ibid.*, p. 137.)

les doctrinaires, présentés comme des esprits faux, orgueilleux, déplaisants, qui voulaient supplanter le Roi et conduisaient la monarchie à sa ruine. En même temps qu'il entr'ouvrait discrètement à son auguste correspondant la porte de la Sainte-Alliance, il ne manquait pas une occasion d'exciter sa méfiance ou son ressentiment contre l'Angleterre [1]. Louis-Philippe, sans doute, n'était ni d'âge ni de goût à se mettre à l'école, et surtout à l'école de M. de Metternich; il était trop fin pour ne pas sourire, à part lui, de la solennité dogmatisante, de la bienveillance protectrice, avec lesquelles cet homme d'État avait pris, à son égard, le rôle de précepteur et presque de directeur spirituel. Toutefois il se gardait de le décourager. Ces rapports lui paraissaient aider au rapprochement qu'il poursuivait avec les cabinets du continent et qu'il croyait utile à la politique française [2].

Les trois cours n'étaient pas cependant toujours en humeur de répondre avec courtoisie aux avances du roi des Français. Pendant que celui-ci se félicitait de l'intimité confiante des rapports qui s'étaient établis entre lui et l'ambassadeur de Russie, M. Pozzo di Borgo, le Czar, sans autre raison que d'être désagréable à Louis-Philippe, rappelait ce diplomate, en 1834, l'envoyait à Londres, et laissait, pendant près d'un an, l'ambassade de Paris vacante. A la fin de 1835, il se décidait à y nommer le comte Pahlen; mais, dans les lettres de

[1] Après avoir signalé les attaques de la presse ministérielle anglaise contre le gouvernement français et fait une sortie contre lord Palmerston, M. de Metternich s'écriait : « Quelle alliance, grand Dieu! que cette alliance pour le roi des Français! Lui qui, avant tout, aurait besoin de repos et d'appui, et qui ne recueille, de cette prétendue amitié, que de l'agitation et des menaces. » (*Memoires*, t. VI, p. 134.)

Les autres chancelleries n'ignoraient pas les relations qui s'étaient ainsi établies entre M. de Metternich et Louis-Philippe. Le comte de Pralormo, représentant de la Sardaigne à Vienne, écrivait à sa cour le 3 juin 1834 : « Le chancelier de cour et d'État a pris envers Louis-Philippe le rôle de pédagogue et de mentor politique. Il lui prodigue les conseils, les exhortations et les admonitions, le tout mêlé de quelques flagorneries sur la haute capacité et l'intelligence du Roi. De son côté, le Roi n'épargne au prince ni les compliments ni les flatteries. » (HILLEBRAND, *Geschichte Frankreichs*, 1830-1870, t. I, p. 563.) Ces communications, comme nous le verrons plus tard, devaient continuer après la chute du ministère du 11 octobre.

créance, il affectait de ne pas appeler Louis-Philippe « Monsieur mon frère », si bien que celui-ci, pour éviter les difficultés, cachait ces lettres à son ministre [1]. En même temps, M. de Barante, envoyé comme ambassadeur à Saint-Pétersbourg, y recevait un accueil peu gracieux. A la suite de l'attentat Fieschi, le Roi avait témoigné le désir que ses nouveaux amis des cours du Nord saisissent cette occasion de déclarer que le maintien de sa dynastie était un intérêt européen; il ne paraît pas qu'aucun d'eux se soit empressé de satisfaire à ce désir; bien plus, le Czar eut soin de ne faire féliciter le Roi que verbalement, tandis qu'il écrivait ouvertement une lettre autographe à la veuve du maréchal Mortier [2].

A Vienne, les formes étaient plus polies; mais, quand il s'agissait de répondre à Louis-Philippe autrement que par des compliments ou des leçons de politique réactionnaire, y avait-il là plus de bonne volonté? L'une des principales préoccupations du Roi était le mariage du jeune duc d'Orléans : obtenir pour lui quelque princesse de l'une des grandes familles régnantes eût été le signe que sa dynastie était vraiment acceptée et traitée d'égale par les autres cours; c'eût été aussi répondre aux légitimistes qui se vantaient tout haut d'avoir établi un « blocus matrimonial » autour de la nouvelle monarchie. Il est même permis de supposer que cette pensée du mariage de l'héritier du trône n'avait pas peu contribué à faire chercher un rapprochement avec les puissances continentales. Aussi, dès la fin de 1834, faisait-on sonder M. de Metternich, sur un projet de voyage du duc d'Orléans à Vienne, et sur la possibilité du mariage de ce prince avec une archiduchesse d'Autriche. Mais le chancelier n'avait aussitôt qu'une pensée, faire écarter ce projet que, dans ses lettres à Apponyi, il déclarait, à plusieurs reprises, « saugrenu » et « seulement explicable par la légèreté qui caractérise certaines têtes françaises, sous quelque régime qu'elles se trouvent placées ». « Le voyage du duc

---

[1] Dépêche de Werther, novembre 1835. (HILLEBRAND, *Geschichte Frankreichs*, 1830-1870, t. I, p. 567.)

[2] Dépêche de Brassier du 18 octobre 1835. (HILLEBRAND, *ibid.*, p. 657.)

d'Orléans, ajoutait-il, est une entreprise fort hasardée et positivement intempestive. Il sera reçu partout, et en particulier à Vienne, comme il est naturel de recevoir le fils du roi des Français avec lequel on est en paix. S'attendre à plus, c'est se tromper, et croire à la possibilité d'un mariage, c'est se tromper encore une fois. » Suivait une dissertation où le chancelier expliquait que le gouvernement français « ressemblait à un bâtard ». Au cours de ces peu agréables pourparlers, qui se continuèrent de décembre 1834 à mars 1835, survinrent la mort de l'empereur François et l'avénement de Ferdinand. Toute la crainte de M. de Metternich fut que Louis-Philippe ne saisît cette occasion d'envoyer son fils à Vienne. Il chargea son ambassadeur de détourner le coup. « Je me flatte, lui écrivait-il, que l'idée n'en viendra pas au Roi ; ce qui a fait naître ici celle d'un envoi pareil, c'est l'arrivée du prince Guillaume, fils du roi de Prusse. Celui-ci a été reçu à bras ouverts, mais aussi quelle différence de position ! » Plus tard, en mai 1835, Louis-Philippe ayant fait faire de nouvelles ouvertures par M. de Chabot à M. de Metternich, celui-ci donna à entendre « avec franchise qu'il ne fallait point toucher cette corde [1] ».

Ces incidents ne donnent-ils pas à penser que Louis-Philippe s'avançait un peu vite vers les puissances continentales, sans s'être assez assuré qu'elles étaient vraiment disposées à le payer de retour ? Si réelle que fût la détente produite de ce côté, il restait encore trop des anciennes suspicions contre le régime et les hommes de 1830. C'était illusion surtout de se flatter d'une sorte de rapprochement général. Tout ou plus pouvait-on entrevoir, dans un avenir plus ou moins éloigné, la possibilité d'une entente sur quelque point déterminé, où l'intérêt évident de telle puissance la ferait passer par-dessus ses préventions ; telle serait, par exemple, la question d'Orient pour l'Autriche. Dans ces conditions, eût-il été prudent de laisser, dès maintenant, rompre ou relâcher l'entente avec l'Angleterre ? D'ailleurs, s'il était politique de travailler à effacer l'incompatibilité créée

---

[1] *Mémoires de M. de Metternich*, t. V, p. 620, 655 à 665 ; t. VI, p. 35.

par 1830 entre la France et les cours orientales, ce ne devait pas être pour nous rattacher à la Sainte-Alliance, mais bien pour dissoudre celle-ci et pour y substituer un nouveau classement des États de l'Europe, ainsi qu'il avait été fait sous la Restauration. Or quel était le dessein hautement proclamé des trois cours, celui dont elles déclaraient poursuivre l'accomplissement par leurs rapports directs avec Louis-Philippe? Elles se présentaient comme formant une trinité indissoluble et protestaient vivement qu'elles ne se laisseraient jamais séparer. Dans une des lettres destinées à passer sous les yeux de Louis-Philippe, M. de Metternich traitait dédaigneusement d' « utopie libérale doctrinaire » l'idée d'une « union politique entre les deux cours maritimes et l'Autriche [1] ». Par contre, les puissances prétendaient dissoudre cette alliance franco-anglaise qui avait si souvent fait échec à leurs desseins, depuis 1830, et qui leur avait imposé notamment l'indépendance de la Belgique. Là était le mobile avoué de toutes les coquetteries qu'elles faisaient au Roi, le but qu'elles poursuivaient avec une obstination passionnée. Sur ce point, à Vienne, à Berlin, à Saint-Pétersbourg, on pensait et l'on agissait de même. Pendant que M. de Metternich excitait Louis-Philippe contre l'Angleterre, le gouvernement russe envoyait M. Pozzo di Borgo à Londres, avec instruction d'enfoncer le coin le plus avant possible entre les deux États occidentaux. M. de Nesselrode, à la fin de 1835, déclarait attacher autant de prix que le chancelier autrichien à la dissolution de l'alliance franco-anglaise ; il reconnaissait que, « pour y arriver, les trois puissances devaient aller un peu au-devant du roi Louis-Philippe, en profitant de la disposition que ce prince montrait à se rapprocher d'elles ». Il protestait d'ailleurs qu'il avait « travaillé de bonne foi dans ce sens [2] ». Et qu'offrait-on à la France, en échange de l'alliance qu'on la poussait à rompre? Une petite place bien humble à la queue de la Sainte-Alliance. Dans la lettre citée plus haut, M. de Metternich, après avoir repoussé toute

---

[1] *Mémoires de M. de Metternich*, t. VI, p. 40.
[2] Hillebrand, *Geschichte Frankreichs*, 1830-1870, t. I, p. 594.

idée d'une séparation entre l'Autriche et les deux États du Nord, disait : « Ce que je regarderais comme possible, ce serait que le roi des Français, pour se renforcer contre les atteintes toujours renouvelées des factions révolutionnaires, se plaçât sur le terrain conservateur ; sur ce terrain, il nous rencontrera, nous et nos alliés. » Encore ajoutait-il : « Si je regarde un tel fait comme *possible,* je ne le considère pas, pour cela, comme *facile.* » Nons n'étions donc même pas pleinement assurés qu'après avoir fait aux trois cours le plaisir de nous brouiller avec notre allié d'outre-Manche, nous serions admis dans leur concert, et qu'elles ne s'uniraient pas à l'Angleterre, pour refaire contre la France la coalition de 1813? Est-ce d'ailleurs une hypothèse en l'air? N'est-ce pas ce qui devait arriver en 1840?

Parce que nous notons, sur ce point particulier, l'erreur du Roi, estimons-nous que le duc de Broglie fût, de son côté, sans faute? Il avait raison de ne pas juger le moment venu d'abandonner l'alliance anglaise, mais n'avait-il pas tort d'être trop roide avec les puissances continentales? De quelle façon ne traitait-il pas M. de Metternich, devenu sa bête noire! Non-seulement il pensait beaucoup de mal de lui, de ses idées, de son caractère, mais il mettait son point d'honneur à le lui faire savoir et prenait soin d'exprimer sa méfiance et son dédain, dans des lettres qu'il savait devoir être ouvertes par la police du chancelier [1]. Ces offenses ne sont jamais habiles ni prévoyantes, fût-ce contre une puissance avec laquelle on s'apprête à croiser le fer, à plus forte raison contre un gouvernement avec lequel on voulait vivre en paix, et dont même on devait bientôt désirer et rechercher l'alliance. Aussi M. de Sainte-Aulaire, avec la liberté que lui permettait une vieille

[1] A propos d'un incident de ce genre, M. de Broglie écrivait à M. de Sainte-Aulaire, le 11 juillet 1833 : « Si M. de Metternich trouve cela dans une lettre qu'on lui confie et qu'il a la bassesse de décacheter, je ne vois pas que j'aie moralement à me reprocher de l'y avoir mis. Mais est-il à propos qu'on sache ce que nous avons dans l'âme? Je le crois. M. de Metternich ne nous en haïra pas davantage, cela ne peut se faire; mais je crois qu'il sera au fond assez troublé de se voir ainsi connu et jugé. » (*Documents inédits.*)

amitié, reprochait à son chef de vouloir lui faire prendre une attitude trop hostile et trop méprisante [1].

Chez le duc de Broglie, c'était plus encore défaut de nature qu'erreur politique. Il avait, pour le poste qu'il occupait, des qualités de premier ordre : vues élevées et lointaines; instruction étendue; probité dont la candeur même devenait souvent une habileté, dans un milieu où l'on était blasé sur la rouerie [2]; caractère supérieur aux séductions vulgaires et aux petites lâchetés personnelles; souci exclusif du bien public; sens du commandement et de la responsabilité [3]. Mais à ces dons si rares se mêlait ce je ne sais quoi dont il avait conscience et qui lui faisait dire qu'il n'avait pas le maniement des hommes. Ne s'inquiétant pas assez de plaire, il était trop porté à croire qu'il lui suffisait d'avoir raison, et encore, dans sa manière d'avoir raison, y avait-il quelque chose d'inflexible, de cassant et de hautain. Trop peu de cet art, si essentiellement diplomatique, qui sait envelopper les pointes et s'arrêter au premier sang. Aussi, après quelque temps, les ambassadeurs et les ministres étrangers, — il est vrai que ce n'étaient pas les meilleurs amis de la France, et qu'ils n'avaient pas eu le dessus dans leurs chocs avec notre ministre, — se répandaient en récriminations sur la « roideur » et l' « aigreur » de M. de Broglie. N'eût-il pas mieux valu leur avoir infligé les mêmes échecs, sans leur avoir fourni les mêmes griefs?

---

[1] Ces reproches se trouvent notamment dans des lettres confidentielles du 28 juin 1833 et du 12 février 1834.

[2] Un homme qui, lui, n'avait rien de candide, M. de Talleyrand, écrivait au duc de Broglie, le 20 janvier 1834 : « Il y a une certaine candeur qui, pour être parfaitement vraie, n'en est pas moins habile. Votre excellente lettre du 16 en est la meilleure preuve. » (*Documents inédits.*)

[3] M. Guizot a dit justement du duc de Broglie : « Loin de laisser ses agents dans le vague sur ses intentions, pour être moins responsable de leurs actes, il leur adressait toujours des instructions détaillées, précises, et prenait toujours, dans la conduite des négociations, la première et la plus forte part de responsabilité. »

VII

Si le duc de Broglie jugeait nécessaire de garder l'alliance de l'Angleterre, et au moins inopportun de rechercher celle des puissances continentales, il ne regardait pas, pour cela, comme satisfaisant et définitif le partage des puissances européennes tel que l'avait fait la révolution de 1830. On a vu comment, après le traité d'Unkiar-Skelessi, il s'en était tenu à une ferme protestation contre la politique russe en Orient et avait évité la rupture immédiate à laquelle semblait vouloir l'entraîner l'impétueuse irritation de lord Palmerston. Depuis, d'ailleurs, son attention avait été successivement sollicitée par les événements de Münchengraetz et les affaires d'Espagne. Mais, tout en laissant, pour le moment, la question d'Orient s'assoupir, il ne la perdait pas de vue et n'était nullement disposé à abandonner, dans l'avenir, le champ libre à la Russie, ni même à lui donner quitus du passé. Bien au contraire, les affaires d'Orient devinrent l'une de ses principales préoccupations. Il y entrevit l'occasion d'une grande opération de diplomatie et de guerre dont le résultat eût été de modifier gravement le classement des puissances. Dès le 4 février 1834, son plan était formé, et il l'avait exposé dans une longue lettre confidentielle à M. Bresson, notre ministre à Berlin [1]. Cette lettre, dont les contemporains n'ont pas soupçonné l'existence et qui n'a jamais été publiée, est trop remarquable et traite de questions aujourd'hui encore trop vivantes, pour qu'il ne soit pas intéressant d'en citer des passages étendus.

Le duc de Broglie, après avoir signalé le dessein formé par la Russie de s'approprier la meilleure partie des dépouilles de l'empire ottoman, entre autres Constantinople, se demandait comment cette puissance s'y prendrait pour arriver à ses fins. La réponse qu'il faisait témoigne de sa prophétique clairvoyance.

[1] *Documents inédits.*

« Est-ce de vive force, disait-il, enseignes déployées, en écrivant sur ses drapeaux qu'elle va s'emparer de Constantinople? Il faudrait être bon enfant pour le croire. Le bon sens, les antécédents, l'histoire du partage de la Pologne nous apprennent que les moyens les plus propres pour parvenir à ce but sont des occupations armées, colorées de divers prétextes : des occupations successives, si les premières rencontrent trop de difficultés de la part des autres puissances; des occupations prolongées, si la résistance est moindre; mais des occupations conduites jusqu'à ce point que la prise de possession de Constantinople soit considérée comme un fait accompli, c'est-à-dire comme un fait sur lequel tout le monde s'arrange et prend son parti. Aussi, lorsque M. de Metternich nous déclare que, si l'empereur Nicolas prétend s'emparer d'un seul village ottoman, l'empereur d'Autriche tirera son grand sabre, lorsqu'il nous déclare que l'empereur d'Autriche repousserait avec horreur la simple idée de recevoir en partage un seul village de l'empire ottoman, il fait un étalage de rhétorique fort inutile. L'occasion ne se présentera pas directement de déployer tant de courage et de désintéressement. L'empereur Nicolas n'élèvera jamais de prétentions *directes* et *ostensibles* à s'emparer de tout ou partie de l'empire ottoman; mais il s'y établira, si on le laisse faire, sous quelque prétexte, du consentement de l'Autriche, et, une fois établi, l'Autriche fera comme le chien qui portait au cou le déjeuner de son maître, elle acceptera sa part après coup, ce qu'elle ne ferait probablement pas, si on lui proposait de procéder au partage à main armée et de propos délibéré. »

Quel moyen de « prévenir un tel résultat » ? Le duc de Broglie n'en voyait qu'un, et il ne craignait pas de l'appeler par son nom : « la guerre ». « La guerre seule, disait-il, peut empêcher la Russie de s'emparer de Constantinople. Il faut que les deux puissances qui ont eu, dans le dix-huitième siècle, le tort et la honte de souffrir d'abord l'occupation armée de la Pologne, puis le partage de ce malheureux pays, soient bien déterminées à ne point souffrir d'abord l'occupation, puis ensuite le partage de la Turquie. » Mais ces deux puissances ne seront pas seules, et c'était là l'un des points importants du plan : « Si l'Angleterre et la France s'engagent à fond dans cette question, l'Autriche s'y engagera un peu plus tard, un peu de mauvaise grâce, mais enfin elle s'y engagera; car il est très-vrai qu'au fond elle ne désire point le partage de la Turquie et que les restes de l'empereur Nicolas ne lui font pas grande envie. » L'éminent homme d'État ajoutait que, pour ne pas rejeter l'Autriche dans les bras de la Russie, il fallait abandonner toute arrière-pensée de mettre Méhémet-Ali à la place du sultan. Il se dégageait ainsi de cet engouement égyptien qui devait, en 1840, coaliser l'Europe contre nous.

Voilà donc le plan. Quand convenait-il de le mettre à exécution? A la différence des politiciens qui ne voient que l'effet du moment et non l'intérêt permanent et lointain du pays, le duc de Broglie était patient. Il cherchait moins à accomplir tout de suite quelque entreprise qui fît du bruit autour de son nom, qu'à choisir le moment vraiment opportun. Or, pour braver sans péril de révolution l'excitation et la secousse d'une telle guerre, et surtout pour obtenir l'alliance de l'Autriche, il lui paraissait nécessaire d'attendre que la France fût encore un peu plus loin de 1830. « Plus nous avançons, disait-il, plus la situation intérieure de la France se consolide, plus se développe son ascendant au dehors, plus grand sera alors le rôle que la France pourra jouer dans la guerre. Si la rivière coule du côté de la Russie en Orient, la rivière coule du côté de la France en Europe. Elle est placée naturellement à la tête du mouvement des esprits et des idées. Sa tâche, sa mission, c'est de contenir et de régler ce mouvement; quand elle y réussit, elle en est payée avec usure; il ne faut pas qu'elle se hasarde légèrement et sans nécessité à laisser les esprits se lancer de nouveau dans la carrière des révolutions et des aventures. Le temps approche où la guerre pourra être engagée, poursuivie, conduite dans des voies régulières et sans déchaîner toutes les imaginations. Il n'est pas encore venu. D'un autre côté, à mesure que nous nous éloignons de la révolution de Juillet, la coalition du Nord que cette révolution a ressuscitée et resserrée tend à s'affaiblir et à se disloquer. Plus nous différerons, plus nous aurons de chances de voir les alliés de la Russie se détacher d'elle, dans cette question. » Le noble duc ajoutait d'ailleurs, avec ce sens pratique qui distingue les hommes d'État des rêveurs : « Il faut que la Providence ait fait les trois quarts ou les cinq sixièmes de la besogne, pour que les plus fortes têtes puissent entrevoir le dénoûment et y travailler. »

On voit tout de suite les avantages du plan de M. de Broglie. Au lieu de confirmer et d'irriter la Sainte-Alliance, comme eût fait l'intervention en Espagne, si passionnément demandée par M. Thiers; au lieu de nous mettre à la queue de cette Sainte-Alliance, comme il fût arrivé si, obéissant à une invitation peu désintéressée, nous avions rompu avec l'Angleterre pour nous rapprocher des puissances continentales, il dissolvait l'union des trois cours, et en détachait l'Autriche; sans nous séparer de l'Angleterre, il la rendait plus souple et plus aimable, en lui montrant qu'elle cessait d'être l'alliée unique; il fournissait à la France l'occasion d'un grand succès diplomatique et militaire, libérait, pour l'avenir, sa politique extérieure, et effaçait, sous ce rapport, les conséquences malheureuses de la révolution de 1830.

Ce plan était-il donc irréalisable? L'Angleterre se serait volontiers prêtée à l'exécuter. Lord Palmerston, si froid au début des affaires d'Orient, était devenu bientôt tout feu contre la Russie : nous n'avions que l'embarras de le contenir. Il nous proposa même, au mois de décembre 1835, un traité d'alliance, en vue de maintenir l'intégrité de l'empire ottoman, avec possibilité d'accession pour l'Autriche[1]. Le duc de Broglie accueillit l'idée avec réserve; pour les raisons que nous avons indiquées, il ne croyait pas encore le moment venu d'agir; il n'ignorait pas, d'ailleurs, que Louis-Philippe non-seulement était opposé à toute agression contre la Russie, mais qu'il se faisait honneur de son opposition auprès des ambassadeurs étrangers, disant très-haut et de

---

[1] Correspondance confidentielle du général Sébastiani, alors ambassadeur à Londres, et du duc de Broglie. Il y eut d'assez nombreuses lettres échangées sur ce sujet en décembre 1835. (*Documents inédits*.)

façon à être entendu de ces derniers : « Je briserais mon conseil des ministres comme un roseau, plutôt que de céder sur ce point [1]. » Le ministre néanmoins avait garde de rebuter l'allié qui s'offrait. Il prit l'attitude d'un homme disposé à étudier le projet qui lui était communiqué et répondit lui-même par des contre-propositions. Son intention évidente était de gagner du temps, de ménager et de réserver, pour un moment plus favorable, la bonne volonté du gouvernement anglais. Tout fut interrompu, en février 1836, par la chute du ministère du 11 octobre.

L'Autriche était moins prête et moins prompte à entrer dans les vues du duc de Broglie. C'est surtout pour l'attendre, pour lui laisser le temps d'accomplir son évolution, que notre ministre ne voulait rien brusquer. Si, en effet, le gouvernement de Vienne avait le sentiment, chaque jour plus vif, du péril que la politique russe lui faisait courir et de l'accord d'intérêts où il se trouvait avec la France en Orient, il ne lui en répugnait pas moins de tendre la main à la royauté de Juillet et de dissoudre lui-même la Sainte-Alliance qu'il avait mis tant de soin à reformer après 1830. Aussi, quand il rencontrait formulée l'idée d'une entente de l'Autriche et des deux puissances occidentales, le premier mouvement de M. de Metternich était-il de protester [2]. Cependant, vers la fin de 1835, il était visible que ces dispositions se modifiaient peu à peu à notre égard, surtout quand quelque événement mettait en plus vive lumière les desseins du Czar. L'ambassadeur français, M. de Sainte-Aulaire, qui, dès 1833, avait indiqué la question d'Orient comme celle où l'on pouvait préparer, pour l'avenir, un rapprochement avec l'Autriche [3], notait, au fur et à mesure, ce changement d'attitude. Il écrivait, le 23 novembre 1835, au duc de Broglie : « On est ici pour nous très-poli dans la forme, et, je crois, aussi très-bienveillant dans le fond. Les incartades de l'empereur

---

[1] Dépêche de M. de Sales, ambassadeur de Sardaigne à Paris, du 29 janvier 1836. (Hillebrand, *Geschichte Frankreichs*, 1830-1870, t. I, p. 598.)
[2] *Mémoires de Metternich*, t. VI, p. 40.
[3] Lettre du 28 juin 1833 et du 12 février 1834. (*Documents inédits.*)

Nicolas sont odieuses au gouvernement de Vienne : soyez-en
sûr. Nos allures lui agréent au contraire beaucoup ; cela est également certain, pour le moment[1]. » Le chancelier se laissait
plus souvent aller à se plaindre des envahissements incommodes
de la Russie; il écoutait avec moins de trouble les insinuations
de notre ambassadeur ou lui faisait même des confidences
assez inattendues. Tout en écartant, autant qu'il le pouvait, la
seule pensée d'une complication et d'un conflit avec son voisin
du nord, tout en voulant prolonger le plus possible son rôle de
conciliateur, il s'accoutumait insensiblement à chercher, dans
les puissances occidentales, un point d'appui contre l'ambition
moscovite.

Le duc de Broglie, si prévenu qu'il fût contre le gouvernement de Vienne, prenait acte de ces dispositions nouvelles et
commençait à comprendre la nécessité de les cultiver. Il répondait à M. de Sainte-Aulaire, le 14 décembre 1835 : « La disposition de M. de Metternich est de se dire : « L'empereur Nicolas
« est un fou : on ne sait trop sur quoi compter avec lui ; il est
« possible qu'il fasse, du soir au lendemain, quelque incartade
« qui me mettrait dans un grand embarras. Le roi des Français
« est très-raisonnable ; il ne fera point de folies ; on sait à peu
« près à quoi s'en tenir avec lui. Mais c'est une terrible chose
« qu'une alliance avec la France : c'est un bien bon point d'appui
« que la Russie. Attendons, patientons ; à chaque jour sa peine.
« En attendant, donnons-nous les airs du médiateur général, de
« l'homme qui tient dans sa main le sort de tout le monde. » Je
pense, comme vous, que cette disposition d'esprit doit être cultivée, secondée, ménagée, plutôt qu'attaquée vivement. » Le
duc de Broglie demandait même si, pour pressentir le chancelier, il n'y aurait pas lieu de lui proposer une entente sur quelque autre sujet moins effrayant, par exemple, sur l'évacuation
d'Ancône. « Ne serait-il pas possible, écrivait-il, de remettre

---

[1] *Documents inédits.* Le même ambassadeur écrivait, un peu plus tard : « Les
formes extérieures sont plus amicales, et nous avons gagné notablement dans
l'opinion de la société. Nulle différence, aujourd'hui, entre l'attitude de cette
société envers nous et celle qu'elle avait il y a dix ans. Cela vaut ce que cela
vaut. »

sur le tapis cette affaire de l'engagement réciproque, de l'accord préalable à l'évocation de la Romagne, en faisant sentir à M. de Metternich quel intérêt s'attache aujourd'hui à la parfaite harmonie entre l'Autriche et la France, en lui faisant entendre qu'au premier dissentiment, à la première complication entre ces deux puissances, la Russie poussera sur-le-champ ses affaires à Constantinople, assurée que l'Autriche lui appartient corps et bien? Si l'on parvenait à décider M. de Metternich à une convention sur ce sujet, cela aurait, outre l'avantage de la convention elle-même, l'avantage beaucoup plus grand d'un traité fait en vue d'une entente contre la Russie dans les affaires d'Orient [1]. » Si l'Autriche était changée, M. de Broglie ne l'était-il pas quelque peu, et ne devait-il pas être alors le premier à reconnaître que naguère il avait traité trop durement ceux avec lesquels, si peu de temps après, il était amené à chercher un accord?

Qu'avec le temps et la pression des événements, l'Autriche dût finir par venir à nous, nous n'en voulons pour preuve que ce qui s'est passé depuis, en 1839, quand la question d'Orient s'est rouverte : le premier mouvement de l'Autriche a été de se joindre à la France et à l'Angleterre; elle ne s'est détachée de nous, à regret, que quand notre politique égyptienne nous eut brouillés avec le gouvernement de Londres [2].

Donc, qu'on regarde l'Angleterre ou l'Autriche, l'entreprise dont le duc Broglie avait tracé le plan, dès février 1834, n'avait rien de chimérique. Ce fut grand dommage pour la France et la monarchie de Juillet que le renversement du cabinet du 11 octobre n'ait pas permis à l'éminent homme d'État d'y donner

[1] *Documents inédits.*
[2] M. de Sainte-Aulaire écrivait en effet à M. Guizot le 1er décembre 1840 : « Au début de l'affaire d'Orient (mai 1839), M. de Metternich s'est uni à nous, de très-bonne foi, contre la Russie. Il a suivi, avec plus de résolution que ne le permettait sa circonspection habituelle, une politique indépendante, et, pour continuer dans les même voies, il ne nous demandait que de rester unis à l'Angleterre. Quand notre dissentiment avec cette puissance a éclaté, il n'a pas hésité à me déclarer qu'il se rangeait du côté de l'Angleterre... Dans tous les cas, d'ailleurs, on ne pouvait raisonnablement espérer que l'Autriche fît face à la Russie et à l'Angleterre... Il ne serait donc pas équitable de garder rancune à M. de Metternich pour son adhésion au traité de Londres; il l'a donnée avec regret, après de longues hésitations. »

suite, grand dommage aussi que M. Thiers y ait substitué plus tard la déplorable aventure de 1840. Il a fallu attendre jusqu'à la guerre de Crimée, pour voir réaliser par le second Empire le projet formulé, vingt ans auparavant, par un ministre de Louis-Philippe. En 1854-1855, la France, se dégageant enfin des suspicions créées par la république et le premier empire, et ravivées en 1830, a heureusement accompli ce dont on l'avait crue, ce dont elle s'était jugée elle-même, si longtemps, incapable, une grande guerre qui demeurât politique et localisée, qui ne fît pas surgir d'un côté la révolution, de l'autre la coalition. Cette guerre, heureuse entre toutes, non-seulement a ainsi libéré sa politique extérieure, mais elle lui a donné, en Europe, une situation incomparable avec laquelle on eût pu faire les plus grandes choses, si tout n'avait été aussitôt gâché et perdu par les rêveries et les complicités italiennes de Napoléon III. Eût-il donc été impossible d'avancer de plusieurs années cet événement? N'était-il pas juste que l'avantage en appartînt à la monarchie constitutionnelle, sans torts envers l'Europe, au lieu d'échoir, par une étrange ironie, à l'héritier même du conquérant contre lequel s'était formée la Sainte-Alliance?

CHAPITRE XV

LA CHUTE DU MINISTÈRE DU 11 OCTOBRE

(Décembre 1835 — février 1836)

I. Bon état des affaires au dedans et au dehors, vers la fin de 1835. Le ministère va-t-il en recueillir le bénéfice? — II. Discussion de l'Adresse de 1836. Incident sur la Pologne. Pressentiments dans les régions ministérielles. Déclaration de M. Humann sur la conversion des rentes. Démission du ministre des finances. Débat sur la conversion. Le ministère, mis en minorité, donne sa démission. Qu'y a-t-il derrière le vote de la Chambre? Manœuvre du tiers parti. Le groupe Ganneron. Dans quelle mesure faut-il y voir la main de Louis-Philippe? — III. Le Roi s'occupe de constituer un nouveau cabinet. Il veut en charger M. Thiers. Celui-ci est poussé par M. de Talleyrand. Premier refus de M. Thiers. Il finit par consentir. Séparation irrévocable de M. Guizot et de M. Thiers. Malheur de cette séparation qui a été mieux compris plus tard. Grandes choses accomplies dans les six premières années de la monarchie de Juillet.

I

A la fin de 1835, au moment où allait s'ouvrir la session de 1836, le gouvernement pouvait considérer avec quelque satisfaction l'état où il avait mis les affaires du pays. Au dehors, nulle complication n'était à craindre. La politique suivie avait eu ce résultat que la France, loin d'être menacée, était courtisée par les puissances que notre révolution avait le plus effarouchées. L'étranger commençait à prendre confiance dans la durée d'un régime qui lui avait d'abord semblé si précaire [1]. Au dedans, le procès des accusés d'avril et les

---

[1] Un Anglais, M. Croker, disait à M. Guizot, en 1848 : « Après l'attentat Fieschi, quand je vis par quelle fortune le roi Louis-Philippe y avait échappé, et avec quelle vigueur son gouvernement défendait la société menacée, je le crus, pour la première fois, destiné à fonder en France le régime constitutionnel et sa dynastie. » Même sentiment se manifestait à Berlin et à Vienne.

lois de septembre avaient consommé l'éclatante et complète défaite du parti républicain. L'opposition dynastique, atteinte par la déconfiture de la faction avec laquelle elle s'était trop souvent compromise, cherchait, sans l'avoir encore trouvée, une nouvelle tactique pour remplacer celle qui lui avait si mal réussi [1]. Un peu de lustre militaire s'ajoutait heureusement à ces succès politiques. En Algérie, où, depuis cinq ans, nous avions tant tâtonné, le maréchal Clauzel venait de venger des échecs récents, par une heureuse expédition contre Mascara [2]. Le jeune duc d'Orléans avait obtenu d'y prendre part et s'y était montré aussi intelligent que brave; sa présence marquait l'importance que le pouvoir central, devenu plus libre de regarder au loin, allait désormais attacher aux opérations militaires d'outre-mer : première page d'une brillante histoire que notre armée n'a pas oubliée, celle des campagnes des Fils de France sur la terre d'Afrique. Dans le sein même du gouvernement, l'union la plus complète régnait entre les hommes considérables qui composaient ce cabinet d'un éclat et d'une autorité sans pareils; la leçon des crises récentes suffisait à prévenir toute tentation de désaccord. Ainsi, de quelque côté que l'on portât les yeux, l'horizon paraissait serein. Le pays goûtait cette paix et cette sécurité si nouvelles. Le commerce et l'industrie prenaient un développement inconnu jusqu'alors [3]. M. de Tocqueville écrivait à M. Senior : « Excepté l'agriculture qui souffre un peu, tout le reste prospère d'une manière surprenante ; l'idée de la stabilité pénètre, pour la première fois depuis cinq ans, dans les esprits, et avec elle le goût des entreprises. L'activité presque fébrile qui nous caractérisa en tout temps quitte la politique, pour se porter vers le bien-être

---

[1] C'est ce qui fera dire tout à l'heure à M. Odilon Barrot, dans la discussion de l'Adresse : « Je n'ai pris aucune part à la discussion sur la politique intérieure ; je sais accepter des faits accomplis, je sais prendre en politique un point de départ, et ne pas continuellement recommencer le passé et renouveler des luttes qui sont terminées. »

[2] Novembre et décembre 1835.

[3] Un des orateurs de l'opposition, M. Bignon, a reconnu l'existence de cette grande prospérité, dans la discussion de l'Adresse de janvier 1836.

matériel. Ou je me trompe fort, ou nous allons voir, d'ici à peu d'années, d'immenses progrès dans ce sens... La nation a été horriblement tourmentée ; elle jouit avec délices du repos qui lui est enfin donné [1]. »

De si heureux résultats n'allaient-ils pas profiter au ministère qui les avait obtenus ? Son pouvoir n'en devait-il pas être affermi, sa durée garantie ? Se flatter de cet espoir serait oublier que, dans la majorité conservatrice d'alors, le retour de la sécurité avait presque toujours pour conséquence l'indiscipline et les divisions. Dans son beau discours sur la loi de la presse, après avoir marqué la responsabilité que le cabinet assumait, le duc de Broglie avait ajouté, avec une mélancolique fierté :
« Les périls s'éloigneront ; avec le péril, le souvenir du péril passera ; car nous vivons dans un temps où les esprits sont bien mobiles et les impressions bien passagères. Les haines et les ressentiments que nous avons amassés sur nos têtes subsisteteront ; car les haines sont vivaces et les ressentiments ne s'éteignent pas. A mesure que l'ordre se rétablira, le poste que nous occupons deviendra, de plus en plus, l'objet d'une noble ambition ; les Chambres, dans un temps plus tranquille, verront les changements d'administration comme quelque chose qui compromet moins l'ordre public. Les hommes s'usent vite, d'ailleurs, messieurs, aux luttes que nous soutenons. Savez-vous ce que nous aurons fait ? Nous aurons préparé, hâté l'avénement de nos successeurs. Soit, nous en acceptons l'augure avec joie, nous en embrassons avidement l'espérance. »

L'heure était proche où la prédiction du duc de Broglie allait s'accomplir.

II

Dans les premiers jours de la session, ouverte le 29 décembre 1835, rien cependant qui fît prévoir un accident. Le dis-

[1] Lettre du 27 janvier 1836.

cours du trône n'était nullement provocant. Il « se félicitait de la situation du pays », constatait que « sa prospérité s'accroissait chaque jour, que sa tranquillité intérieure paraissait désormais hors d'atteinte et assurait sa puissance au dehors ». Puis il terminait par ces paroles d'apaisement qui convenaient après la pleine victoire : « J'espère que le moment est venu pour la France de recueillir les fruits de sa prudence et de son courage. Éclairés par le passé, profitons d'une expérience si chèrement acquise ; appliquons-nous à calmer les esprits, à perfectionner nos lois, à protéger, par de judicieuses mesures, tous les intérêts d'une nation qui, après tant d'orages, donne au monde civilisé le salutaire exemple d'une noble modération, seul gage des succès durables. Le soin de son repos, de sa liberté, de sa grandeur, est mon premier devoir ; son bonheur sera ma plus chère récompense. »

Dans la discussion de l'Adresse, un seul épisode intéressa vivement la Chambre et l'opinion. Il s'agissait de la Pologne. Le Czar, en revenant de Tœplitz, vers la fin de 1835, s'était arrêté à Varsovie : il y avait manifesté, avec une affectation de dureté, ses ressentiments et ses menaces contre des sujets infidèles. Peu après, des ukases avaient supprimé les derniers vestiges du royaume de Pologne, et, en conséquence, l'*exequatur* avait été retiré au consul général de France à Varsovie. Il n'en fallait pas tant pour soulever l'opinion à Paris. Toute la presse, le *Journal des Débats* en tête, avait lancé de brûlants réquisitoires contre le despote moscovite. Le gouvernement, plus réservé parce qu'il était tenu à plus de prévoyance, n'avait rien dit de ces événements dans le discours du trône. Il eût désiré que l'Adresse gardât le même silence : c'était impossible avec l'excitation des esprits ; il obtint du moins de la commission qu'elle se contentât de recommander, en termes généraux, « le maintien des droits consacrés par les traités », sans nommer la Pologne. Mais cela ne suffit pas à la Chambre ; un amendement fut présenté, contenant un vœu pour « la conservation de l'antique nationalité polonaise ». Vainement le duc de Broglie fit-il entendre le langage de la raison politique, l'amendement, appuyé par M. Saint-Marc Girardin et M. Odilon Barrot, fut adopté à une grande majorité. Ce vote tout sentimental n'indiquait pas d'hostilité contre le cabinet. Celui-ci, du reste, l'emporta sans difficulté dans tous les autres paragraphes de l'Adresse.

En somme, la discussion avait été singulièrement paisible, et les votes peu disputés. Le *Journal des Débats* le remarquait [1]. « Nous signalons avec plaisir, disait-il, le caractère de modération qui a marqué toute cette discussion. Le calme est dans la Chambre comme il est dans le pays... La passion manque, parce que la cause qui passionnait n'existe plus, et que, la question révolutionnaire vidée, il n'y a pas de question purement parlementaire qui puisse émouvoir fortement la Chambre et le pays. Il n'y en a pas, parce qu'au fond tout ce que le pays demandait, la révolution de Juillet le lui a donné. » Mais la feuille ministérielle ajoutait aussitôt : « Le calme ne doit pas nous engourdir, à Dieu ne plaise! Ce serait une puérilité de croire que tout soit fini, et qu'un jour de calme soit l'éternité !... Le danger resserre les rangs de tous les bons citoyens; la sécurité les relâche et les ouvre, si l'on n'y prend garde... Une époque est finie, l'époque des violences révolutionnaires et du tumulte des rues. Une autre commence, qui aura aussi ses difficultés et ses périls. Le calme dont nous jouissons n'est qu'un moment de halte après une journée fatigante; c'est la récompense de cinq années de peine et de travail, moment heureux dont il faut savoir profiter pour assurer l'avenir. Les jours de danger nous ont trouvés fermes et courageux; il faut espérer que les jours de prospérité ne nous trouveront pas insouciants et présomptueux. » Ce langage révélait quelque inquiétude dans les régions ministérielles, peut-être une sorte de pressentiment.

Le jour même où paraissait cet article, le 14 janvier 1836, M. Humann, ministre des finances, lisait à la Chambre l'exposé des motifs du budget de 1837. Personne ne s'attendait à voir

---

[1] *Journal des Débats* du 14 janvier 1836.

sortir une crise d'un document de ce genre. Mais à peine le ministre eut-il commencé, que l'attention, d'ordinaire assez distraite pendant de telles lectures, fut saisie par une déclaration imprévue sur la conversion des rentes 5 pour 100 : M. Humann présentait comme nécessaire et imminente cette mesure que M. de Villèle avait tentée sans succès, en 1824. L'accueil de la Chambre fut généralement favorable. Par contre, surprise et irritation des autres membres du cabinet, qui n'avaient ni approuvé ni même connu d'avance cette déclaration. Le procédé était si insolite qu'on y a soupçonné quelque complot mystérieux, tendant à la dislocation du ministère. Rien de pareil. Personne ne se cachait derrière M. Humann. Celui-ci, a écrit son collègue M. Guizot, était « un esprit à la fois profond et gauche, obstiné et timide devant la contradiction, persévérant dans ses vues, quoique embarrassé à les produire et à les soutenir ». Il tenait beaucoup à la conversion et s'imagina ainsi l'avancer. Il eût été flatté d'ailleurs de marquer son ministère par un acte important où son initiative personnelle eût été bien manifeste. « Que voulez-vous? disait M. Royer-Collard avec sa moue railleuse, M. Guizot a sa loi sur l'instruction primaire, M. Thiers sa loi sur l'achèvement des monuments publics ; Humann aussi veut avoir sa gloire. » « Il y eut de sa part, dit encore M. Guizot, une imprudence un peu égoïste et sournoise, mais point d'intrigue. »

Devant les réclamations fort vives de ses collègues, M. Humann dut reconnaître l'incorrection de sa conduite, et donna sa démission : M. d'Argout prit sa place. Mais les choses n'en restèrent pas là. Dès le premier jour, une interpellation avait été annoncée. Le débat s'ouvrit, le 18 janvier. Loin de se dérober, le duc de Broglie aborda sans ménagement la question de la conversion. « On nous demande, dit-il, s'il est dans les intentions du gouvernement de proposer la mesure dans cette session. Je réponds : Non. Est-ce clair? » L'impatience et la roideur de ce langage piquèrent la Chambre. Le fameux : « Est-ce clair? » fut aussitôt commenté et envenimé par tous ceux qui désiraient un conflit. Des députés répondirent à la provocation qu'ils prétendaient leur avoir été faite, en déposant des propositions de conversion. De part et d'autre, on résolut d'en finir promptement, et la discussion de l'une des propositions, celle de M. Gouin, fut fixée au 4 février.

Le ministère engageait ainsi son existence sur une question spéciale et tout à fait étrangère à la direction de la politique générale. Mauvais terrain pour une bataille parlementaire : il s'exposait à rencontrer contre lui, outre l'opposition, prompte à saisir toute occasion de lui faire échec, ceux des conservateurs qui pensaient autrement que lui sur ce problème économique. L'idée de la conversion paraissait alors assez populaire : les porteurs de rente étaient encore peu nombreux en dehors de Paris; la province ne voyait donc dans cette mesure que l'avantage d'alléger le budget, et de l'alléger aux dépens des capitalistes parisiens, ce qui ne déplaisait pas à ses petites jalousies. Aussi, quand vint le débat, le gouvernement, par l'organe de M. Thiers et de M. Duchâtel, eut beau combattre avec force la proposition et se borner à demander un ajournement, les esprits étaient prévenus et montés; l'ajournement fut repoussé par 194 voix contre 192 (5 février). Au sortir de la séance, tous les ministres portèrent au Roi leur démission.

Bien petit grain de sable pour arrêter une machine si puissante et qui semblait marcher si bien! Disproportion singulière entre la cause apparente et l'effet réel, surtout si l'on pense que cet ajournement, repoussé au prix d'une crise ministérielle, prévaudra en fait, sans que personne y trouve à redire, et que, le cabinet tombé, il ne sera pas donné suite à la proposition de conversion! N'y avait-il donc pas, derrière ce vote, autre chose que la question financière qui avait fourni l'occasion et le terrain de la bataille? A bien chercher, on y eût découvert les mêmes causes qui avaient amené les crises ministérielles de la fin des années précédentes, et surtout l'action dissolvante du tiers parti. Celui-ci avait été plus mortifié et irrité que découragé et affaibli par ses récentes mésaventures.

Pour n'avoir plus osé faire une guerre ouverte qui n'était pas, du reste, dans ses goûts, il n'en avait pas moins poursuivi ses manœuvres souterraines. Aux conservateurs de frontière, on insinuait que les ministres dont l'énergie avait vaincu le désordre, n'étaient peut-être pas les plus propres à l'œuvre d'apaisement qui devait suivre le combat. On invoquait le besoin d'hommes nouveaux, argument qui, depuis Aristide, a toujours réussi auprès des médiocrités envieuses. On exploitait l'impopularité de M. Guizot, accusé vaguement de vouloir ramener les idées de la Restauration. On irritait toutes les petites blessures qu'avait pu faire la roideur un peu gauche du duc de Broglie, toutes les jalousies qu'éveillait sa haute considération [1]. Ce travail n'avait pas été sans obtenir quelque succès. Au début même de la session, un groupe d'une cinquantaine de députés, venus les uns du tiers parti, les autres de la majorité ministérielle, s'était constitué et se réunissait d'habitude dans l'hôtel de M. Ganneron. Leur prétention était d'être entièrement « indépendants » à l'égard du cabinet. Le bruit courait qu'ils s'étaient engagés à toujours voter ensemble. Ce Ganneron était un riche fabricant de chandelles, esprit court et fantasque, mais qui s'était fait une sorte d'importance politique, depuis que, présidant le tribunal de commerce, au début de la révolution de Juillet, il avait déclaré l'illégalité des Ordonnances. Conservateur et ministériel tant qu'il avait eu peur des émeutes, il se trouvait maintenant assez rassuré pour se poser en « indépendant ». Le groupe Ganneron paraît avoir joué un rôle décisif et fatal dans l'affaire de la conversion.

On a voulu voir là également la main du Roi. N'a-t-on pas été jusqu'à accuser ce dernier d'avoir tramé, contre son ministère, une sorte de complot machiavélique? Pure fantasmagorie. Ce qui est vrai, c'est qu'autour du Roi, plus d'un conseil-

---

[1] « Il aurait fallu beaucoup d'art au duc de Broglie, écrivait à cette époque un de ses amis, pour se faire pardonner, tout à la fois, sa haute position aristocratique, son irréprochable probité, son désintéressement, son talent. Cet art, qui n'est autre que celui de ménager les amours-propres, M. de Broglie ne l'a jamais eu. » (*Documents inédits*.)

ler poussait, depuis quelque temps, au renversement du cabinet [1], entre autres M. de Talleyrand, le plus écouté de tous. Celui-ci en voulait au duc de Broglie de ne l'avoir pas suivi dans l'évolution par laquelle il s'était éloigné de l'Angleterre, pour se rapprocher des trois cours orientales. De l'hôtel de la rue Saint-Florentin, partaient, contre le ministre des affaires étrangères, des condamnations en forme d'oracles, qui circulaient à la cour et dans le monde politique. Le duc y était déclaré absolument impropre à la diplomatie et convaincu de s'être mis à dos tous les représentants des puissances étrangères [2]. Ces derniers, et particulièrement les ambassadeurs d'Autriche et de Prusse dont nous avons signalé ailleurs les relations fréquentes avec le Roi, secondaient, autant qu'il était en leur pouvoir, les efforts de M. de Talleyrand. Louis-Philippe, bien que ses rapports personnels avec le duc de Broglie fussent moins tendus depuis un an, ne refusait pas d'écouter ce qu'on disait contre le président de son conseil. Il l'avait vu sans plaisir rentrer en mars 1835; il était préparé à voir sans regret son nouveau départ; peut-être même, suivant l'expression du général de Ségur, en « attendait-il l'occasion [3] ». Il sentait le duc peu disposé à le suivre dans ses tentatives pour se rapprocher des puissances continentales. Un autre ministre, surtout si l'on avait soin de le

---

[1] Dans son étude sur M. de Rémusat, M. Duvergier de Hauranne dit formellement que la chute du ministère fut due à « une intrigue de cour ». (*Revue des Deux Mondes*, 15 novembre 1875.)

[2] « Sa vocation est de n'être pas ministre des affaires étrangères », disait M. de Talleyrand du duc de Broglie. Ou bien encore : « Je ne sais comment a fait M. de Broglie, mais il a trouvé moyen de se rendre désagréable tout à la fois à Londres, à Vienne et à Saint-Pétersbourg; c'est jouer de malheur. » M. de Talleyrand se trompait, au moins en ce qui regarde Londres. Les hommes d'État anglais ne cachaient pas combien ils eussent désiré le maintien du duc de Broglie. Le fait est constaté par une dépêche de M. de Werther, ambassadeur de Prusse à Paris. (HILLEBRAND, *Geschichte Frankreichs*, 1830-1870, t. I, p. 598.)

[3] « C'est un fait que le Roi, préparé à ce changement, en attendait l'occasion. » (*Mémoires du général de Ségur*, t. VII, p. 443.) Le général de Ségur raconte au même endroit de ses Mémoires qu'ayant exprimé au duc de Broglie son étonnement de la susceptibilité qu'il avait montrée dans l'affaire de la conversion, ce dernier lui « expliqua qu'il cédait bien moins à cet incident, qu'à une incompatibilité très-prononcée entre lui et Louis-Philippe ».

choisir de tempérament moins inflexible, n'entrerait-il pas plus facilement dans l'idée royale?

Les ennemis du cabinet s'étaient d'ailleurs efforcés de réveiller chez le prince sa vieille répugnance pour les ministères imposants qui lui laissaient trop peu d'action et de prestige ; on tâchait de lui faire voir dans l'union du 11 octobre une coalition menaçante qu'il avait intérêt à dissoudre. Certaines gens, rapporte M. Guizot, disaient à la couronne qu'au lieu d'un cabinet unique avec lequel il lui fallait compter, elle pouvait s'en ménager deux, dont un toujours en réserve et prêt à remplacer l'autre. Ces insinuations et ces conseils, habilement présentés, n'étaient pas mal reçus. Quant au péril d'affaiblir ainsi le gouvernement, nous avons déjà vu que le Roi croyait pouvoir n'en pas tenir compte ; ayant le sentiment très-fondé de sa capacité, mais se faisant illusion sur l'étendue de son action, « il était porté à croire, comme le dit encore M. Guizot, que, par lui-même, il suffirait toujours pour faire prévaloir la bonne politique ». Tout cela sans doute ne prouve pas que Louis-Philippe ait comploté la chute de son cabinet ; mais cela explique comment il le vit tomber sans faire effort ni pour le maintenir, ni pour le restaurer.

III

Conduit à constituer un ministère nouveau, le Roi s'adressa d'abord, sans succès, à M. Humann, au comte Molé et au maréchal Gérard. Il fit aussi appeler les personnages importants du tiers parti, MM. Dupin, Passy et Sauzet ; ceux-ci, peu soucieux de recommencer le fiasco du ministère des trois jours, apportèrent plus d'objections que de solutions, prêts à être ministres, non à se charger de faire un ministère. Le Roi avait probablement prévu ces refus, et ce n'est pas de ces côtés qu'il désirait vraiment réussir. Dès le premier jour, reprenant du reste un dessein ancien, il avait résolu de détacher M. Thiers de ses anciens collègues et d'en faire le chef de la nouvelle administration. Nous avons déjà eu occasion de noter le faible du prince pour ce jeune et brillant homme d'État. Au lendemain d'une victoire sur les oppositions de gauche, un ministère Thiers, sans les doctrinaires, lui paraissait avoir cet avantage de marquer, à l'intérieur, une sorte de détente, sans cependant être en réalité un désaveu ou un abandon de la politique suivie jusqu'alors. L'humble origine et la fortune récente de celui dont on voulait faire un président du conseil, son autorité morale encore contestée, et aussi la mobilité de son esprit, faisaient supposer qu'il n'apporterait pas, dans ses rapports avec la couronne, trop d'arrogance ou d'entêtement. D'ailleurs, au besoin, ne pourrait-on pas avoir raison de ses résistances, en lui faisant entrevoir un ministère Guizot?

M. de Talleyrand patronnait chaleureusement M. Thiers; se flattait-il de le dominer? A l'entendre, c'était l'homme indispensable. « M. Thiers, disait-il sentencieusement, n'est pas parvenu, il est arrivé. » Il lui obtenait même l'appui de ceux des ambassadeurs étrangers qui désiraient avant tout ne plus avoir affaire au duc de Broglie. Il leur faisait valoir que son protégé s'était montré récemment opposé à l'alliance proposée par l'Angleterre à la France, en vue d'une action en Orient[1]. Peut-être était-ce déjà par l'effet de ces recommandations qu'en septembre 1835, M. de Metternich, tout en tâchant d'exciter le Roi contre le duc de Broglie, avait glissé quelques compliments à l'adresse de M. Thiers, qu'il « regardait, disait-il, comme doué d'un esprit plus droit que plusieurs de ses collègues [2] ».

Que M. Thiers fût ou non au courant de ces manœuvres, sa tenue n'en avait pas moins été très-correcte avant et pendant la crise. Loin d'avoir trempé dans l'intrigue sous laquelle était tombé le cabinet, il avait pris la parole contre la conversion. Aux premières offres que lui fit le Roi, il répondit par un refus. « M. Thiers, écrivait, le 6 février, un ami de M. de Broglie, s'exprime avec une extrême vivacité. Il veut qu'on ne

---

[1] Hillebrand, *Geschichte Frankreichs*, 1830-1870, t. I, p. 598.
[2] *Mémoires de Metternich*, t. VI, p. 48.

puisse conserver aucun doute sur sa ferme intention de ne pas se séparer de ses collègues. Cela dérange singulièrement les calculs des intrigants, qui comptaient sur son concours pour composer un ministère[1]. » Quel était le motif du jeune ministre? était-ce intelligence patriotique des avantages de l'union qu'on l'invitait à rompre? était-ce, malgré sa confiance en soi, souci des risques qu'il courait, en brusquant trop la fortune et en voulant marcher seul[2]? Toujours est-il que sa résistance fut d'abord très-nette et très-sincère. Les tentateurs ne s'en émurent pas outre mesure : ils connaissaient cette ambitieuse imagination, et ils comptaient sur elle pour développer les germes qu'ils y avaient jetés. Quel rêve, pour le journaliste d'hier, de se voir à trente-huit ans président du conseil, comme Casimir Périer, comme le maréchal Soult, comme le duc de Broglie, et avant M. Guizot! Son esprit si ardemment curieux et si vite blasé n'était-il pas possédé, depuis quelque temps, du désir de manier les affaires étrangères, désir que M. de Talleyrand avivait encore en lui répétant que l'Europe le désirait et l'attendait? Allait-il sacrifier de si brillantes visées pour rester à jamais lié à des collègues avec lesquels il avait si peu d'affinités, dont il avait toujours jalousé la considération supérieure, et dont l'impopularité lui avait tant de fois paru compromettante? De toutes parts, il se voyait pressé par le Roi, par M. de Talleyrand, par ses amis particuliers de la Chambre qui se trouvaient, pour la plupart, les ennemis des doctrinaires, et jusque par les opposants de gauche qui, comprenant de quel intérêt il était pour eux de diviser les hommes du 11 octobre, lui faisaient espérer leur bienveillance. Enfin, pour piquer son amour-propre, on lui rapportait que les doctrinaires traitaient

---

[1] *Documents inédits.*

[2] M. Thiers se rappelait-il ce que lui avait dit peu auparavant Rossini, un jour que le musicien avait deviné, chez le jeune ministre, le désir de se séparer de ses collègues? « Mon cher monsieur Thiers, avait dit Rossini, vous avez tort. Quand, nous autres musiciens, nous voulons former une bonne troupe, nous ne nous contentons pas d'un seul chanteur : il nous faut une basse, un baryton, un ténor. Rubini n'exclut ni Lablache, ni Tamburini. Vous, mon cher monsieur, vous êtes le Rubini de la bande. »

son élévation de scandale impossible et promettaient à sa présomption le plus prompt châtiment. Il y avait là de quoi ébranler un cœur plus fidèle, plus austère et plus ferme. Aussi s'aperçut-on bientôt qu'il s'habituait peu à peu à l'idée d'une séparation. Toutefois, pour faire le pas décisif, il eût voulu y être poussé ou au moins autorisé par ses anciens collègues eux-mêmes. On disait généralement que les membres du cabinet s'étaient engagés, les uns envers les autres, à s'en aller ou à rentrer tous ensemble. L'engagement avait-il été formel, ou n'était-ce qu'une obligation morale, résultant de la situation plus encore que des paroles échangées? Toujours est-il que M. Thiers se sentait gêné, tant qu'il n'avait pas été délié par le duc de Broglie dont l'autorité morale lui imposait. Il lui fit, à plusieurs reprises, des insinuations dans ce sens, affectant de le prendre pour confident de ses incertitudes et de ses scrupules; mais le duc ne voulait pas comprendre. Le Roi se décida alors à intervenir et à demander à M. de Broglie de rendre la liberté à son jeune collègue. L'ancien président du conseil était trop fier pour refuser. Il déclara donc que M. Thiers était entièrement libre; seulement, avec une clairvoyance à laquelle ne se mêlait aucune petite jalousie, il invita Louis-Philippe à bien réfléchir, avant de donner suite à son dessein, l'avertissant que, s'il élevait une fois M. Thiers au premier rang, il devrait l'y garder toujours; car il ne pourrait l'en faire descendre, sans risquer de le rejeter dans le parti révolutionnaire. Le Roi n'était pas en disposition d'écouter l'avertissement; il se borna à remercier le duc de Broglie d'avoir levé l'obstacle devant lequel hésitait M. Thiers, et il le fit avec une effusion qui révélait tout le prix qu'il attachait à voir aboutir sa combinaison.

Dès lors, M. Thiers ne se défendit plus. Son parti pris, il ne fut pas long à constituer son ministère. Tout fut terminé le 22 février. Il garda trois membres de l'ancien cabinet, le maréchal Maison, l'amiral Duperré et le comte d'Argout, et il leur adjoignit trois députés du tiers parti, MM. Passy, Sauzet et Pelet de la Lozère, ainsi que M. de Montalivet, qui avait la confiance du Roi. Il eût voulu conserver aussi M. Duchâtel, mais celui-ci refusa.

Dans la dissolution qui venait de s'accomplir, il y avait de l'irréparable. Le ministère tombé n'était pas de ceux qui ont chance de se relever. Cette chute brisait à jamais l'union fragile, mais précieuse et féconde entre toutes, qui, commencée sous l'autorité de Casimir Périer, confirmée dans le cabinet du 11 octobre, avait rassemblé sous le même drapeau, dans le même faisceau, des hommes comme le duc de Broglie, M. Guizot et M. Thiers. Le drapeau replié, le faisceau rompu, chacun de ces hommes reprenait sa liberté d'action, et dès lors devaient éclater entre eux les contradictions de leurs origines, de leurs natures et de leurs doctrines. La formation du nouveau ministère hâta l'explosion de ces contradictions. Pendant que M. Thiers prenait le pouvoir dans des conditions qui le forçaient à incliner vers la gauche, M. Guizot se retrouvait le chef des conservateurs purs, dans une attitude d'observation peu bienveillante, inquiet pour ses idées et froissé dans son ambition, attendant impatiemment le moment où il pourrait à la fois rétablir la vraie politique de résistance et regagner l'avance que son jeune rival venait de prendre sur lui [1]. Quant au duc de Broglie, il vit tomber le ministère qu'il présidait, avec tristesse pour son pays, sans regret pour lui-même, emportant, des intrigues qu'il avait vues s'agiter autour de lui et

---

[1] M. Guizot a reproduit, dans ses *Mémoires*, les lettres qui s'échangèrent, entre lui et M. Thiers, au moment de la formation du cabinet présidé par ce dernier. Sous la froide politesse, on entrevoit les hostilités qui se préparent. M. Thiers écrivait : « Mon cher monsieur Guizot, je n'ai pas eu le temps d'aller vous annoncer, hier soir, notre constitution définitive, car nous sommes sortis fort tard des Tuileries. Les événements nous ont séparés; mais ils laisseront subsister, je l'espère, les sentiments qu'avaient fait naître tant d'années passées ensemble dans les mêmes périls. S'il dépend de moi, il restera beaucoup de notre union, car nous avons encore beaucoup de services à rendre à la même cause, quoique placés dans des situations diverses. Je ferai de mon mieux pour qu'il en soit ainsi. J'irai vous voir dès que j'aurai suffi aux nécessités du premier moment. » M. Guizot répondit : « Mon cher ami, vous avez raison de croire à la durée des sentiments qu'a fait naître entre nous une si longue communauté de travaux et de périls. J'appartiens à la cause que nous avons soutenue ensemble. J'irai où elle me mènera, et je compte bien vous y retrouver toujours. Adieu. J'irai vous voir dès que je vous supposerai un peu de loisir. »

contre lui, une impression de dégoût sans aigreur, mais non sans mépris, qui augmenta encore son éloignement naturel pour le pouvoir. Aussi, étranger désormais aux compétitions de personnes, supérieur aux coteries, s'en tiendra-t-il, jusqu'à la fin de la monarchie, au rôle d'une sorte de politique consultant, servant parfois de parrain ou de conseiller aux ministres, mais résolu à ne plus être leur collègue ; heureux d'ailleurs de pouvoir reprendre des études fièrement solitaires dont il ne sentira même pas le besoin de livrer le résultat au public, et surtout ces méditations philosophiques et religieuses, si droites et si viriles, qui devaient, par une montée laborieuse, mais constante, l'élever peu à peu jusqu'à la pleine possession de la vérité chrétienne.

Pendant son existence, le ministère du 11 octobre, à la différence du ministère Périer, n'avait pas toujours été apprécié à sa valeur par l'opinion conservatrice. Mais si tout le monde ne comprit pas, au moment même, ce qu'avait d'irrémédiable et de néfaste la séparation des hommes qui venaient de gouverner ensemble la France pendant plus de trois ans, on allait bientôt s'en rendre compte, au spectacle de la longue crise qui devait se prolonger de 1836 à 1840 : triste période de décomposition parlementaire et d'instabilité ministérielle, qui aboutira au dedans au démoralisant scandale de la coalition, au dehors à la périlleuse mésaventure de 1840, et dont les fâcheuses conséquences pèseront jusqu'à la révolution de Février sur notre politique intérieure et extérieure. Combien alors d'hommes politiques comprendront trop tard et regretteront amèrement le mal fait à la cause conservatrice, au régime parlementaire, à la monarchie, à la France, par la rupture consommée en février 1836 !

Avant de passer à cette nouvelle phase de la monarchie de Juillet, jetons, de haut et de loin, un dernier et rapide regard sur les années qui viennent de s'écouler. Considérons les grands résultats d'ensemble, sans nous arrêter aux petites misères de détail, conséquences nécessaires de tout gouvernement humain, pas plus nombreuses, mais seulement plus en vue avec le régime parlementaire. Que voyons-nous? En 1830, la révolution maîtresse de toutes les institutions et de tous les esprits, avec une puissance d'élan à laquelle rien ne semble devoir résister; au dedans, le règne de l'anarchie, l'émeute dans la presse, dans les clubs et dans la rue, toutes les forces gouvernementales désorganisées, toutes les autorités sociales sans crédit sur la foule, sans confiance en elles-mêmes, la menace d'une immense faillite pesant sur le commerce, l'industrie et le trésor de l'État, le désordre ayant son contre-coup dans les intelligences et dans les âmes, l'effondrement des croyances, la guerre au christianisme, des aberrations publiques comme le saint-simonisme; au dehors, la France suspecte, mise au ban de l'Europe monarchique, et le péril imminent d'une guerre où, sans finances, avec une armée affaiblie, il nous faudrait combattre seuls contre une nouvelle coalition. Six ans s'écoulent, et, au dedans, la révolution est contenue, les émeutes écrasées, les clubs fermés, les sociétés secrètes dissoutes, la presse réprimée, la sécurité publique rétablie; le gouvernement a reconquis sa force matérielle et une partie de son autorité morale; le crédit public est restauré, le commerce et l'industrie jouissent d'une prospérité sans précédent; la religion même a retrouvé, auprès de la société moderne, une popularité qu'elle n'avait pas connue depuis longtemps; au dehors, la paix est assurée, tous les périls extérieurs sont écartés, des avantages considérables, comme la constitution de la Belgique, ont été obtenus, d'autres peuvent être espérés; la France de 1830 a obligé l'Europe à compter avec elle et lui a appris à compter sur elle. Et cette victoire sur la révolution a été remportée sans qu'il en ait rien coûté à la liberté, sans un acte arbitraire, sans une heure de dictature. C'est à la tribune même que cette émouvante et décisive bataille a été livrée et gagnée.

Avec les premières années de la Restauration, ces débuts de la monarchie de Juillet sont une des périodes les plus honorables de l'histoire des gouvernements libres. Nous ne méconnaissons pas les différences des deux époques. Mais enfin, dans l'une et l'autre, la royauté constitutionnelle a eu ce mérite, rare entre tous, de remonter la pente sur laquelle les événements l'avaient placée; elle l'a fait par sa volonté, et par la vertu même de son institution. Après 1815, elle s'était élevée généreusement à la liberté, malgré tout ce qui menaçait de la faire retomber dans l'ancien régime. Après 1830, elle a courageusement rétabli l'ordre et restauré l'autorité, malgré tout ce qui la poussait vers la révolution.

FIN DU TOME SECOND.

TABLE DES MATIÈRES

LIVRE II

LA POLITIQUE DE RÉSISTANCE
(13 mars 1831 — 22 février 1836)
(SUITE)

                        Pages.

CHAPITRE IV. — LA RÉSISTANCE DE CASIMIR PÉRIER (mars 1831 — mai 1832).   1
    I. Lutte de Casimir Périer contre le parti révolutionnaire. Répression des émeutes. Celles-ci deviennent plus rares. Insurrection de Lyon, en novembre 1831. Troubles de Grenoble, en mars 1832.   1
    II. Procès politiques. Le jury. Scandale de ses acquittements. Violences qui suivent ses rares condamnations. Audace des accusés à l'audience. Le ministre continue néanmoins à ordonner des poursuites.   8
    III. Périer fait surtout appel à l'opinion. Comme il use de la presse et de la tribune. Périer orateur. Il raffermit et échauffe la majorité. Il combat l'opposition. Tactique de celle-ci pour seconder ou couvrir les séditieux. Langage que lui tient le ministre. Attitude de Périer en face des émeutes qui suivent la prise de Varsovie et dans la discussion sur la révolte de Lyon. Il souffre et s'épuise dans ces luttes sans cesse renouvelées.   12

CHAPITRE V. — LES LIEUTENANTS DE CASIMIR PÉRIER (mars 1831 — mai 1832).   24
    I. Casimir Périer sait grouper autour de lui les orateurs les plus considérables. M. Dupin. Son importance à cette époque. Sa fidélité et sa résolution au service de Périer. Ses rancunes contre le parti révolutionnaire et ses inquiétudes personnelles. Caractère de sa résistance.   24
    II. M. Guizot. Ce qu'était alors son talent oratoire. Champion décidé de la résistance. Sa préoccupation des principes. Sa thèse sur l'origine de la monarchie nouvelle. Son impopularité. Ce que pensaient de lui le Roi et Périer.   28
    III. M. Thiers. Ses variations au lendemain de 1830. Successivement collaborateur du baron Louis et de M. Laffitte. Défenseur ardent de Casimir Périer. Son défaut d'autorité. En quoi sa conception de la monarchie différait de celle de M. Guizot. Son discours en faveur de la pairie. Ses débuts oratoires. Il est très-attaqué par la gauche. La supériorité de talent est du côté du ministère.   33

CHAPITRE VI. — LES FAIBLESSES DE LA POLITIQUE DE CASIMIR PÉRIER . .   44
    I. Périer est obligé de combattre avec des armes émoussées et faussées. On rappelle aux ministres leur passé. État des esprits dans le parti

TABLE DES MATIÈRES.

Pages.

conservateur. Le sentiment monarchique y fait défaut. Question de la liste civile. Pamphlets de M. de Cormenin. Débat à la Chambre. ... 44

II. Concessions que Périer se croit obligé de faire au trouble des esprits. Question de la pairie. Discours de Royer-Collard. Suppression de l'hérédité. 55

III. Politique religieuse. Amélioration produite par l'avénement de Périer. Dispositions du clergé. Attitude du Pape. Sentiments personnels de Périer. Le gouvernement n'ose rouvrir Saint-Germain l'Auxerrois et rebâtir l'archevêché. Dispersion des Trappistes de la Meilleraye. Interdiction des processions. Obsèques de l'évêque Grégoire. Affaire de l'abbé Guillon. Vexations des municipalités. Le christianisme banni de toutes les solennités officielles. La religion maintenue dans l'enseignement public. Le budget des cultes à la Chambre. Langage élevé de M. Guizot................. 62

CHAPITRE VII. — MALADIE ET MORT DE CASIMIR PÉRIER (mars — mai 1832). 90

I. Résultats de la politique de Périer. Succès complet à l'extérieur; moins complet, mais considérable, à l'intérieur. Ce succès proclamé par les amis et reconnu par les adversaires. C'est l'œuvre personnelle de Périer. Sa tristesse. D'où venait-elle ? 90

II. Le choléra. Physionomie de Paris en proie au fléau. Dévouement du clergé. Émeutes hideuses révélant la maladie morale de la nation. 100

III. Casimir Périer atteint par le choléra. Violences de son agonie. Manifestations haineuses de ses adversaires et désolation de ses amis. Sa mort, le 16 mai 1832. Depuis lors, la gloire de Casimir Périer n'a fait que grandir 105

CHAPITRE VIII. — L'ÉPILOGUE DU MINISTÈRE CASIMIR PÉRIER (mai-octobre 1832)............................ 110

I. On ne remplace pas Casimir Périer, tout en prétendant conserver son « système ». Y a-t-il velléité de réduire rétrospectivement le rôle de Périer? Sentiments du Roi à cet égard. Son désir de gouverner et de paraître gouverner. Il ne veut pas, du reste, faire fléchir la résistance...................... 110

II. Effet produit dans le gouvernement par la disparition de Périer. Reprise d'agitation dans le parti révolutionnaire. L'opposition parlementaire publie son « compte rendu »............. 116

III. L'enterrement du général Lamarque, le 5 juin, est l'occasion d'une émeute. Énergie de la répression. La lutte se prolonge le 6 juin. Victoire du gouvernement. Attitude des chefs du parti républicain pendant ces deux journées. Démarche de MM. O. Barrot, Laffitte et Arago auprès de Louis-Philippe............... 120

IV. Les journaux de gauche protègent les vaincus des 5 et 6 juin. L'ordonnance d'état de siége et les polémiques qu'elle soulève. Arrêt de la Cour de cassation. Retrait de l'ordonnance 130

V. Les royalistes se soulèvent en Vendée, en même temps que les républicains à Paris. La presse légitimiste après 1830. Chateaubriand. M. de Genoude. Tentative d'union des opposants de droite et de gauche. Cette hostilité des royalistes nuisible à la fois au gouvernement de Juillet et à la cause légitimiste............ 133

VI. Le parti d'action parmi les royalistes. Le complot des Prouvaires. Rêve d'une prise d'armes en Vendée et dans le Midi. La duchesse de Berry et Charles X. La duchesse prépare une expédition en

France. Son débarquement. Elle échoue dans le Midi. Tentative de soulèvement en Vendée. Elle est aussitôt réprimée. 143

VII. La double victoire de la monarchie de Juillet sur les républicains et les légitimistes est complétée par la mort du duc de Reichstadt. L'autorité du ministère n'est pas cependant rétablie. Il paraît incapable de tirer parti de ses victoires. Même insuffisance pour la politique étrangère. Le cabinet n'est pas en mesure de se présenter devant les Chambres. Le Roi se résigne à un remaniement ministériel . . 152

CHAPITRE IX. — LA FORMATION ET LES DÉBUTS DU MINISTÈRE DU 11 OCTOBRE. 160

I. Louis-Philippe, obligé à regret de modifier son ministère, s'adresse à M. Dupin. Refus de ce dernier. Ses motifs. Le maréchal Soult chargé de former un cabinet de coalition conservatrice. Difficultés venant des préventions soulevées contre M. Guizot. Ouvertures faites au duc de Broglie. 160

II. Antécédents du duc de Broglie, peu populaire, mais très-respecté. Son éloignement pour le pouvoir. Il ne veut pas entrer au ministère sans M. Guizot. 166

III. On accepte M. Guizot, en le plaçant au ministère de l'instruction publique. Composition et programme du cabinet. 170

IV. Nécessité pour le ministère d'en imposer à l'opinion. Occasion fournie par la question belge. Convention du 22 octobre avec l'Angleterre. Les troupes françaises en marche contre Anvers 172

V. Mesures prises par M. Thiers pour se saisir de la duchesse de Berry. Trahison de Deutz. Que faire de la prisonnière ? On écarte l'idée d'un procès. La princesse transférée à Blaye. 177

VI. Ouverture de la session. Discussion de l'Adresse. Succès du ministère. 181

VII. Siège et prise d'Anvers. Résultats heureux de cette expédition pour la Belgique et pour la France. 183

VIII. Débats à la Chambre, sur la duchesse de Berry. Le bruit se répand que celle-ci est enceinte. Agitation des esprits et conduite du gouvernement. Après son accouchement et la déclaration de son mariage secret, la princesse est mise en liberté. Sentiments du Roi en cette affaire. Faute commise. 186

IX. Les royalistes obligés de renoncer à la politique des coups de main. Berryer. Son origine. Son attitude après 1830. Il cherche à être l'orateur de toute l'opposition. Son succès. Avantages qui en résultent pour le parti royaliste. Berryer est cependant attaqué par une fraction de ce parti. 194

X. Chateaubriand se tient à l'écart, découragé, bien que non adouci. Son état d'esprit. Sa triste vieillesse. 199

XI. Fécondité législative des sessions de 1832 et 1833. Calme et prospérité du pays. Après tant de secousses, était-on donc enfin arrivé à l'heure du repos ? 202

CHAPITRE X. — LES INSURRECTIONS D'AVRIL (juin 1833 — juin 1834). . . 207

I. La Société des *Droits de l'homme*. Elle entretient et excite les passions révolutionnaires. Préparatifs d'émeute en vue des fêtes de Juillet. La question des « forts détachés ». L'émeute avorte. . . 207

II. Agitation socialiste. Déclaration par laquelle la Société des *Droits de l'homme* se met sous le patronage de Robespierre. Effet produit. Attitude des républicains modérés, particulièrement de Carrel. Ce

dernier est sans autorité et jalousé dans son parti. Ses déboires et sa tristesse.	214
III. Efforts du gouvernement pour réprimer le désordre. Faiblesses du jury. L'affaire des crieurs publics met en lumière l'insuffisance de la législation. Les conservateurs comprennent la nécessité de lois nouvelles.	221
IV. Session de 1834. Loi sur les crieurs publics. Loi sur les associations. Cette dernière est une loi de défiance et de déception. A qui la faute?.	227
V. Irritation des sociétés révolutionnaires. Appel à l'insurrection. Embarras des chefs. La situation à Lyon. Bataille dans les rues de cette ville, du 9 au 13 avril. Défaite des insurgés. Émotion produite par les nouvelles de Lyon. L'émeute éclate à Paris et est promptement vaincue. Autres tentatives d'insurrection en province.	235
VI. Lois pour augmenter l'effectif de l'armée et pour interdire la détention des armes de guerre. Découragement des républicains. Mort de La Fayette. Élections de juin 1834, marquant la défaite du parti révolutionnaire. Grand élan de prospérité matérielle.	243
CHAPITRE XI. — LES CRISES MINISTÉRIELLES ET LE TIERS PARTI (avril 1834 — mars 1835).	247
I. Le traité des 25 millions avec les États-Unis. La Chambre rejette le crédit. Démission du duc de Broglie. Pourquoi le Roi accepte facilement cette démission. Reconstitution du cabinet.	247
II. Difficultés entre le maréchal Soult et ses collègues. Rupture à l'occasion de la question algérienne. Démission du maréchal. Il est remplacé par le maréchal Gérard. Faute commise.	252
III. Discrédit de la gauche parlementaire. Le tiers parti. Ce qu'il était. Rôle qu'y jouait M. Dupin. Le *Constitutionnel*.	256
IV. Première manœuvre du tiers parti dans l'Adresse de 1834. Il sort plus nombreux des élections de juin 1834.	260
V. Nouvelle manœuvre dans l'Adresse d'août 1834. Agitation pour l'amnistie. Le maréchal Gérard, poussé par le tiers parti, se prononce en faveur de l'amnistie. Il donne sa démission.	262
VI. Embarras pour trouver un président du conseil. Le Roi ne veut pas du duc de Broglie. Mauvais effet produit par la prolongation de la crise. M. Guizot et M. Thiers décident de céder la place au tiers parti. Démission des ministres. Le Roi essaye vainement de détacher M. Thiers de M. Guizot. Le ministère des trois jours. Reconstitution de l'ancien cabinet sous la présidence du maréchal Mortier.	267
VII. Le gouvernement oblige la Chambre à se prononcer. Vote d'un ordre du jour favorable. Débat sur la construction d'une salle d'audience pour la cour des pairs. Incertitudes de la majorité. Polémiques sur l'absence d'un vrai président du conseil. Nouveaux efforts pour séparer M. Thiers et M. Guizot. Divisions entre les ministres. Démission du maréchal Mortier.	276
VIII. M. Guizot est résolu à exiger la rentrée du duc de Broglie. Après avoir vainement essayé d'autres combinaisons, le Roi consent à cette rentrée. Résistance de M. Thiers, qui finit aussi par céder. Reconstitution du cabinet sous la présidence du duc de Broglie.	286
CHAPITRE XII. — LE PROCÈS D'AVRIL ET LES LOIS DE SEPTEMBRE (mars — décembre 1835).	290

	Pages.
I. Succès parlementaires du ministère. Le traité des 25 millions approuvé par la Chambre. Discussion sur les fonds secrets. Accord de M. Guizot et de M. Thiers. Bons rapports du duc de Broglie et du Roi.	290
II. Procès des insurgés d'avril. L'affaire des défenseurs. La révolte à l'audience. M. Pasquier. Attitude du parti républicain. La prétendue lettre des défenseurs. Discrédit des accusés. La cour parvient à dominer toutes les tentatives d'obstruction. Condamnation des accusés lyonnais. Le dernier arrêt est rendu le 28 janvier 1836. Tort que se sont fait les républicains.	296
III. La machine infernale du boulevard du Temple. Fieschi, Morey et Pépin. Leur procès. Responsabilité du parti républicain dans ce crime.	306
IV. Effet produit par l'attentat. Lois proposées sur le jury, sur les actes de rébellion et sur la presse. Accueil fait par l'opinion. La discussion. Discours de Royer-Collard et du duc de Broglie. Résultat des lois de septembre.	312
V. Le parti républicain est pleinement vaincu. État d'esprit de Carrel. Son duel avec M. de Girardin et sa mort.	323

CHAPITRE XIII. — LA QUESTION RELIGIEUSE SOUS LE MINISTÈRE DU 11 OCTOBRE (octobre 1832 — février 1836). 327

I. Les préventions irréligieuses, non complétement dissipées, sont cependant moins fortes. Dispositions de la Chambre. Amendement excluant les prêtres des conseils généraux et leur refusant la présence de droit dans les comités de surveillance des écoles. Votes émis relativement à la réduction du nombre des évêchés. L'intolérance a diminué dans les conseils électifs et dans les administrations. Témoignage de M. de Tocqueville. 327

II. Conduite du ministère dans les affaires religieuses. Malgré quelques incertitudes, il y a amélioration. Faits à l'appui. Les congrégations tolérées. Les nominations d'évêques. M. Guizot et la loi de l'enseignement primaire. La religion dans l'école publique. Le curé dans le comité de surveillance. Circulaires pour l'exécution de cette partie de la loi. La liberté de l'enseignement. M. Guizot et les congrégations enseignantes. Projet sur l'instruction secondaire. Le gouvernement accusé de réaction religieuse 333

III. La religion regagne ce qu'elle avait perdu dans les âmes. Déception douloureuse du rationalisme. Aveux et gémissements des contemporains. Retour à la religion, surtout dans la jeunesse. Affluence dans les églises. Élan dans le sein du catholicisme. Ozanam et la jeunesse catholique. La Société de Saint-Vincent de Paul. Les conférences de Notre-Dame. 344

CHAPITRE XIV. — LA POLITIQUE ÉTRANGÈRE SOUS LE MINISTÈRE DU 11 OCTOBRE (octobre 1832 — février 1836). 353

I. La question de paix ou de guerre, débattue depuis 1830, est maintenant résolue. État des affaires de Belgique, d'Italie et de Pologne. 353

II. Guerre entre l'Égypte et la Turquie. Méhémet-Ali. Le sultan vaincu fait appel aux puissances. Accueil fait à cet appel. La Porte demande le secours de la Russie. Le ministère du 11 octobre cherche à écarter cette puissance. L'amiral Roussin à Constantinople. Paix entre le sultan et le pacha. Traité d'Unkiar-Skelessi. Son effet en Europe. 356

TABLE DES MATIÈRES.

Pages.

III. Le Czar voudrait pousser à une croisade contre la France. Dispositions qu'il rencontre en Autriche et en Prusse. Entrevue de Münchengraetz. Froideur du gouvernement de Berlin. Les trois notes adressées à la France. Réponse haute et roide du duc de Broglie. Inefficacité de la manifestation des puissances. Entrevues de Kalisch et de Tœplitz 364

IV. Entente de la France et de l'Angleterre. Efforts faits par M. de Talleyrand pour la transformer en une alliance formelle et générale. Traité de la Quadruple Alliance................ 376

V. Origine et portée de la Quadruple Alliance. Question de la succession royale en Espagne et en Portugal. Mauvais état des affaires d'Isabelle. Le gouvernement espagnol demande l'intervention de la France. Discussion au sein du ministère français. M. Thiers et le Roi. On décide de refuser l'intervention............ 379

VI. Les désagréments de l'alliance anglaise. Le duc de Broglie veut cependant y demeurer fidèle. M. de Talleyrand et Louis-Philippe désirent la relâcher et se rapprocher des puissances continentales. Sentiment du duc de Broglie sur ces dernières. Relations du Roi avec les ambassadeurs et les ministres étrangers. Sur certains points, cependant, mauvaise volonté persistante des puissances. En quoi le Roi se trompait et en quoi le duc de Broglie était trop roide.... 389

VII. Plan du duc de Broglie, dans la question d'Orient, pour rapprocher l'Autriche des deux puissances occidentales. Dans quelle mesure l'Angleterre et l'Autriche étaient disposées à y concourir. Combien il est malheureux que ce plan n'ait pu être réalisé.... 408

CHAPITRE XV. — LA CHUTE DU MINISTÈRE DU 11 OCTOBRE (décembre 1835 — février 1836)............................. 416

I. Bon état des affaires au dedans et au dehors, vers la fin de 1835. Le ministère va-t-il en recueillir le bénéfice?........... 416

II. Discussion de l'Adresse de 1836. Incident sur la Pologne. Pressentiments dans les régions ministérielles. Déclaration de M. Humann sur la conversion des rentes. Démission du ministre des finances. Débat sur la conversion. Le ministère, mis en minorité, donne sa démission. Qu'y a-t-il derrière le vote de la Chambre? Manœuvre du tiers parti. Le groupe Ganneron. Dans quelle mesure faut-il y voir la main de Louis-Philippe?................ 418

III. Le Roi s'occupe de constituer un nouveau cabinet. Il veut en charger M. Thiers. Celui-ci est poussé par M. de Talleyrand. Premier refus de M. Thiers. Il finit par consentir. Séparation irrévocable de M. Guizot et de M. Thiers. Malheur de cette séparation, qui a été mieux compris plus tard. Grandes choses accomplies dans les six premières années de la monarchie de Juillet........... 425

FIN DE LA TABLE DES MATIÈRES.

PARIS. TYPOGRAPHIE DE E. PLON, NOURRIT ET Cie, RUE GARANCIÈRE, 8.

www.ingramcontent.com/pod-product-compliance
Lightning Source LLC
Chambersburg PA
CBHW070546230426
43665CB00014B/1827